(초급 · 중급 · 고급) 능력에 따라 반주하는

수준별 유아 동요 반주곡집

윤영배 · 최윤정 · 정윤선 지음

도서출판 파란마음

머리말

해마다 5월이면 유치원 현장에 나가있는 제자들의 실습 지도를 나간다. 저마다 그동안 갈고 닦은 지식과 기량을 바탕으로 현장지도교사의 지도를 진지한 태도로 받아들인다. 현장에서 만난 제자들은 사뭇 긴장된 얼굴로, 위로받을 응원군인 나를 반갑게 맞이한다. 원장님의 배려로 우리끼리 오붓한 담화를 나눌 때면 학생들은 지난 몇 주 동안의 애로사항을 토로하기 시작한다.

"교수님, 그동안 제가 왜 피아노 연습을 게을리 했었나 후회합니다."
"교수님, 새 노래지도 수업을 해야 하는데, 피아노를 사용하지 않으려고 했으나 담임반 선생님이 꼭 피아노를 사용하라고 합니다. 갑자기 반주가 어둔해서요. 어쩌죠?"
"교수님, 코드(Chord) 연습이라도 많이 해놓을 걸 그랬나봅니다."

당장 발등에 불이 떨어졌으니 어쩌지? 누가 대신 수업을 할 수도 없고…, 그렇다고 현장 담임교사에게 피아노를 사용하지 않고 수업을 하게 해달라고 부탁할 수도 없고….

사실 음악활동 시간에 꼭 피아노를 사용할 필요는 없다. 될 수 있으면 선생님의 편안한 목소리와 잘 어우러지는 반주용 악기를 사용할 수 있다면 가장 효율적이다. 기타나 우쿨렐레, 크로마 하프 등은 아이들과 마주보며 감정을 교감하며, 상호작용을 하기에는 더 없이 좋은 악기이다. 하지만 피아노가 기본이 안 되는 교사나 재학생 대부분이 그러하듯, 다른 악기를 다룰 수 있는 여유 또한 없다. 유아교사가 갖추어야 하는 이러한 만능 탤런트적인 재주와 능력은 관련 분야의 사람들만이 아는 고충이기도 하다.

재학 중 음악지도 관련 교과 중 '유아음악교육'은 방법론적인 영역이다. 잘 알려진 글로벌한 교수법은 '오르프 접근법', '달크로즈 유리드믹스', '코다이 교수법', '고든

의 오디에이션', '스즈키 영재교육', '몬테소리 음악교수법' 등이다. 이러한 교수법을 섭렵하기에는 한 학기의 교과 이수만으로는 불가능한 일이며, 그나마 대부분 유아교사 양성기관에서는 '음률' 활동으로 노래와 율동을 배우는 정도로 끝낸다.

유아교육 분야도 이제는 더 전문화되어야 한다. 유치원도 초등학교와 마찬가지로 음악, 미술, 체육활동 시간에는 예 · 체능 전문 담당교사가 필요하다. 유아교육활동은 통합 활동이기 때문에 음악활동이 다른 영역활동의 매체로 사용되기는 하지만, 순수하게 유아의 음악성 발달을 위한 별도의 음악활동 시간이 꼭 필요하다는 것이다. 유치원 교사 양성을 위한 제도 개선은 아직 후일을 기약할 수 없고, 당장 유아교사는 피아노를 쳐야만 한다. 별도의 '기악'이라는 과목이 있어 피아노 위주의 실기교육이 이루어지기는 하지만 피아노라는 악기가 그렇게 단기간에 숙달되는 만만한 악기가 아님을 예비교사들은 너무나도 잘 알고 있다.

이러한 현실적인 난관을 헤쳐나가는 데 조금이나마 도움이 될까 해서 다시 『(초급 · 중급 · 고급) 능력에 따라 반주하는 수준별 유아 동요 반주곡집』을 펴낸다. 전편 『초급 · 중급 · 고급 수준별 유아 동요 반주의 이론과 실제』에 수록하지 못한 곡들과 새롭게 '다문화', '놀이', '전래동요', '자장가', '창작동요', '선생님을 위한 노래'를 첨가하였다. 모쪼록 잘 활용되기를 바라는 마음이 간절하다.

늘 음악교육 교재 만들기에 최선을 다하시는 도서출판 파란마음 황호철 사장님과 편집부 선생님들께도 감사드린다.

저자 일동

교재활용법 및 예제

본 서는 피아노를 시작한 지 얼마되지 않은 초보 연주자부터 고급 수준의 반주가 가능한 연주자의 연주 편의를 위해 모든 곡을 1단계(초급), 2단계(중급), 3단계(고급)으로 나누어 편곡하였으며, 각 곡의 상단에 이를 표시하며 반주의 난이도를 조정하여 제시하였다.

또한 모든 곡의 각 단계마다 코드 네임을 게재하였다. 즉, 각 곡 하단에는 곡에 사용된 코드 및 반주 패턴이 소개되어 있으며, 해당 곡을 연주하기 전에 코드와 반주 패턴을 미리 연습한 후에 곡을 연주하면 효과적이다. 코드 및 화성의 경우에는 ① 주요3화음과 딸림7화음을 먼저 배치하고, ② 부화음 및 부속화음을 뒤에 배치하여 코드 및 화성에 대한 이해를 높였다.

코드 및 화성 배치의 예는 다음과 같다.

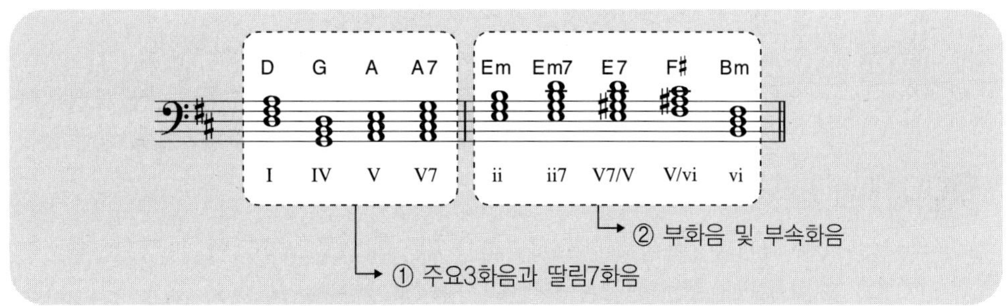

※ **작사/** 이원수 • **작곡/** 정세문 • **제목/** 겨울 나무

전주는 생략하였으며, 실제 연주 시 전주는 곡의 마지막 부분을 활용하여 연주하면 된다. 모든 반주는 선율이 있는 기본 반주 형태를 비롯하여 다양한 반주 형태로 편곡하였으며, 반주가 숙달되면 해당 코드 네임을 보고 반주 취향에 따라 다양한 리듬을 사용하여 응용반주해 볼 것을 권한다.

각 단계별 반주 특징은 다음과 같다.

1 1단계(초급) 반주 특징

오른손 선율 연주와 왼손 화성 진행에 따른 3화음 기본 반주이며, 주로 반주가 단음으로 소개되어, 피아노를 막 시작한 초보 연주자들도 연주가 가능하다.

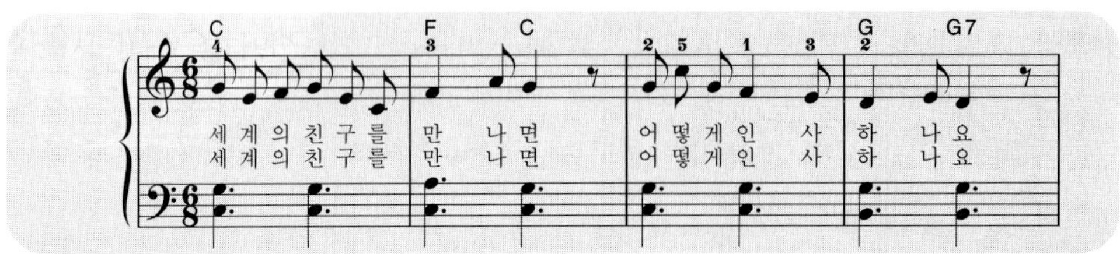

※ 작사 • 작곡/ 윤영배 • 제목/ 세계의 인사

2 2단계(중급) 반주 특징

오른손 선율 연주와 왼손 화성 진행에 따른 3화음 기본 반주이며, 반주 형태는 행진곡형, 알베르티 베이스형, 왈츠형, 간단한 펼침 화음형 등의 형태가 소개된다.

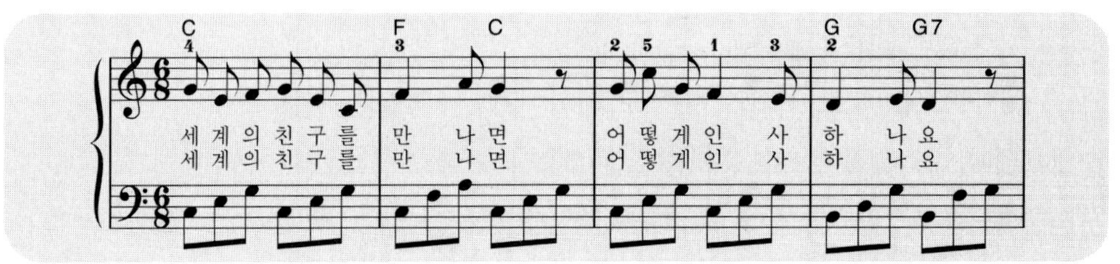

※ 작사 • 작곡/ 윤영배 • 제목/ 세계의 인사

3 3단계(고급) 반주 특징

오른손 선율 연주와 왼손 화성 진행으로 3화음 및 7화음도 소개되며, 다양한 리듬 형태의 반주와 혼합형의 반주가 소개된다. 또한 오른손 선율 연주 대신 양손 모두 반주 형태가 나오는 선율 없는 반주형도 소개된다.

※ 작사 • 작곡/ 윤영배 • 제목/ 세계의 인사

차례

Chapter 1 반주 개요

1. 반주란? ······ 14

Chapter 2 피아노 및 피아노 연주 자세

1. 피아노란? ······ 18
2. 피아노를 위한 자세 ······ 20
3. 손 모양 ······ 21
4. 피아노 페달 및 연주법 ······ 22

Chapter 3 반주의 여러 가지 형태

1. 행진곡 반주형 ······ 28
2. 알베르티 베이스형 ······ 31
3. 분산화음 반주형 ······ 33
4. 왈츠 반주형 ······ 38
5. 혼합 반주형 ······ 40
6. 선율 변화 반주형 ······ 42
7. 선율 없는 응용 반주형 ······ 44
8. 전래동요, 민요 반주 ······ 46

Chapter 4

실제편

1. 기본생활 51

- 나의 하루_52
- 아침 일찍 일어나_56
- 약속_58
- 예쁜 종소리_61
- 착한 아이_64
- Hello_68

2. 나와 유치원 71

- 내 짝_72
- 누구일까?_75
- 용서하는 아이_78
- 유치원에 가면_81
- 유치원 원가(어린이집 원가)_84

3. 가족과 이웃 89

- 그런 집 보았니_90
- 누구하고 노나_93
- 뽀뽀뽀_96

4. 동물 101

- 동물농장_102
- 다람쥐_108
- 매미_111
- 부지런한 개미_114
- 새_117
- 올챙이와 개구리_120
- 옹달샘_123
- 코끼리와 거미줄_126

5. 건강한 몸과 마음 129

- 미소_130
- 뽕나무_133
- 손을 씻어요_136
- 스마일 스마일 스마일_139
- 싹싹 닦아라_142

6. 계절(봄) 145

- 봄동산 꽃동산_146
- 봄이 오는 소리_150
- 봄바람_157
- 새싹_160

7. 계절(여름) ………………………………………………………… 165
■ 시냇물_166 ■ 조금 더 다가가서_169
■ 여름 방학_172 ■ 파란 마음 하얀 마음_176

8. 계절(가을) ………………………………………………………… 181
■ 가을길_182 ■ 나뭇잎 배_185
■ 나뭇잎_188 ■ 바람개비_192

9. 계절(겨울) ………………………………………………………… 195
■ 겨울나무_196 ■ 눈꽃_199
■ 눈 내리는 날_202
■ 춥지 않을까? 배고프지 않을까?_209
■ 하얀 눈길_212

10. 교통기관 ………………………………………………………… 217
■ 꼬마 불자동차_218 ■ 로케트_221
■ 병원차와 소방차_224 ■ 비행기_227
■ 자전거_230

11. 도구와 기계 ………………………………………………………… 233
■ 악기놀이_234 ■ 시계_241

12. 지구와 환경 ………………………………………………………… 245
■ 반달_246 ■ 나무를 심자_250
■ 작은별_253 ■ 우리 지구_256
■ 하늘 위에 사는 것들_260

13. 다문화 ………………………………………………………… 263
■ 감사의 인사_264 ■ 김치_268
■ 생일 축하 노래_272 ■ 원더풀 코리아_275
■ 세계의 인사_278 ■ 아름다운 지구인_282
■ 유치원에서_288

14. 놀이(신체표현) 295
■ 그대로 멈춰라_296
■ 머리 어깨 무릎 발_299
■ 도레미송_302
■ 뚱보 아저씨_308
■ 모양놀이_314
■ 빙빙 돌아라_318
■ 옆에 옆에_321
■ 털보 영감님_324
■ 통통통_327
■ 트럭 그리기_330

15. 특별한 날들 333
■ 당신의 생일을 축하합니다_334
■ 생일 노래_338
■ 스승의 은혜_342
■ 애국가_348

16. 전래동요와 국악동요 351
■ 남생아 놀아라_352
■ 늴리리야_355
■ 대문놀이_358
■ 동대문_361
■ 도라지 타령_364
■ 방아 타령_368
■ 색시풀_371
■ 산도깨비_374
■ 실구대 소리_378
■ 어깨동무_381
■ 여우야 여우야_383
■ 자장가_388
■ 참새 노래_391
■ 호랑장군_394

17. 과일 401
■ 멋쟁이 토마토_402
■ 시장잔치_405
■ 앵두_408
■ 잉잉잉_411

18. 자장가 415
■ 모차르트의 자장가_416
■ 브람스의 자장가_420
■ 섬집 아기_424
■ 슈베르트의 자장가_427

19. 창작동요 …… 431

- 꿀벌의 여행_432
- 노을_439
- 바람새_446
- 새싹들이다_450
- 숲속을 걸어요_456
- 아기다람쥐 또미_460
- 아기염소_466
- 종이접기_473
- 예쁜 아기 곰_478
- 하늘나라 동화_484
- 화가_488

20. 선생님을 위한 노래 …… 493

- 마법의 성_494
- 사랑으로_502
- 당신은 사랑받기 위해 태어난 사람_509

■ 참고문헌 …… 516

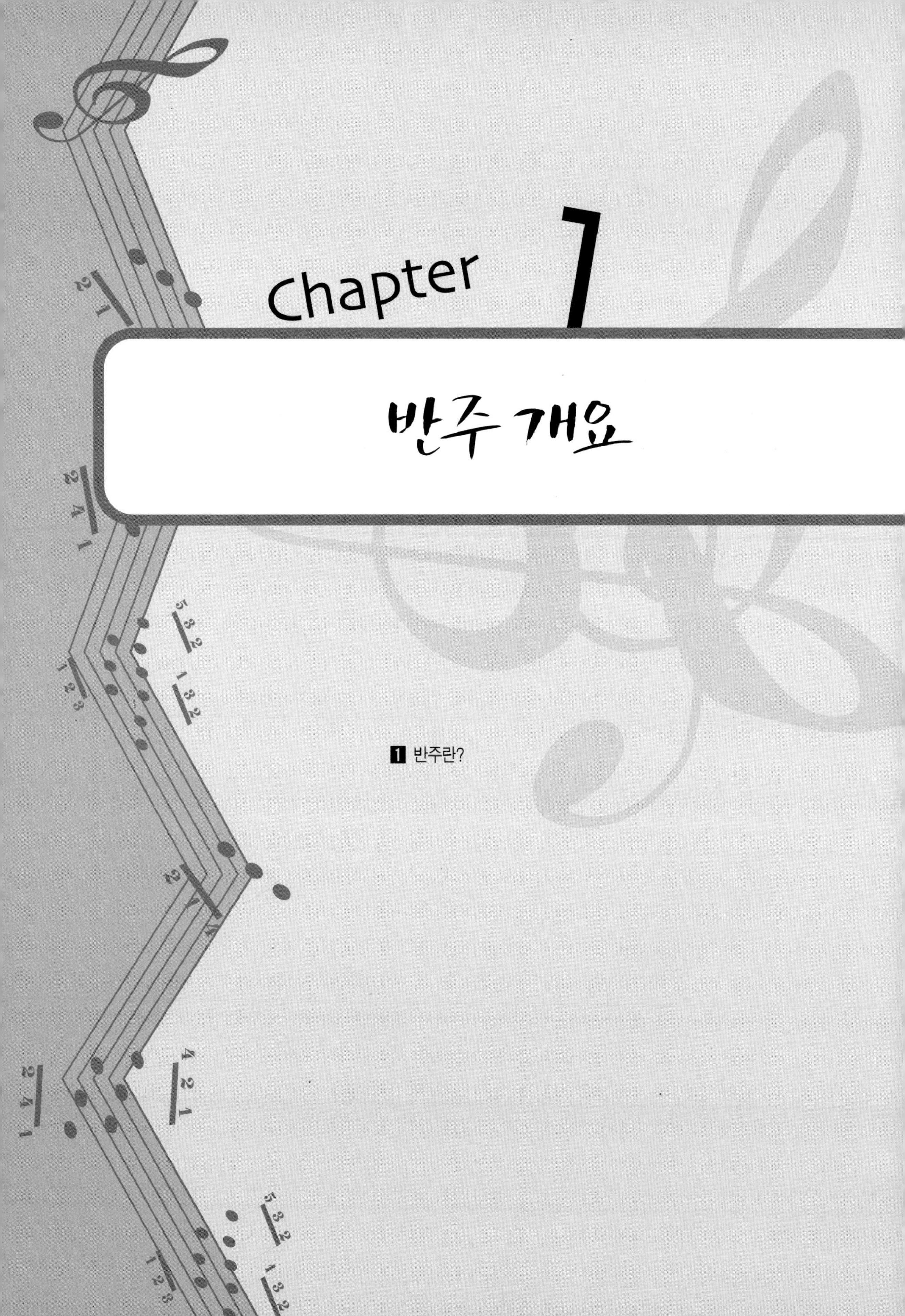

Chapter 1

반주 개요

1 반주란?

1 반주란?

'반주(伴奏, Accompaniment)'란 곡의 주요 선율(旋律) 또는 성부(聲部)를 보완하고 강조하는 목적으로 붙여진 또 다른 성부(聲部)나 그 연주를 말한다. 반주는 동 · 서양을 막론하고 어떤 형태로든 옛날부터 사용되어 왔다. 때로는 선율에 화성적인 뒷받침으로, 때로는 선율과 반주 사이의 헤테로포니(異音性: Heterophony)*를 형성하는 역할로도 존재했었다. 이는 동양의 페르시아, 인도, 중국, 한국, 일본 등의 나라에서의 반주 역할에서도 찾아볼 수가 있다.

9~13세기경까지의 단성음악(Homophony)에서는 성부 간의 역할에 대한 뚜렷한 구분은 없었으나 14~15세기의 프랑스 세속음악에서는 주요 성부와 다른 성부의 분리가 일어났다. 단성음악의 기법을 고도로 발전시킨 플랑드르 악파의 시대에도 노래의 선율을 기악으로 중복하는 수법은 쓰고 있었으나 반주로서의 역할은 극히 적었다.

16세기의 세속음악에도 류트를 사용한 단순한 화음 반주가 있었지만 17세기 초 다성음악(Polyphony)의 발생으로 주요 선율이 절대적 우위를 차지하게 되며, 그것을 아래에서 뒷받침하고 보좌하는 통주저음(通奏低音: Generalbass)**에 의한 화음 반주가 쓰였다. 차츰 즉흥적 요소도 가미되어 화성적으로나 대위법적으로 단순한 것으로부터 복잡한 것에 이르기까지 여러 종류의 반주가 등장하게 되었다. 그러나 18세기 후반부터는 통주저음의 수법이 점차 쇠퇴하고 그에 대신하여 '알베르티 베이스'를 비롯한 단순한 '분산화음'이나 '아르페지오'가 널리 사용되기에 이르렀다. 피아노의 발달과 더불어 반주의 지위는 한층 더 높아졌고 19세기에는 주요 성부와 대등한 독립된 역할(낭만파 시대의 예술가곡들: 슈베르트, 슈만 등)까지 발전하였다.

유아 동요 지도에 있어서의 반주는 노래에 자신이 없거나 수줍은 아이들에게 피아노, 기타, 크로마하프, 만돌린 등의 악기로 노래의 선율이나 화성적 보조를 함으로써 유아에게 자신감을 주고 음악적인 청감각과 느낌을 북돋워 주어 음악에 흥미를 갖게 한다. 하지만 지나친 화음 변형이나 기술적인 반주는 유아의 음 감각을 무디게 하고 선율감마저 혼란스럽게 하여 오히려 유아의 음악성 발달에 해가 됨을 명심해야 한다.

* **헤테로포니(異音性, Heterophony)**: 원시적인 단계의 다성성(多聲性)의 일종. 많은 인원이 동일 선율을 노래할 경우에 소수의 파트가 성부의 장식이나 변형을 위해 일시적으로 주선율을 벗어나는 형태이다.

****통주저음(通奏低音, Generalbass)**: 건반악기 주자가 주어진 저음 위에 즉흥으로 화음을 보충하면서 반주 성부를 완성시키는 방법 및 그 저음 부분을 말하며, 17~18세기에 유럽에서 널리 행해졌다.

참고 음악 대사전(신진출판사, 1974)

Chapter 2 피아노 및 피아노 연주 자세

1 피아노란?

2 피아노를 위한 자세

3 손 모양

4 피아노 페달 및 연주법

1 피아노란?

피아노는 '피아노 포르테(Pianoforte)'의 약자로 영어, 이탈리아어, 불어가 공통어이며, 독일에서는 클라비어(Klavier) 혹은 하머클라비어(Hammerklavier)라고 부른다. 피아노의 역사를 보면, 1709년 이탈리아의 하프시코드 제작자 바르톨로메오 크리스토포리(Bartololmeo Cristofori, 1655~1731)가 햄머를 사용하는 하프시코드를 제작하여 그 악기를 '강약을 줄 수 있는 하프시코드(Gravicembalo col piano e forte)'라고 이름 붙였다. 여기에서 피아노 포르테 또는 포르테 피아노라는 이름이 생겨났고, 다시 피아노라고 약칭되어 오늘에 이르렀다.

피아노는 타건에 의하여 강약을 자유롭게 변화시킬 수 있다는 점이 가장 큰 특색이다. 현대의 피아노는 19세기 후반에 완성되었는데, 이것은 음량이 풍부할 뿐 아니라 오르간을 제외하고는 악기 중에서 가장 폭넓은 음역을 가지며, 타건의 방법과 페달의 사용에 의하여 미묘한 음색의 변화를 만들어 낼 수 있다.

88개(표준)의 건반은 52개의 백건(白鍵)과 36개의 흑건(黑鍵)이 왼쪽에서 오른쪽으로 반음계적으로 배열되며, 음은 일반적으로 12평균율에 의하여 조율된다. 1개의 건에는 하나의 음이 대응하고, 음높이가 고정되어 있으므로, 솔페이지(Solfege)라든가 가창(歌唱) 등의 음악교육에서 가장 기본적인 역할을 한다. 또한 피아노는 단선율(單旋律), 복선율(複旋律), 화성(和聲)을 연주할 수 있으므로, 선율 악기와 화성 악기의 두 기능을 겸비하여 독주, 합주, 반주의 어느 것에도 높은 능력을 보이며, 연주회용 악기로서 또한 가정이나 교육의 장에서도 서양 음악 중에서 가장 유용하고 기본적인 악기이다.

피아노에는 하프시코드의 모양에서 따온 것으로 피아노의 본래의 모양인 그랜드 피아노와 업라이트 피아노의 두 가지가 있다. 그랜드 형은 '풀 콘서트 그랜드'라고 3m 가량의 길이인 것이 있는가 하면 1.5m도 안 되는 소형도 있고, 업라이트 형은 클라비치테리움이나 엘렉트스피네트의 모양을 이어받은 것이며, 높이는 1.3m 내외가 가장 많다. 키가 낮은 소형 업라이트를 스피넷 피아노라 한다.

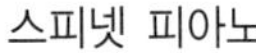

스피넷 피아노

업라이트 피아노

그랜드 피아노

2 피아노를 위한 자세

악기를 올바르게 연주하기 위해서는 올바른 몸의 자세와 손가락의 유연한 움직임이 필요하다. 올바른 피아노 연주자의 자세는 허리를 바로 세우고 의자의 반 이상 혹은 2/3까지 깊숙이 앉아서 몸의 상체는 약간 앞쪽으로 숙이는 것이 바람직하다. 이때 머리는 들고 턱은 자연스럽게 당긴 상태를 유지해야 악보를 보기에 불편함이 없다.

- 머리는 앞으로 향하고 위로 들어주듯이 한다.
- 척추는 아래 위로 길게 늘인다는 생각을 하면서 키가 커보이는 자세로 앉는다.
- 엉덩이는 허리가 늘어나듯 뒤쪽으로 빼준다.
- 등은 항상 가볍고, 어느 쪽으로나 움직임이 가능하며 양손을 자유롭게 움직이는 중심이 된다.
- 어깨도 쉽게 앞뒤로 움직일 수 있도록 고정시키지 않는다.
- 의자의 중간 정도에 앉으며 편안한 연주를 위해 방석 등을 놓아 높이를 조절하거나 높이 조절이 가능한 의자를 사용한다.

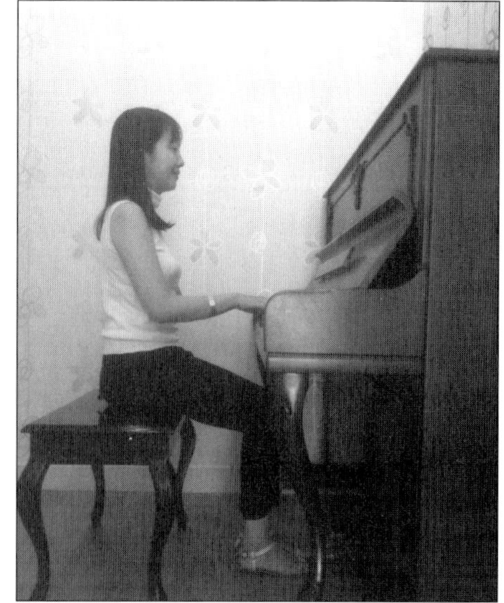

피아노 앞에 앉은 자세

3 손 모양

손 모양이 허물어지면 좋은 소리도 나지 않을 뿐더러 크거나 작게, 느리거나 빠르게 치려해도 마음대로 되지 않는다.

- 양손을 부풀려서 동그랗게 단단한 돔(Dome) 형태의 지붕 모양을 만들고, 모든 손의 마디들이 모두 바깥쪽으로 돌출되게 한다.
- 각 손가락끼리 서로 밀어서 벌리고 손끝의 힘을 키운다.
- 손목은 유연하면서도 손과 손등은 단단해야 한다.
- 그 상태로 가져다가 피아노의 뚜껑이나 책상 위에 올려놓았을 때, 바른 손 모양은 손의 마디가 바깥으로 나오게 된다. 이렇게 하면 손가락들이 건반에 단단하게 서 있게 되므로 어깨와 팔로부터 내려오는 힘을 잘 받는다.

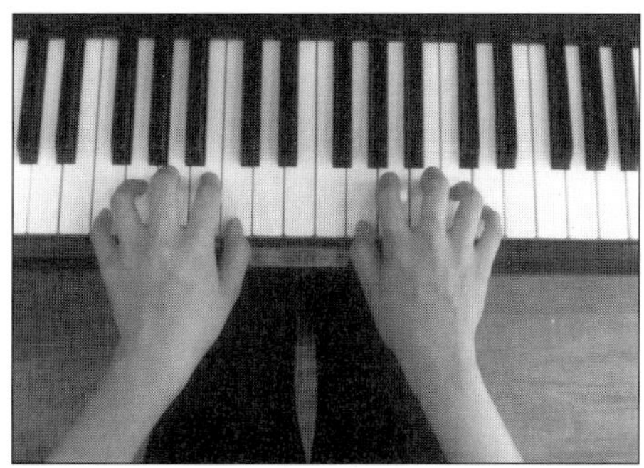

손 모양

- 둥근 손 모양을 유지한 상태에서 반대쪽 두 번째 손가락(검지)으로 모든 손가락의 첫 번째 관절을 눌렀을 때에 허물어지지 않아야 한다.
- 위에서 눌러보아도 손등이 주저앉거나 손가락들이 허물어지지 않아야 한다.

4 피아노 페달 및 연주법

1) 피아노 페달(Pedal)

피아노 페달은 소리의 연장, 레가토(Legato, 부드러운 연결), 화성의 결합, 리듬 악센트 증대, 풍부한 사운드 등 피아노 음악 연주에 다양한 변화를 가능하게 해주며, 낭만주의 시대 이후부터 페달링은 피아노 연주에 큰 부분을 차지하고 있다. 피아노 반주에서도 적절한 페달 사용이 필요하며 페달은 업라이트 피아노와 그랜드 피아노에 약간의 차이가 있다.

(1) 업라이트 피아노

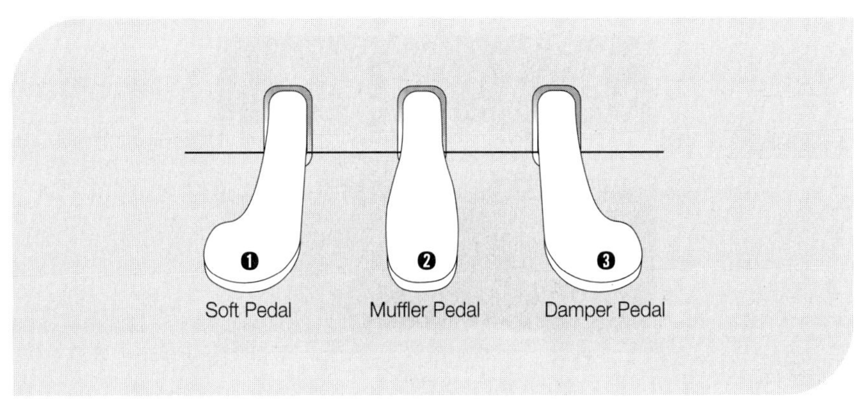

업라이트 피아노 페달 명칭

1 왼쪽 페달: 소프트 페달(Soft Pedal)

소프트 페달은 음을 부드럽게 하는 기능이다. 페달을 밟게 되면 현을 때려주는 해머가 전체적으로 현과 가깝게 되어, 해머의 운동 반경이 작아져 타현력이 약화되므로 소리가 작아진다. 그랜드 피아노와는 달리 터치에 영향을 주며 일반적으로 터치가 가벼운 느낌이 든다. 건반을 누르게 되면 해머를 움직여 현을 때리게 되는데 소프트 페달을 밟음으로써 이미 해머가 현쪽으로 이동했기 때문에 건반을 눌러서 해야 될 일을 페달

이 일부 도와준 것이기 때문이다. 업라이트 액션에서는 음량은 축소되지만 음질은 영향을 받지 않는다.

2 가운데 페달: 머플러 페달(Muffler Pedal)

머플러 페달, 약음 페달, 사일런트 페달이라고도 하며, 가운데 페달을 밟으면 해머와 현 사이에 약음천이 내려오게 되어 해머가 현을 직접적으로 때리는 것을 막기 때문에 음이 약화되고 음색도 달라진다. 연주를 위한 목적보다는 피아노 소리를 줄이는 목적으로 만들어졌다.

3 오른쪽 페달: 댐퍼 페달(Damper Pedal)

댐퍼 페달, 서스테인 페달, 라우드 페달이라고도 하며, 댐퍼 페달은 현의 울림을 풍부하게 하거나 정지시키는 역할을 한다. 페달을 밟게 되면 댐퍼가 현에서 떨어져 여러 음의 울림이 풍부하게 되고, 페달을 놓게 되면 댐퍼는 다시 현과 붙게 되어 음이 정지한다.

단, 고음부는 댐퍼가 없다. 고음부는 현이 짧아 저음부와는 달리 음의 지속이 짧기 때문이다. 페달을 밟게 되면 이러한 댐퍼를 일제히 현에서 떨어뜨리는 역할을 하여 건반을 눌렀다 떼더라도 댐퍼는 현에서 떨어져 있기 때문에 음이 유지된다. 이때 다른 현도 공명되므로 전체적으로 소리가 커지고 울림도 풍부하게 된다.

(2) 그랜드 피아노

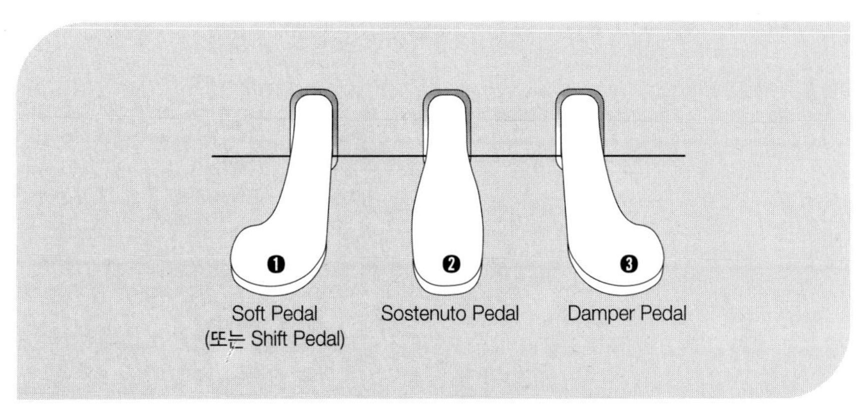

그랜드 피아노 페달 명칭

1 왼쪽 페달: 소프트 페달(Soft Pedal)

소프트 페달 또는 쉬프트 페달이라고도 하며, 페달을 밟게 되면 액션 전체가 오른쪽으로 이동하게 된다. 이렇게 됨으로써 3선을 때리던 해머는 2선을 때리게 된다. 물론 페달의 밟는 양에 따라서 달라진다. 업라이트가 타현 거리를 짧게 함으로써 음량만을 감소시킨다고 본다면, 그랜드는 해머가 때리는 현의 수와 타현점을 바꿔 음량이 작아짐과 동시에 음색도 부드럽게 된다.

2 가운데 페달: 소스테누토 페달(Sostenuto Pedal)

소스테누토 페달은 필요로 하는 음만을 지속시키기 위한 연주상의 요구에 대응하기 위함이다. 건반을 누른 상태에서 소스테누토 페달을 밟게 되면, 눌렀던 건반의 음만 지속되며, 그 상태에서 쉬프트 페달이나 댐퍼 페달의 사용도 가능하다.

3 오른쪽 페달: 댐퍼 페달(Damper Pedal)

댐퍼 페달, 라우드 페달, 서스테인 페달이라고도 하며, 업라이트 피아노와 기능은 같으나 구조상에는 차이가 있다. 그랜드의 경우에는 댐퍼가 수직운동을 하기 때문에 댐퍼 무게 자체로 지음을 하는 반면, 업라이트 피아노의 경우에는 수평운동을 하기 때문에 댐퍼 스프링의 힘에 의해 지음을 해준다.

페달을 깊게 밟으면 댐퍼가 모든 현에서 떨어지겠지만, 조금만 밟았을 경우에는 어떤 댐퍼는 현에서 떨어지고 어떤 것은 안 떨어진다면 정확한 페달 조정이 필요하다. 특히, 살짝 밟는 페달을 많이 사용한다면 아주 세심한 페달 조정을 해야 한다.

2) 피아노 페달(Pedal) 연주법

피아노 연주에서 가장 많이 사용되는 댐퍼 페달 사용법을 살펴본다. 페달 사용 시에는 발과 페달이 일직선이 되는 자세로 발의 앞부분을 페달 끝에 둘 때에 가장 효과적이며, 오른발로 밟고 발뒤꿈치는 바닥에 닿도록 한다.

(1) 댐퍼 페달: 기본 연습

이 페달은 소리의 울림을 끌어준다.

댐퍼 페달은 오른발로 밟는다. 오른발 뒤꿈치는 바닥에 닿도록 하고 발목을 움직여 밟으면 된다. 발의 앞부분을 페달 끝에 둘 때에 가장 효과적으로 페달을 사용할 수 있다. 이 표(⌊______⌋ 또는 𝆮 ✻)는 댐퍼 페달을 사용할 때에 쓰는 표시이다.

1 예비 연습(왼손)

마디 첫 음을 누름과 동시에 페달을 밟는다.

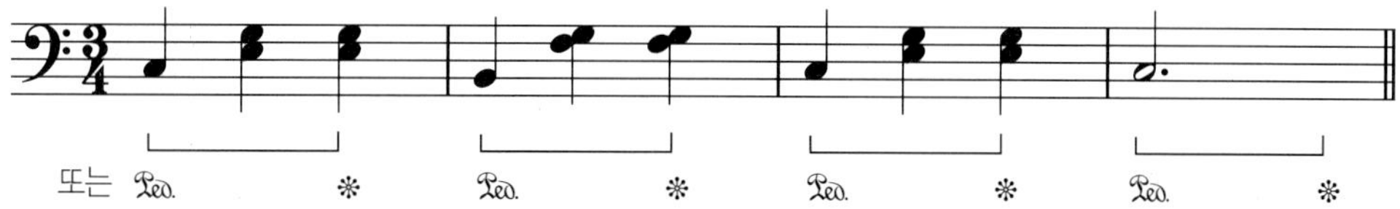

2 실제 연습(양손)

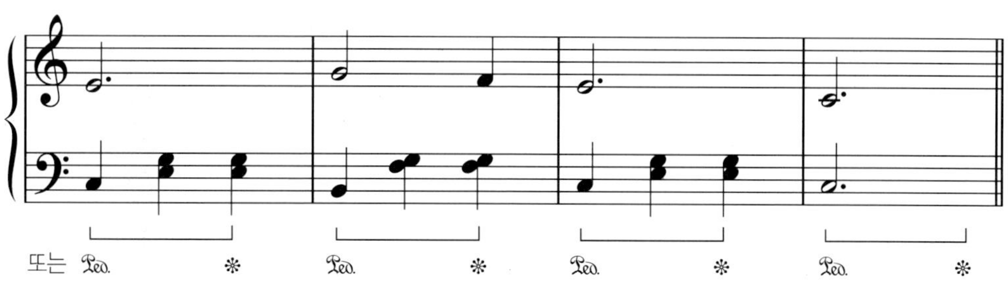

(2) 댐퍼 페달: 연결 페달(Overlapping Pedal) 연습

이 표(└─∧─∧─┘)는 연결 페달을 사용할 때에 쓰는 표시이다.

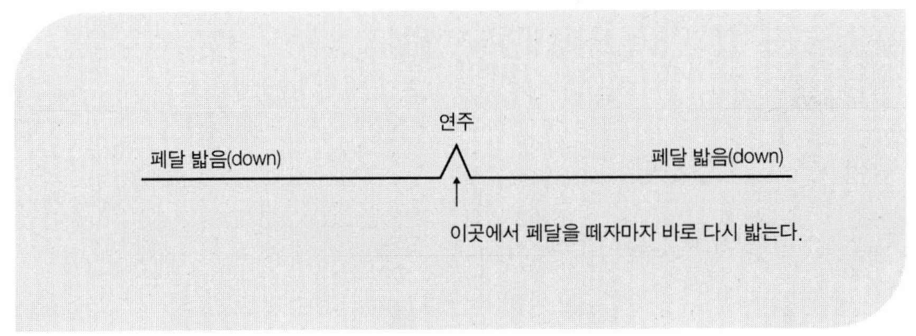

1 예비 연습(왼손)

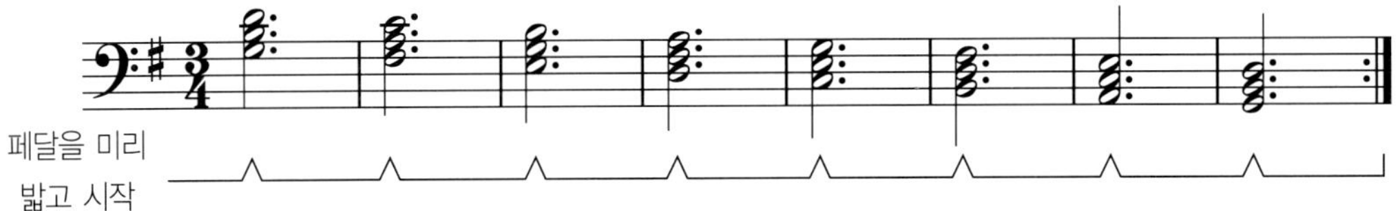

2 실제 연습(양손)

아래 악보에서는 첫 음을 친 후에 곧바로 페달을 밟는다.

Chapter 3

반주의 여러가지 형태

1 행진곡 반주형

2 알베르티 베이스형

3 분산화음 반주형

4 왈츠 반주형

5 혼합 반주형

6 선율 변화 반주형

7 선율 없는 응용 반주형

8 전래동요, 민요 반주

1 행진곡 반주형

행진곡 반주형(March form)은 명랑하고 씩씩한 곡조에 적합하다. 다음의 반주패턴을 일정한 속도로 코드네임을 말하면서 연주해 보자.

1) 다장조(C Major)

2) 사장조(G Major)

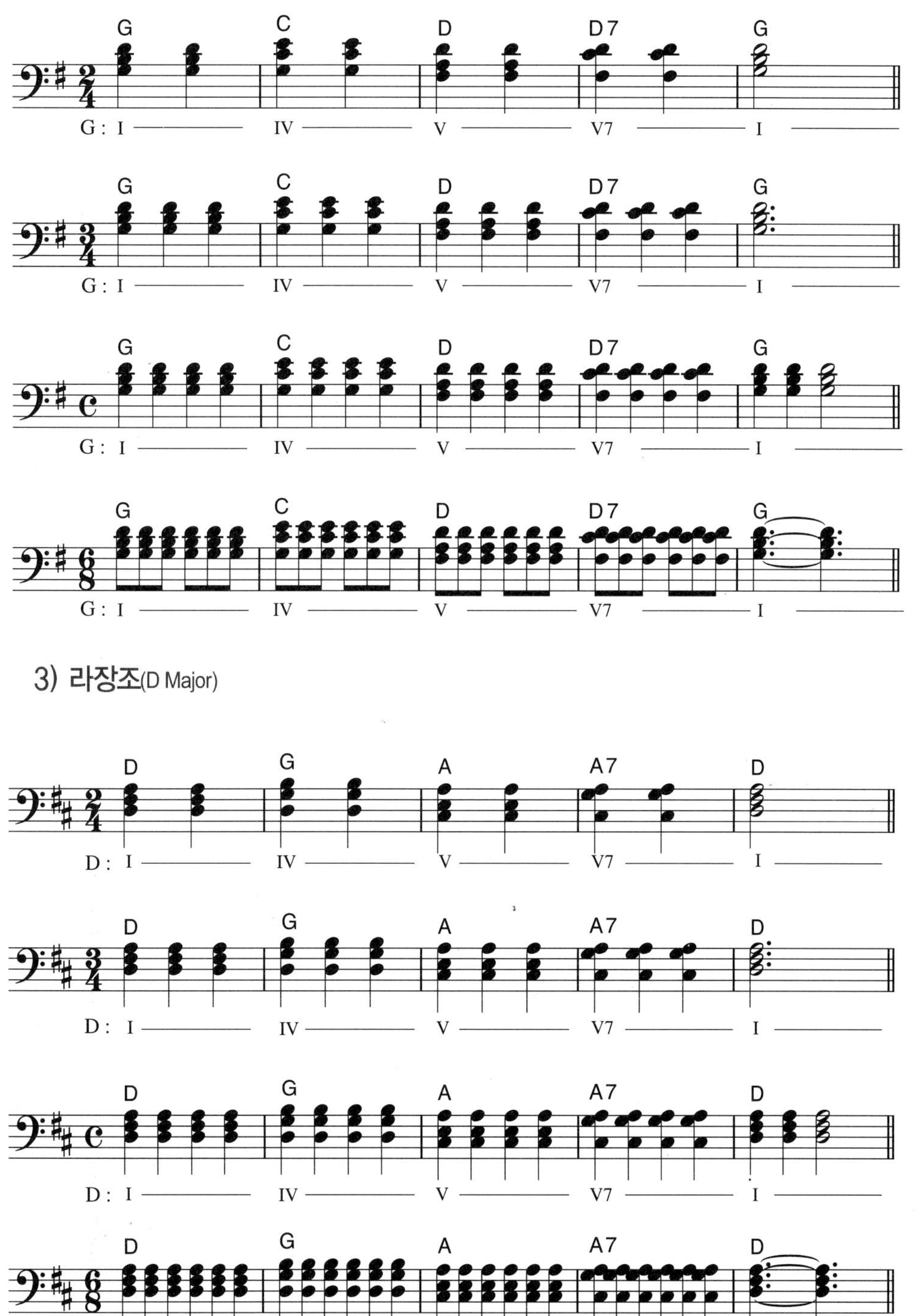

3) 라장조(D Major)

4) 바장조(F Major)

5) 내림나장조(B♭ Major)

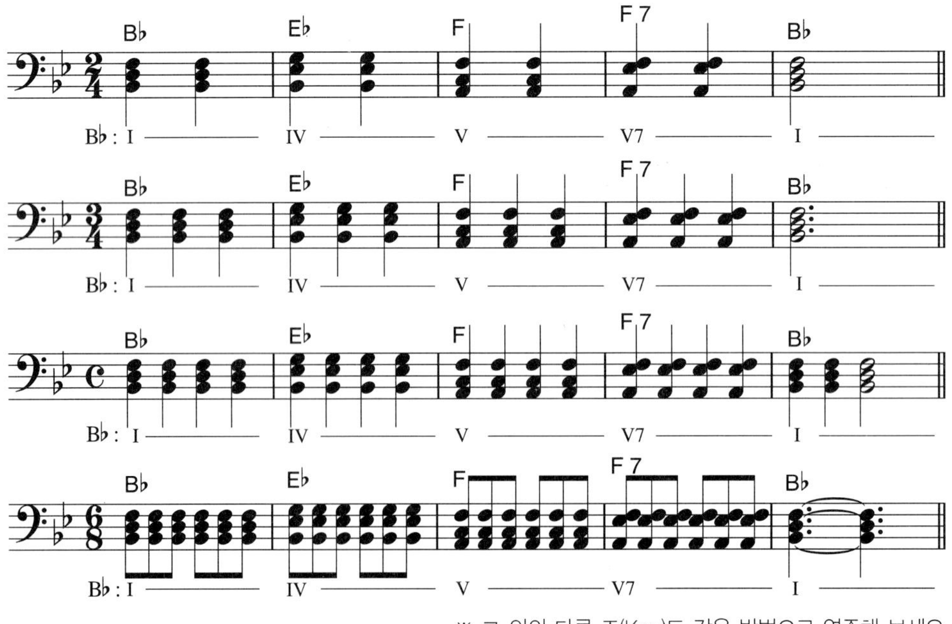

※ 그 외의 다른 조(Key)도 같은 방법으로 연주해 보세요.

2 알베르티 베이스형

알베르티 베이스형(Alberti bass form)은 2/4, 4/4박자의 쾌활한 곡조에 적합하다. 다음의 반주 패턴을 일정한 속도로 코드네임을 말하면서 연주해 보자.

1) 다장조(C Major)

2) 사장조(G Major)

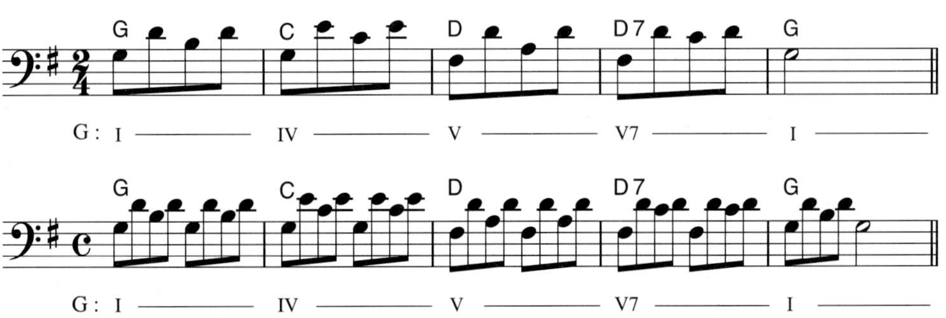

3) 라장조(D Major)

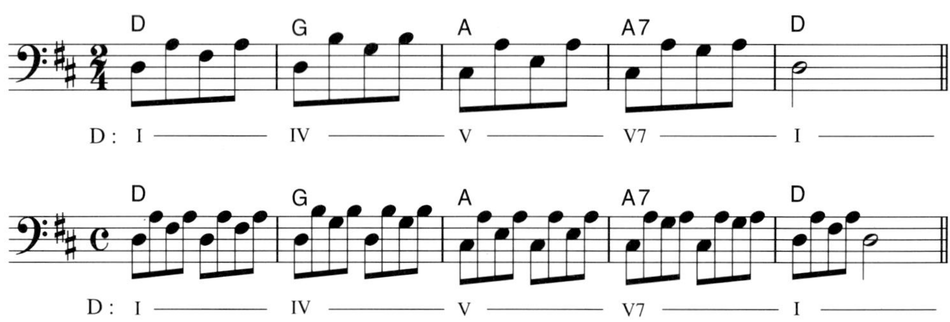

4) 바장조(F Major)

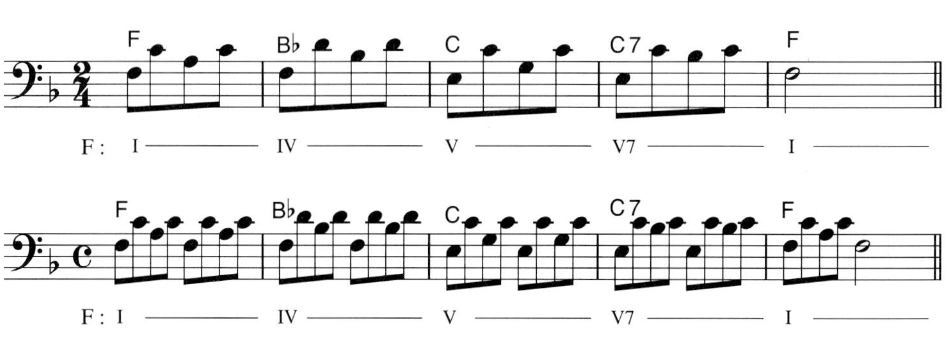

5) 내림나장조(B♭ Major)

※ 그 외의 다른 조(Key)도 같은 방법으로 연주해 보세요.

3 분산화음 반주형

분산화음 반주형(Arpeggio form)은 우아하고 서정적인 곡조에 적합하다. 다음의 반주 패턴을 일정한 속도로 코드네임을 말하면서 연주해 보자.

1) 다장조(C Major)

2) 사장조(G Major)

G C D D7 G
G: I IV V V7 I
G C D D7 G
G: I IV V V7 I
G C D D7 G
G: I IV V V7 I
G C D D7 G
G: I IV V V7 I
G C D D7 G
G: I IV V V7 I
G C D D7 G
G: I IV V V7 I
G C D D7 G
G: I IV V V7 I
G C D D7 G
G: I IV V V7 I

3) 라장조(D Major)

D G A A7 D
D: I IV V V7 I
D G A A7 D
D: I IV V V7 I
D G A A7 D
D: I IV V V7 I
D G A A7 D
D: I IV V V7 I
D G A A7 D
D: I IV V V7 I
D G A A7 D
D: I IV V V7 I
D G A A7 D
D: I IV V V7 I
D G A A7 D
D: I IV V V7 I

4) 바장조(F Major)

5) 내림나장조(B♭ Major)

※ 그 외의 다른 조(Key)도 같은 방법으로 연주해 보세요.

4 왈츠 반주형

왈츠 반주형(Waltz form)은 3/4박자, 6/8박자 등의 3박(3 beat) 계통 곡조에 적합하다. 다음의 반주 패턴을 일정한 속도로 코드네임을 말하면서 연주해 보자.

1) 다장조(C Major)

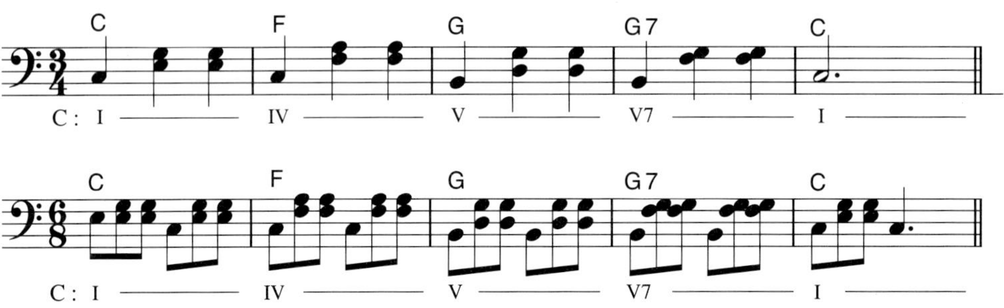

2) 사장조(G Major)

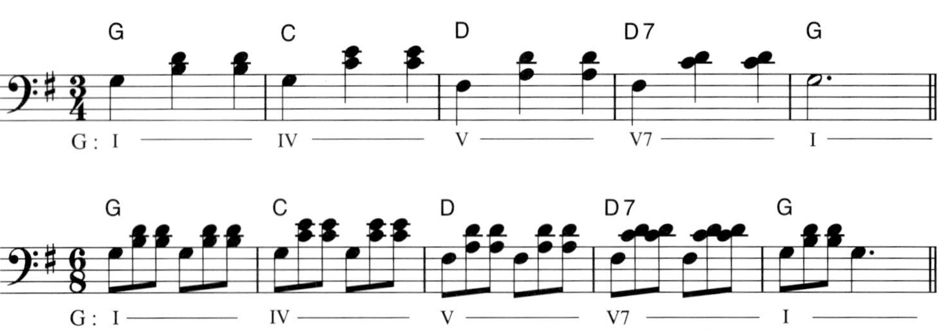

3) 라장조(D Major)

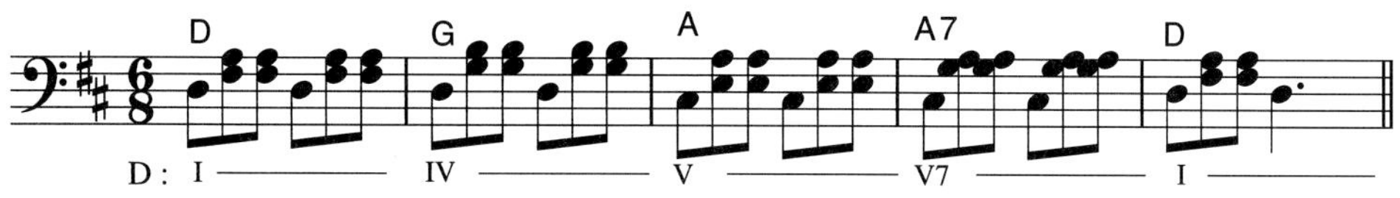

4) 바장조(F Major)

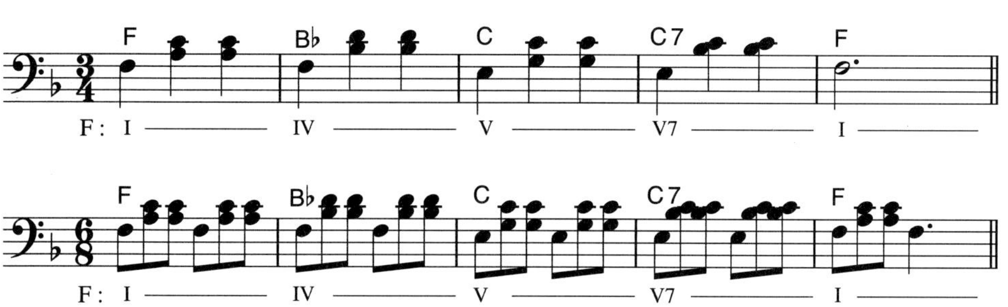

5) 내림나장조(B♭ Major)

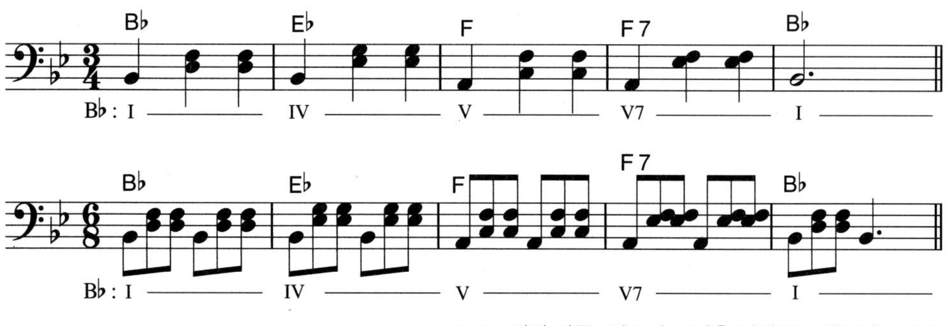

※ 그 외의 다른 조(Key)도 같은 방법으로 연주해 보세요.

5 혼합 반주형

같은 곡 안에서 다양한 리듬과 선율 변화로 두 가지 이상의 반주 패턴을 함께 취하는 것을 혼합 반주형이라고 한다. 예를 들어, 선율이 있는 반주와 선율이 없는 반주의 혼합, 다양한 리듬 패턴의 혼합, 오른손 선율 반주와 왼손 선율 반주의 혼합 등을 들 수 있다. 다음의 기본 반주 패턴과 혼합 반주 패턴을 연주해 보자.

1) 기본 반주 패턴

유치원 원가(어린이집 원가)

윤영배 작사
윤영배 작곡

C
G
예 쁜 친 구
모 여 서
사 이 좋 게
노 는 곳

작은별

외국곡

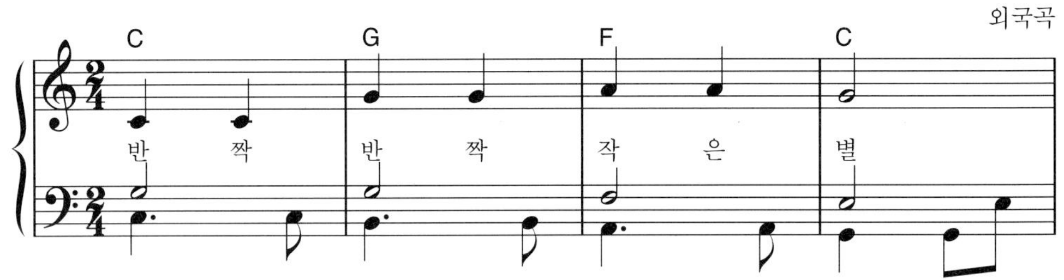
C
G
F
C
반 짝
반 짝
작 은
별

솜사탕

정 근 작사
이수인 작곡

F
C7
나 뭇 가 지 에
실 처 럼 –
날 아 든 솜 사
탕

2) 혼합 반주 패턴

오른손 파트 선율에 화음이나 옥타브를 사용하여 풍부한 화성감을 가지고 연주할 수 있다.

유치원 원가(어린이집 원가)

윤영배 작사
윤영배 작곡

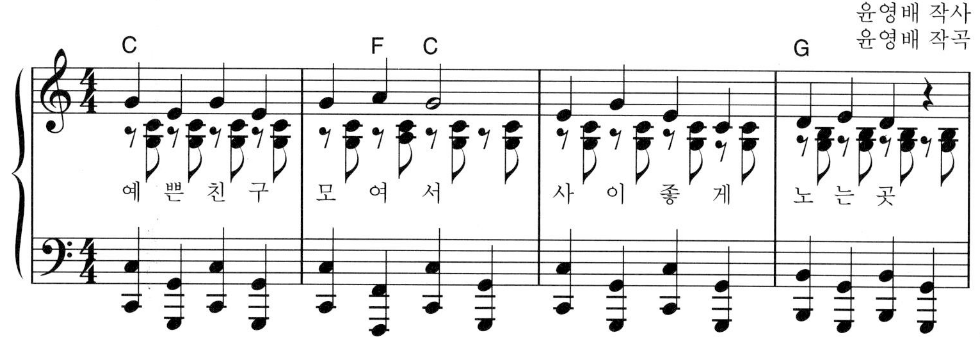

작은별

외국곡

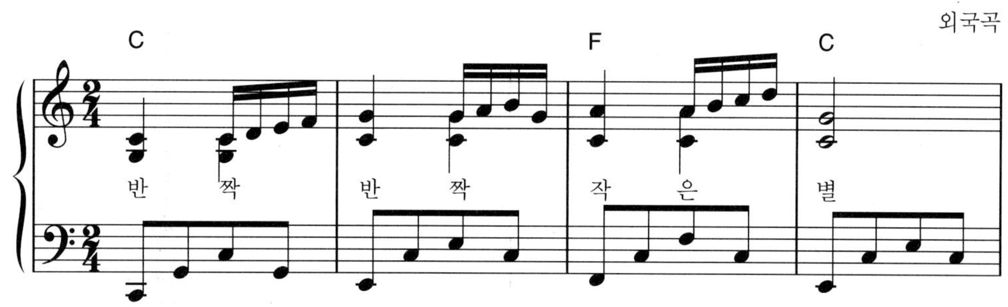

솜사탕

정 근 작사
이수인 작곡

6 선율 변화 반주형

1) 강박에 화음 붙이기

유치원 원가(어린이집 원가)

윤영배 작사
윤영배 작곡

예 쁜 친 구 모 여 서 사 이 좋 게 노 는 곳

2) 선율 전체에 화음 붙이기

유치원 원가(어린이집 원가)

윤영배 작사
윤영배 작곡

예 쁜 친 구 모 여 서 사 이 좋 게 노 는 곳

3) 선율을 겹음으로 연주하기

유치원 원가(어린이집 원가)

윤영배 작사
윤영배 작곡

예 쁜 친 구 모 여 서 사 이 좋 게 노 는 곳

4) 선율 수식하기

루돌프 사슴코

박준양 작사
조니마크스 작곡

루 돌 프 사 슴 코 는
매우반짝이는 코
선율 수식
선율 수식

루돌프 사슴코

박준양 작사
조니마크스 작곡

루 돌 프 사 슴 코 는
매우반짝이는 코
리드미컬한 필 인(Fill in)*

5) 선율을 옥타브로 연주하기

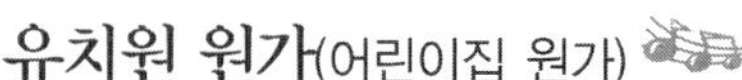

유치원 원가(어린이집 원가)

윤영배 작사
윤영배 작곡

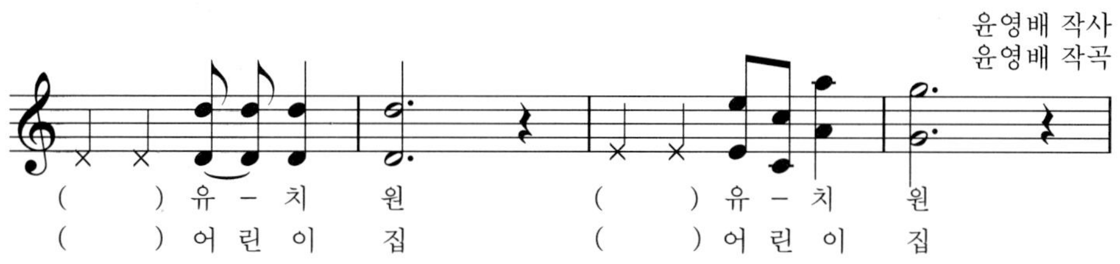
( ) 유 - 치 원
( ) 어 린 이 집
( ) 유 - 치 원
( ) 어 린 이 집

* **필 인(Fill in):** 연주시 연주자의 느낌대로나 즉흥적으로 연주하는 것을 말한다. 필 인(Fill in) 부분은 선율적인 요소가 강한 경우에 한정되게 사용하는 것이 좋다.

7 선율 없는 응용 반주형

오른손 선율 없이 양손 모두 반주하는 형태로 풍부한 화성 효과를 낼 수 있다. 다음의 반주 패턴을 일정한 속도로 코드네임을 말하면서 연주해 보자.

※ 그 외의 다른 조(Key)도 같은 방법으로 연주해 보세요.

8 전래동요, 민요 반주

전래동요나 민요를 피아노 반주로 할 경우에는 여러 민요 장단을 활용하여 피아노로 장구의 효과를 내며 반주하면 효과적이다. 다음의 반주 패턴을 일정한 속도로 연주해 보자.

1) 세마치 장단

(1) 구음과 기본 장단

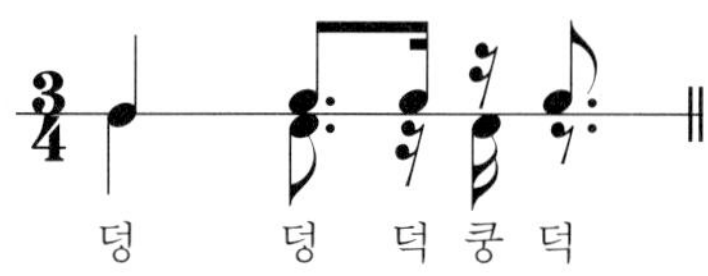

(2) 양손 피아노 반주

(3) 왼손 피아노 반주

2) 단모리 장단

(1) 구음과 기본 장단

(2) 양손 피아노 반주

(3) 왼손 피아노 반주

3) 도드리 장단

(1) 구음과 기본 장단

(2) 양손 피아노 반주

(3) 왼손 피아노 반주

4) 타령 장단

(1) 구음과 기본 장단

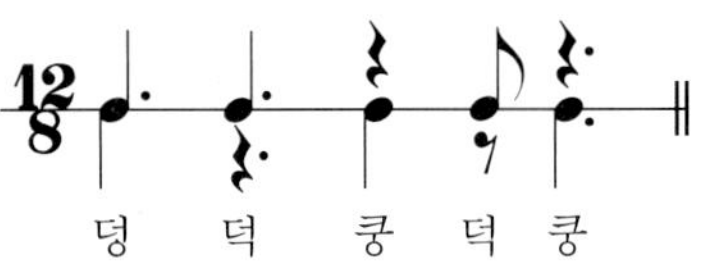

(2) 양손 피아노 반주

(3) 왼손 피아노 반주

5) 굿거리 장단

(1) 구음과 기본 장단

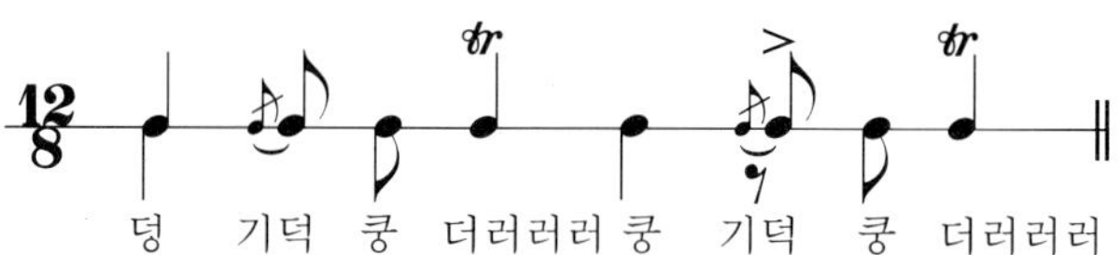

(2) 양손 피아노 반주

(3) 왼손 피아노 반주

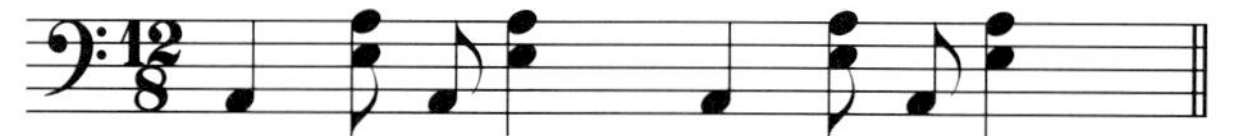

Chapter 4

실제편

1 기본생활

2 나와 유치원

3 가족과 이웃

4 동물

5 건강한 몸과 마음

6 계절(봄)

7 계절(여름)

8 계절(가을)

9 계절(겨울)

10 교통기관

11 도구와 기계

12 지구와 환경

13 다문화

14 놀이(신체표현)

15 특별한 날들

16 전래동요와 국악동요

17 과일

18 자장가

19 창작동요

20 선생님을 위한 노래

1

기본생활

- 나의 하루
- 아침 일찍 일어나
- 약속
- 예쁜 종소리
- 착한 아이
- Hello

초급 나의하루

정 근 작사
이수인 작곡

C F G
아 침햇 살 밝 아오는 – 이 른아 침 – 에
저 녁노 을 아 름답게 – 수 놓을 때 – 면
F C G C
두 손모 아 하 루일을 – 생 각합 니 다
하 루종 일 재 미나게 – 얘 기합 니 다
G7 C F G
학 교에 선 동 무들과 – 사 이좋게공부잘하 고
아 빠엄 만 집 –안일 – 두 루두루돌봐주시 고
C F G C
집 에오 면 심 부름 도 잘 한답 니 다
나 는나 는 내 일공 부 예 습합 니 다

C F G G7
I IV V V7
C F G(G7)
I IV V(V7)

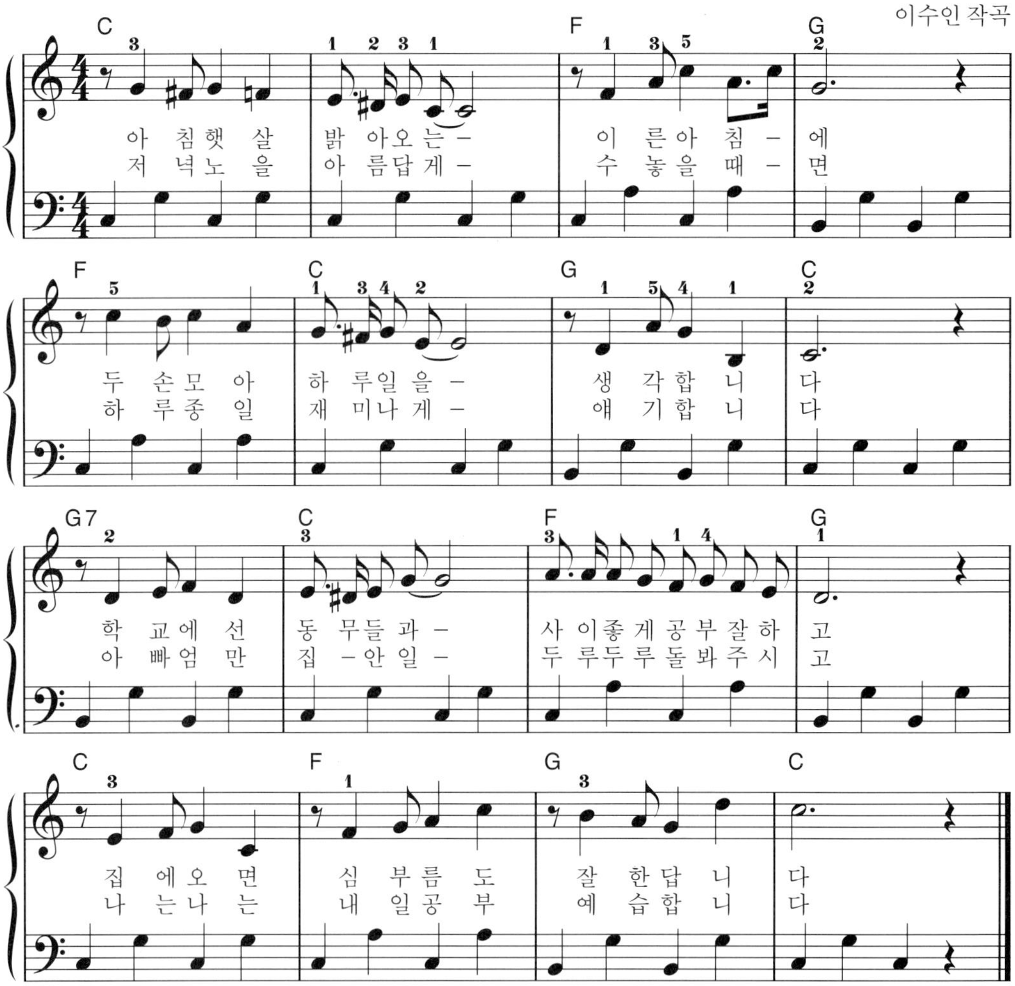

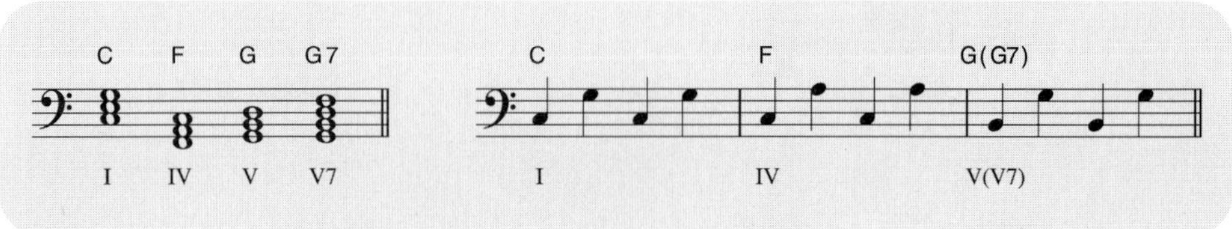

중급 나의 하루

정 근 작사
이수인 작곡

C F G
아 침햇 살 밝 아오는– 이 른아 침 – 에
저 녁노 을 아 름답게– 수 놓을 때 – 면
F C G G7 C
두 손모 아 하 루일을– 생 각합 니 다
하 루종 일 재 미나게– 얘 기합 니 다
G7 C F G7
학 교에 선 동 무들과– 사 이좋게공부잘하 고
아 빠엄 만 집 –안일– 두 루두루돌봐주시 고
C F G7 C
집 에오 면 심 부름 도 잘 한답 니 다
나 는나 는 내 일공 부 예 습합 니 다
C F G G7
I IV V V7
C F G G7
I IV V V7

정 근 작사
이수인 작곡

C F G

아 침햇 살 밝 아오는 – 이 른아 침 – 에
저 녁노 을 아 름답게 – 수 놓을 때 – 면

F C G7 C

두 손모 아 하 루일을 – 생 각합 니 다
하 루종 일 재 미나게 – 얘 기합 니 다

G7 C F G7

학 교에 선 동 무들과 – 사 이좋게공부잘하 고
아 빠엄 만 집 –안일 – 두 루두루돌봐주시 고

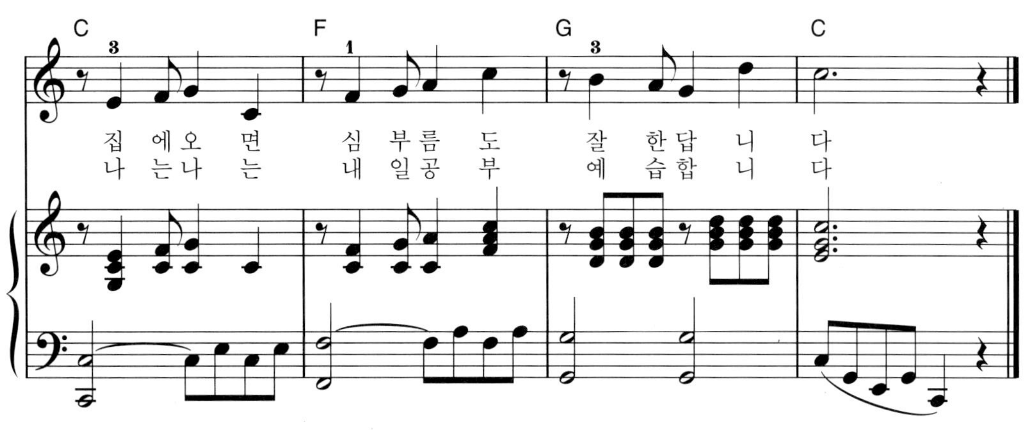
C
F
G
C
3
1
3
집 에오 면 심 부름 도 잘 한답 니 다
나 는나 는 내 일공 부 예 습합 니 다

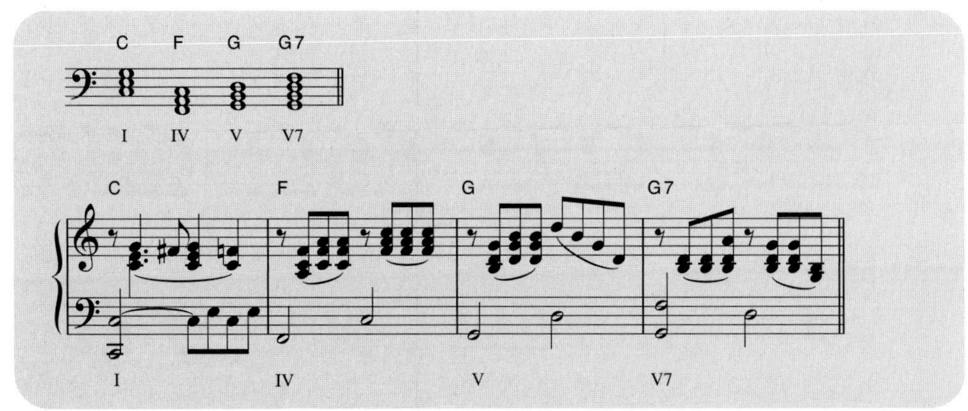
C F G G7
I IV V V7
C
F
G
G7
I
IV
V
V7

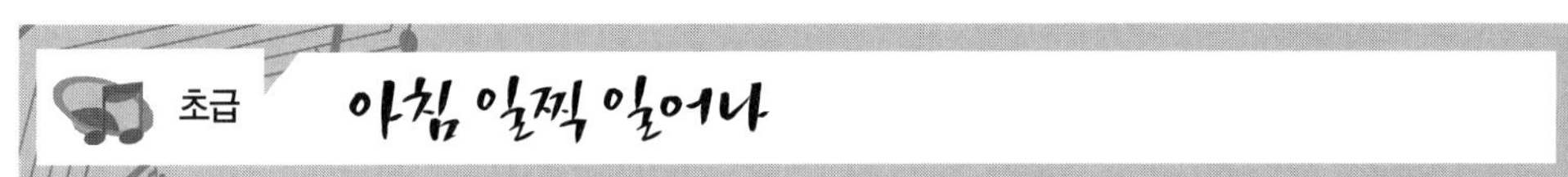
초급
아침 일찍 일어나

임혜정 작사
임혜정 작곡

F C7 F C7 F
아침 일찍 일어 나 양치질을합니다 치카 푸카치카 푸 카 깨 끗이깨끗이
아침 일찍 일어 나 세 – 수를합니다 싹 – 싹 – 싹싹 싹 – 깨 끗이깨끗이
아침 일찍 일어 나 청 – 소를합니다 쓱 – 쓱 – 싹싹 싹 – 깨 끗이깨끗이
아침 일찍 일어 나 거 – 울을봅니다 예 – 쁜 – 내얼 굴 – 깨 끗이깨끗이
아침 일찍 일어 나 인 – 사를합니다 안 – 녕 – 하세 요 – 안 녕–하세요

F B♭ C C7
I IV V V7
F C(C7)
I V(V7)

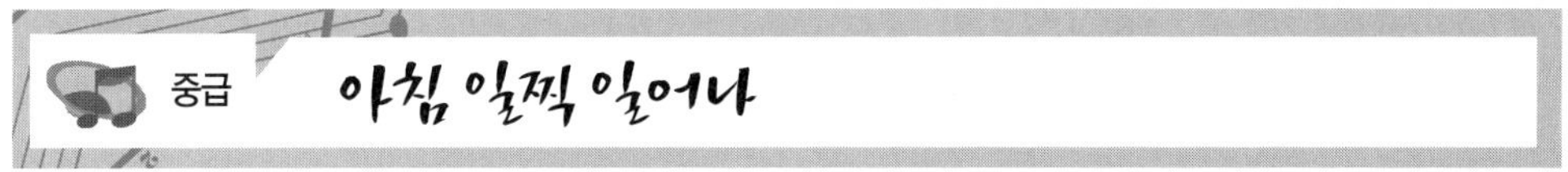
중급
아침 일찍 일어나

임혜정 작사
임혜정 작곡

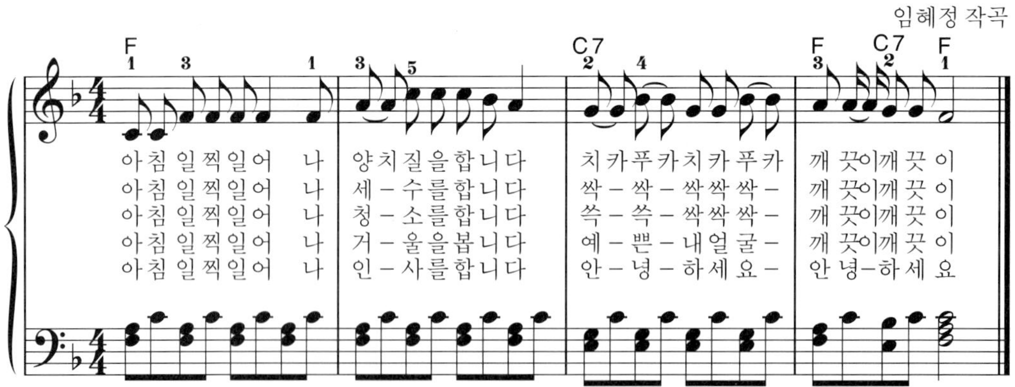
F C7 F C7 F
아침 일찍 일어 나 양치질을합니다 치카푸카치카 푸 카 깨 끗이깨 끗 이
아침 일찍 일어 나 세 – 수를합니다 싹 – 싹 – 싹싹 싹 – 깨 끗이깨 끗 이
아침 일찍 일어 나 청 – 소를합니다 쓱 – 쓱 – 싹싹 싹 – 깨 끗이깨 끗 이
아침 일찍 일어 나 거 – 울을봅니다 예 – 쁜 – 내얼 굴 – 깨 끗이깨 끗 이
아침 일찍 일어 나 인 – 사를합니다 안 – 녕 – 하세 요 – 안 녕–하 세 요

F B♭ C C7
I IV V V7
F C C7
I V V7

고급 아침 일찍 일어나

임혜정 작사
임혜정 작곡

F
C7
F C7 F
아 침 일 찍 일 어 나 양 치 질 을 합 니 다 치 카 푸 카 치 카 푸 카 깨 끗 이 깨 끗 이
아 침 일 찍 일 어 나 세 – 수 를 합 니 다 싹 – 싹 – 싹 싹 싹 – 깨 끗 이 깨 끗 이
아 침 일 찍 일 어 나 청 – 소 를 합 니 다 쓱 – 쓱 – 싹 싹 싹 – 깨 끗 이 깨 끗 이
아 침 일 찍 일 어 나 거 – 울 을 봅 니 다 예 – 쁜 – 내 얼 굴 – 깨 끗 이 깨 끗 이
아 침 일 찍 일 어 나 인 – 사 를 합 니 다 안 – 녕 – 하 세 요 – 안 녕 – 하 세 요

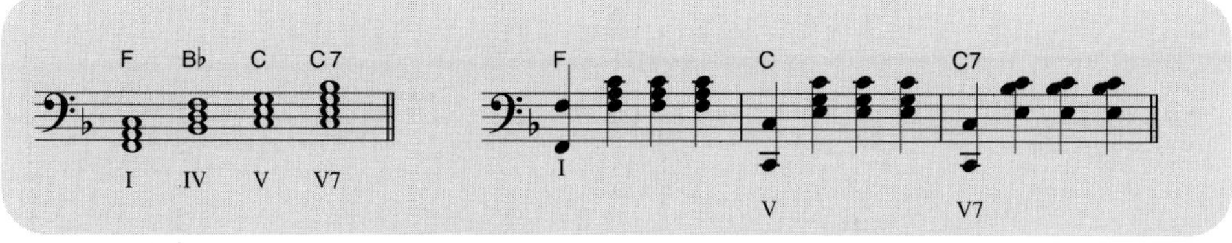
F B♭ C C7
I IV V V7
F C C7
I V V7

초급
약속

김성균 작사
김성균 작곡

C
G
또 -먹고싶 은 데 꼭 참 았 어 요
애 기하고싶 은 데 꼭 참 았 어 요

C
G7
C
많 이먹고싶 은 데 꼭 참 았 어 요
장 난하고싶 은 데 꼭 참 았 어 요

G7
C
G
C
왜 그런줄아 세요 왜 그런줄아세요 약 속 이 었 죠

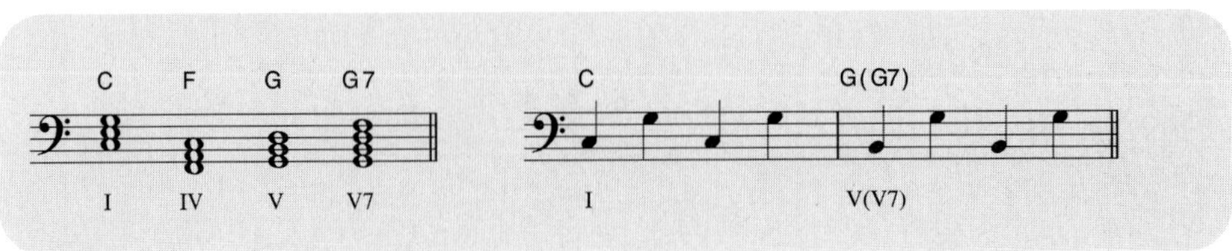
C F G G7
I IV V V7
C G(G7)
I V(V7)

중급
약속

김성균 작사
김성균 작곡

C
G7
또 -먹고싶 은 데 꼭 참 았 어 요
얘 기하고싶 은 데 꼭 참 았 어 요

C
G7
C
많 이먹고싶 은 데 꼭 참 았 어 요
장 난하고싶 은 데 꼭 참 았 어 요

G7
C
G7
C
왜 그런줄아 세 요 왜 그런줄아 세 요 약 속 이 었 죠

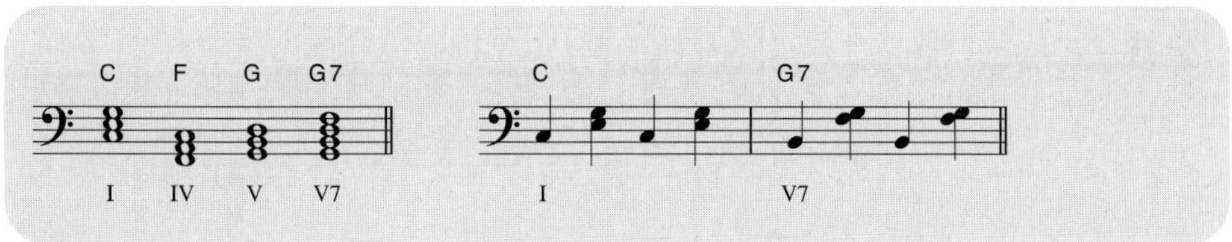
C F G G7
I IV V V7
C G7
I V7

김성균 작사
김성균 작곡

C G7

또 -먹고싶 은 데 꼭 참 았 어 요
애 기하고싶 은 데 꼭 참 았 어 요

C G7 C

많 이먹고싶 은 데 꼭 참 았 어 요
장 난하고싶 은 데 꼭 참 았 어 요

G7 C G C

왜 그런줄아 세요 왜 그런 줄아세요 약 속 이 었 죠

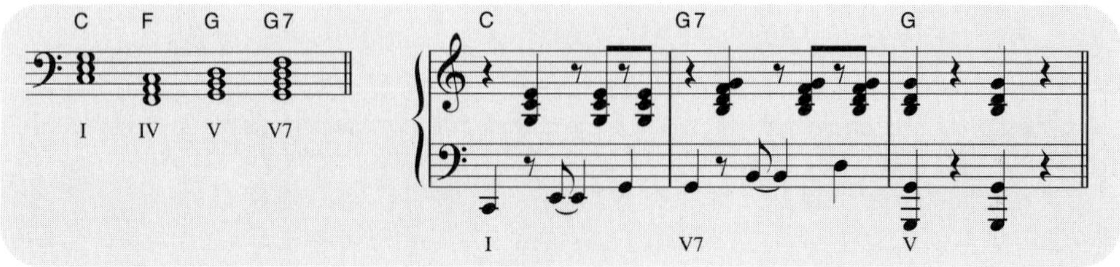

C F G G7

I IV V V7

C G7 G

I V7 V

김성균 작사
김성균 작곡

C G C
일어나세요 라는 종 소 린 땡 땡 땡 땡 땡 땡

C G C
식사하세요 라는 종 소 린 땡땡땡 땡땡땡 땡 땡 땡

G7 G
선생님이부르시는 종 소 린 땡땡땡땡땡땡땡땡 땡땡땡땡땡

C G7 G C
이제그만잠자라는 종 소 린 땡 땡 땡

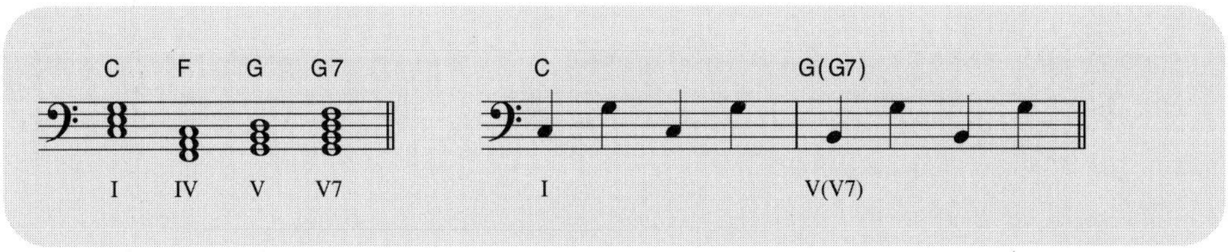

C F G G7
I IV V V7

C G(G7)
I V(V7)

김성균 작사
김성균 작곡

C G G7 G G7 C

일어나세요 라는 종 소 린 땡 땡 땡 땡 땡 땡

C G G7 G G7 C

식사하세요 라는 종 소 린 땡땡땡 땡땡땡 땡 땡 땡

G7 G

선생님이부르시는 종 소 린 땡땡땡땡땡땡땡땡 땡땡땡땡땡

C G G7 G G7 C

이제그만잠자라는 종 소 린 땡 땡 땡

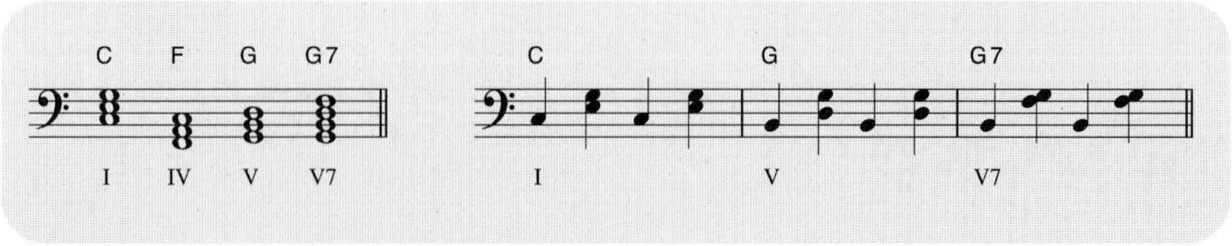

C F G G7

I IV V V7

C G G7

I V V7

김성균 작사
김성균 작곡

C 1 G7 2 5 C
일어나세요 라는 종 소 린 땡 땡 땡 땡 땡 땡

C 1 G7 2 5 C
식사하세요 라는 종 소 린 땡땡땡 땡땡땡 땡 땡 땡

G7 2 G 5
선생님이부르시는 종 소 리 땡땡땡땡땡땡땡땡 땡땡땡땡땡

C 5 G7 1 3 C 2
이제그만잠자라는 종 소 린 땡 땡 땡

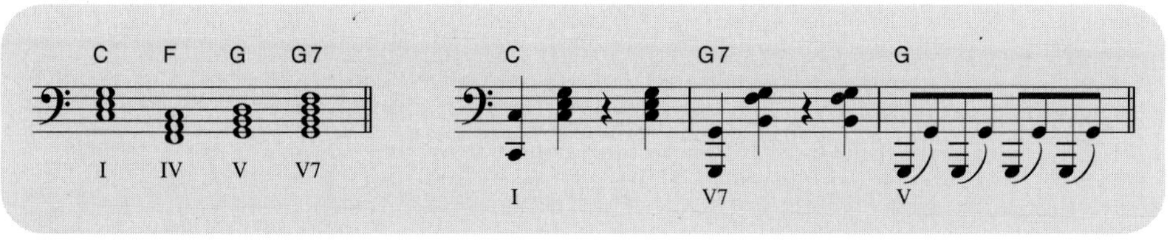

C F G G7
I IV V V7

C G7 G
I V7 V

초급
착한 아이

김성균 작사
김성균 작곡

선생님
C
G7
어린이
C
G7
착 한 아 이 는 어 떻
게 할 까
공 주 처 럼
왕 자 처 럼

선생님
C
G7
어린이
C
G7
C
착한아이는 누구
를 볼 까?
선생 님을
선생 님을 보
죠

선생님
C
G7
C
G7
C
모두모두다 착한
아 이 들
우리 같이
노래－를부 르
그림－을그 리
옛날얘기를 듣
예쁘게앉아 보
자
자
자
자

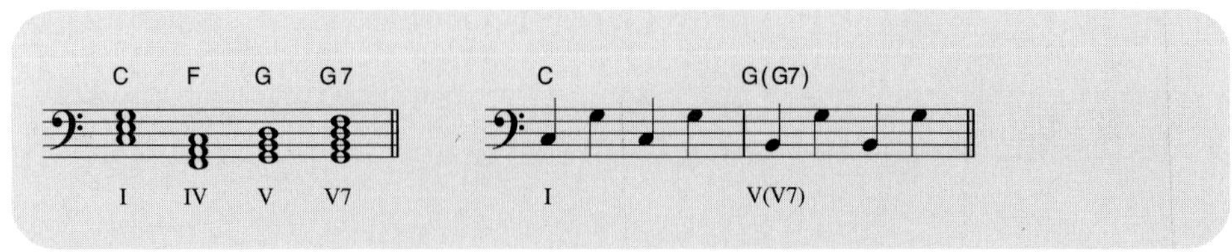
C F G G7
I IV V V7
C G(G7)
I V(V7)

중급
착한 아이

김성균 작사
김성균 작곡
선생님
어린이
C
G7
C
G7
착한아이는 어떻
게 할 까
공주 처럼
왕자 처럼

선생님
어린이
C
G7
C
G7
C
착한아이는 누구
를 볼까?
선생 님을
선생 님을 보
죠

선생님
C
G7
C
G7
C
모두모두다 착한
아 이 들
우리 같이
노래-를부 르
그림-을그 리
옛날얘기를 듣
예쁘게앉아 보
자
자
자
자

C F G G7
I IV V V7
C
G7
I
V7

김성균 작사
김성균 작곡

선생님
C G7
어린이
C

착 한 아 이 는 어 떻 게 할 까 공 주 처 럼

G7
선생님
C G7

왕 자 처 럼 착 한 아 이 는 누 구 를 볼 까?

어린이
C G7 C
선생님

선 생 님 을 선 생 님 을 보 죠 모 두 모 두 다 착 한

G7
C
G7
C
아 이 들 우리 같이 노래-를부 르 자
그림-을그 리 자
옛날얘기를 듣 자
예쁘게앉아 보 자

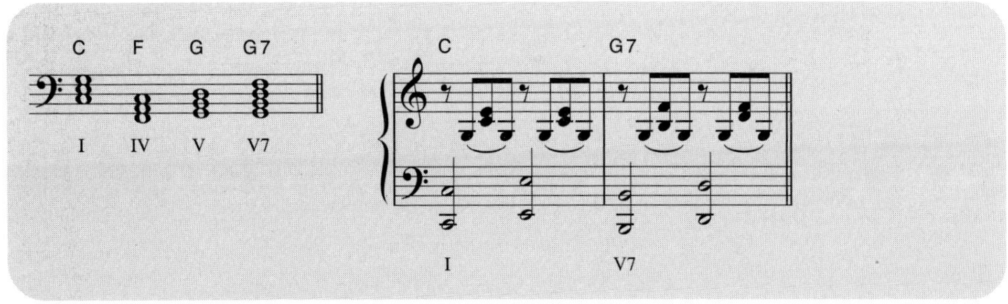
C F G G7
I IV V V7
C
G7
I
V7

초급
Hello

윤영배 작사
윤영배 작곡

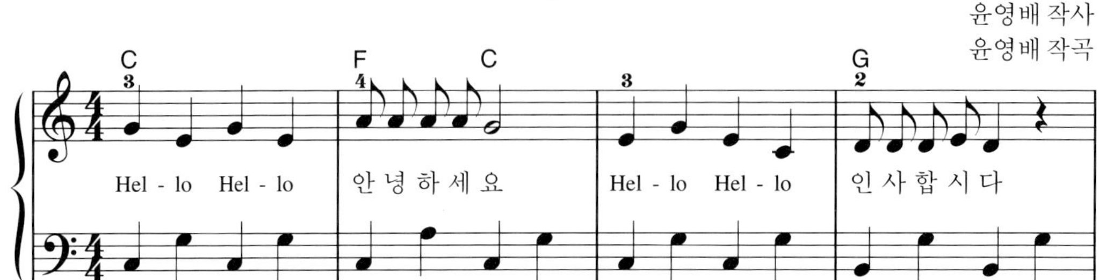
C
F
C
G
Hel - lo Hel - lo
안 녕 하 세 요
Hel - lo Hel - lo
인 사 합 시 다

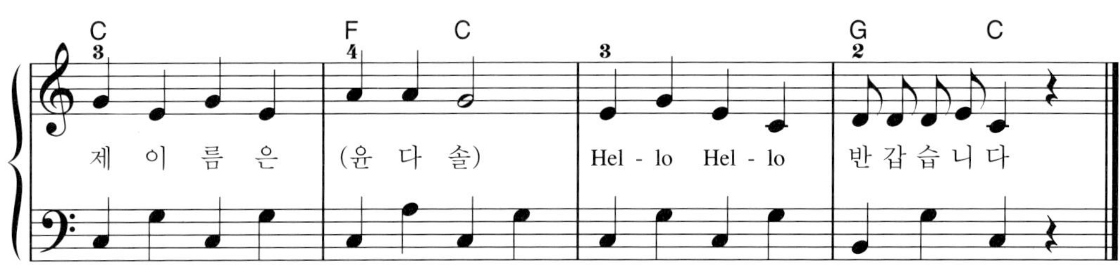
C
F
C
G
C
제 이 름 은
(윤 다 솔)
Hel - lo Hel - lo
반 갑 습 니 다

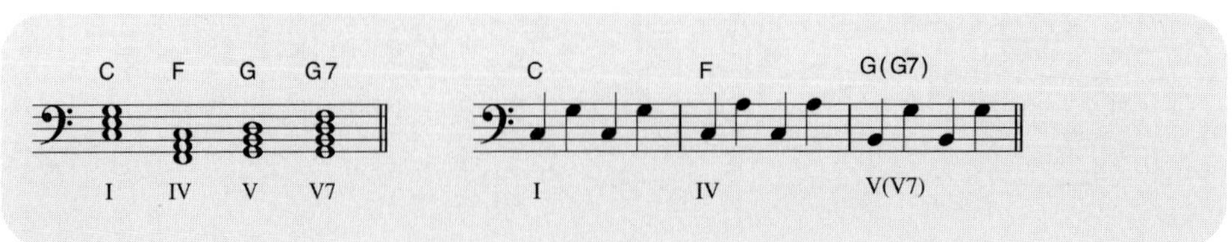
C F G G7
I IV V V7
C
F
G(G7)
I
IV
V(V7)

중급
Hello

윤영배 작사
윤영배 작곡

C
F
C
G7
3
4
3
2
Hel - lo Hel - lo
안 녕 하 세 요
Hel - lo Hel - lo
인 사 합 시 다

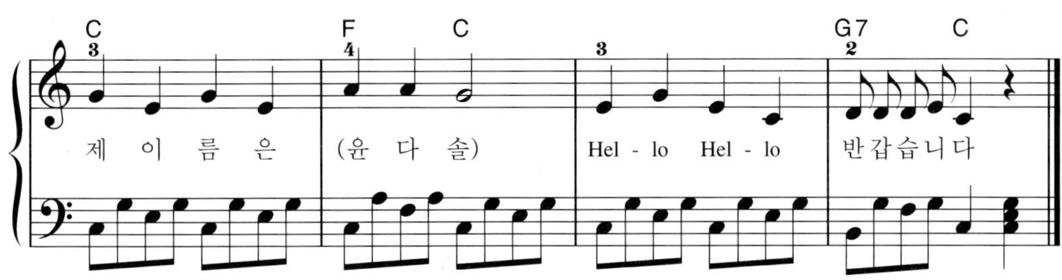
C
F
C
G7
C
3
4
3
2
제 이 름 은
(윤 다 솔)
Hel - lo Hel - lo
반 갑 습 니 다

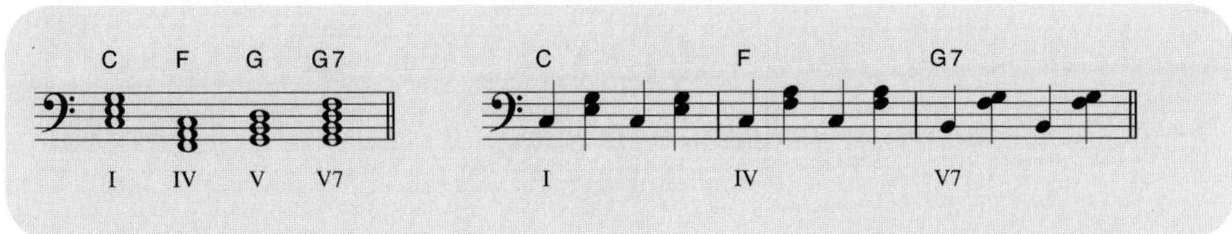
C F G G7
I IV V V7
C
F
G7
I
IV
V7

고급 **Hello**

윤영배 작사
윤영배 작곡

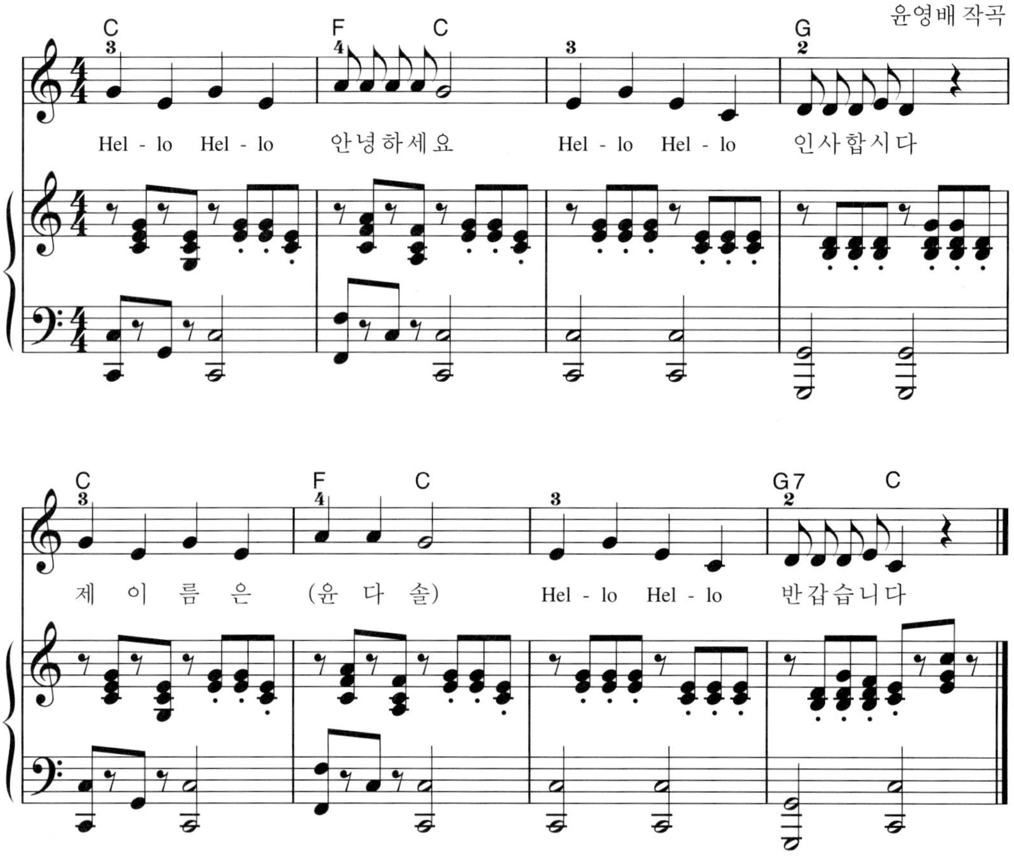

C F C G
Hel - lo Hel - lo 안녕하세요 Hel - lo Hel - lo 인사합시다
C F C G7 C
제 이 름 은 (윤 다 솔) Hel - lo Hel - lo 반갑습니다

C F G G7
I IV V V7
C F C G G7 C
I IV I V V7 I

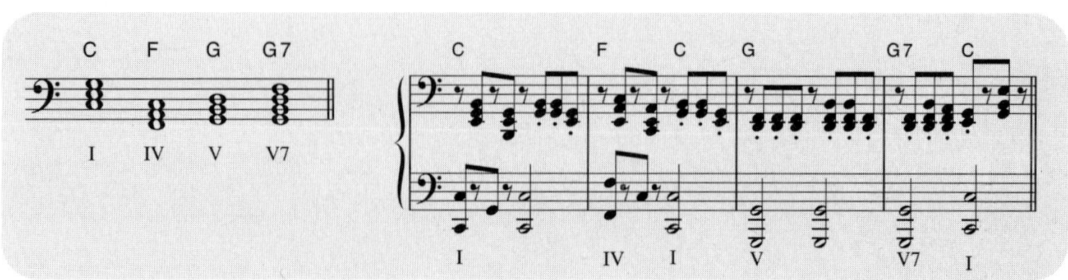

2

나와 유치원

- 내 짝
- 누구일까?
- 용서하는 아이
- 유치원에 가면
- 유치원 원가(어린이집 원가)

초급
내 짝

유경손 작사
나운영 작곡

C G C
짝 짝 내 짝 유 치 원 의 내 짝
짝 짝 내 짝 서 로 찾 는 내 짝

C F C G
발 걸 음 도 재 미 있 게 짝 짝 맞 추 고
발 멈 춰 서 걸 어 갈 땐 손 손 꼭 잡 고

C F G C
언 제 나 반 가 운 내 짝 이 지 요

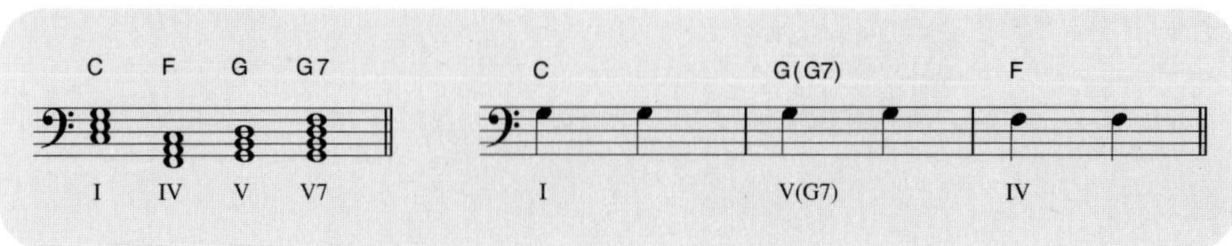
C F G G7
I IV V V7
C G(G7) F
I V(G7) IV

중급
내 짝

유경손 작사
나운영 작곡

C
G
C
짝 짝 내 짝 유 치 원 의 내 짝
짝 짝 내 짝 서 로 찾 는 내 짝

C
F
C
G7
발 걸 음 도 재 미 있 게 짝 짝 맞 추 고
발 멈 춰 서 걸 어 갈 땐 손 손 꼭 잡 고

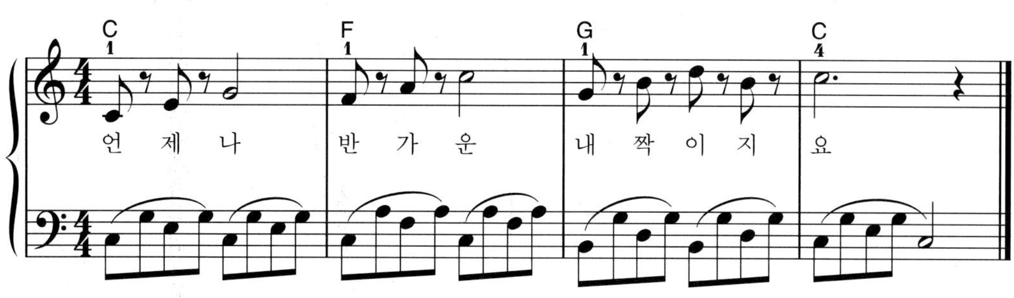
C
F
G
C
언 제 나 반 가 운 내 짝 이 지 요

C F G G7
I IV V V7
C G F G7
I V IV V7

유경손 작사
나운영 작곡

C G C

짝 짝 내 짝 유 치 원 의 내 짝
짝 짝 내 짝 서 로 찾 는 내 짝

C F C G7

발 걸 음 도 재 미 있 게 짝 짝 맞 추 고
발 멈 춰 서 걸 어 갈 땐 손 손 꼭 잡 고

C F G C

언 제 나 반 가 운 내 짝 이 지 요

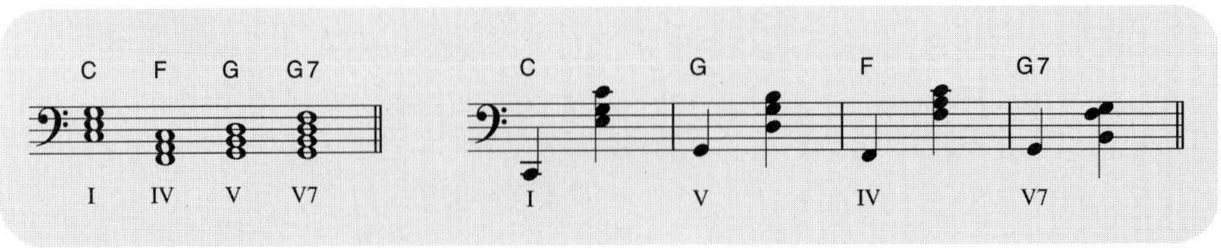

C F G G7

I IV V V7

C G F G7

I V IV V7

초급
누구일까?

김규환 작사
김규환 작곡

C
F
G
예 쁜 노 래
부 르 는
나는누구일 까
요

F
C
F
C
F
C
G7
누 굴 까
누 굴 까
알아 맞혀 보 세
요

C
G
C
우 리 친 구
(○ ○ ○)
우 리 친 구(○ ○
○)
아 니 아 니 틀 렸
다

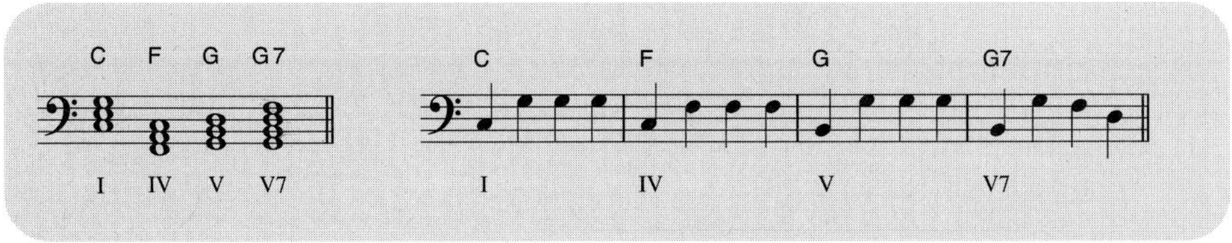
C F G G7
I IV V V7
C
F
G
G7
I
IV
V
V7

중급
누구일까?

김규환 작사
김규환 작곡

C
F
G
예 쁜 노 래
부 르 는
나는누구일 까
요

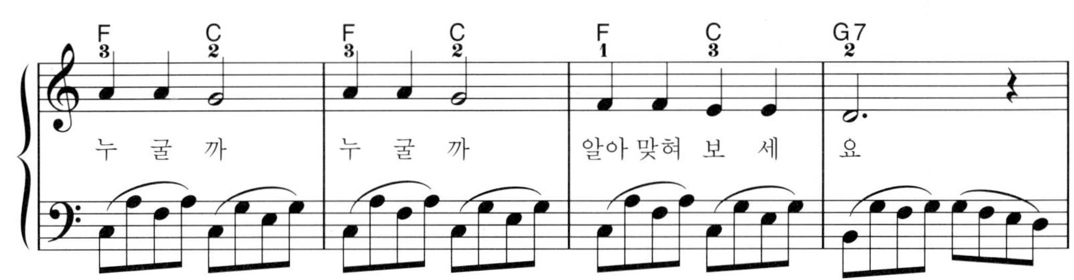
F C
F C
F C
G7
누 굴 까
누 굴 까
알아맞혀 보 세
요

C
G
C
우 리 친 구
(○ ○ ○)
우리친구(○ ○
○)
아니아니틀 렸
다

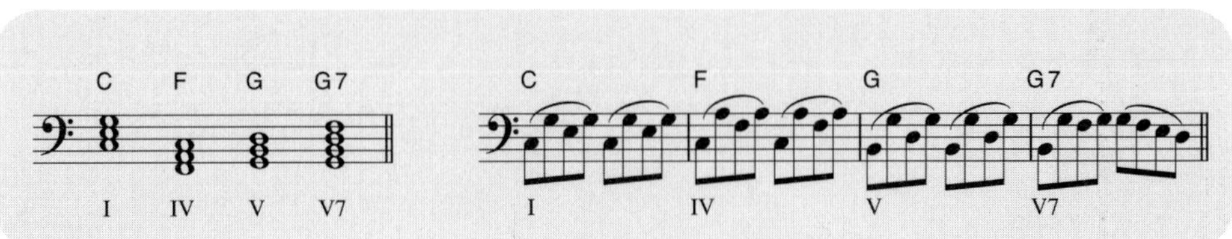
C F G G7
I IV V V7
C F G G7
I IV V V7

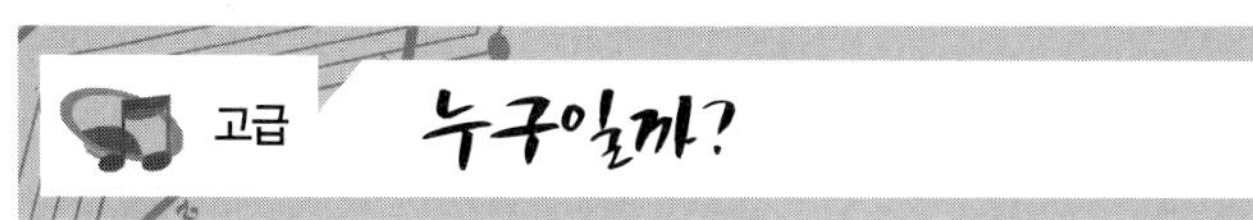

김규환 작사
김규환 작곡

C 1 | | F 5 | G7 2

예 쁜 노 래 | 부 르 는 | 나는누구일 까 | 요

F 3 C 2 | F 3 C 2 | F 1 C 3 | G7 2

누 굴 까 | 누 굴 까 | 알아 맞혀 보 세 | 요

C 1 | | G7 2 | C 5

우 리 친 구 | (○ ○ ○) | 우 리 친 구(○ ○ | ○)

아니아니틀 렸 | 다

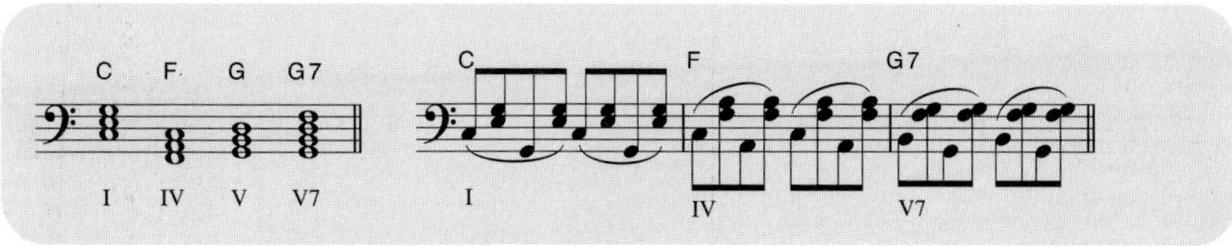

C F G G7

I IV V V7

C F G7

I IV V7

박경종 작사
정혜옥 작곡

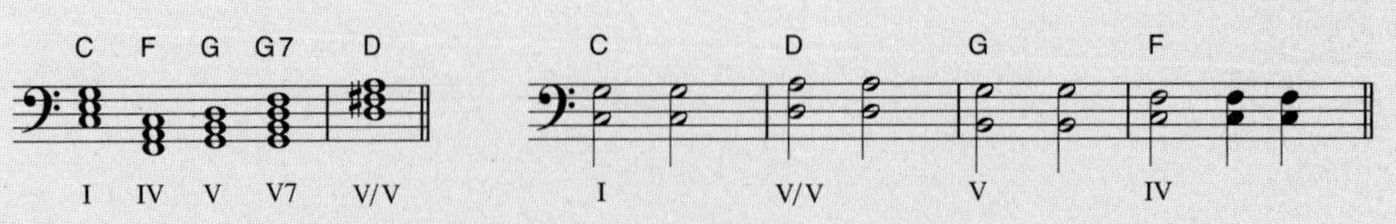

C 3 | 1 | D 2 | G 2

우리 들은 | 사이 좋은 | 친 구 랍 니 | 다

C 3 | 1 | G 2 | C 1

같이 놀다 | 잘못 하면 | 용 서 를 하 | 죠

F 3 | C 2 | D 1 | G

악수 하고 | 하하 하하하하 | 같 이 들 웃 | 는

C 3 | 1 | G 2 | C 1

우리 들은 | 사이 좋은 | 친 구 랍 니 | 다

C F G G7 D

I IV V V7 V/V

C D G F

I V/V V IV

박경종 작사
정혜옥 작곡

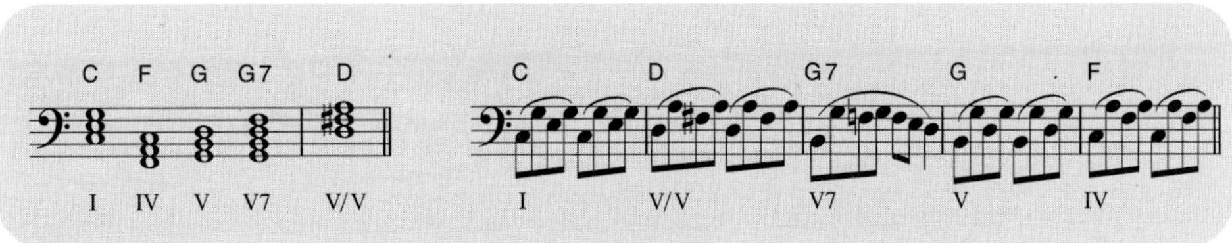

C D G7
우리 들은 사이 좋은 친 구 랍 니 다

C G C
같이 놀다 잘못 하면 용 서 를 하 죠

F C D G7
악수 하고 하하 하하하하 같 이 들 웃 는

C G C
우리 들은 사이 좋은 친 구 랍 니 다

C F G G7 D
I IV V V7 V/V

C D G7 G F
I V/V V7 V IV

용서하는 아이

박경종 작사
정혜옥 작곡

C 3 | 1 | D 2 | G7 2

우 리 들 은 사 이 좋 은 친 구 랍 니 다

C 3 | 1 | G 2 | C 1

같이 놀다 잘못 하면 용 서 를 하 죠

F 3 | C 2 | D 1 | G7

악수 하고 하하 하하하하 같 이 들 웃 는

C 3 | 1 | G 2 | C 1

우리 들은 사이 좋은 친 구 랍 니 다

C F G G7 D

I IV V V7 V/V

C D G7 G F

I V/V V7 V IV

초급 유치원에 가면

윤현진 작사
윤현진 작곡

유치원에 가면

윤현진 작사
윤현진 작곡

C G C G

유 치원 에가 면 은 무 엇무 엇이 있 나 요

C G C

유 치원 에가 면 은 무 엇무 엇있 나 요

Fine

F C F C

미 끄 럼 도 있 고 요 장 난 감 도 있 고 요

F C Dm D G G7

예 쁜 친 구 착한 친구 많이많이있 어 요 –

D.S.

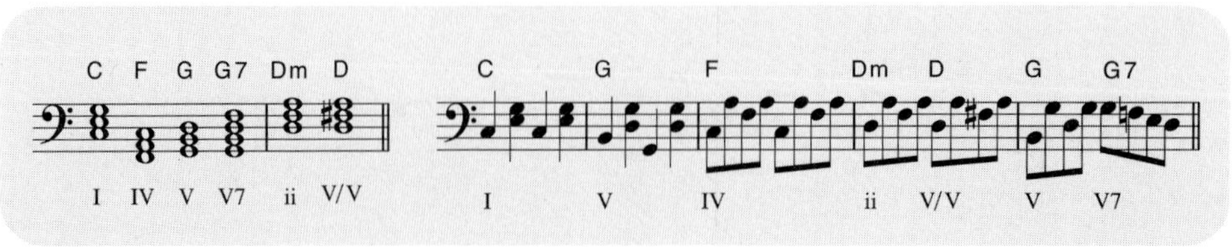

C F G G7 Dm D

I IV V V7 ii V/V

C G F Dm D G G7

I V IV ii V/V V V7

고급

유치원에 가면

윤현진 작사
윤현진 작곡
C G7 C G
유 치원 에가 면 은 무 엇무 엇이 있 나 요
C G7 C
유 치원 에가 면 은 무 엇무 엇있 나 요
Fine
F C F C
미 끄 럼 도 있 고 요 장 난 감 도 있 고 요
F C Dm D G
예 쁜 친 구 착한 친구 많이많이있 어 요 –
D.S.
C F G G7 Dm D
I IV V V7 ii V/V
C G7 F Dm D
I V7 IV ii V/V

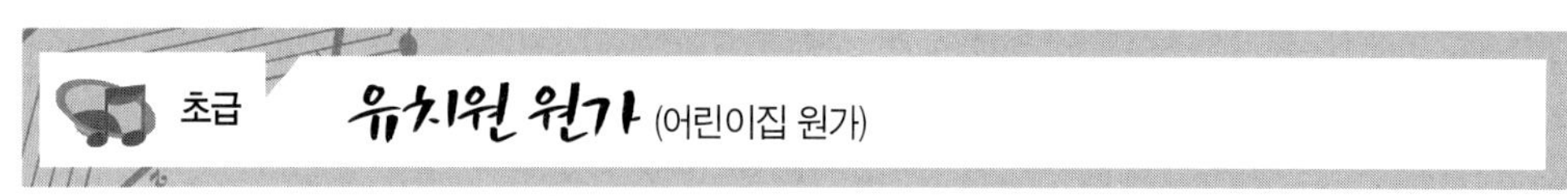

윤영배 작사
윤영배 작곡

C 3 | 3 5 | G 2

예 쁜 친 구 | 모 여 서 | 사 이 좋 게 | 노 는 곳

C 3 | 2 5 | G7 C 2 1

멋 진 친 구 | 모 여 서 | 씩 씩 하 게 | 크 는 집

G 2 | C 2 5 | G 4

( ) 유 - 치 | 원 | ( ) 유 - 치 | 원
( ) 어 린 이 | 집 | ( ) 어 린 이 | 집

C 2 5 | F 3 | C 2 5 1 4 | G7 C 2 1

모 여 라 손 잡 고 | 가 보 자 | 랄 랄 라 즐 거 운 | 꿈 동 산

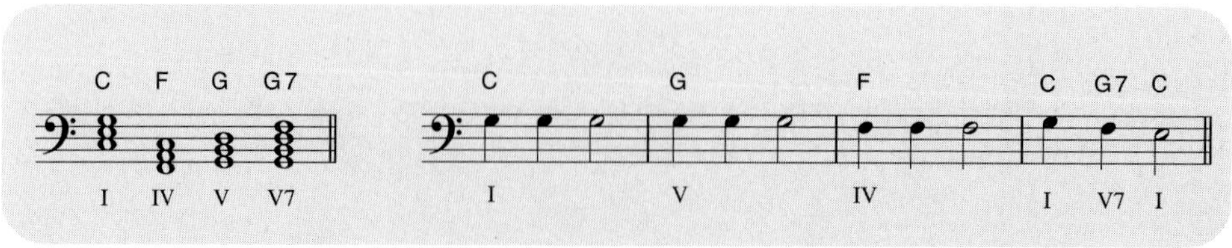

C F G G7
I IV V V7

C | G | F | C G7 C
I | V | IV | I V7 I

중급 유치원 원가 (어린이집 원가)

고급 유치원 원가 (어린이집 원가)

윤영배 작사
윤영배 작곡

C F C G C
2 5 3 2 5 1 4 3 2 1
모여 라손잡 고 가 보 자 랄랄 라즐거 운 꿈 동 산

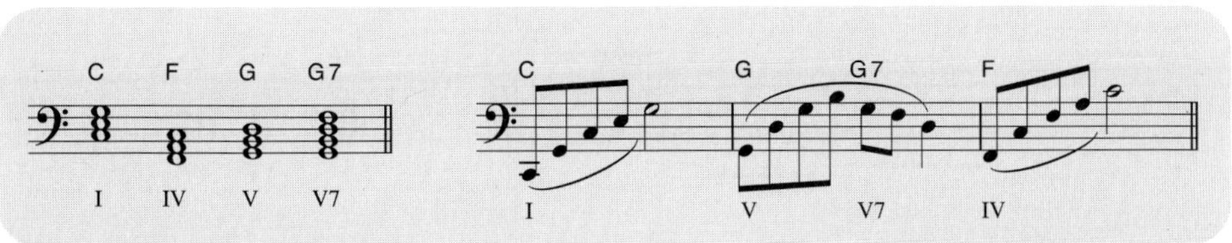
C F G G7
I IV V V7
C G G7 F
I V V7 IV

3

가족과 이웃

- 그런 집 보았니
- 누구하고 노나
- 뽀뽀뽀

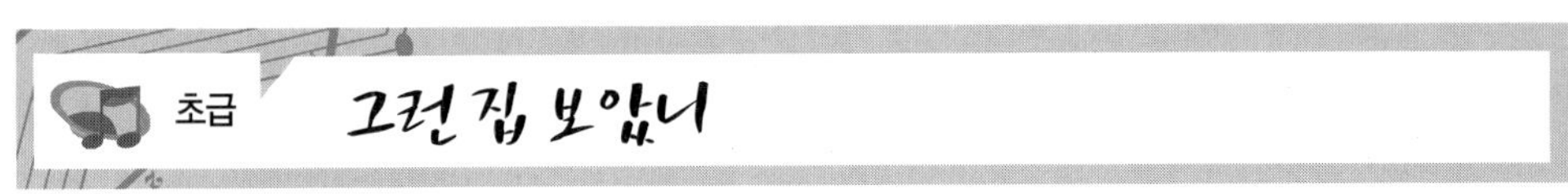
초급
그런 집 보았니

김성균 작사
김성균 작곡

F
B♭
F
우 리 동 네 많 은 집 들 | 중 에 서 | 높 은 집 짓 고 | 빨 간 자 동 차 들 이
우 리 동 네 많 은 집 들 | 중 에 서 | 예 쁜 집 속 에 | 편 지 쓴 사 람 들 이
우 리 동 네 많 은 집 들 | 중 에 서 | 배 아 픈 사 람 | 골 치 아 픈 사 람 들

C7
F
B♭
F
매 일 매 일 살 고 있 는 | 집 보 았니? | 그 럼 요 그 럼 요 | 멋 진 집 이 죠
매 일 매 일 살 고 있 는 | 집 보 았니? | 그 럼 요 그 럼 요 | 예 쁜 집 이 죠
매 일 매 일 살 고 있 는 | 집 보 았니? | 그 럼 요 그 럼 요 | 예 쁜 집 이 죠

C7
F
웡 웡 웡 | 웡 – – – – – – – | | 소 방 서
똑 똑 똑 | 어디로 보내드릴까요? | 친구에게 보내주세요 | 우 체 국
아니 봅시 다 | 똑똑똑 | 쿡 | 병 – 원

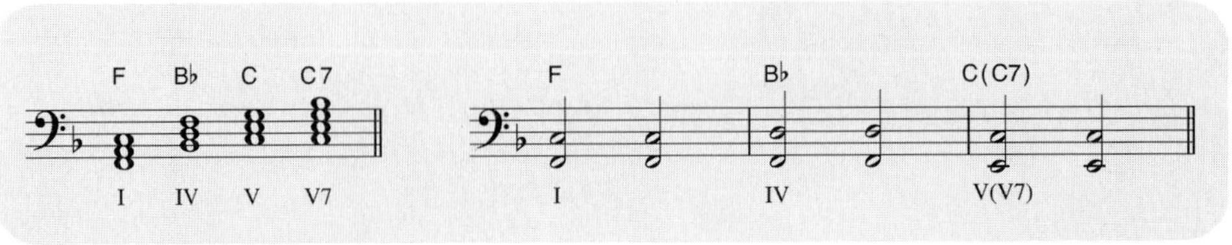
F B♭ C C7
I IV V V7
F B♭ C(C7)
I IV V(V7)

중급
그런 집 보았니

김성균 작사
김성균 작곡

F
B♭
F
우 리 동 네 많 은 집 들 중 에 서 높 은 집 짓 고 빨 간 자 동 차 들 이
우 리 동 네 많 은 집 들 중 에 서 예 쁜 집 속 에 편 지 쓴 사 람 들 이
우 리 동 네 많 은 집 들 중 에 서 배 아 픈 사 람 골 치 아 픈 사 람 들

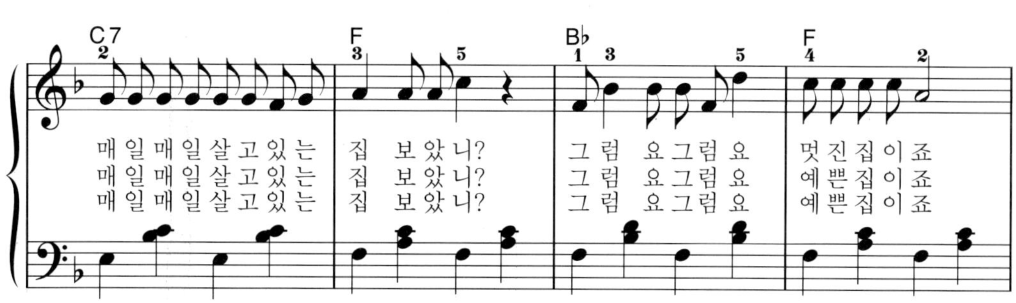

C7
F
B♭
F
매 일 매 일 살 고 있 는 집 보 았 니? 그 럼 요 그 럼 요 멋 진 집 이 죠
매 일 매 일 살 고 있 는 집 보 았 니? 그 럼 요 그 럼 요 예 쁜 집 이 죠
매 일 매 일 살 고 있 는 집 보 았 니? 그 럼 요 그 럼 요 예 쁜 집 이 죠

C7
F
웽 웽 웽 – – – – – – – 소 방 서
똑 똑 어디로 보내드릴까요? 친구에게 보내주세요 우 체 국
아니 다 똑똑똑 쿡 병 – 원

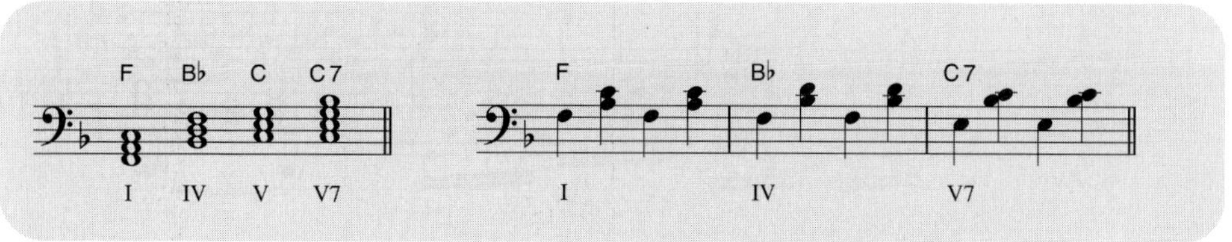

F B♭ C C7
I IV V V7
F B♭ C7
I IV V7

김성균 작사
김성균 작곡

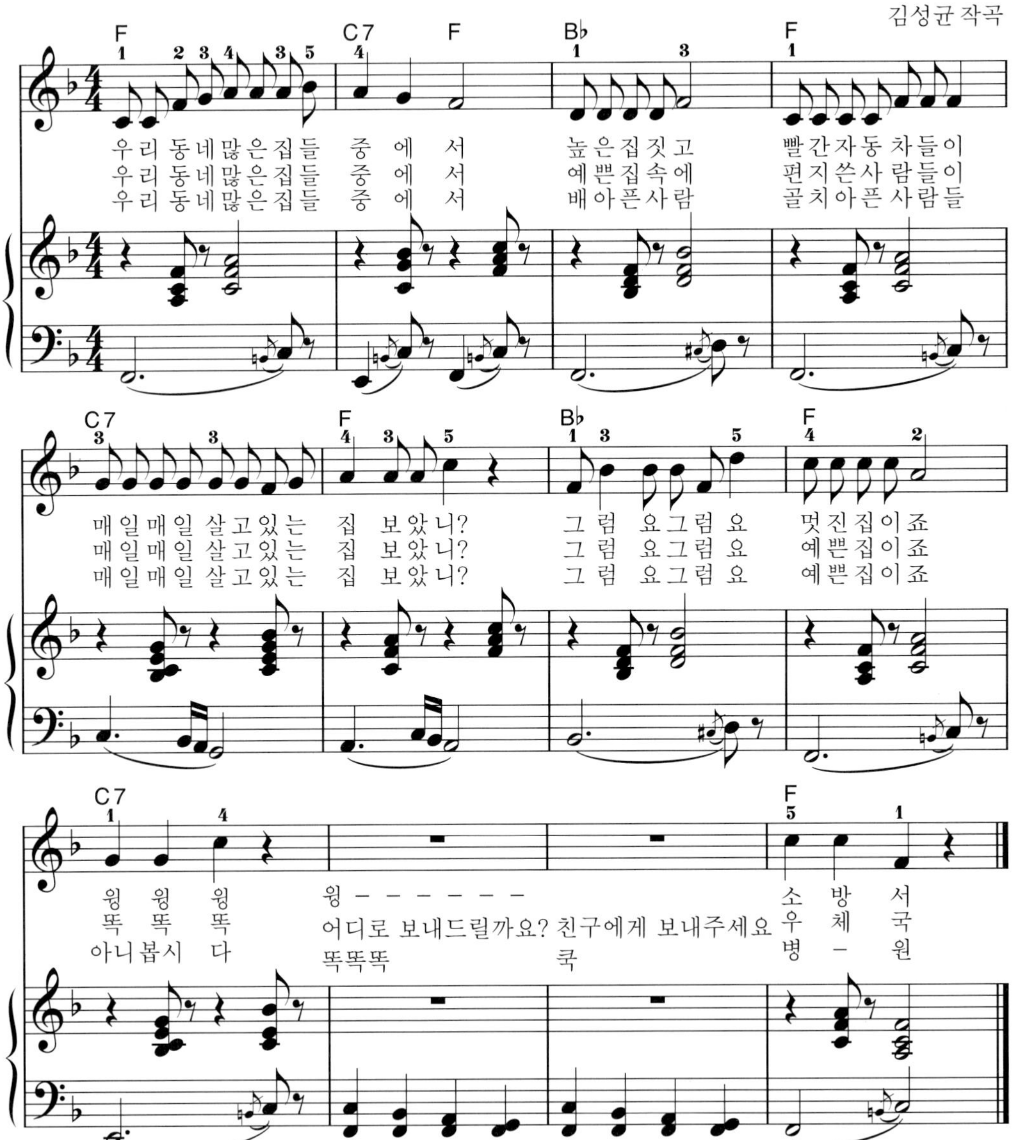

F C7 F B♭ F

우리 동네 많은 집들 중에 서 높은 집 짓고 빨간 자동차들이
우리 동네 많은 집들 중에 서 예쁜 집 속에 편지 쓰는 사람들이
우리 동네 많은 집들 중에 서 배 아픈 사람 골치 아픈 사람들

C7 F B♭ F

매일 매일 살고 있는 집 보았니? 그럼요 그럼요 멋진 집이죠
매일 매일 살고 있는 집 보았니? 그럼요 그럼요 예쁜 집이죠
매일 매일 살고 있는 집 보았니? 그럼요 그럼요 예쁜 집이죠

C7 F

윙 윙 윙 윙 – – – – – – – 소 방 서
똑 똑 똑 어디로 보내드릴까요? 친구에게 보내주세요 우 체 국
아니 봅시 다 똑똑똑 쿡 병 – 원

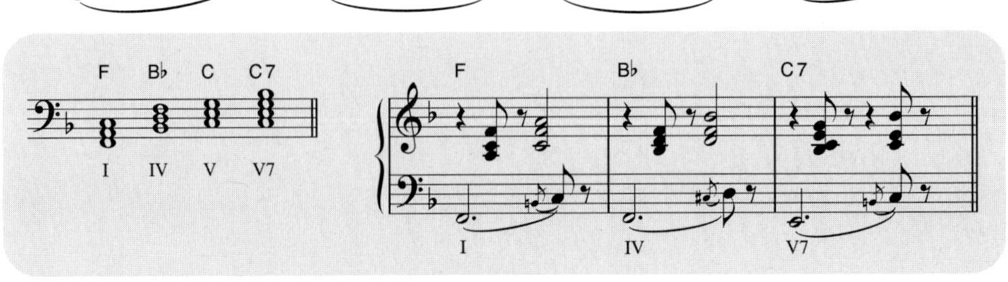

F B♭ C C7
I IV V V7

F B♭ C7
I IV V7

초급
누구하고 노나

박목월 작사
한용희 작곡

D
4 2 1 2 4 5 4 2 1
꾀 꼴 꾀 꼴 꾀 꼬 리 누 구 하 고 노 – 나
개 굴 개 굴 개 구 리 누 구 하 고 노 – 나
방 글 방 글 아 기 는 누 구 하 고 노 – 나

D G D G D A7 D
3 2 5 2 1 1 3 2 1
꾀 꼴 꾀 꼴 꾀 꼬 리 꾀 꼬 리 하 고 놀 – 지
개 굴 개 굴 개 구 리 개 구 리 하 고 놀 – 지
방 글 방 글 아 기 는 엄 마 하 – 고 놀 – 지

D G A A7
I IV V V7
D G A(A7)
I IV V(V7)

중급
누구하고 노나

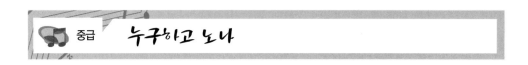

박목월 작사
한용희 작곡

D
꾀 꼴 꾀 꼴 꾀 꼬 리 누 구 하 고 노 – 나
개 굴 개 굴 개 구 리 누 구 하 고 노 – 나
방 글 방 글 아 기 는 누 구 하 고 노 – 나

D G D G D A7 D
꾀 꼴 꾀 꼴 꾀 꼬 리 꾀 꼬 리 하 고 놀 – 지
개 굴 개 굴 개 구 리 개 구 리 하 고 놀 – 지
방 글 방 글 아 기 는 엄 마 하 – 고 놀 – 지

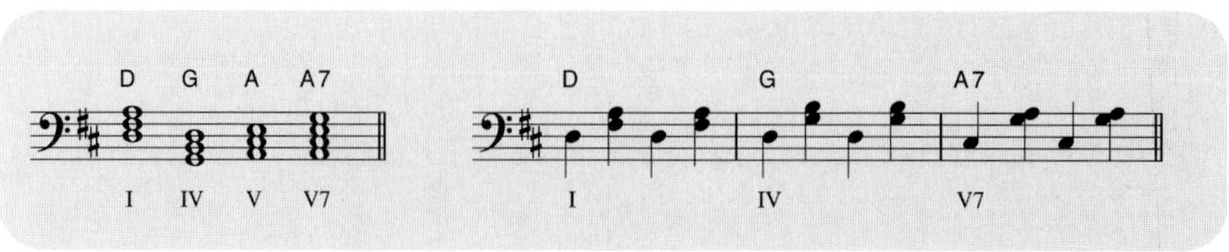
D G A A7
I IV V V7
D G A7
I IV V7

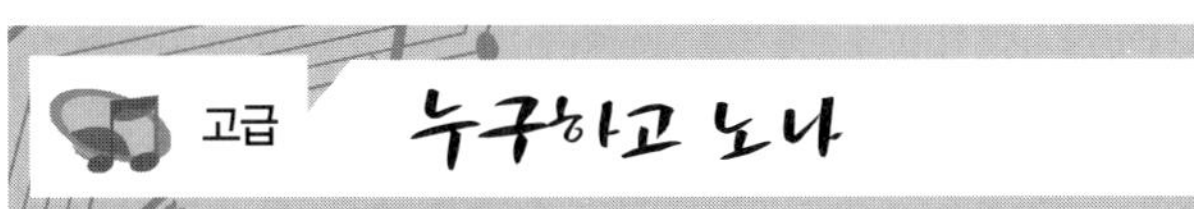

박목월 작사
한용희 작곡

D
4 2 1 2 4 5 4 2 1

꾀 꼴 꾀 꼴 꾀 꼬 리 누구하고노 – 나
개 굴 개 굴 개 구 리 누구하고노 – 나
방 글 방 글 아 기 는 누구하고노 – 나

D G D G D A7 D
3 2 5 2 1 1 3 2 1

꾀 꼴 꾀 꼴 꾀 꼬 리 꾀 꼬 리하고 놀 – 지
개 굴 개 굴 개 구 리 개 구 리하고 놀 – 지
방 글 방 글 아 기 는 엄 마 하 – 고 놀 – 지

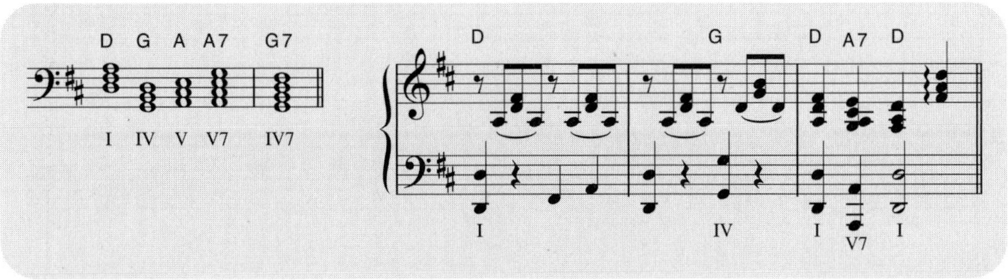

D G A A7 G7
I IV V V7 IV7

D G D A7 D
I IV I V7 I

이재휘 작사
이재휘 작곡

C F C G7
아빠가 출근할때 뽀뽀 뽀– 엄마가 안아줘도 뽀뽀 뽀–

C F G C
만나면 반갑다고 뽀뽀 뽀– 헤어질때또만나요 뽀뽀 뽀–

C F C G
우 리 는 귀 염 둥 이 뽀 뽀 뽀 친 – 구

C F G C
뽀 뽀 뽀 뽀 뽀 뽀 뽀 뽀 뽀 친 구

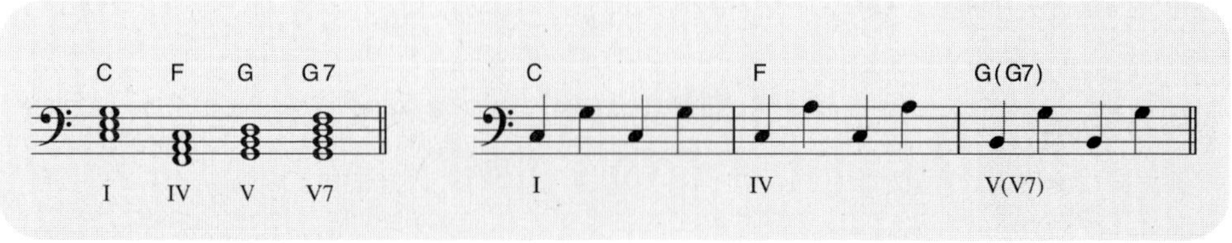

C F G G7
I IV V V7

C F G(G7)
I IV V(V7)

이재휘 작사
이재휘 작곡

C F C G7
아 빠 가 출 근 할 때 뽀 뽀 뽀 – 엄 마 가 안 아 줘 도 뽀 뽀 뽀 –

C F G7 C
만 나 면 반 갑 다 고 뽀 뽀 뽀 – 헤 어 질 때 또 만 나 요 뽀 뽀 뽀 –

C F C G7
우 리 는 귀 염 둥 이 뽀 뽀 뽀 친 – 구

C F G7 G G7 C
뽀 뽀 뽀 뽀 뽀 뽀 뽀 뽀 뽀 친 구

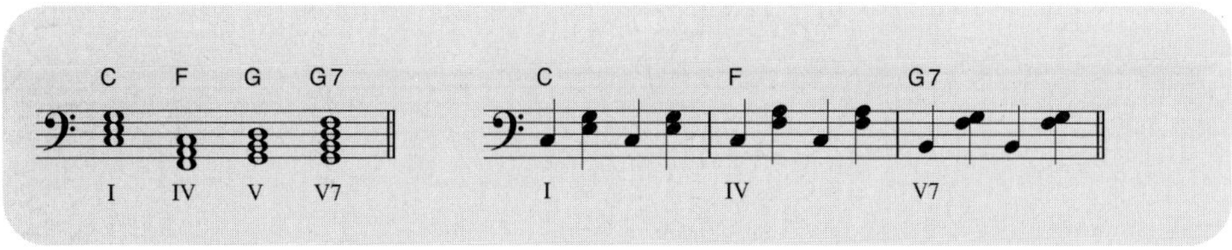

C F G G7
I IV V V7

C F G7
I IV V7

이재휘 작사
이재휘 작곡

C F C G7

아빠가 출근할때 뽀뽀 뽀ㅡ 엄마가 안아줘도 뽀뽀 뽀ㅡ

C F G C

만나면 반갑다고 뽀뽀 뽀ㅡ 헤어질때또만나요 뽀뽀 뽀ㅡ

C F C G

우 리 는 귀염둥 이 뽀 뽀 뽀 친ㅡ 구

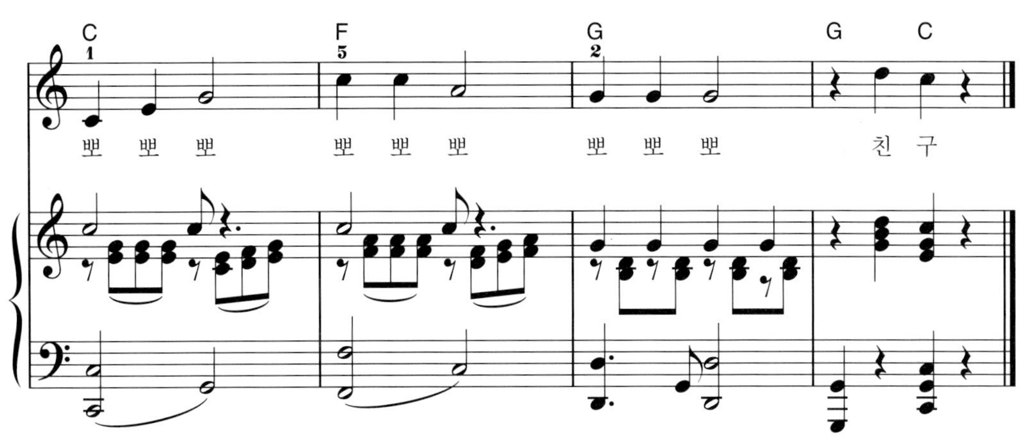
C
F
G
G C
1
5
2
뽀 뽀 뽀
뽀 뽀 뽀
뽀 뽀 뽀
친 구

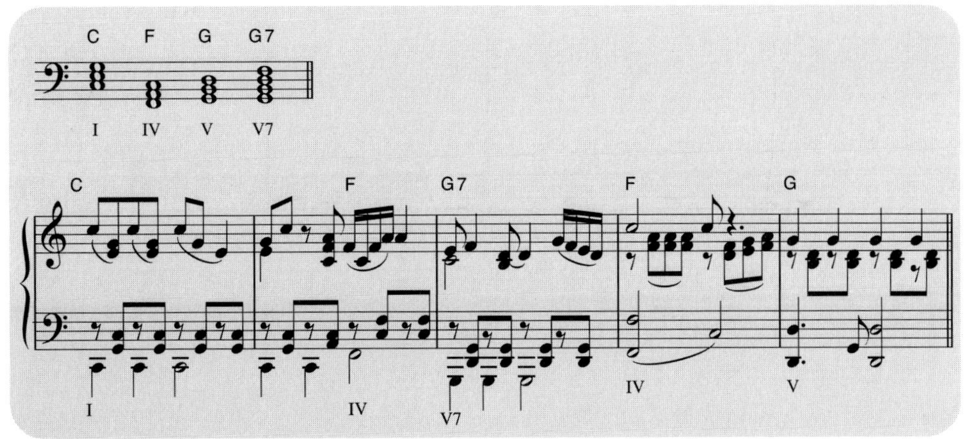
C F G G7
I IV V V7
C
F
G7
F
G
I
IV
V7
IV
V

4

동물

- 동물농장
- 다람쥐
- 매미
- 부지런한 개미
- 새
- 올챙이와 개구리
- 옹달샘
- 코끼리와 거미줄

전석환 작사
로드바기스 작곡

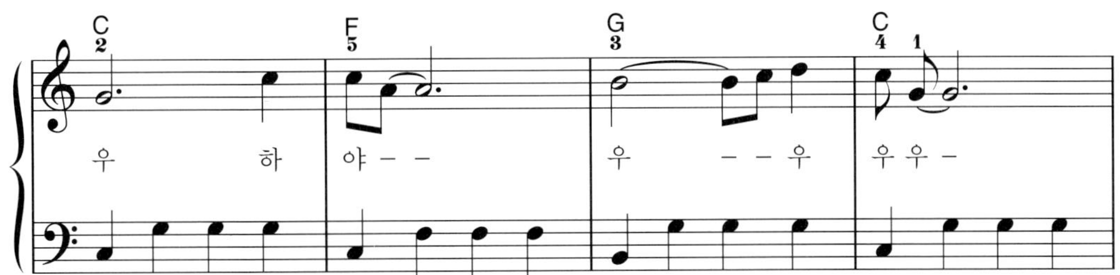
C
F
G
C
2
5
3
4
1
우 하
야 — —
우 — — 우
우 우 —

C
F
G
C
4
3
우 하
야 — —
우 — — 우
우

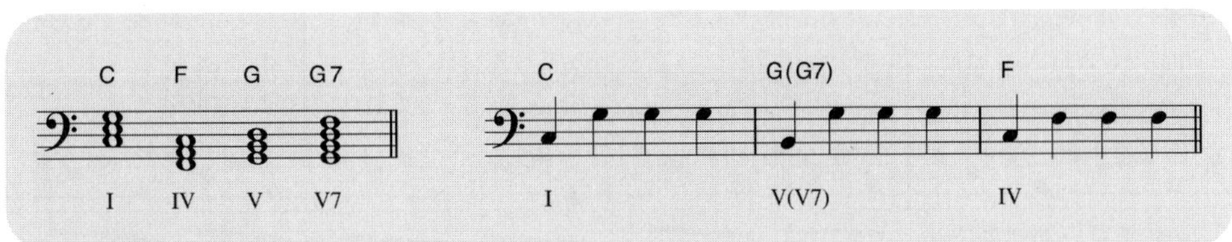
C F G G7
I IV V V7
C
G(G7)
F
I
V(V7)
IV

전석환 작사
로드바기스 작곡

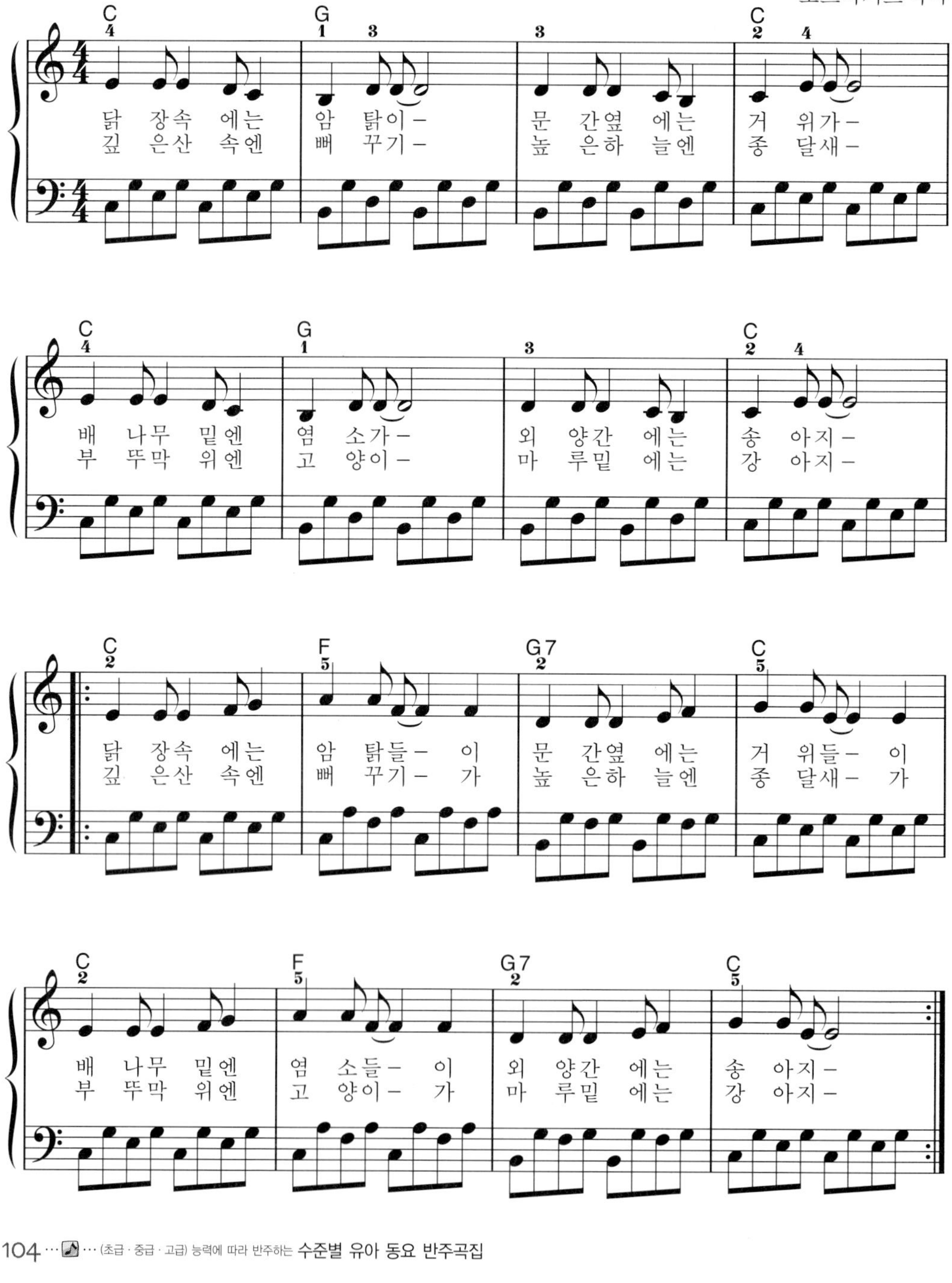

C G C
닭 장속 에는 암 탉이 – 문 간옆 에는 거 위가 –
깊 은산 속엔 뻐 꾸기 – 높 은하 늘엔 종 달새 –

C G C
배 나무 밑엔 염 소가 – 외 양간 에는 송 아지 –
부 뚜막 위엔 고 양이 – 마 루밑 에는 강 아지 –

C F G7 C
닭 장속 에는 암 탉들 – 이 문 간옆 에는 거 위들 – 이
깊 은산 속엔 뻐 꾸기 – 가 높 은하 늘엔 종 달새 – 가

C F G7 C
배 나무 밑엔 염 소들 – 이 외 양간 에는 송 아지 –
부 뚜막 위엔 고 양이 – 가 마 루밑 에는 강 아지 –

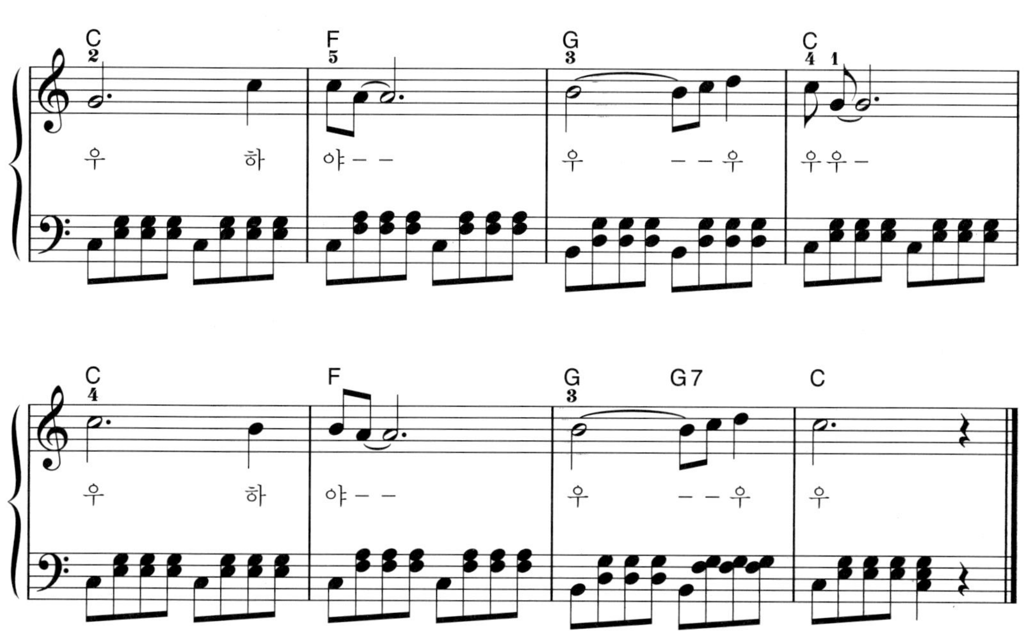
C
2
F
5
G
3
C
4 1
우
하
야 – –
우
– – 우
우 우 –
C
4
F
G
3
G7
C
우
하
야 – –
우
– – 우
우

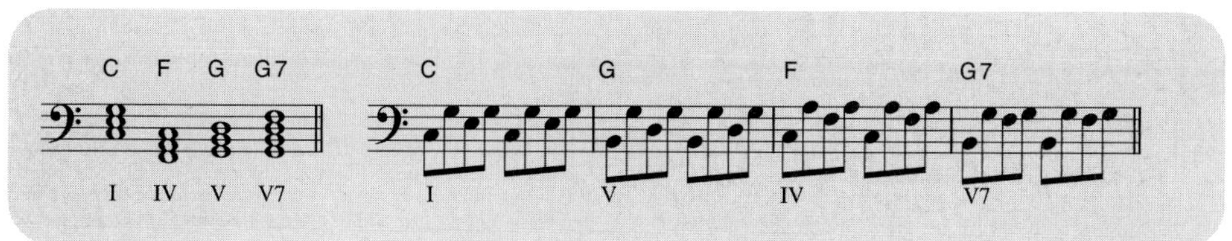
C F G G7
I IV V V7
C
G
F
G7
I
V
IV
V7

전석환 작사
로드바기스 작곡

닭 장속 에는 암 탉이 – 문 간옆 에는 거 위가 –
깊 은산 속엔 뻐 꾸기 – 높 은하 늘엔 종 달새 –

배 나무 밑엔 염 소가 – 외 양간 에는 송 아지 –
부 뚜막 위엔 고 양이 – 마 루밑 에는 강 아지 –

닭 장속 에는 암 탉들 – 이 문 간옆 에는 거 위들 – 이
깊 은산 속엔 뻐 꾸기 – 가 높 은하 늘엔 종 달새 – 가

C F G7 C
배 나무 밑엔 염 소들 – 이 외 양간 에는 송 아지 –
부 뚜막 위엔 고 양이 – 가 마 루밑 에는 강 아지 –
C F G7 C
우 하 야 – – 우 – – 우 우우 –
C F G7 C
우 하 야 – – 우 – – 우 우
C F G G7
I IV V V7
C G F G7
I V IV V7

김영일 작사
외국곡

C　　F　C　　G7　C　　G7　C

산 골짜기 다람쥐 아 기다람 쥐

도 ㅡ토 리 점심가지고 소 풍을 간 다

G7　C

다 람 쥐 야 다 람쥐 야 재 주나한 번 넘 으 렴

C　F　C　　G7　C

팔 ㅡ 딱 팔ㅡ딱 팔 딱 날 도참 말 좋 구ㅡ나

C F G G7

I IV V V7

C　G7　F

I　V7　IV

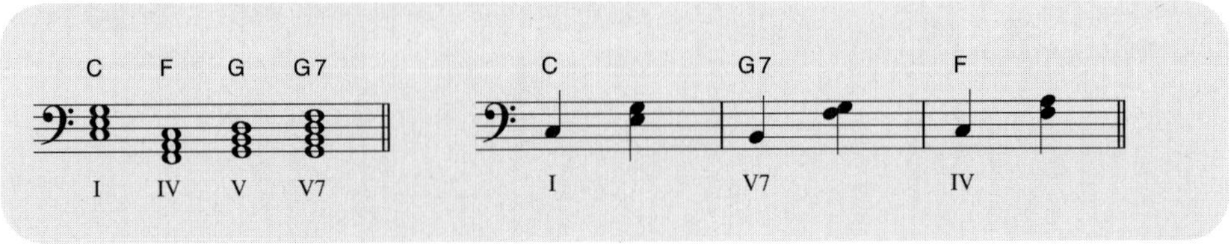

김영일 작사
외국곡

C F C
산 골짜기 다람쥐 아기다람쥐

G7 C G7 C
도 - 토리 점심가지고 소풍을 간다

G7 C
다람쥐야 다람쥐야 재주나한번 넘으렴

C F C G7 C
팔 - 딱 팔 - 딱 팔딱 날도참 말 좋구 - 나

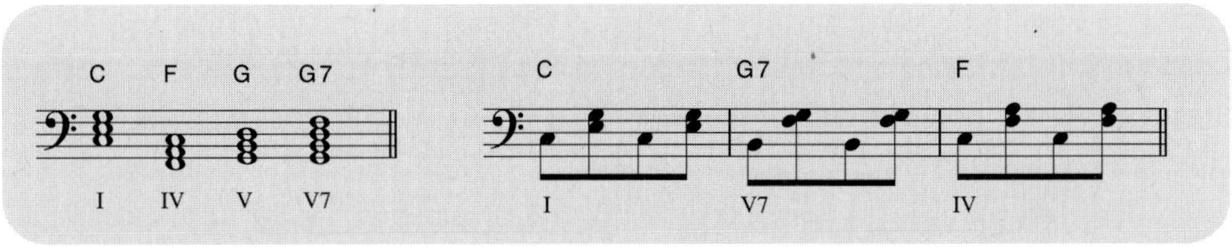

C F G G7
I IV V V7

C G7 F
I V7 IV

김영일 작사
외국곡

C F C

산 골짜기 | 다람쥐 | 아 기다람 | 쥐

G7 C G7 C

도 -토리 | 점심가지고 | 소 풍을 간 | 다

G7 C

다람쥐야 | 다 람쥐 야 | 재 주나한 번 | 넘으렴

C F C G7 C

팔 - 딱 | 팔-딱 팔 딱 | 날 도참 말 | 좋 구-나

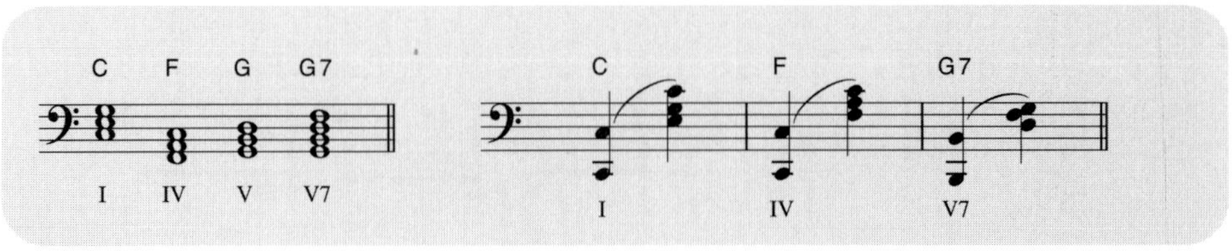

C F G G7

I IV V V7

C F G7

I IV V7

매미

이태선 작사
박재훈 작곡

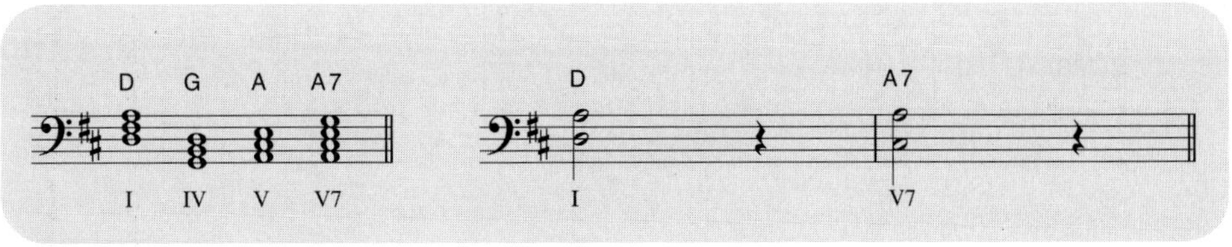

D A D
숲 속 의 매 미 가 노 래 를 하 면
숲 속 의 매 미 가 노 래 를 하 면

A7 D A
파 — 란 저 하 늘 이 더 파 래 지 고
찬 이 슬 아 침 마 다 흠 뻑 내 리 고

D A D
과 수 밭 열 매 가 절 로 익 는 다
가 을 이 저 만 큼 다 가 온 다 죠

A7 D A D
과 — 수 밭 열 매 가 절 로 익 는 다
가 — 을 이 저 만 큼 다 가 온 다 죠

D G A A7
I IV V V7

D A7
I V7

이태선 작사
박재훈 작곡

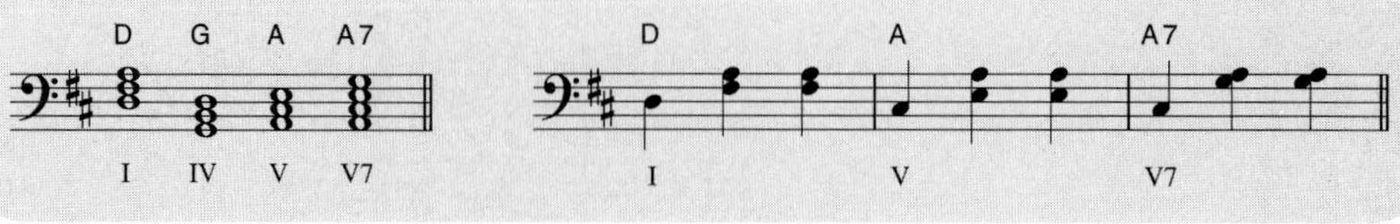

D A D
숲 속의 매 미 가 노 래 를 하 면
숲 속의 매 미 가 노 래 를 하 면

A7 D A7
파 - 란 저 하 늘 이 더 파 래 지 고
찬 이 슬 아 침 마 다 흠 뻑 내 리 고

D A D
과 수 밭 열 매 가 절 로 익 는 다
가 을 이 저 만 큼 다 가 온 다 죠

A D A7 D
과 - 수 밭 열 매 가 절 로 익 는 다
가 - 을 이 저 만 큼 다 가 온 다 죠

D G A A7
I IV V V7

D A A7
I V V7

이태선 작사
박재훈 작곡

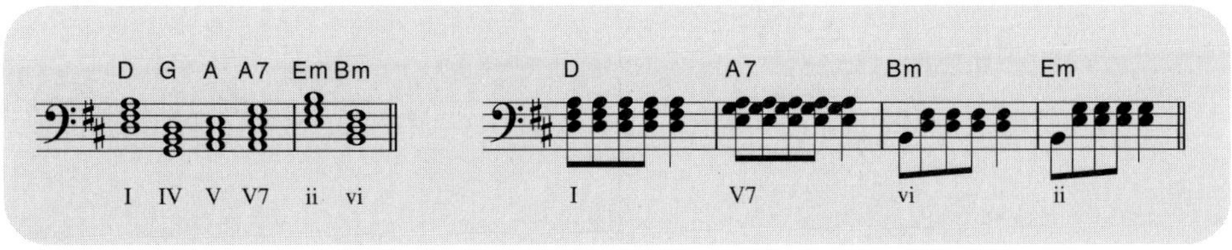

D A7 D
숲 속의 매미가 노래를 하면
숲 속의 매미가 노래를 하면

A7 D Em A7
파 - 란 저하늘이 더파래지고
찬 이슬 아침마다 흠뻑내리고

D A7 Bm
과 수밭 열매가 절로익는 다
가 을이 저만큼 다가온 다죠

Em D A7 D
과 - 수 밭 열매가 절로익는 다
가 - 을 이 저만큼 다가온 다죠

D G A A7 Em Bm
I IV V V7 ii vi

D A7 Bm Em
I V7 vi ii

초급
부지런한 개미

오스트리아 동요

G
D
G
무 더운여 름
하 루 종 일
조 금도쉬 지
않 고 서

G
C
D
겨 울 동 안
먹 을 양 식
모 으 기 에
바 쁘 다

G
D
D7
G
우 리도작 은
개 미 처 럼
부 지런하 게
일 하 자

G C D D7
I IV V V7
G D C D7
I V IV V7

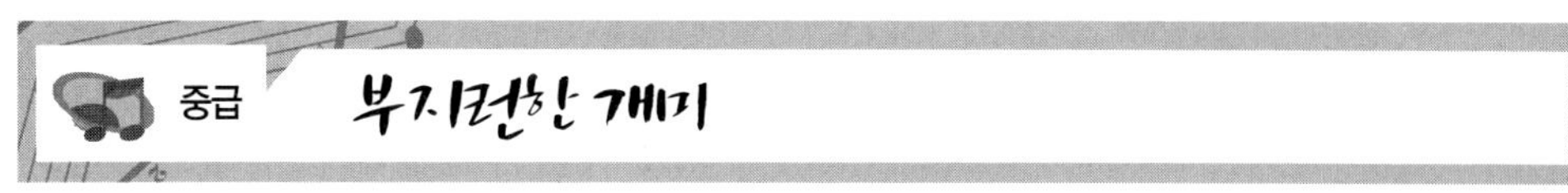
중급
부지런한 개미

오스트리아 동요

G
D7
G
무 더운여 름
하 루 종 일
조 금도쉬 지
않 고 서

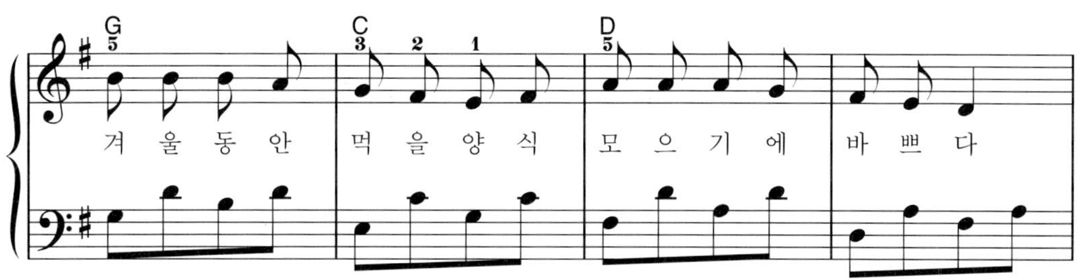
G
C
D
겨 울 동 안
먹 을 양 식
모 으 기 에
바 쁘 다

G
D7
D7
G
우 리도작 은
개 미 처 럼
부 지런하 게
일 하 자

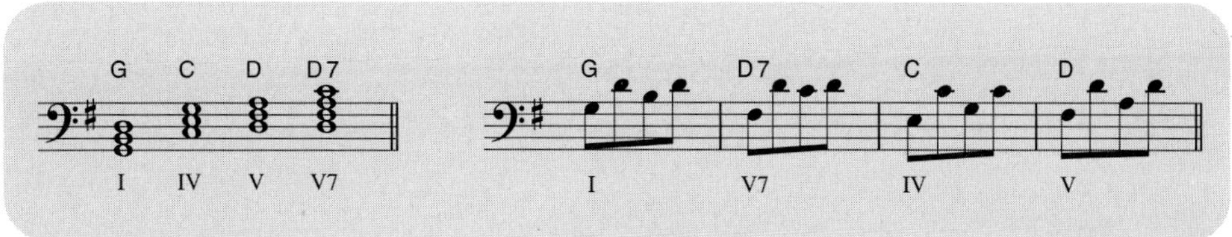
G C D D7
I IV V V7
G D7 C D
I V7 IV V

고급
부지런한 개미

오스트리아 동요

G
D
G
무 더운여 름
하 루 종 일
조 금도쉬 지
않 고 서

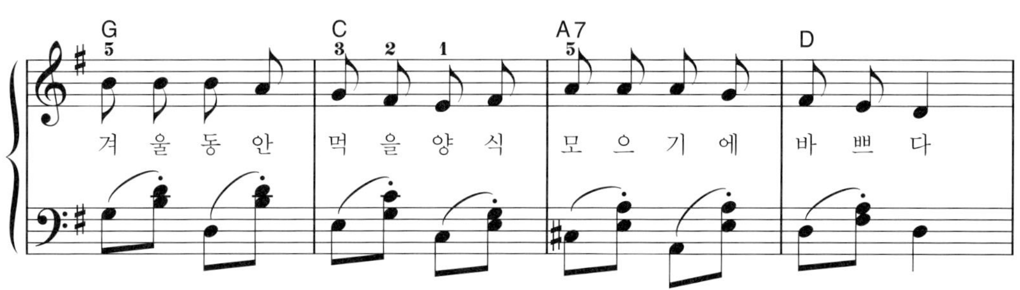
G
C
A7
D
겨 울 동 안
먹 을 양 식
모 으 기 에
바 쁘 다

G
D
D7
G
우 리도작 은
개 미 처 럼
부 지런하 게
일 하 자

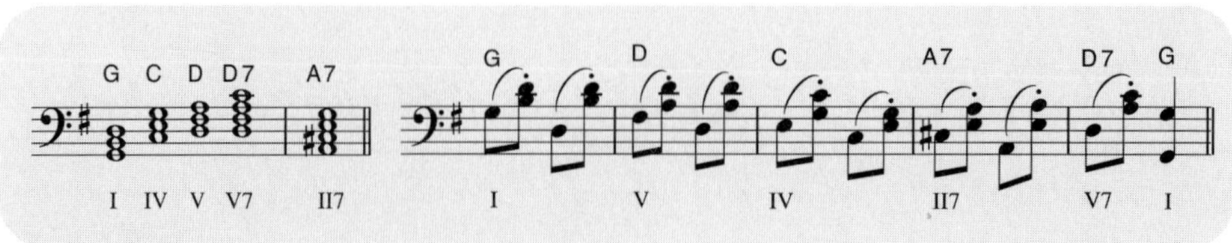
G C D D7
A7
I IV V V7
II7
G
D
C
A7
D7 G
I
V
IV
II7
V7 I

초급
새

독일 동요

D
A7
D
나 무 위 에 새 한
마 리
재 미 있 게 노 래
하 죠

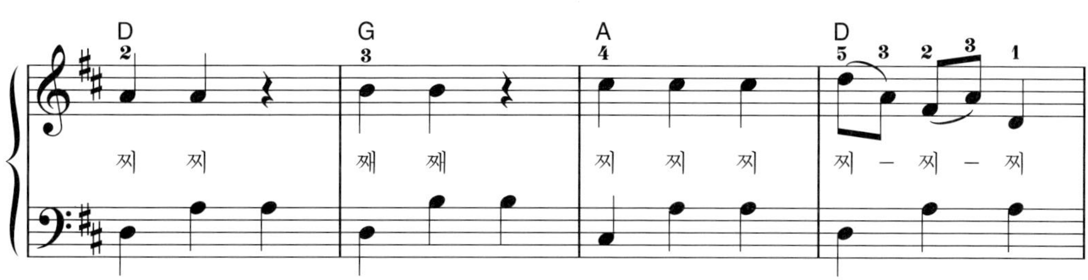
D
G
A
D
찌 찌
째 째
찌 찌 찌
찌 – 찌 – 찌

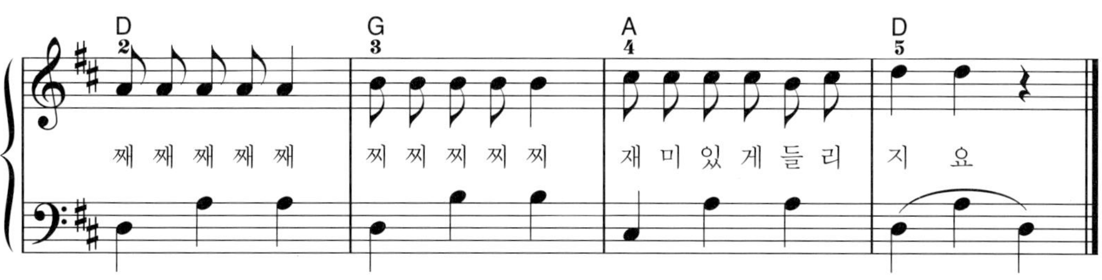
D
G
A
D
째 째 째 째 째
찌 찌 찌 찌 찌
재 미 있 게 들 리
지 요

D G A A7
I IV V V7
D A(A7) G
I V(V7) IV

중급
새

독일 동요

D
A
D
나 무 위 에 새 한
마 리
재 미 있 게 노 래
하 죠

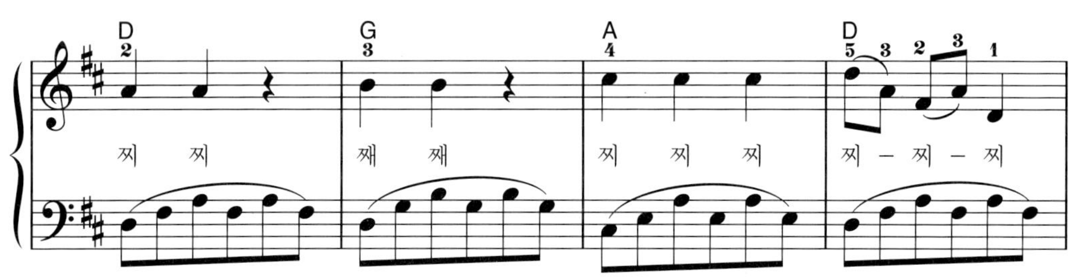
D
G
A
D
찌 찌
째 째
찌 찌 찌
찌 – 찌 – 찌

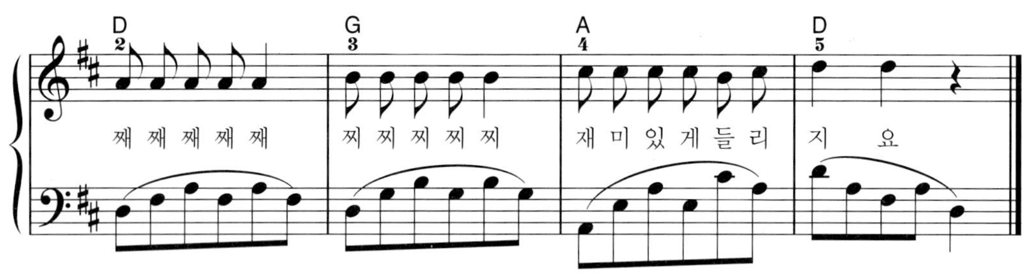
D
G
A
D
째 째 째 째 째
찌 찌 찌 찌 찌
재 미 있 게 들 리
지 요

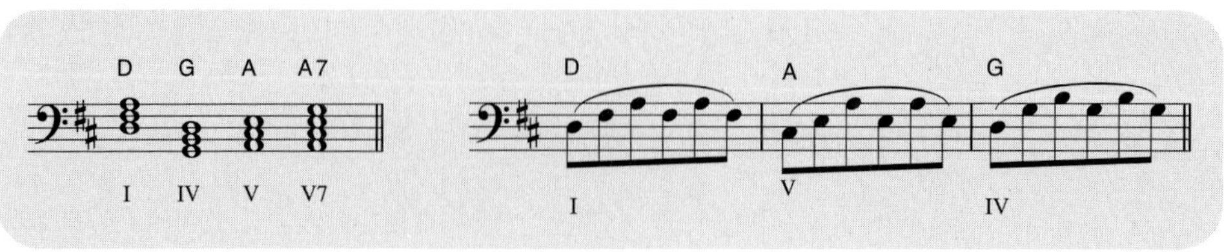
D G A A7
I IV V V7
D
A
G
I
V
IV

독일 동요

D A7 D

나 무 위 에 새 한 마 리 재 미 있 게 노 래 하 죠

D G A7 D

찌 찌 째 째 찌 찌 찌 찌 – 찌 – 찌

D G A7 D

째 째 째 째 째 찌 찌 찌 찌 찌 재 미 있 게 들 리 지 요

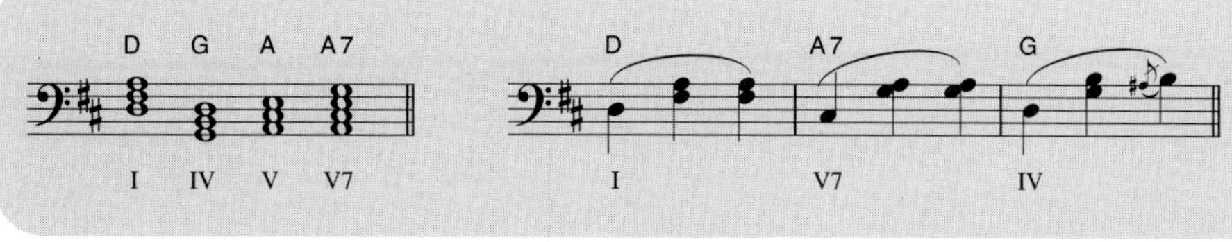

D G A A7

I IV V V7

D A7 G

I V7 IV

초급

올챙이와 개구리

윤현진 작사
윤현진 작곡

중급 올챙이와 개구리

윤현진 작사
윤현진 작곡
개울가ー에 올챙이 한 마리 꼬물 꼬물 헤 엄치 다
뒷다리가쏙 앞다리 가쏙 팔 딱팔 딱 개구리됐네
꼬 물꼬 물 꼬 물꼬 물 꼬 물꼬 물 올 챙이가
뒷다리가쏙 앞다리 가쏙 팔 딱팔 딱 개구리됐네
F B♭ C C7
I IV V V7
F C B♭
I V IV

고급 올챙이와 개구리

윤현진 작사
윤현진 작곡

초급
옹달샘

윤석중 작사
외국곡

G C D7 G
깊 은 산 – 속 옹 달 샘 누 가 와 서 먹 나 요
맑 고 맑 – 은 옹 달 샘 누 가 와 서 먹 나 요

G D7 G
새 벽 에 토 끼 가 눈 비 비 고 일 어 나
달 밤 에 노 루 가 숨 바 꼭 질 하 다 가

G C D7 G
세 수 하 – 러 왔 다 가 물 만 먹 고 가 지 요
목 마 르 – 면 달 려 와 얼 른 먹 고 가 지 요

G C D D7
I IV V V7
G C D7
I IV V7

중급 옹달샘

윤석중 작사
외국곡

G C D7 G
깊은 산 – 속 옹 달 샘 누 가 와 서 먹 나 요
맑고 맑 – 은 옹 달 샘 누 가 와 서 먹 나 요
G Am D7 G
새 벽 에 토 끼 가 눈 비 비 고 일 어 나
달 밤 에 노 루 가 숨 바 꼭 질 하 다 가
G C D7 G
세 수 하 – 러 왔 다 가 물 만 먹 고 가 지 요
목 마 르 – 면 달 려 와 얼 른 먹 고 가 지 요

G C D D7 Am
I IV V V7 ii
G C D7 Am
I V V7 ii

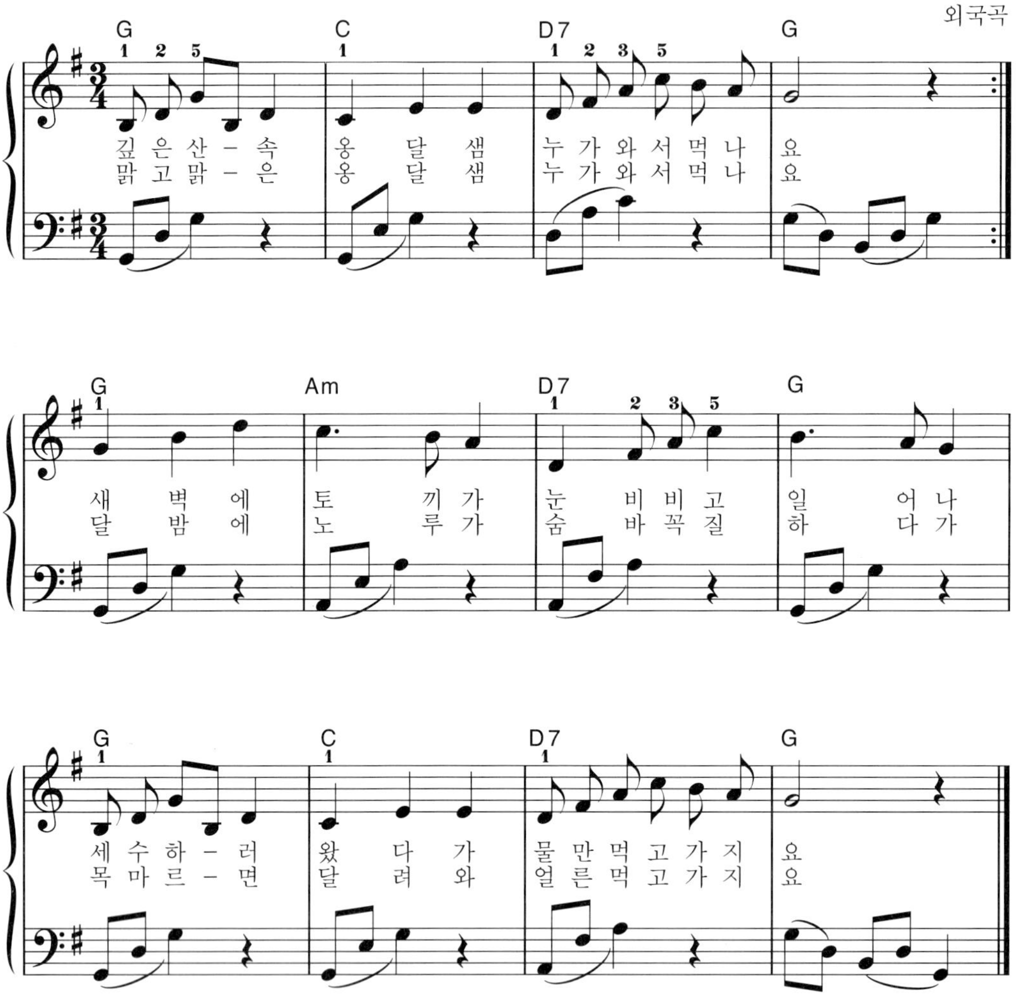

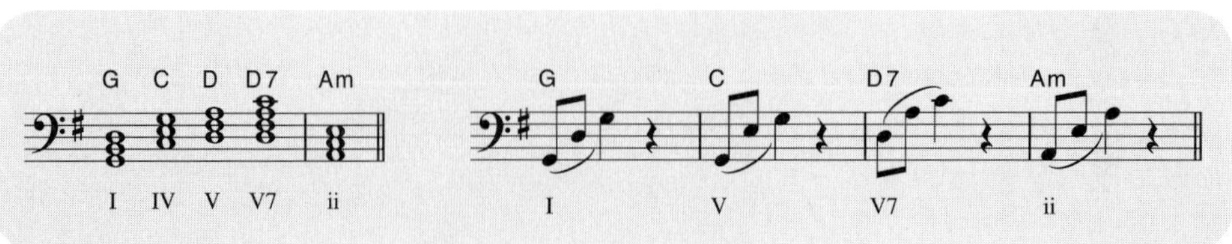

윤석중 작사
외국곡

G C D7 G

깊은 산 - 속 옹 달 샘 누가 와서 먹나 요
맑고 맑 - 은 옹 달 샘 누가 와서 먹나 요

G Am D7 G

새 벽 에 토 끼 가 눈 비 비 고 일 어 나
달 밤 에 노 루 가 숨 바 꼭 질 하 다 가

G C D7 G

세수 하 - 러 왔 다 가 물 만 먹고 가 지 요
목마 르 - 면 달 려 와 얼른 먹고 가 지 요

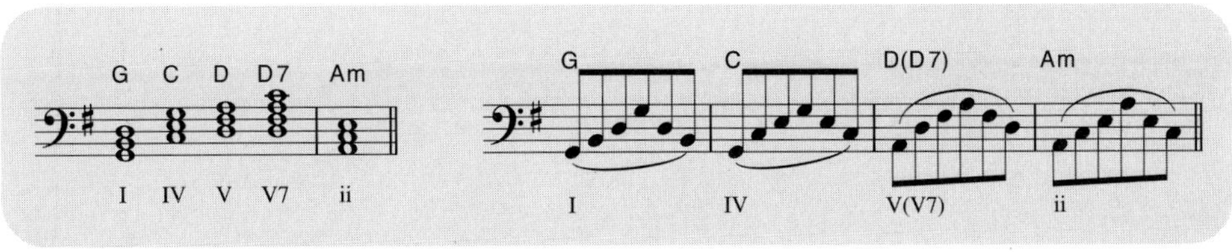

G C D D7 Am

I IV V V7 ii

G C D(D7) Am

I IV V(V7) ii

초급 **코끼리와 거미줄**

강소천 작사
한용희 작곡

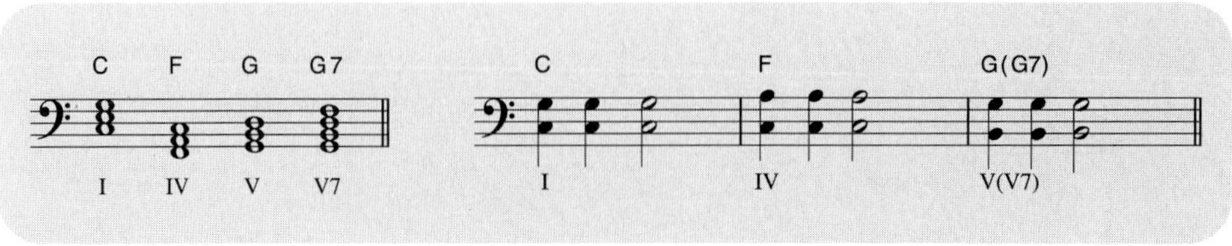

중급 코끼리와 거미줄

강소천 작사
한용희 작곡

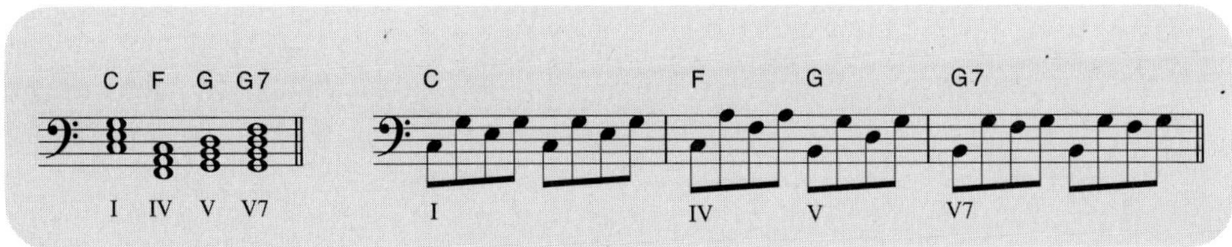

고급
코끼리와 거미줄

강소천 작사
한용희 작곡

C F C G C G F G
1 3 2 5
한 마리코끼리가 거미줄에걸렸네 신 나게그네를 탔 다 네
두 마리코끼리가 거미줄에걸렸네 신 나게그네를 탔 다 네
세 마리코끼리가 거미줄에걸렸네 신 나게그네를 탔 다 네
네 마리코끼리가 거미줄에걸렸네 신 나게그네를 탔 다 네
다섯 마리코끼리가 거미줄에걸렸네 신 나게그네를 탔 다 네

C F C G C G C G C
5 1 4 1 3 2 5 1 2 1
너무너무재미 가 좋아좋아랄랄랄 다른친구코끼리를 불 렀 네
너무너무재미 가 좋아좋아랄랄랄 다른친구코끼리를 불 렀 네
너무너무재미 가 좋아좋아랄랄랄 다른친구코끼리를 불 렀 네
너무너무재미 가 좋아좋아랄랄랄 다른친구코끼리를 불 렀 네
너무많은코끼리가 올라탔네랄랄랄 그만그만툭하고 – 끊어졌대 요

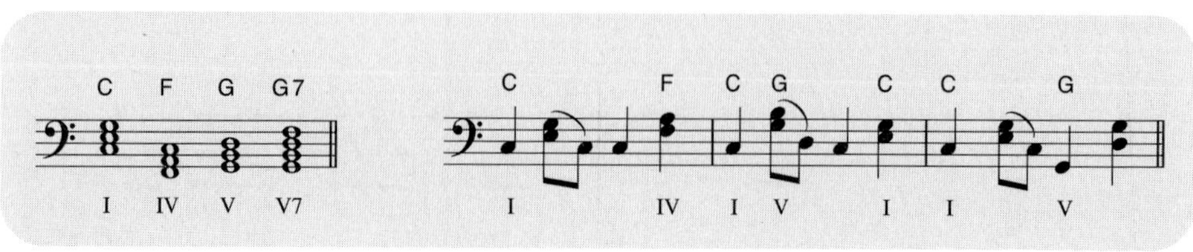
C F G G7
I IV V V7
C F C G C C G
I IV I V I I V

5

건강한 몸과 마음

- 미소
- 뽕나무
- 손을 씻어요
- 스마일 스마일 스마일
- 싹싹 닦아라

강신욱 작사
이수인 작곡

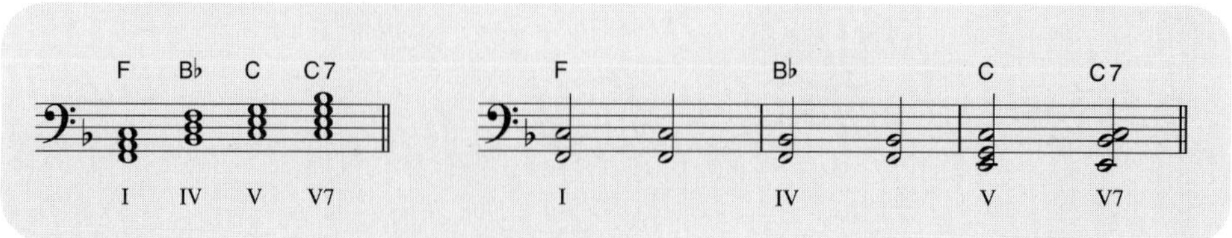

F Bb F C7

성 난 얼 굴 찡 그 린얼 굴 싫어요 싫어요 싫어요 –

F Bb F C7 F

웃 는 얼 굴 밝 – 은얼 굴 좋아요 좋아요좋아요 정 말좋 아요

F C C7

언 제 나 어 디서 나– 미 소 를 지 어보 세요

F Bb F C7 F

언 제 나 어 디서 나 미 소 를지 어보 세 요

F Bb C C7

I IV V V7

F Bb C C7

I IV V V7

강신욱 작사
이수인 작곡

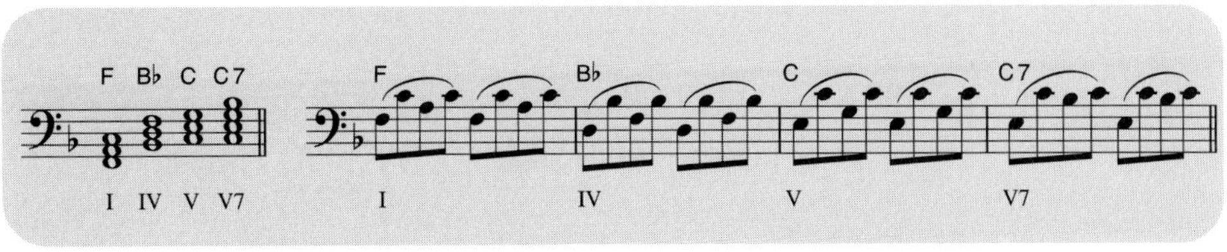

F　C　B♭　F　C　C7

성 난 얼 굴 | 찡 그 린얼 굴 | 싫어요 싫어요 | 싫어요 –

F　B♭　F　C7　F

웃 는 얼 굴 | 밝 – 은얼 굴 | 좋아요 좋아요 좋아요 | 정 말좋 아요

F　C　C7

언 제 나 | 어 디서 나– | 미 소 를 | 지 어보 세요

F　B♭　F　C7　F

언 제 나 | 어 디서 나 | 미 소 를지 어보 세 | 요

F　B♭　C　C7

I　IV　V　V7

F　B♭　C　C7

I　IV　V　V7

고급 미소

강신욱 작사
이수인 작곡

F C B♭ F C7
성 난 얼 굴 찡 그 린얼 굴 싫어요 싫어요 싫어요 –
F B♭ F C7 F
웃 는 얼 굴 밝 – 은얼 굴 좋아요 좋아요좋아요 정 말좋 아요
F C C7
언 제 나 어 디서 나– 미 소 를 지 어보 세요
F B♭ F C7 F
언 제 나 어 디서 나 미소 를지 어보 세 요

F B♭ C C7
I IV V V7
F C B♭ F C7
I V IV I V7

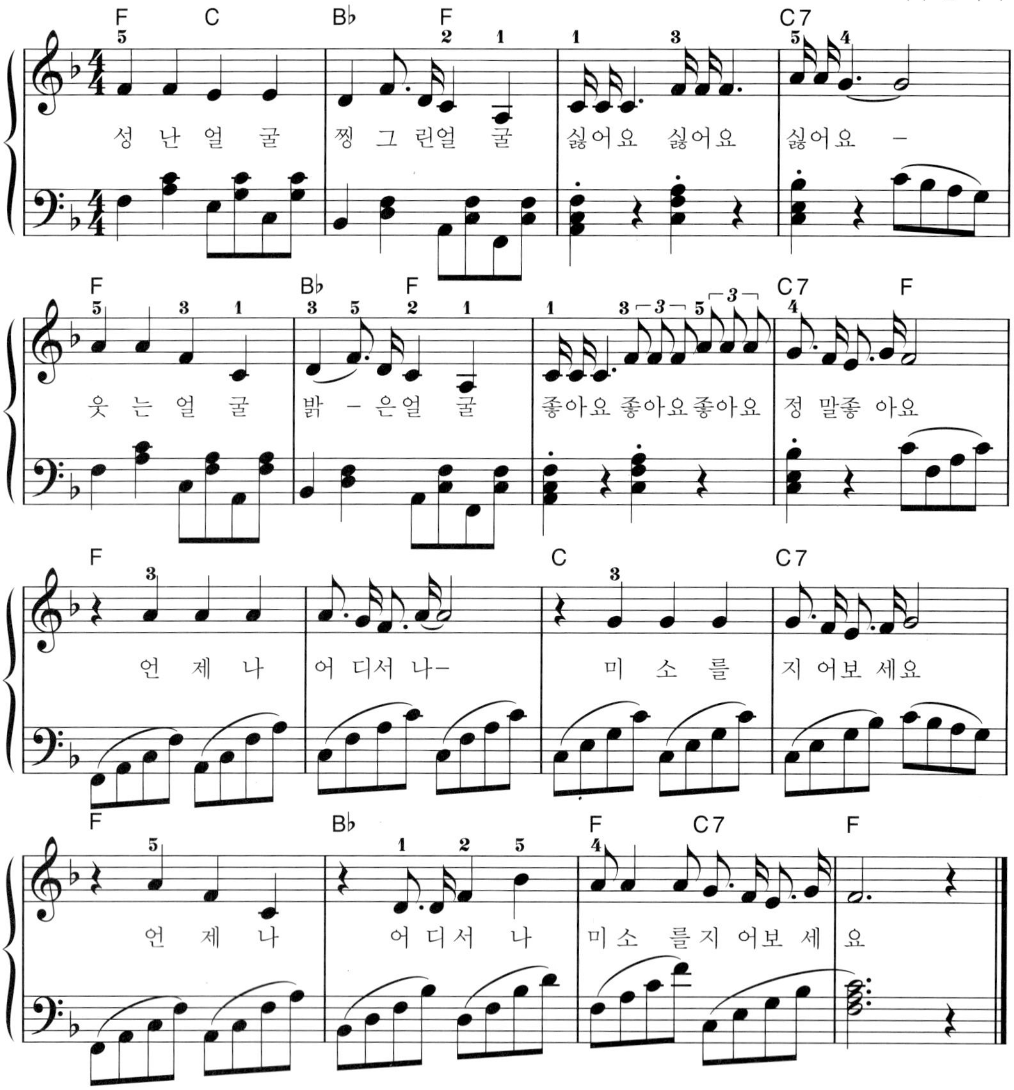

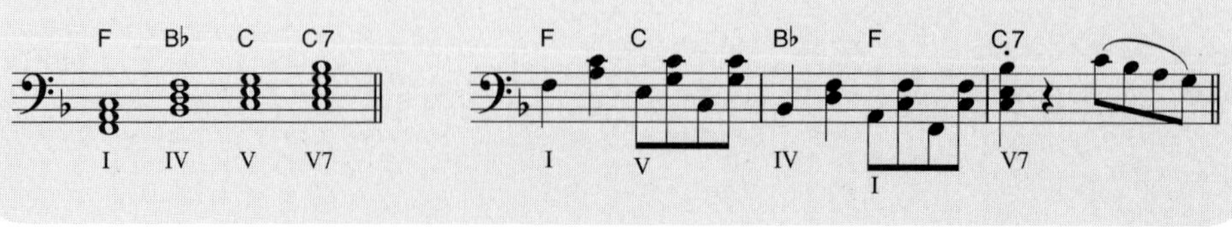

초급
뽕나무

이요섭 작사
이요섭 작곡

C
F
G7
C
뽕나무가뽕 하고
방귀를뀌니
대나무가 대 끼이 놈
야 단을쳤네

C
F
G7
C
참나무가점 잖게
하 는 말
참 아
라

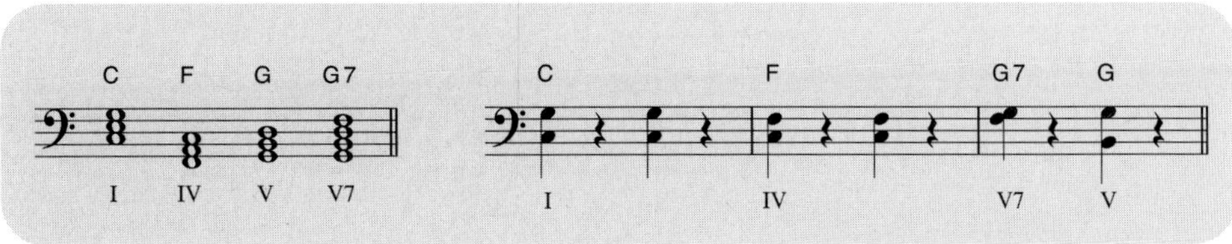
C F G G7
I IV V V7
C
F
G7 G
I
IV
V7 V

중급
뽕나무

이요섭 작사
이요섭 작곡

C
F
G7
C
뽕나무가뽕 하고 방귀를뀌니 대나무가 대 끼이 놈 야 단을 쳤네

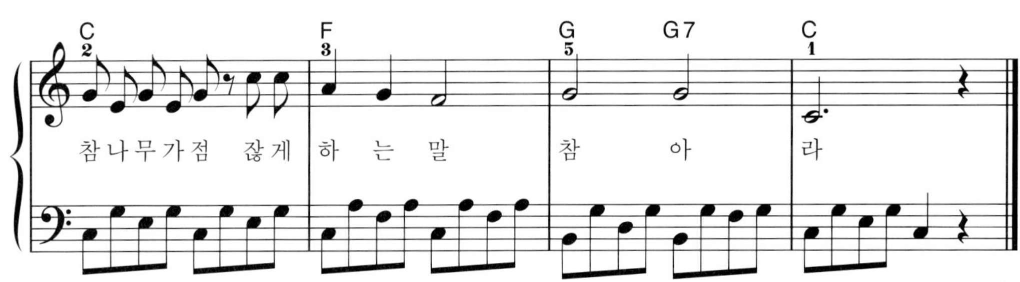

C
F
G
G7
C
참나무가점 잖게 하 는 말 참 아 라

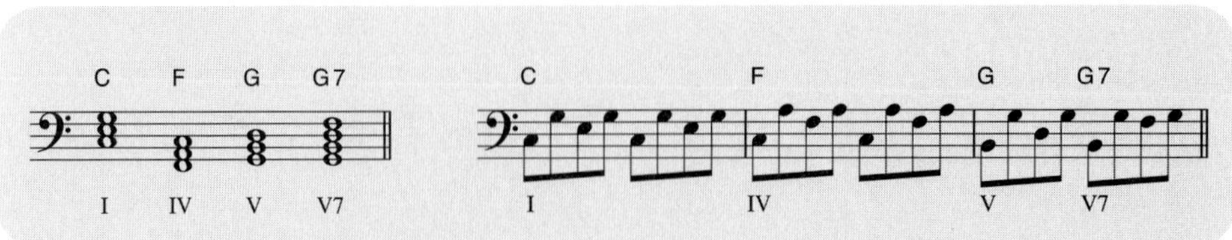

C F G G7
I IV V V7
C F G G7
I IV V V7

고급
뽕나무

이요섭 작사
이요섭 작곡

C
F
G7
C
뽕 나 무 가 뽕 하 고
방 귀 를 뀌 니
대 나 무 가 대 끼 이 놈
야 단 을 쳤 네

C
F
G7
C
참 나 무 가 점 잖 게
하 는 말
참 아
라

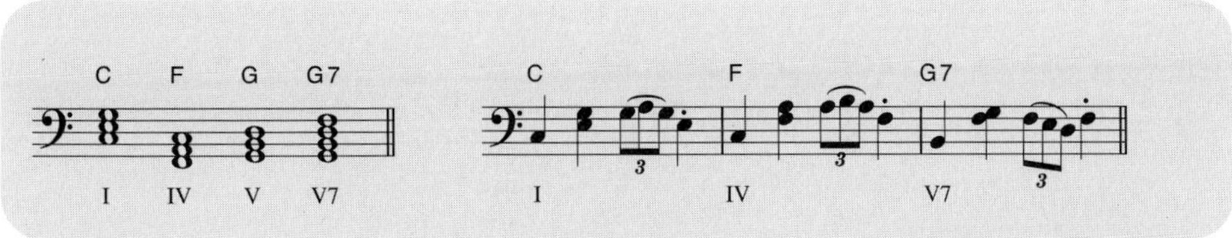
C F G G7
I IV V V7
C
F
G7
I
IV
V7

초급

손을 씻어요

박경종 작사
정혜옥 작곡
E♭ B♭ E♭
손 을 손 을 씻 어 요 깨 끗 하 게 씻 어 요
손 을 손 을 씻 어 요 깨 끗 하 게 씻 어 요
E♭ B♭7 E♭
고 사 리 같 은 예 쁜 손 깨 끗 하 게 씻 어 요
단 풍 잎 같 은 고 운 손 깨 끗 하 게 씻 어 요
A♭ E♭ A♭ E♭
개 구 쟁 – 이 – 미 운 손 울 보 떼 – 보 – 미 운 손
장 난 꾸 러 기 – 미 운 손 심 술 쟁 – 이 – 미 운 손
E♭ B♭7 E♭
맑 은 물 에 뽀 드 뽀 득 우 리 모 두 씻 어 요
맑 은 물 에 뽀 드 뽀 득 손 을 손 을 씻 어 요
E♭ A♭ B♭ B♭7
I IV V V7
E♭ B♭ B♭7 A♭
I V V7 IV

박경종 작사
정혜옥 작곡

E♭ B♭7 E♭

손 을 손 을 씻 어 요 깨 끗 하 게 씻 어 요
손 을 손 을 씻 어 요 깨 끗 하 게 씻 어 요

E♭ B♭7 E♭

고 사 리 같 은 예 쁜 손 깨 끗 하 게 씻 어 요
단 풍 잎 같 은 고 운 손 깨 끗 하 게 씻 어 요

A♭ E♭ A♭ E♭

개 구 쟁 – 이 – 미 운 손 울 보 떼 – 보 – 미 운 손
장 난 꾸 러 기 – 미 운 손 심 술 쟁 – 이 – 미 운 손

E♭ B♭7 E♭

맑 은 물 에 뽀 득 뽀 득 우 리 모 두 씻 어 요
맑 은 물 에 뽀 득 뽀 득 손 을 손 을 씻 어 요

E♭ A♭ B♭ B♭7
I IV V V7

E♭ B♭(B♭7) A♭
I V(V7) IV

고급 손을 씻어요

박경종 작사
정혜옥 작곡

E♭ | | B♭7 | E♭7

손 을 손 을 | 씻 어 요 | 깨 끗 하 게 | 씻 어 요
손 을 손 을 | 씻 어 요 | 깨 끗 하 게 | 씻 어 요

E♭ | | B♭7 | E♭7

고 사 리 같 은 | 예 쁜 손 | 깨 끗 하 게 | 씻 어 요
단 풍 잎 같 은 | 고 운 손 | 깨 끗 하 게 | 씻 어 요

A♭ | E♭ | A♭ | E♭

개 구 쟁 – 이 – | 미 운 손 | 울 보 떼 – 보 – | 미 운 손
장 난 꾸 러 기 – | 미 운 손 | 심 술 쟁 – 이 – | 미 운 손

E♭ | | B♭7 | E♭7

맑 은 물 에 | 뽀 득 뽀 득 | 우 리 모 두 | 씻 어 요
맑 은 물 에 | 뽀 득 뽀 득 | 손 을 손 을 | 씻 어 요

E♭ A♭ B♭ B♭7 | E♭7
I IV V V7 | I7

E♭(E♭7) | B♭7 | A♭ | E♭
I(I7) | V7 | IV | I

초급 스마일 스마일 스마일

중급

스마일 스마일 스마일

고급

스마일 스마일 스마일

정근 작사
정근 작곡

E♭ B♭

3 3

싹 싹 싹 싹 | 싹 싹 싹 싹 | 이 를 잘 닦 | 자

E♭ B♭ E♭ B♭ E♭

3 5

앞 니 를 | 잘 닦 으 면 | 방 긋 웃 는 | 이

A♭ B♭

5 3 4

싹 싹 싹 싹 | 닦 아 라 | 속 니 어 금 | 니

A♭ B♭ E♭

5

반 짝 반 짝 | 하 얀 이 는 | 튼 튼 한 | 이

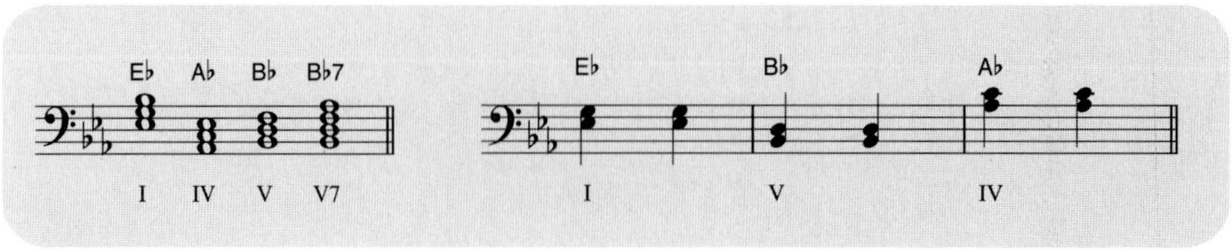

E♭ A♭ B♭ B♭7

I IV V V7

E♭ B♭ A♭

I V IV

정근 작사
정근 작곡

E♭ B♭

싹 싹 싹 싹 싹 싹 싹 싹 이 를 잘 닦 자

E♭ B♭ E♭

앞 니 를 잘 닦 으 면 방 긋 웃 는 이

A♭ B♭

싹 싹 싹 싹 닦 아 라 속 니 어 금 니

A♭ B♭ E♭

반 짝 반 짝 하 얀 이 는 튼 튼 한 이

E♭ A♭ B♭ B♭7

I IV V V7

E♭ B♭ A♭

I V IV

정근 작사
정근 작곡

E♭ | | | B♭ B♭7

싹 싹 싹 싹 | 싹 싹 싹 싹 | 이 를 잘 닦 | 자

E♭ | B♭ B♭7 | E♭ B♭7 | E♭

앞 니 를 | 잘 닦 으 면 | 방 긋 웃 는 | 이

A♭ | | B♭ | B♭7

싹 싹 싹 싹 | 닦 아 라 | 속 니 어 금 | 니

A♭ | B♭ | E♭ |

반 짝 반 짝 | 하 얀 이 는 | 튼 튼 한 | 이

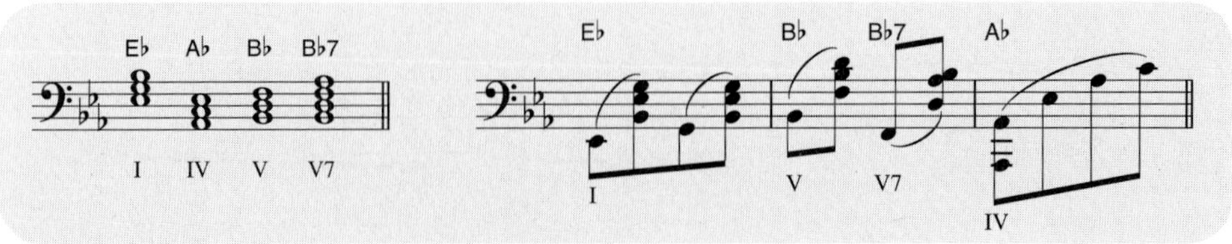

E♭ A♭ B♭ B♭7

I IV V V7

E♭ | B♭ B♭7 | A♭

I | V V7 | IV

6

계절(봄)

- 봄동산 꽃동산
- 봄이 오는 소리
- 봄바람
- 새싹

강소천 작사
이계석 작곡

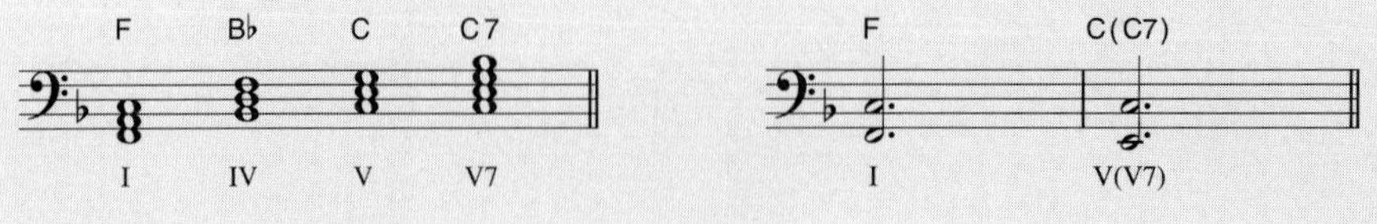

F
도 레 미 소리맞추어 도 레 미 노래부르자
도 레 미 소리맞추어 도 레 미 노래부르자

F C7 F
동 생 도 언 니 도 함 께 모 여
새 들 도 냇 물 도 다 들 함 께

F C7 F
라 라 즐 – 겁게노래 하 면
라 라 즐 – 겁게노래 하 면

F C7 F
라 라 우리집은꽃동 산
라 라 우리동네꽃동 네

F Bb C C7
I IV V V7

F C(C7)
I V(V7)

중급 **봄동산 꽃동산**

강소천 작사
이계석 작곡

봄동산 꽃동산

강소천 작사
이계석 작곡

F

도 레 미 소 리 맞 추 어 도 레 미 노 래 부 르 자
도 레 미 소 리 맞 추 어 도 레 미 노 래 부 르 자

F B♭ C7 F

동 생 도 언 니 도 함 께 모 여
새 들 도 냇 물 도 다 들 함 께

F Gm F C F

라 라 즐 – 겁 게 노 래 하 면
라 라 즐 – 겁 게 노 래 하 면

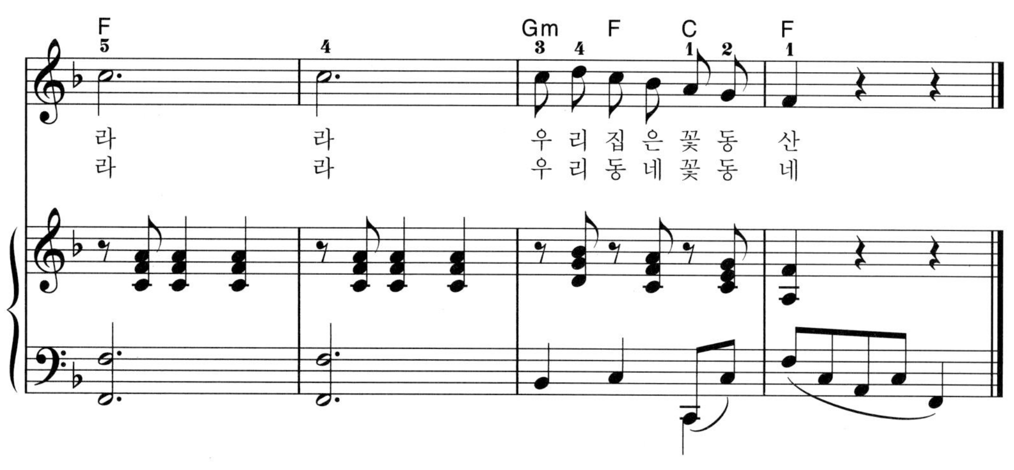
F
Gm
F
C
F
라
라
우 리 집 은 꽃 동 산
라
라
우 리 동 네 꽃 동 네

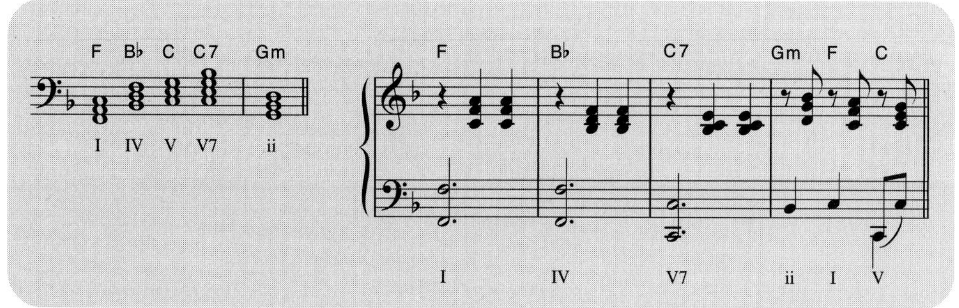
F B♭ C C7 Gm
I IV V V7 ii
F
B♭
C7
Gm F C
I
IV
V7
ii I V

초급
봄이 오는 소리

김성균 작사
김성균 작곡

C
봄 이 오 는
소 리
들 었 나
요

F
C
G
C
트랄
라
라
라

C
봄 이 오 는
냄 새 도
느 꼈 나
요

F
C
G
C
흠
흠
트랄 라
라

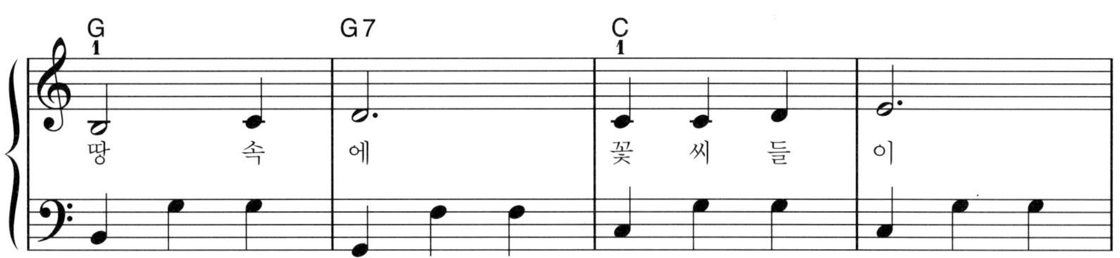
G
G7
C
땅 속 에 꽃 씨 들 이

G
G7
C
눈 비 비 며 소 근 대 는 말 들 었 나 요

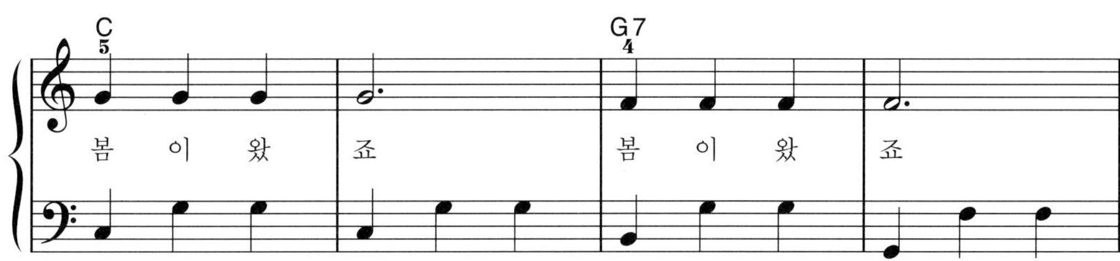
C
G7
봄 이 왔 죠 봄 이 왔 죠

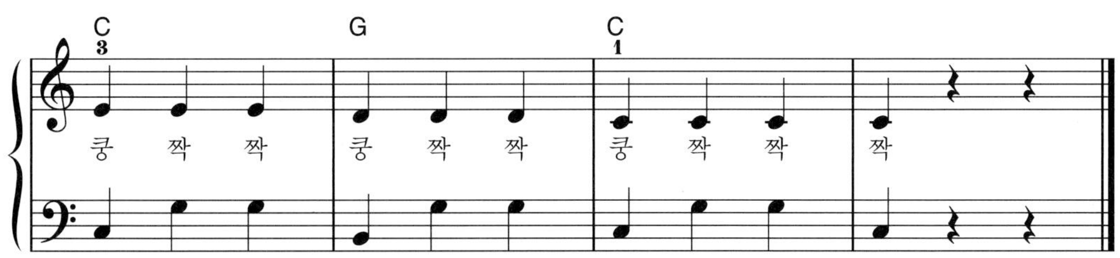
C
G
C
쿵 짝 짝 쿵 짝 짝 쿵 짝 짝 짝

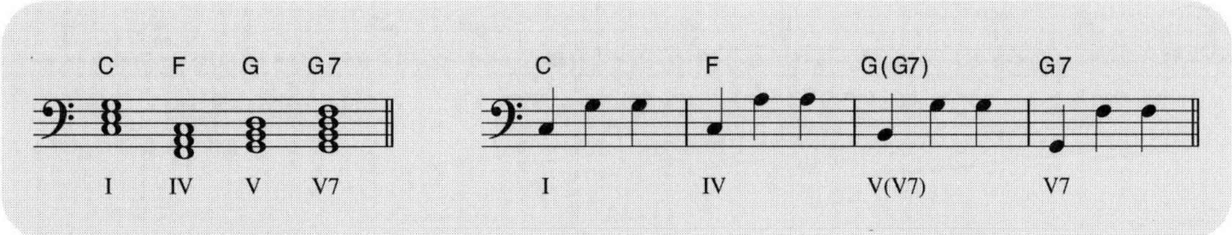
C F G G7
I IV V V7
C F G(G7) G7
I IV V(V7) V7

중급 봄이 오는 소리

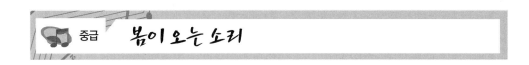

김성균 작사
김성균 작곡

G7
C
땅 속 에
꽃 씨 들 이

G
G7
C
눈 비 비 며
소 근 대 는 말
들 었 나
요

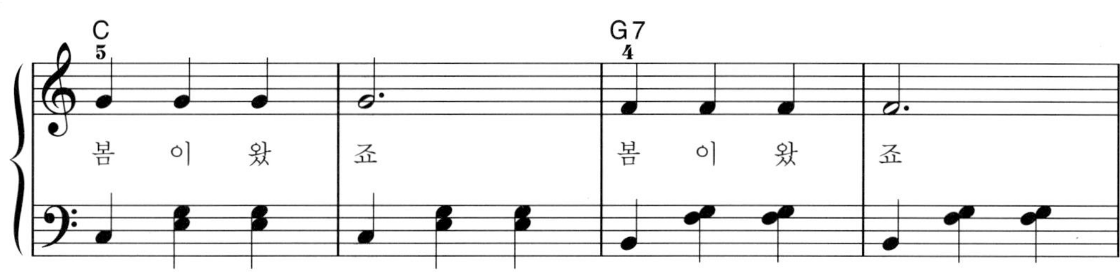
C
G7
봄 이 왔
죠
봄 이 왔
죠

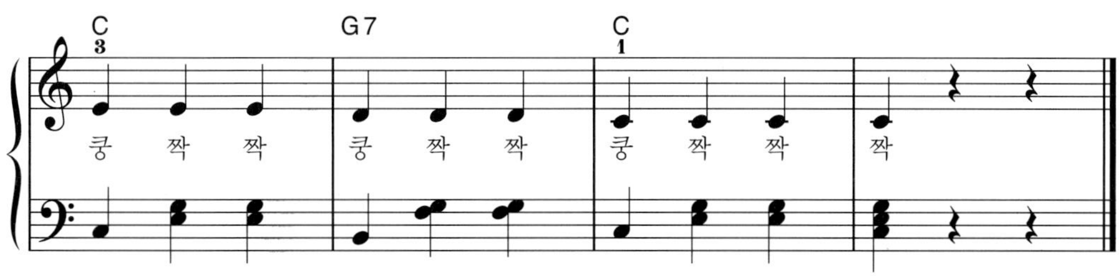
C
G7
C
쿵 짝 짝
쿵 짝 짝
쿵 짝 짝
짝

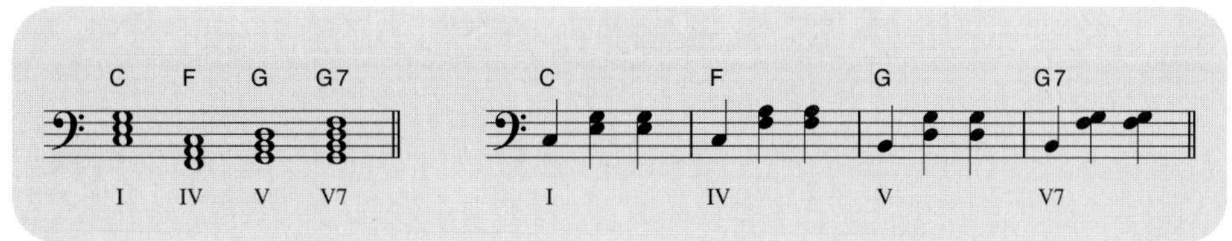
C F G G7
I IV V V7
C F G G7
I IV V V7

김성균 작사
김성균 작곡

C

봄 이 오 는 소 리 들 었 나 요

F C G7 C

트랄 라 라 라

C

봄 이 오 는 냄 새 도 느 꼈 나 요

F
C
G7
C
4
3
2
1
흠
흠
트랄
라
라
G
C
1
1
땅
속
에
꽃
씨
들
이
G
G7
C
2
3
눈
비
비
며
소
근
대
는
말
들
었
나
요

C
5
G7
4
봄 이 왔 죠 봄 이 왔 죠
C
3
G
C
1
쿵 짝 짝 쿵 짝 짝 쿵 짝 짝 짝

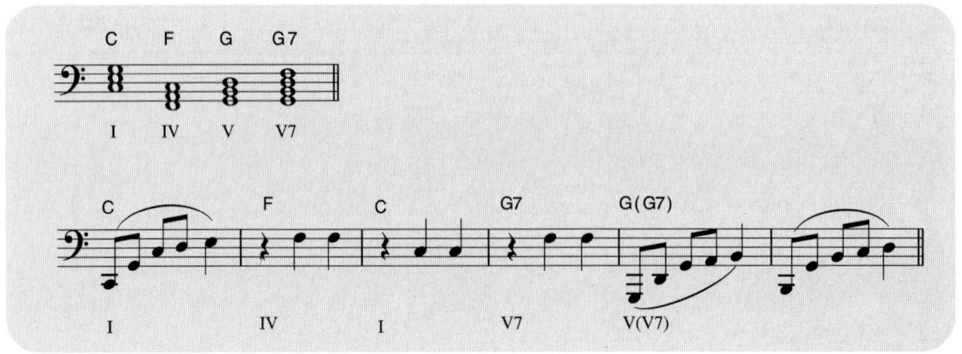
C F G G7
I IV V V7
C F C G7 G(G7)
I IV I V7 V(V7)

윤석중 작사
모차르트 작곡

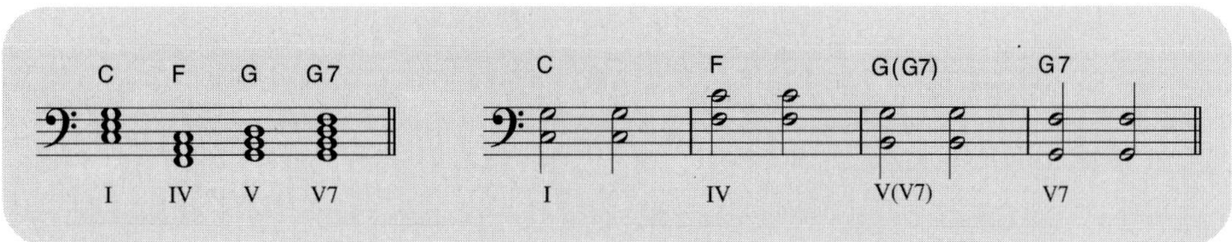

윤석중 작사
모차르트 작곡

C F C G7 C G C

솔 솔부 는 | 봄 바－람 | 쌓 인눈 녹 | 이 고
솔 솔부 는 | 봄 바－람 | 얼 음을 녹 | 이 고

C F C G C F C G7

잔 디 밭 에 | 새 싹－이 | 파 릇 파 릇 | 나 고－요
먼 산 머 리 | 아 지랑이 | 아 롱 아 롱 | 어 리－며

C F G7 C G C

시 냇물 은 | 졸 졸－졸 | 노 래하 며 | 흐 르 네
종 다리 는 | 종 종－종 | 새 봄노 래 | 합 니 다

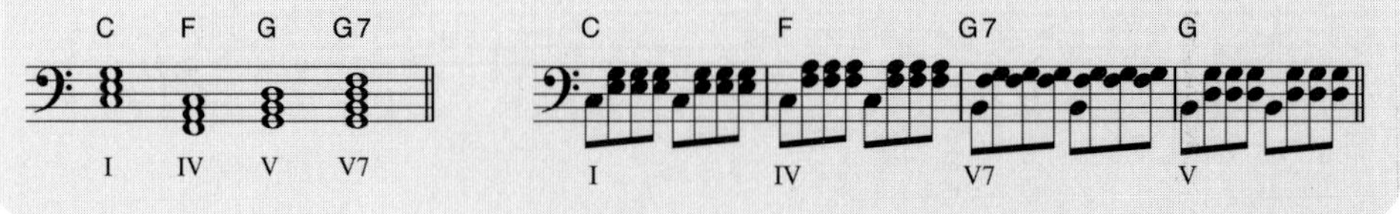

C F G G7
I IV V V7

C F G7 G
I IV V7 V

봄바람

윤석중 작사
모차르트 작곡

C F C Dm C G C

솔 솔부는 봄 바-람 쌓인눈 녹이고
솔 솔부는 봄 바-람 얼음을 녹이고

C F C G C F C G

잔디밭에 새 싹-이 파릇파릇 나고-요
먼산머리 아 지랑이 아롱아롱 어리-며

C F C Dm C G C

시 냇물은 졸 졸-졸 노 래하며 흐르네
종 다리는 종 종-종 새 봄노래 합니다

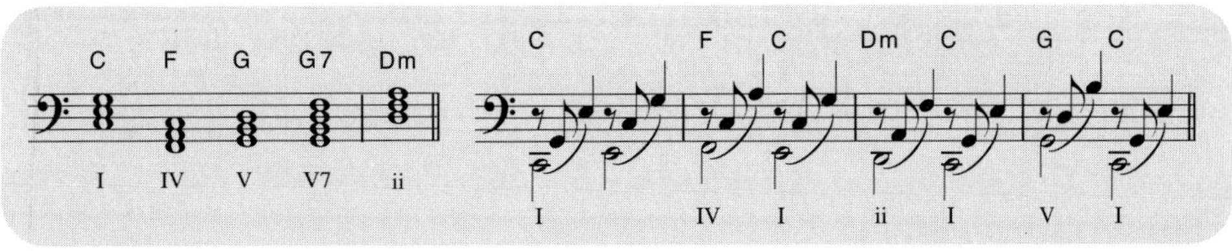

C F G G7 Dm

I IV V V7 ii

C F C Dm C G C

I IV I ii I V I

김정순 작사
김숙경 작곡

F

땅 속 에 서 영 차 흙 속 에 서 영 차
물 속 에 서 영 차 뿌 리 에 서 영 차
나 무 에 서 하 아 가 지 에 서 하 아

F C F

새 싹 들 이 쏘 – 옥 – 얼 굴 내 민 다
뿌 리 들 이 쏘 – 옥 – 뿌 리 내 린 다
나 뭇 가 지 새 싹 들 도 기 지 개 한 다

C

한 잠 자 고 뾰 족 두 밤 자 고 뾰 족

F C F

어 제 보 다 요 만 큼 더 커 졌 네 요

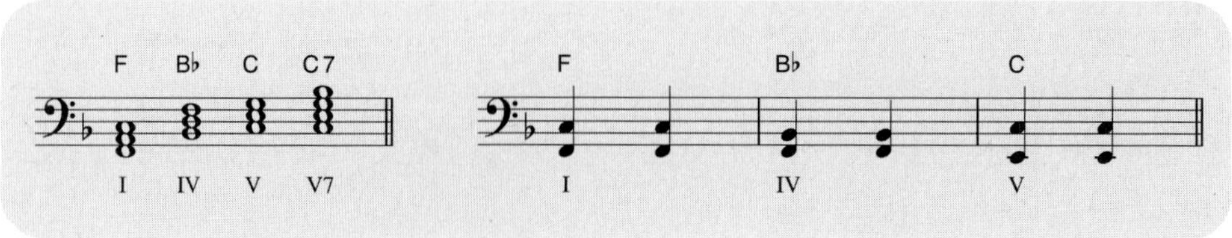

F B♭ C C7

I IV V V7

F B♭ C

I IV V

김정순 작사
김숙경 작곡

F C7 C

땅 속 에 서 영 차 흙 속 에 서 영 차
물 속 에 서 영 차 뿌 리 에 서 영 차
나 무 에 서 하 아 가 지 에 서 하 아

새 싹 들 이 쏘 – 옥 – 얼 굴 내 민 다
뿌 리 들 이 쏘 – 옥 – 뿌 리 내 린 다
나 뭇 가 지 새 싹 들 도 기 지 개 한 다

한 잠 자 고 뾰 족 두 밤 자 고 뾰 족

어 제 보 다 요 만 큼 더 커 졌 네 요

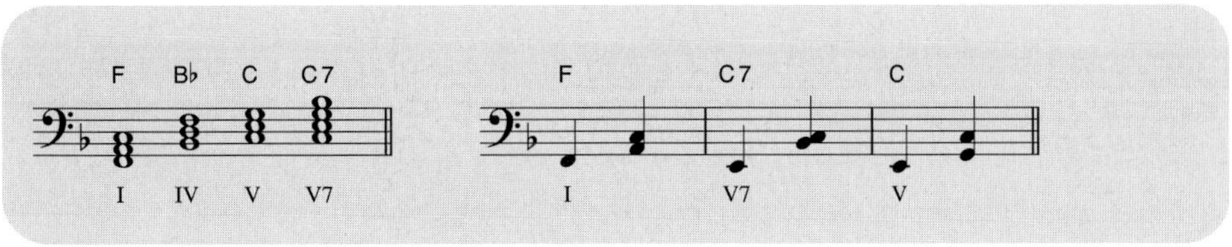

F B♭ C C7
I IV V V7

F C7 C
I V7 V

김정순 작사
김숙경 작곡

F B♭ C7 F B♭ C7

땅 속 에 서 영 차 흙 속 에 서 영 차
물 속 에 서 영 차 뿌 리 에 서 영 차
나 무 에 서 하 아 가 지 에 서 하 아

F C7 F

새 싹 들 이 쏘 – 옥 – 얼 굴 내 민 다
뿌 리 들 이 쏘 – 옥 – 뿌 리 내 린 다
나 뭇 가 지 새 싹 들 도 기 지 개 한 다

C

한 잠 자 고 뾰 족 두 밤 자 고 뾰 족

F
C7
F
3
5
4
3
어 제 보 다 요 만 큼 더 커 졌 네 요

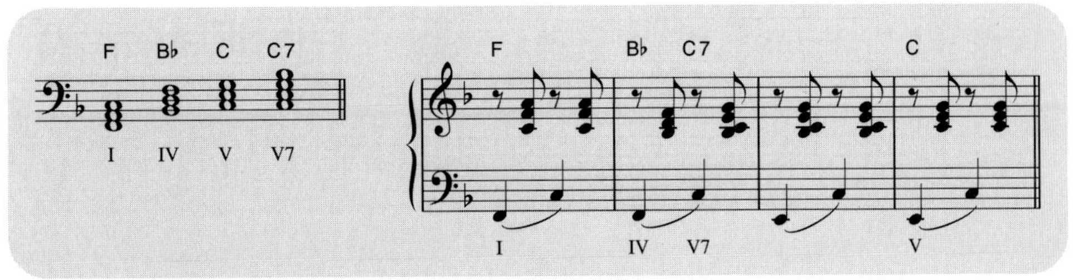
F B♭ C C7
I IV V V7
F
B♭ C7
C
I
IV V7
V

7

계절(여름)

- 시냇물
- 조금 더 다가가서
- 여름 방학
- 파란 마음 하얀 마음

초급
시냇물

박화목 작사
안병원 작곡

G
Em
G
D
졸 – 졸 시 냇 물 아 어 디 로 가 니
강 물 아 흘 러 흘 러 어 디 로 가 니

G
Em
D7
G
강 을 따 라 가 고 싶 어 강 으 로 간 다
넓 은 세 상 보 고 싶 어 바 다 로 간 다

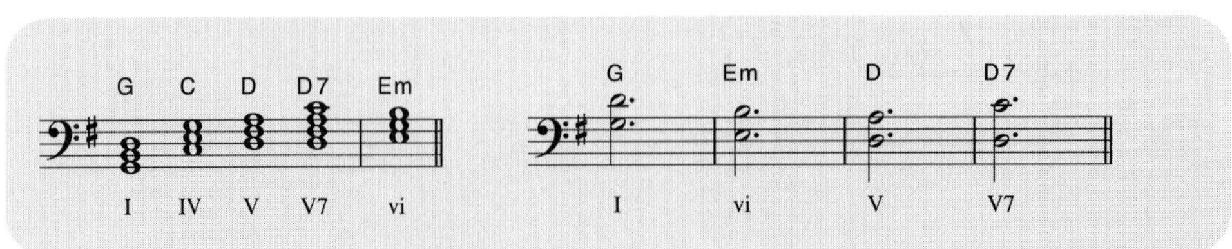
G C D D7 Em
I IV V V7 vi
G Em D D7
I vi V V7

중급
시냇물

박화목 작사
안병원 작곡

G
Em
G
D
졸 – 졸 시 냇 물 아 어 디 로 가 니
강 물 아 흘 러 흘 러 어 디 로 가 니

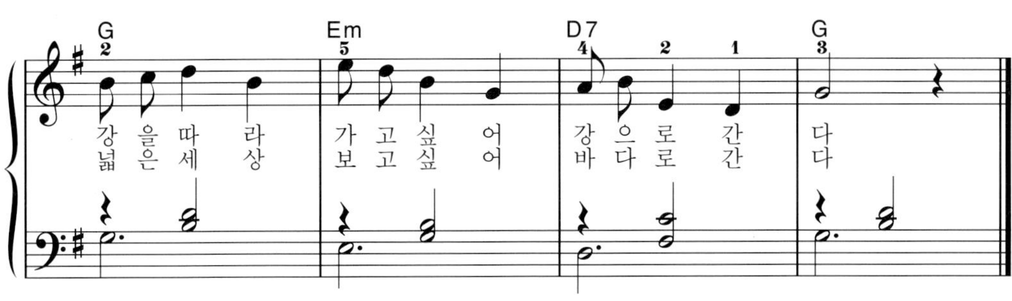
G
Em
D7
G
강 을 따 라 가 고 싶 어 강 으 로 간 다
넓 은 세 상 보 고 싶 어 바 다 로 간 다

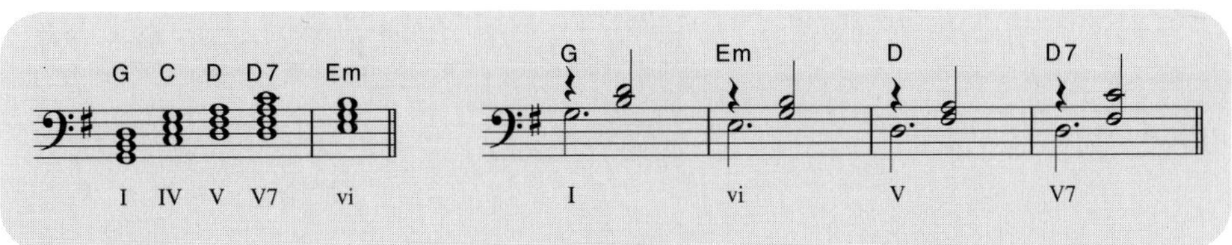
G C D D7 Em
I IV V V7 vi
G
Em
D
D7
I
vi
V
V7

박화목 작사
안병원 작곡

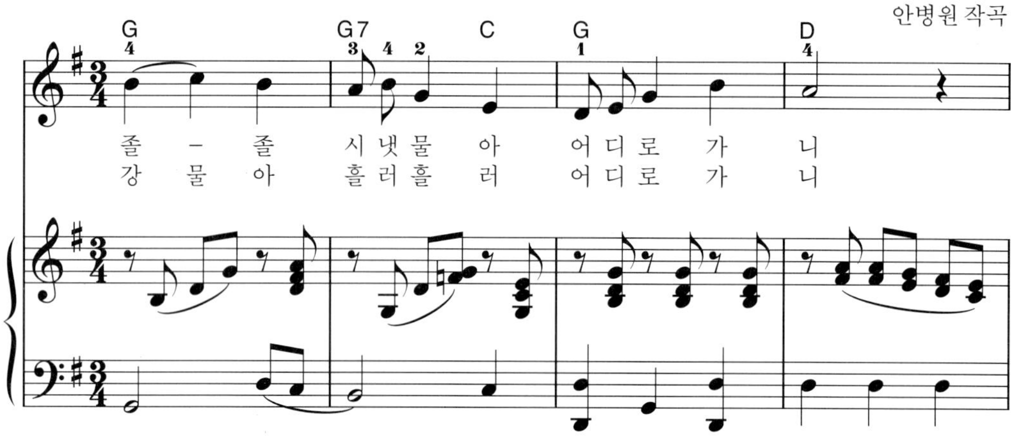

G G7 C G D

졸 – 졸 시 냇 물 아 어 디 로 가 니
강 물 아 흘 러 흘 러 어 디 로 가 니

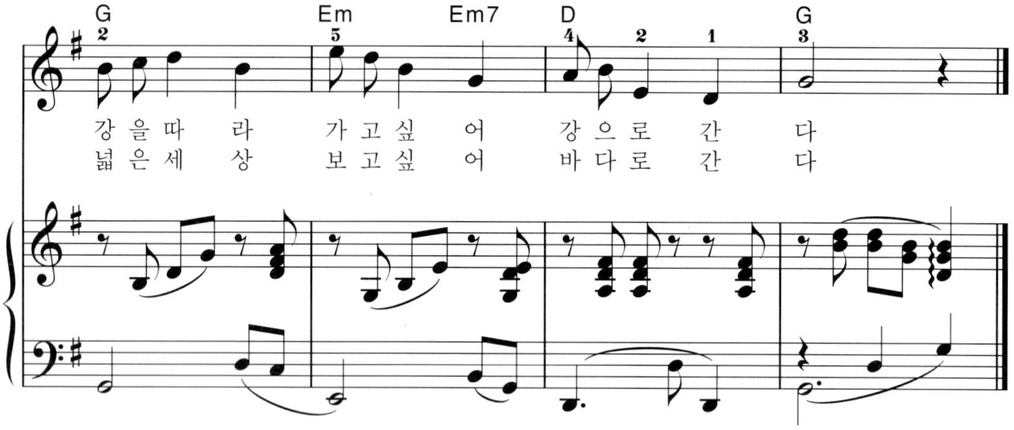

G Em Em7 D G

강 을 따 라 가 고 싶 어 강 으 로 간 다
넓 은 세 상 보 고 싶 어 바 다 로 간 다

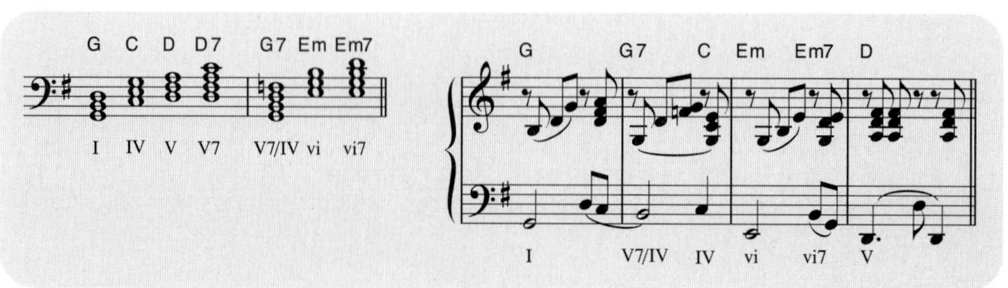

초급 조금 더 다가가서

김성균 작사
김성균 작곡
아 – 무 도 없는것같은 조 – 용 한 시냇 가에
아 – 무 도 없는것같은 조 – 용 한 나무 위에
조 그맣고귀여 운 송사리한마리 쪼르르르르르르르롱
조 그맣고귀여 운 산새 – 한마리 쪼르르르르르르르롱
헤엄치기에 조금 더다 가가 서 쳐다보려했 더 니
노래하기에
깜 짝 놀 라 쪼르르르롱 달 아 – 납 니 다
날 아 – 갑 니 다
D G A A7
I IV V V7
D A(A7) A7 G
I V(V7) V7 IV

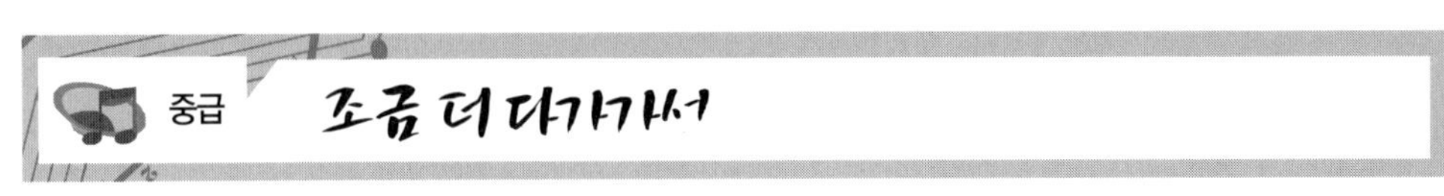

김성균 작사
김성균 작곡

D A7

아 -무 도 없는것같은 조 -용 한 시냇 가에
아 -무 도 없는것같은 조 -용 한 나무 위에

D G

조 그맣 고 귀 여 운 송 사 리 한 마 리 쪼 르 르 르 르 르 르 르 롱
조 그맣 고 귀 여 운 산 새 - 한 마 리 쪼 르 르 르 르 르 르 르 롱

A7 D A7 D

헤 엄 치 기 에 조 금 더 다 가가 서 쳐다보려했 더 니
노 래 하 기 에

D G A7 D

깜 짝 놀 라 쪼르르르롱 달 아-납 니 다
날 아-갑 니 다

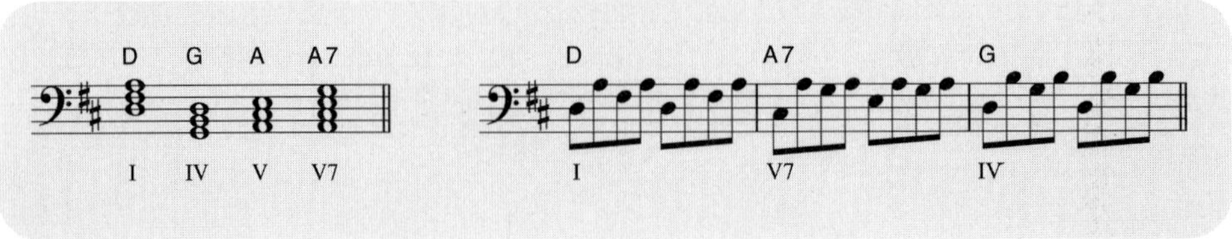

D G A A7
I IV V V7

D A7 G
I V7 IV

고급

조금 더 다가가서

김성균 작사
김성균 작곡

강소천 작사
박홍수 작곡

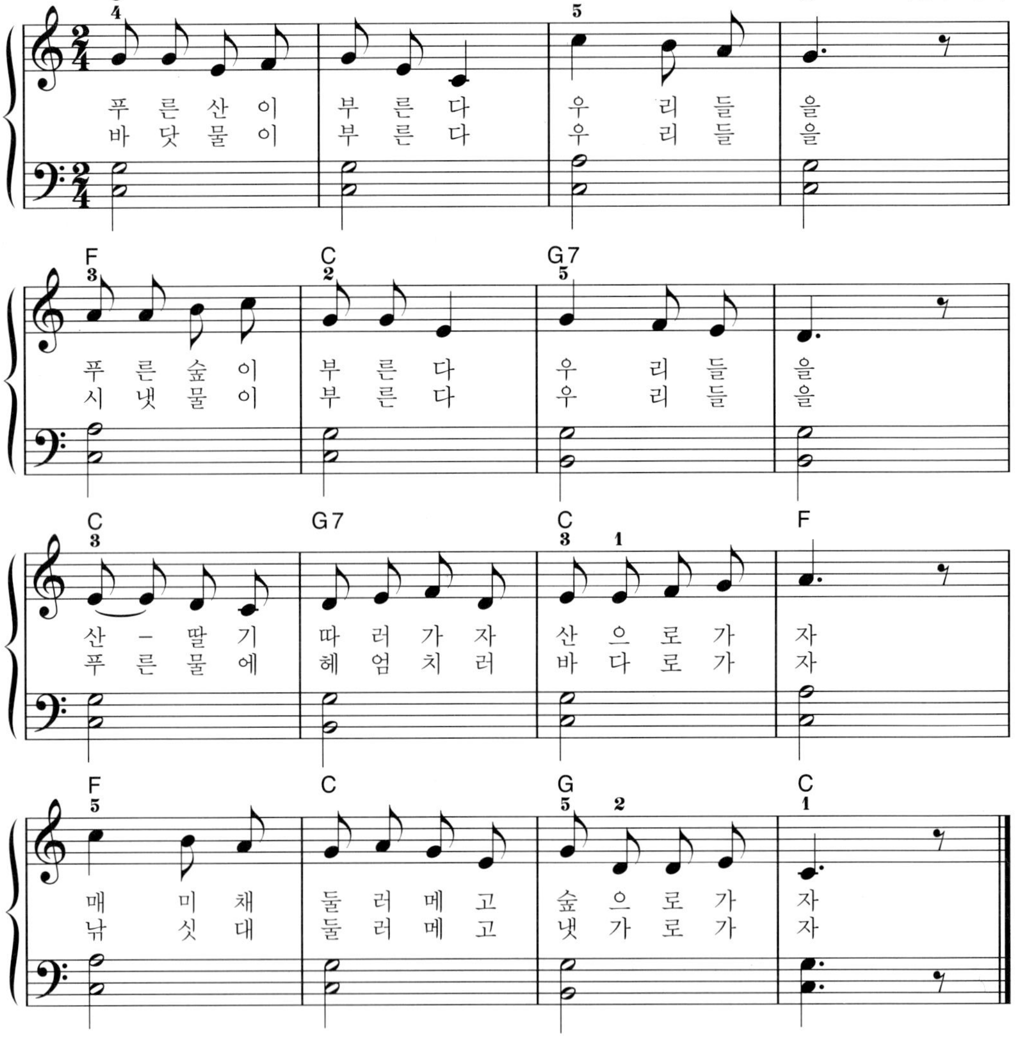

C F C
푸 른 산 이 부 른 다 우 리 들 을
바 닷 물 이 부 른 다 우 리 들 을

F C G7
푸 른 숲 이 부 른 다 우 리 들 을
시 냇 물 이 부 른 다 우 리 들 을

C G7 C F
산 ㅡ 딸 기 따 러 가 자 산 으 로 가 자
푸 른 물 에 헤 엄 치 러 바 다 로 가 자

F C G C
매 미 채 둘 러 메 고 숲 으 로 가 자
낚 싯 대 둘 러 메 고 냇 가 로 가 자

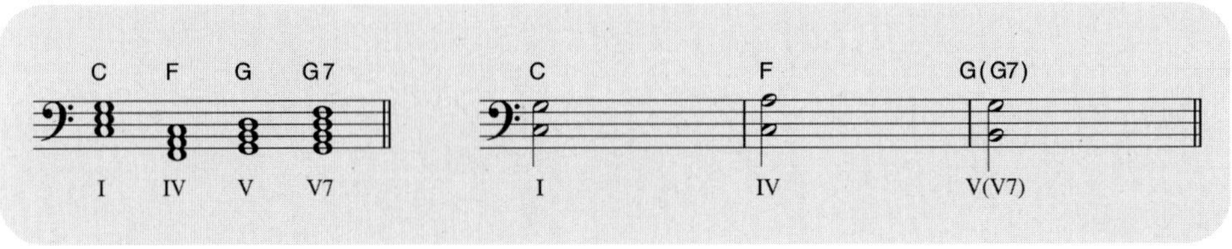

C F G G7
I IV V V7

C F G(G7)
I IV V(V7)

강소천 작사
박홍수 작곡

C F C
푸 른 산 이 | 부 른 다 | 우 리 들 | 을
바 닷 물 이 | 부 른 다 | 우 리 들 | 을

F C G7 G
푸 른 숲 이 | 부 른 다 | 우 리 들 | 을
시 냇 물 이 | 부 른 다 | 우 리 들 | 을

C G7 C F
산 – 딸 기 | 따 러 가 자 | 산 으 로 가 | 자
푸 른 물 에 | 헤 엄 치 러 | 바 다 로 가 | 자

F C G7 C
매 미 채 | 둘 러 메 고 | 숲 으 로 가 | 자
낚 싯 대 | 둘 러 메 고 | 냇 가 로 가 | 자

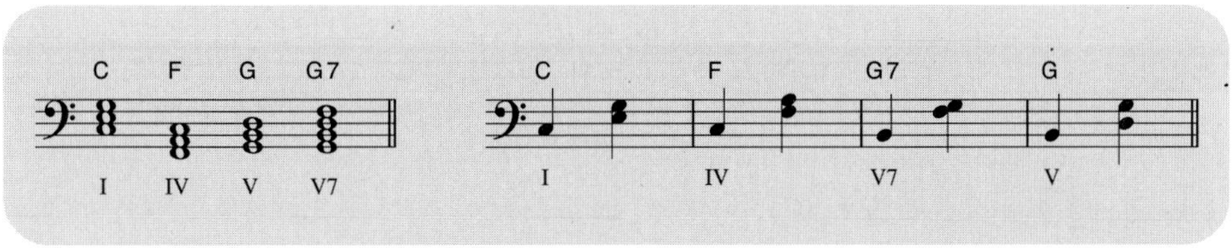

C F G G7
I IV V V7

C F G7 G
I IV V7 V

고급

여름 방학

강소천 작사
박홍수 작곡

C F C
4 5
푸 른 산 이 부 른 다 우 리 들 을
바 닷 물 이 부 른 다 우 리 들 을
F C G7 G
3 2 5
푸 른 숲 이 부 른 다 우 리 들 을
시 냇 물 이 부 른 다 우 리 들 을
C G7 C F
3 3 1
산 – 딸 기 따 러 가 자 산 으 로 가 자
푸 른 물 에 헤 엄 치 러 바 다 로 가 자

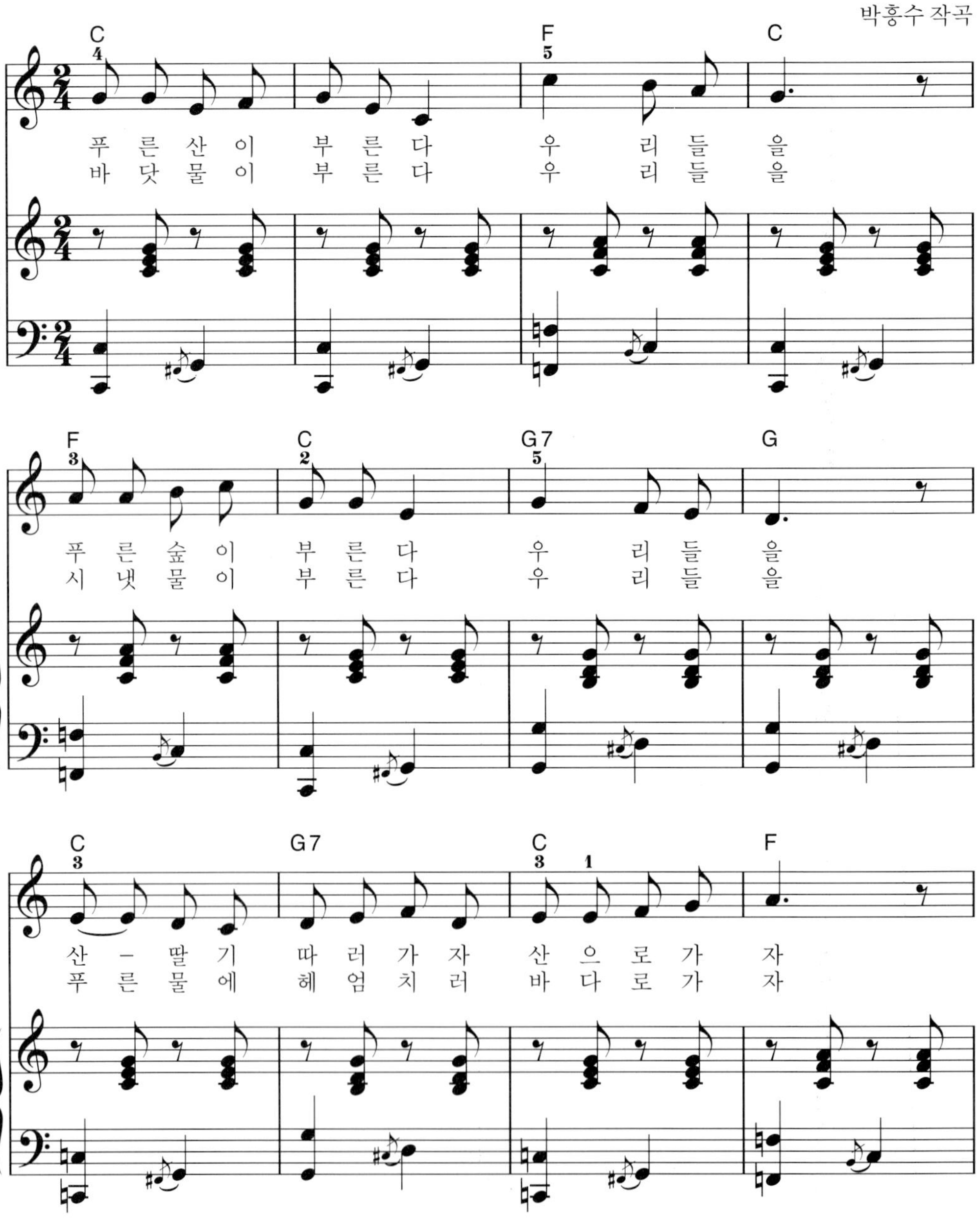

F
C
G
C
5
5
1
매 미 채 둘 러 메 고 숲 으 로 가 자
낚 싯 대 둘 러 메 고 냇 가 로 가 자

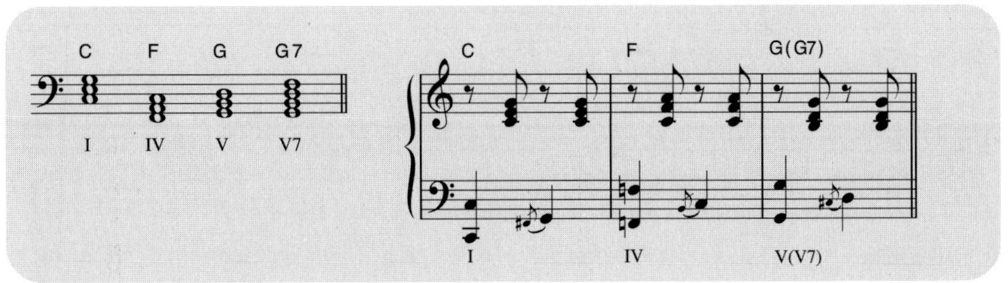
C F G G7
I IV V V7
C
F
G(G7)
I
IV
V(V7)

초급 파란 마음 하얀 마음

어효선 작사
한용희 작곡

중급 **파란 마음 하얀 마음**

어효선 작사
한용희 작곡
F B♭ F
우 리 들 마 음 에 빛이있 다 면 여 름 엔
F C C7 F B♭
여 름 엔 파랄거 예 요 산 도들도 나 무 도
F
파란잎 으 로 파랗게 파랗게 덮인속 에
F C7 F
서 파 아 란 하늘보 고 자라니 까 요
F B♭ C C7
I IV V V7
F B♭ C C7
I IV V V7

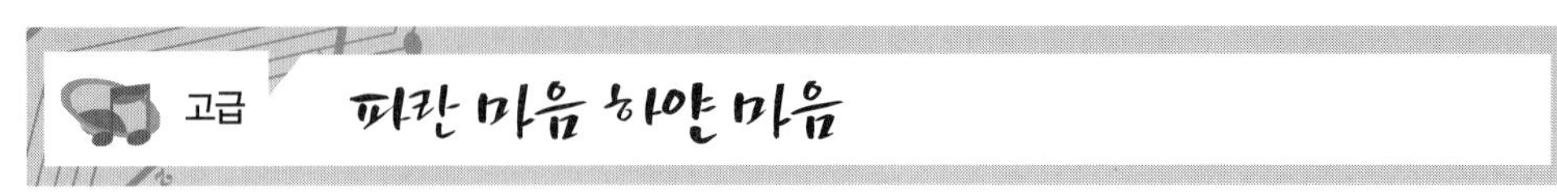

어효선 작사
한용희 작곡

F B♭ F

우 리 들 마 음 에 빛 이 있 다 면

F C

여 름 엔 여 름 엔 파 랄 거 예 요

F B♭ F

산 도 들 도 나 무 도 파 란 잎 으 로

F C

파 랗 게 파 랗 게 덮 인 속 에 서

F C7 F

파 아 란 하 늘 보 고 자 라 니 까 요

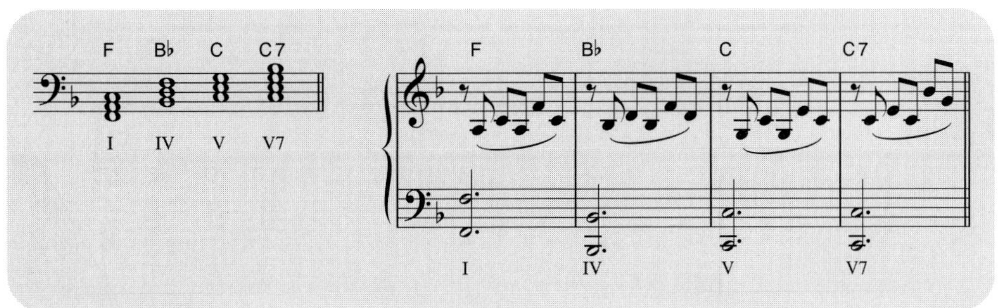

8

계절(가을)

- 가을길
- 나뭇잎 배
- 나뭇잎
- 바람개비

초급 가을길

김규환 작사
김규환 작곡

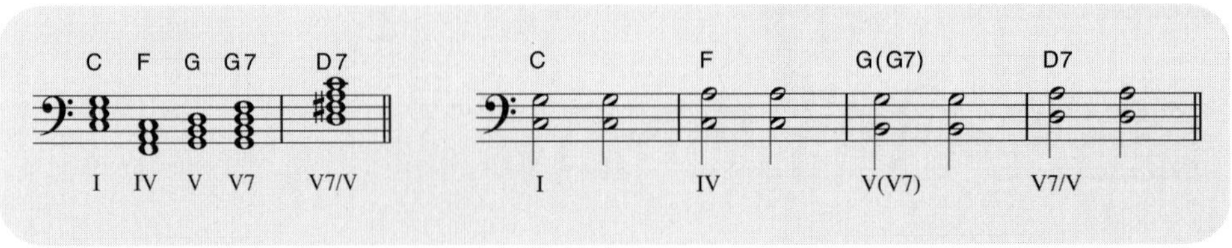

C F C F C

노 랗게노 랗게 물 들었네 노 랗게노 랗게 물 들었네

C F C F G7 C

파 랗게파 랗게 높 은하늘 가 을 길 은 고 운 길

F C F D7 G7

트랄 랄랄 라 트랄 랄랄 라 트랄 랄랄랄 라 1.노 래부르 며
(아 트랄랄랄) (라 트랄랄라) 2.소 리맞추 어

C F C F G7 C

산 넘어물 건너 가 는 – 길 가 을 길 은 비 단 길
숲 속의새 들이 반 겨주는 가 을 길 은 우 리 길

C F G G7 D7
I IV V V7 V7/V

C F G(G7) D7
I IV V(V7) V7/V

김규환 작사
김규환 작곡

C | F C | | F C
노 랗게노 랗게 | 물 들었네 | 노 랗게노 랗게 | 물 들었네

C | F C | F G7 | C
파 랗게파 랗게 | 높 은하늘 | 가 을 길 은 | 고 운 길

F C | F | D7 | G7
트랄 랄랄 라 | 트랄 랄랄 라 | 트랄 랄랄랄 라 | 1.노 래부르 며
(아 트랄랄랄) | (라 트랄랄라) | | 2.소 리맞추 어

C | F C | F G7 | C
산 넘어물 건너 | 가 는－길 | 가 을 길 은 | 비 단 길
숲 속의새 들이 | 반 겨주는 | 가 을 길 은 | 우 리 길

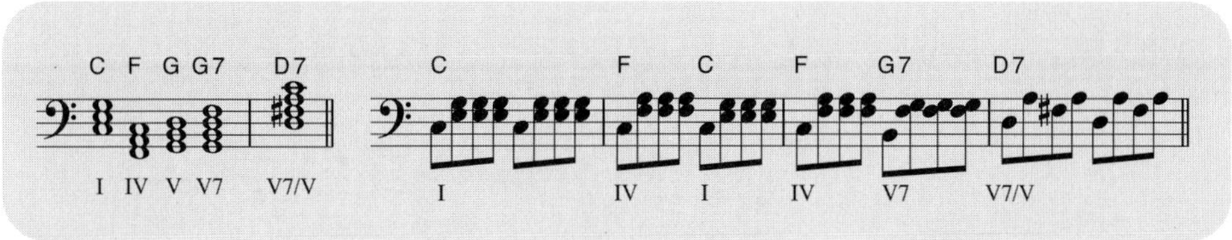

C F G G7 D7
I IV V V7 V7/V

C F C F G7 D7
I IV I IV V7 V7/V

김규환 작사
김규환 작곡

C F C F C
노 랗게노 랗게 물 들었네 노 랗게노 랗게 물 들었네

C F C F G7 C
파 랗게파 랗게 높 은하늘 가 을 길 은 고 운 길

F C F D7 G7
트랄 랄랄라 트랄 랄랄라 트랄 랄랄랄 라 1.노 래부르 며
(아 트랄랄랄) (라 트랄랄라) 2.소 리맞추 어

C F C F G7 C
산 넘어물 건너 가 는–길 가 을 길 은 비 단 길
숲 속의새 들이 반 겨주는 가 을 길 은 우 리 길

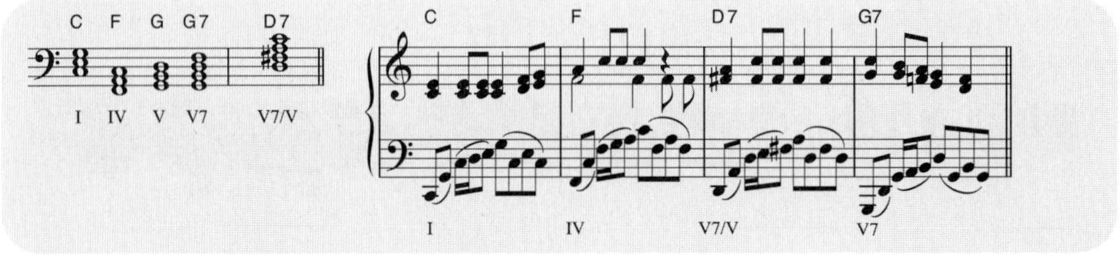

C F G G7 D7
I IV V V7 V7/V

C F D7 G7
I IV V7/V V7

박홍근 작사
윤용하 작곡

E♭ B♭7 E♭ A♭ E♭ B♭ B♭7

낫 에 놀 다 두 – 고 온 나 뭇 잎 배 는 –
연 못 에 다 띄 – 워 논 나 뭇 잎 배 는 –

E♭ B♭7 Cm A♭ B♭7 E♭

엄 마 곁 에 누 – 워 도 생 각 이 나 요 –
엄 마 곁 에 누 – 워 도 생 각 이 나 요 –

B♭7 E♭ Fm B♭7 E♭ F7 B♭ B♭7

푸 른 달 과 흰 – 구 름 둥 – 실 떠 – 가 는 –
살 랑 살 랑 바 – 람 에 소 – 근 거 – 리 는 –

E♭ A♭ E♭ B♭7 E♭ B♭7 E♭

연 못 에 서 사 – 알 살 떠 다 – 니 겠 – 지 –
갈 잎 새 를 혼 – 자 서 떠 다 – 니 겠 – 지 –

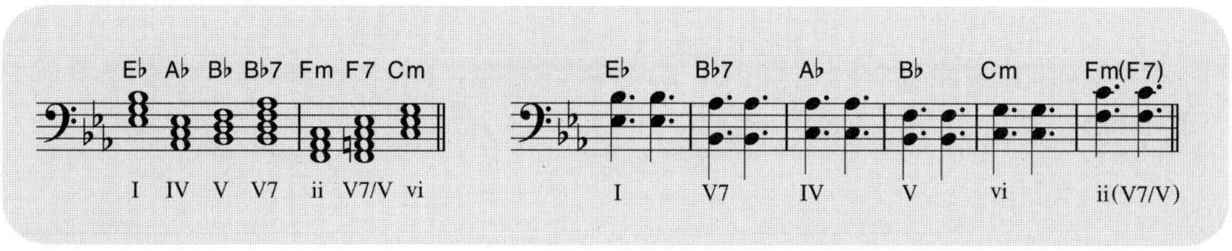

E♭ A♭ B♭ B♭7 Fm F7 Cm

I IV V V7 ii V7/V vi

E♭ B♭7 A♭ B♭ Cm Fm(F7)

I V7 IV V vi ii(V7/V)

박홍근 작사
윤용하 작곡

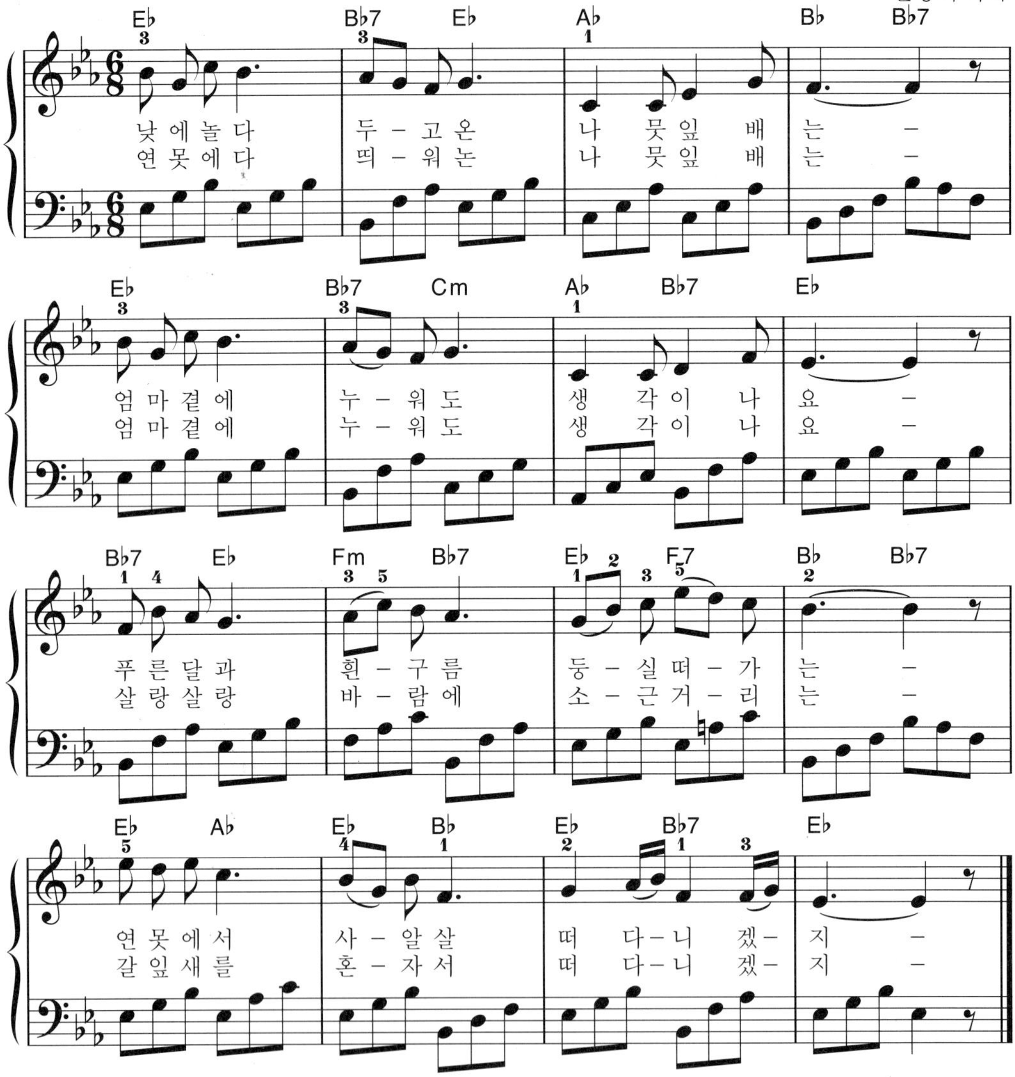

낮 에 놀 다 두 – 고 온 나 뭇 잎 배 는 –
연 못 에 다 띄 – 워 논 나 뭇 잎 배 는 –

엄 마 곁 에 누 – 워 도 생 각 이 나 요 –
엄 마 곁 에 누 – 워 도 생 각 이 나 요 –

푸 른 달 과 흰 – 구 름 둥 – 실 떠 – 가 는 –
살 랑 살 랑 바 – 람 에 소 – 곤 거 – 리 는 –

연 못 에 서 사 – 알 살 떠 다 – 니 겠 – 지 –
갈 잎 새 를 혼 – 자 서 떠 다 – 니 겠 – 지 –

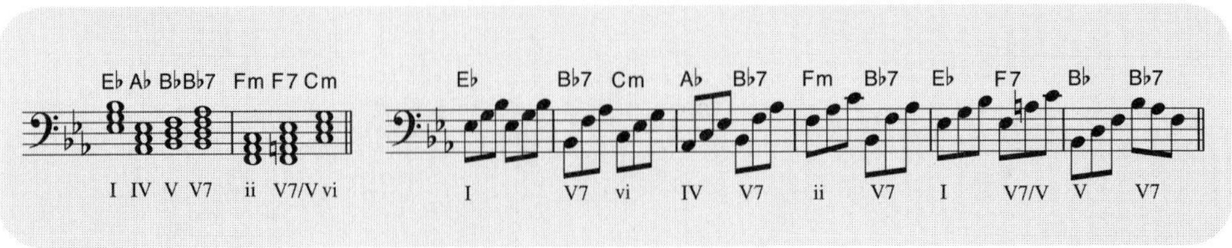

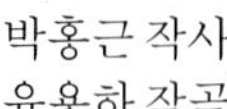

Eb | Bb7 Eb | Ab Fm7 | Bb Bb7

낮 에 놀 다 | 두 – 고 온 | 나 뭇 잎 배 | 는 –
연 못 에 다 | 띄 – 워 논 | 나 뭇 잎 배 | 는 –

Eb | Bb7 Cm | Ab Bb7 | Eb

엄 마 곁 에 | 누 – 워 도 | 생 각 이 나 | 요 –
엄 마 곁 에 | 누 – 워 도 | 생 각 이 나 | 요 –

Bb7 Eb | Fm Bb7 | Eb F7 | Bb Bb7

푸 른 달 과 | 흰 – 구 름 | 둥 – 실 떠 – 가 | 는 –
살 랑 살 랑 | 바 – 람 에 | 소 – 근 거 – 리 | 는 –

Eb Ab | Eb Bb | Eb Bb7 | Eb

연 못 에 서 | 사 – 알 살 | 떠 다 – 니 겠 – | 지 –
갈 잎 새 를 | 혼 – 자 서 | 떠 다 – 니 겠 – | 지 –

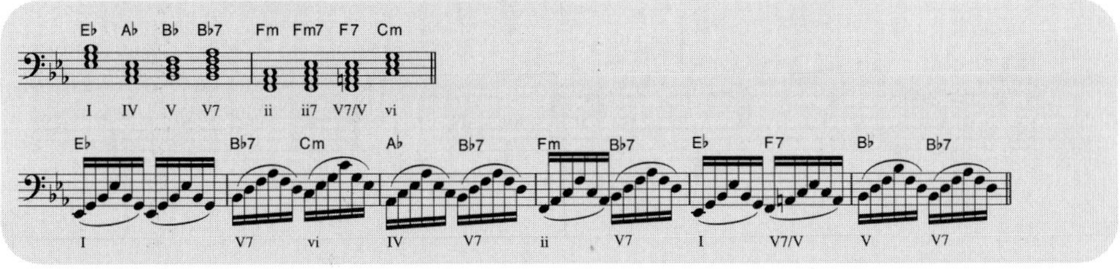

Eb Ab Bb Bb7 | Fm Fm7 F7 Cm

I IV V V7 | ii ii7 V7/V vi

Eb | Bb7 Cm | Ab Bb7 | Fm Bb7 | Eb F7 | Bb Bb7

I | V7 vi | IV V7 | ii V7 | I V7/V | V V7

나뭇잎

김성균 작사
김성균 작곡

C G7 C G

오 늘 아 침 담 - 밑 에 나 뭇 잎 이 요
오 늘 아 침 나 무 위 에 산 새 들 이 요

C G7 C

옹 기 종 기 웅 크 리 고 모 여 앉 아 서
옹 기 종 기 웅 크 리 고 모 여 앉 아 서

G7 C G7 G

어 제 저 녁 바 람 은 쌀 쌀 했 다 고
어 제 저 녁 바 람 은 쌀 쌀 했 다 고

F C G C

소 근 소 근 소 근 하 면 서 발 발 떱 니 다
재 잘 재 잘 재 잘 대 면 서 발 발 떱 니 다

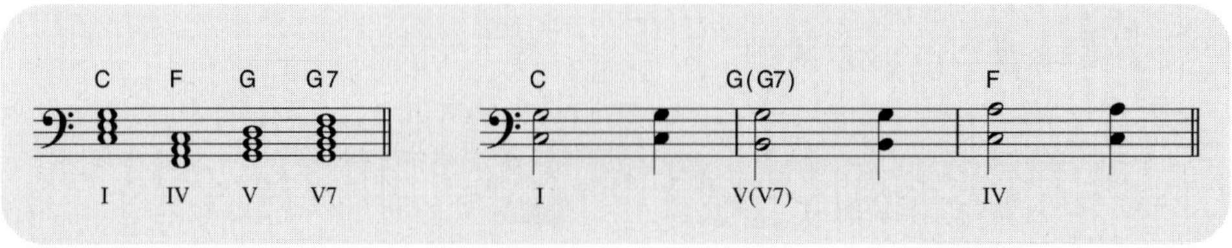

C F G G7
I IV V V7

C G(G7) F
I V(V7) IV

김성균 작사
김성균 작곡

C G7 C G7

오 늘 아 침 | 담 – 밑 에 | 나 뭇 잎 이 | 요
오 늘 아 침 | 나 무 위 에 | 산 새 들 이 | 요

C G7 C

옹 기 종 기 | 옹 크 리 고 | 모 여 앉 아 | 서
옹 기 종 기 | 옹 크 리 고 | 모 여 앉 아 | 서

G7 C G7 G

어 제 저 녁 바 람 | 은 | 쌀 쌀 했 다 | 고
어 제 저 녁 바 람 | 은 | 쌀 쌀 했 다 | 고

F C G7 C

소 근 소 근 소 근 | 하 면 서 | 발 발 떱 니 | 다
재 잘 재 잘 재 잘 | 대 면 서 | 발 발 떱 니 | 다

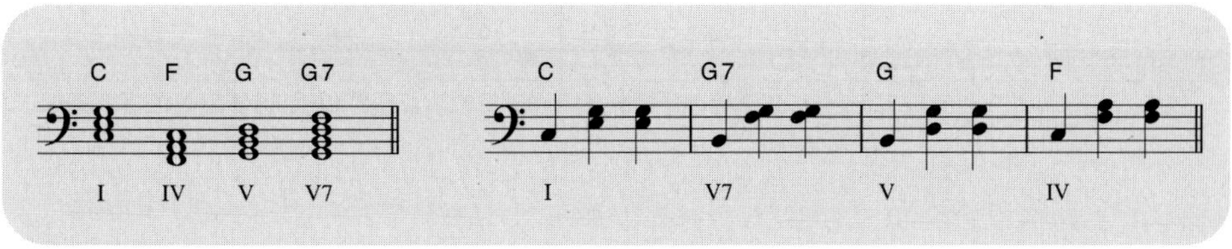

C F G G7
I IV V V7

C G7 G F
I V7 V IV

김성균 작사
김성균 작곡

C G7 C G7

오 늘 아 침 담 – 밑 에 나 뭇 잎 이 요
오 늘 아 침 나 무 위 에 산 새 들 이 요

C Dm7 G7 C

옹 기 종 기 웅 크 리 고 모 여 앉 아 서
옹 기 종 기 웅 크 리 고 모 여 앉 아 서

G7 C G7 G

어 제 저 녁 바 람 은 쌀 쌀 했 다 고
어 제 저 녁 바 람 은 쌀 쌀 했 다 고

F
C
G7
C
5
4
1
3
소 근 소 근 소 근 하 면 서 발 발 떱 니 다
재 잘 재 잘 재 잘 대 면 서 발 발 떱 니 다

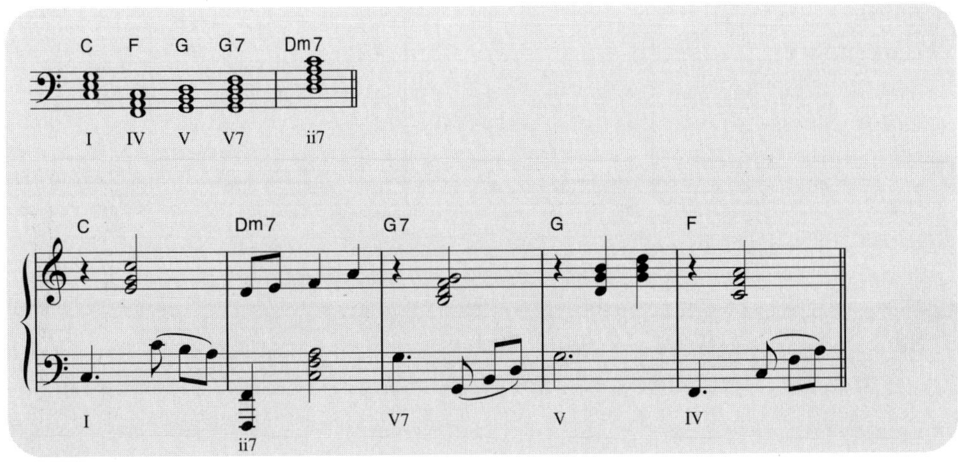
C F G G7 Dm7
I IV V V7 ii7
C Dm7 G7 G F
I ii7 V7 V IV

바람개비

김성균 작사
김성균 작곡

F C
색 종 이 접 어 서 바 람 개 비 만 들 자 색

F C7 F
종 이 접 어 서 바 람 개 비 만 들 자

B♭ C
내 가 만 – 든 바 람 개 비 가 뱅 글 뱅 글 돌 – 면 얼
바 람 개 비 가 다 – 되 었 네 예 쁜 바 람 개 비 가 저

F C7 F
마 나 좋 을 까 예 쁜 바 람 개 – 비
언 덕 끝 까 지 돌 리 면 서 갈 테 야

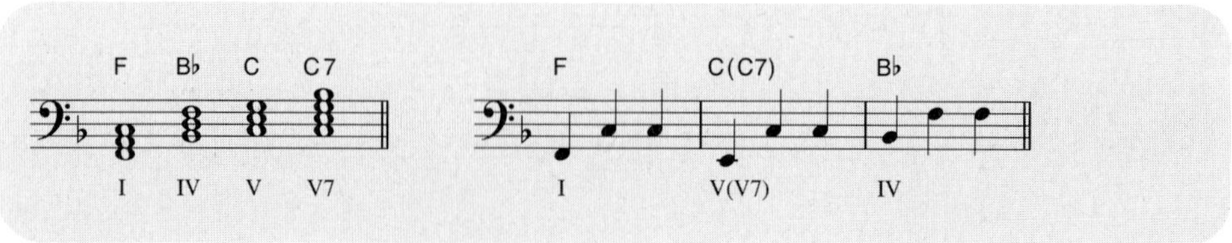

F B♭ C C7
I IV V V7

F C(C7) B♭
I V(V7) IV

김성균 작사
김성균 작곡

F C7 C

색 | 종 이 접 어 | 서 바 람 | 개 비 만 들 | 자 색

F C7 F

종 이 접 어 | 서 바 람 | 개 비 만 들 | 자

B♭ C7 C

내 가 만 – 든 | 바 람 개 비 가 | 뱅 글 뱅 글 돌 – | 면 얼
바 람 개 비 가 | 다 – 되 었 네 | 예 쁜 바 람 개 비 | 가 저

F C7 F

마 나 좋 을 | 까 예 쁜 | 바 람 개 – | 비
언 덕 끝 까 | 지 돌 리 | 면 서 갈 테 | 야

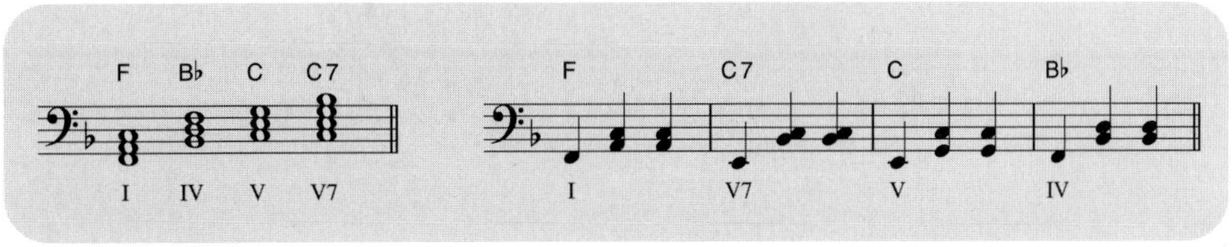

F	B♭	C	C7
I	IV	V	V7

F	C7	C	B♭
I	V7	V	IV

김성균 작사
김성균 작곡

F C7 C

색 종 이 접 어 서 바 람 개 비 만 들 자 색

F C7 F

종 이 접 어 서 바 람 개 비 만 들 자

B♭ C7 C

내 가 만 – 든 바 람 개 비 가 뱅 글 뱅 글 돌 – 면 얼
바 람 개 비 가 다 – 되 었 네 예 쁜 바 람 개 비 가 저

F C7 F

마 나 좋 을 까 예 쁜 바 람 개 – 비
언 덕 끝 까 지 돌 리 면 서 갈 테 야

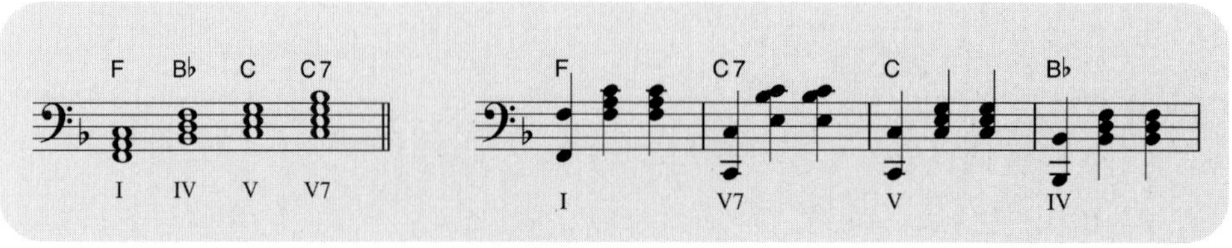

F B♭ C C7

I IV V V7

F C7 C B♭

I V7 V IV

9

계절(겨울)

- 겨울나무
- 눈꽃
- 눈 내리는 날
- 춥지 않을까? 배고프지 않을까?
- 하얀 눈길

이원수 작사
정세문 작곡

D G D Bm A7

나 무 야 | 나 무 야 – | 겨 울 나 무 | 야 –
평 생 을 | 살 아 봐 도 | 늘 – 한 자 | 리 –

D G A7 Bm Em A7 D

눈 – 쌓 인 | 응 달 에 | 외 로 이 – 서 | 서 –
넓 은 세 상 | 얘 기 도 | 바 람 께 – 듣 | 고 –

A7 Em F♯ Bm G E7 A7

아 – 무 도 | 찾 지 않 은 | 추 운 겨 울 | 을 –
꽃 – 피 던 | 봄 – 여 름 | 생 각 하 면 | 서 –

Bm Em A D Em A7 D

바 람 따 라 | 휘 파 람 만 | 불 – 고 있 – 구 | 나 –
나 – 무 는 | 휘 파 람 만 | 불 – 고 있 – 구 | 나 –

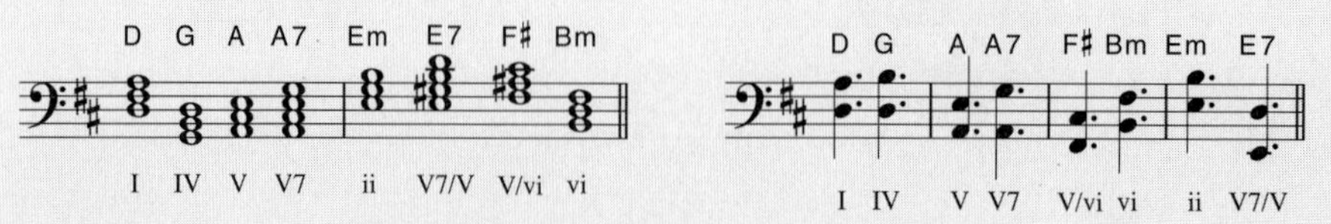

D G A A7 Em E7 F♯ Bm

I IV V V7 ii V7/V V/vi vi

D G A A7 F♯ Bm Em E7

I IV V V7 V/vi vi ii V7/V

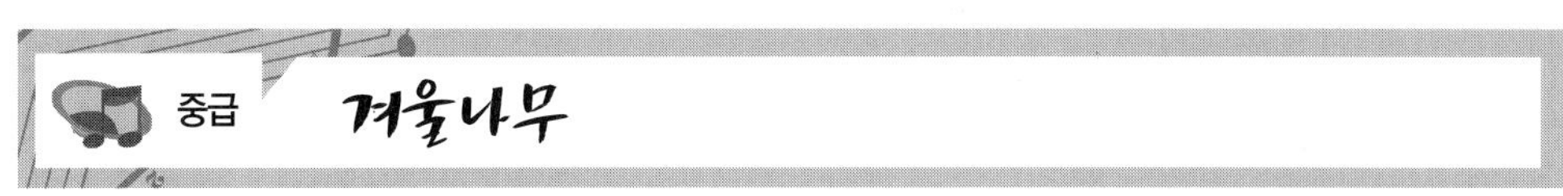

이원수 작사
정세문 작곡

D G D Bm A7
나 무 야 나 무 야 – 겨 울 나 무 야 –
평 생 을 살 아 봐 도 늘 – 한 자 리 –

D G A7 Bm Em A7 D
눈 – 쌓 인 응 달 에 외 로 이 – 서 서 –
넓 은 세 상 얘 기 도 바 람 께 – 듣 고 –

A7 Em F♯ Bm G E7 A7
아 – 무 도 찾 지 않 은 추 운 겨 울 을 –
꽃 – 피 던 봄 – 여 름 생 각 하 면 서 –

Bm Em A D Em A7 D
바 람 따 라 휘 파 람 만 불 – 고 있 – 구 나 –
나 – 무 는 휘 파 람 만 불 – 고 있 – 구 나 –

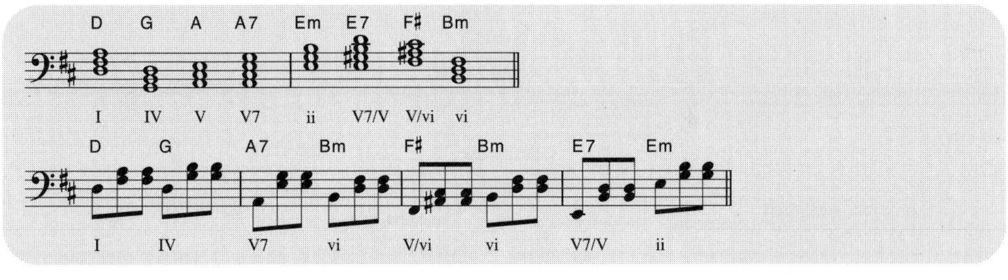

D G A A7 Em E7 F♯ Bm
I IV V V7 ii V7/V V/vi vi

D G A7 Bm F♯ Bm E7 Em
I IV V7 vi V/vi vi V7/V ii

이원수 작사
정세문 작곡

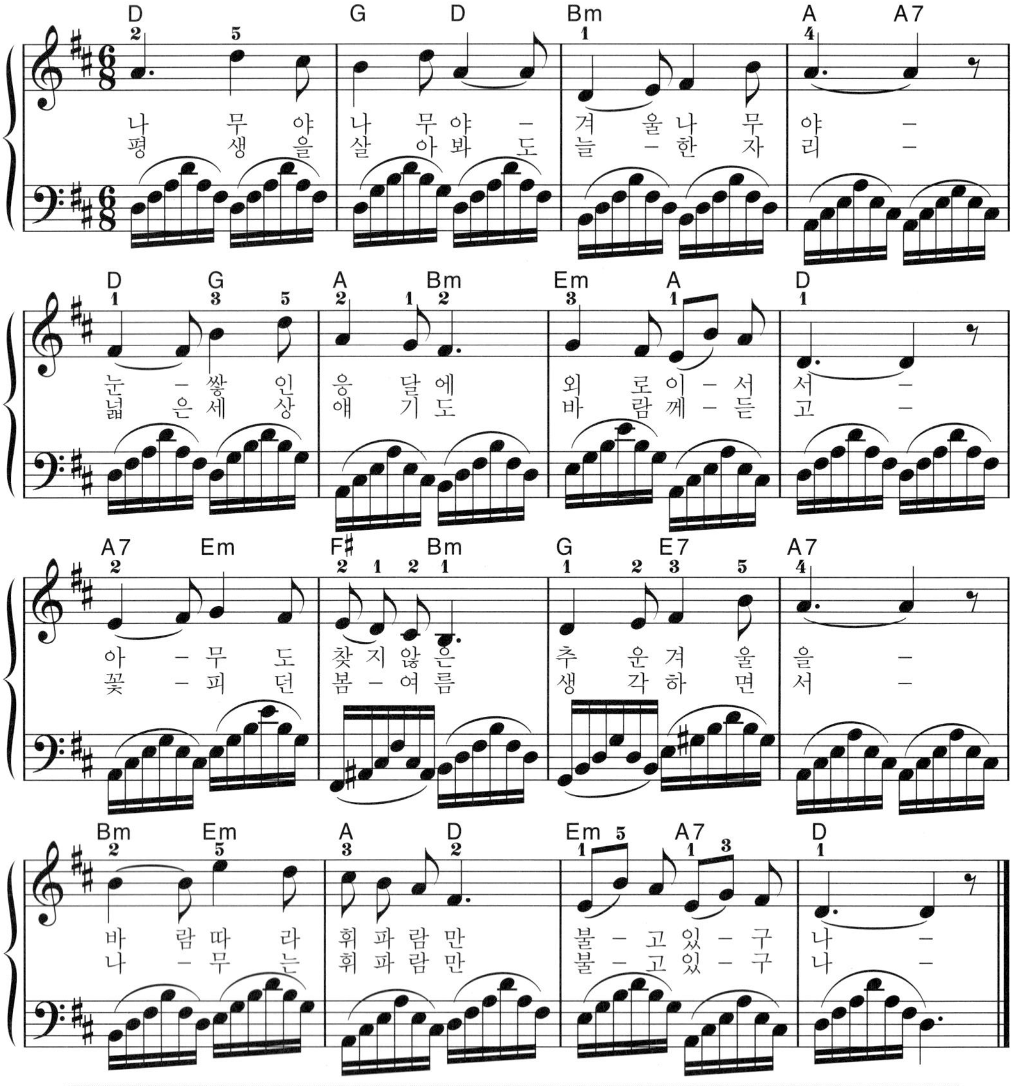

D G D Bm A A7
나 무 야 나 무 야 – 겨 울 나 무 야 –
평 생 을 살 아 봐 도 늘 – 한 자 리 –

D G A Bm Em A D
눈 – 쌓 인 응 달 에 외 로 이 – 서 서 –
넓 은 세 상 얘 기 도 바 람 께 – 듣 고 –

A7 Em F♯ Bm G E7 A7
아 – 무 도 찾 지 않 은 추 운 겨 울 을 –
꽃 – 피 던 봄 – 여 름 생 각 하 면 서 –

Bm Em A D Em A7 D
바 람 따 라 휘 파 람 만 불 – 고 있 – 구 나 –
나 – 무 는 휘 파 람 만 불 – 고 있 – 구 나 –

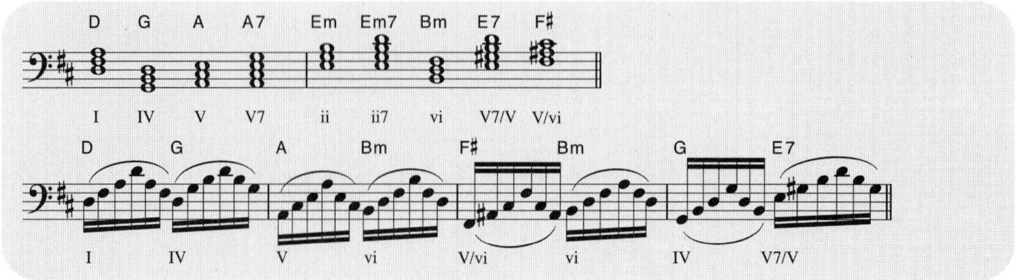

D G A A7 Em Em7 Bm E7 F♯
I IV V V7 ii ii7 vi V7/V V/vi

D G A Bm F♯ Bm G E7
I IV V vi V/vi vi IV V7/V

초급
눈꽃

김영일 작사
박대현 작곡

F
C
F
C7
눈 꽃 이 피 었 네 하 얀 눈 꽃 피 었 네
눈 꽃 이 피 었 네 가 지 마 다 피 었 네
눈 꽃 이 피 었 네 송 이 송 이 피 었 네

F
C7
F
깜 둥 개 야 오 지 마 라 하 얀 눈 꽃 물 들 라
참 새 들 도 앉 지 마 라 하 얀 눈 꽃 꺼 질 라
착 한 애 만 보 – 아 라 하 얀 눈 꽃 웃 는 다

F
B♭
C
C7
I
IV
V
V7
F
C(C7)
I
V(V7)

중급
눈꽃

김영일 작사
박대현 작곡

F C F C7
눈 꽃 이 피 었 네 하 얀 눈 꽃 피 었 네
눈 꽃 이 피 었 네 가 지 마 다 피 었 네
눈 꽃 이 피 었 네 송 이 송 이 피 었 네

F C7 F
깜 둥 개 야 오 지 마 라 하 얀 눈 꽃 물 들 라
참 새 들 도 앉 지 마 라 하 얀 눈 꽃 꺼 질 라
착 한 애 만 보 ㅡ 아 라 하 얀 눈 꽃 웃 는 다

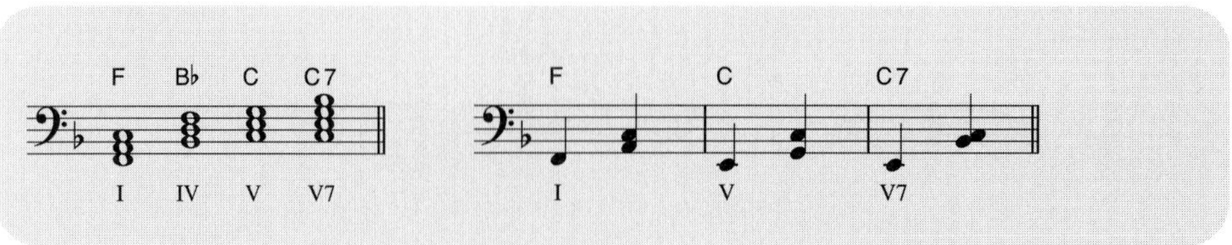
F B♭ C C7
I IV V V7
F C C7
I V V7

김영일 작사
박대현 작곡

F C F C7

눈 꽃 이 피 었 네 하 얀 눈 꽃 피 었 네
눈 꽃 이 피 었 네 가 지 마 다 피 었 네
눈 꽃 이 피 었 네 송 이 송 이 피 었 네

F C7 F

깜 둥 개 야 오 지 마 라 하 얀 눈 꽃 물 들 라
참 새 들 도 앉 지 마 라 하 얀 눈 꽃 꺼 질 라
착 한 애 만 보 - 아 라 하 얀 눈 꽃 웃 는 다

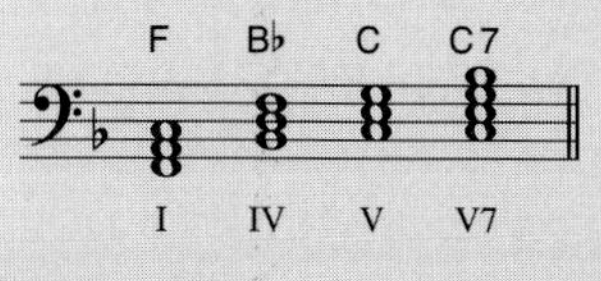

F B♭ C C7
I IV V V7

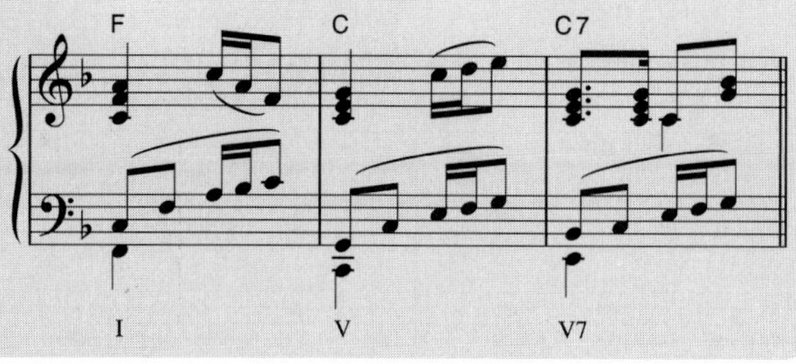

F C C7
I V V7

초급
눈 내리는 날

김경희 작사
김성균 작곡
E♭ A♭ B♭
하 얀 눈 이 소 리 없 이 내 리 는 날

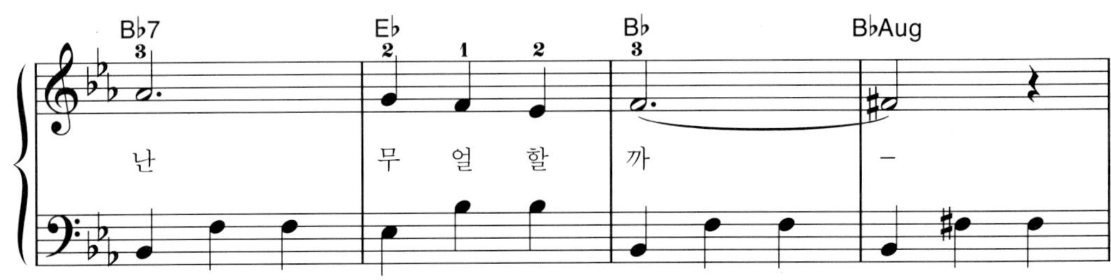
B♭7 E♭ B♭ B♭Aug
난 무 얼 할 까 –

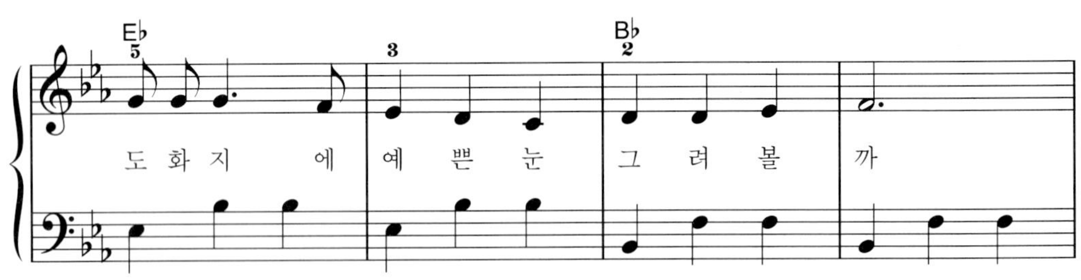
E♭ B♭
도 화 지 에 예 쁜 눈 그 려 볼 까

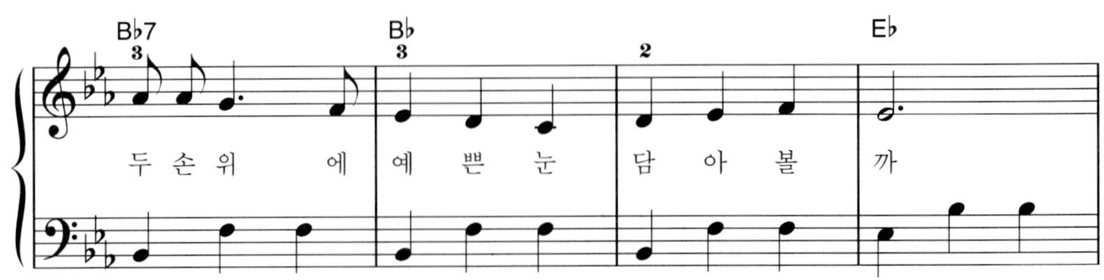
B♭7 B♭ E♭
두 손 위 에 예 쁜 눈 담 아 볼 까

E♭
B♭
E♭
B♭
4
눈
눈
눈
눈

E♭
B♭
A♭
B♭
1
4
1
하 얀 눈 이
소 리 없 이
내 리 는
날

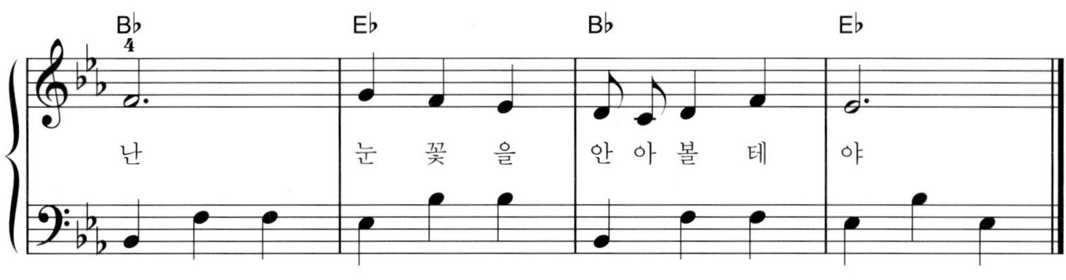
B♭
E♭
B♭
E♭
4
난
눈 꽃 을
안 아 볼 테
야

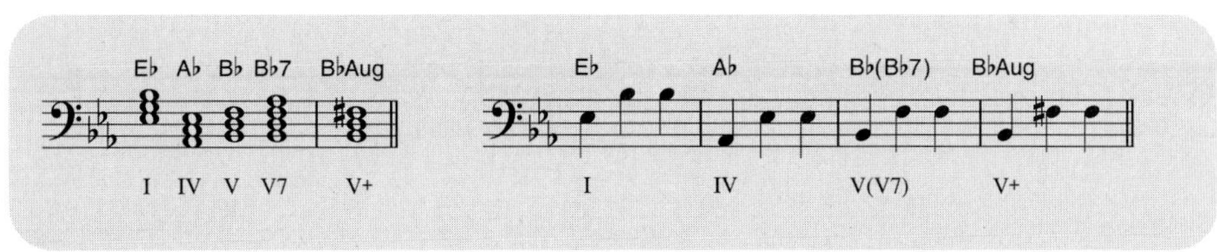
E♭ A♭ B♭ B♭7 B♭Aug
I IV V V7 V+
E♭ A♭ B♭(B♭7) B♭Aug
I IV V(V7) V+

김경희 작사
김성균 작곡

E♭ A♭ B♭7

하얀 눈이 소리 없이 내리는 날

B♭7 E♭ B♭ B♭Aug

난 무얼 할까 –

E♭ B♭7

도화지에 예쁜 눈 그려 볼까

B♭7 E♭

두 손 위에 예쁜 눈 담아 볼까

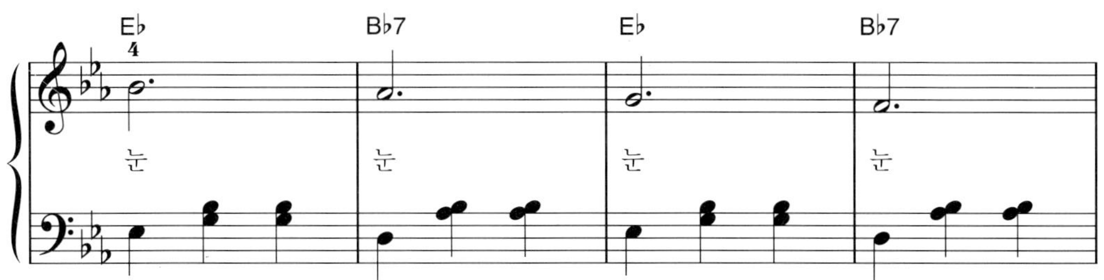
E♭
B♭7
E♭
B♭7
4
눈
눈
눈
눈

E♭
A♭
B♭7
1
4
1
하 얀 눈 이
소 리 없 이
내 리 는
날

B♭7
E♭
B♭7
E♭
4
난
눈 꽃 을
안 아 볼 테
야

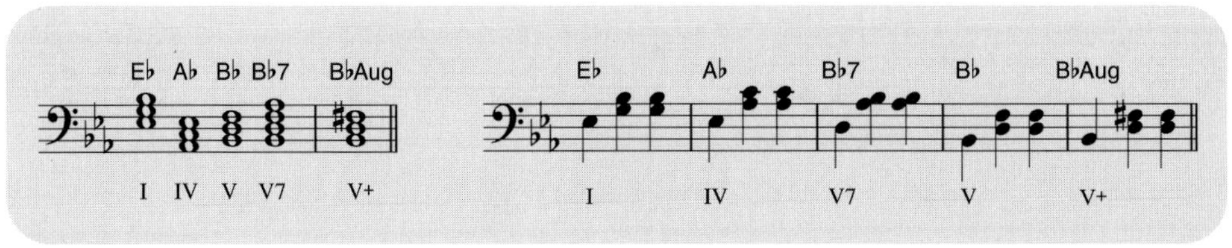
E♭ A♭ B♭ B♭7
B♭Aug
I IV V V7
V+
E♭
A♭
B♭7
B♭
B♭Aug
I
IV
V7
V
V+

김경희 작사
김성균 작곡

E♭ A♭ B♭

하 얀 눈 이 소 리 없 이 내 리 는 날

B♭7 E♭ B♭ B♭Aug

난 무 얼 할 까 –

E♭ B♭

도 화 지 에 예 쁜 눈 그 려 볼 까

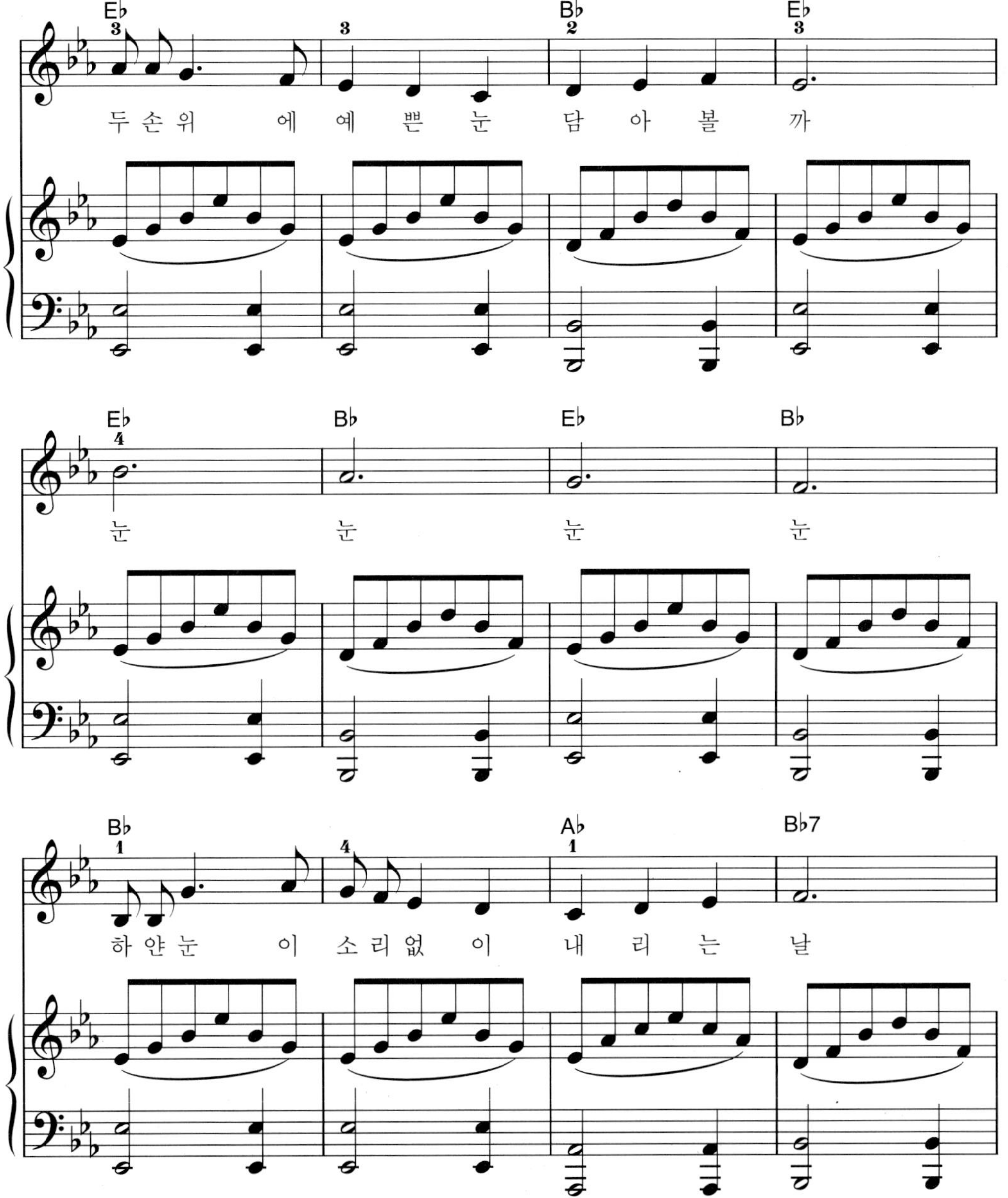
E♭
B♭
E♭
두 손 위 에 예 쁜 눈 담 아 볼 까
E♭
B♭
E♭
B♭
눈 눈 눈 눈
B♭
A♭
B♭7
하 얀 눈 이 소 리 없 이 내 리 는 날

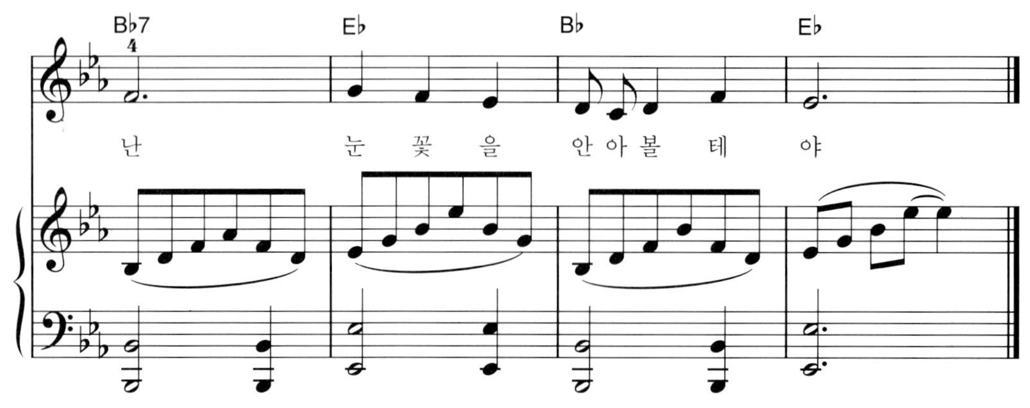
B♭7
E♭
B♭
E♭
4
난 눈 꽃 을 안 아 볼 테 야

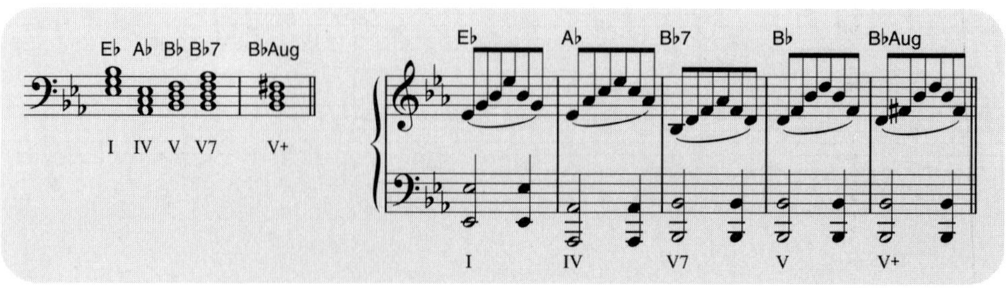
E♭ A♭ B♭ B♭7 B♭Aug
I IV V V7 V+
E♭ A♭ B♭7 B♭ B♭Aug
I IV V7 V V+

초급 **춥지 않을까? 배고프지 않을까?**

김성균 작사
김성균 작곡

E♭ B♭7 E♭ B♭7 E♭

3 2 3 3

평 평 평 눈이내리면 산 속에토 – 끼 어떻게사나
쌩 쌩 쌩 바람불면은 산 속에다람 쥐 어떻게사나

1. 토끼야 토끼야 얼마나 추우니? 춥지 않아 나는 털옷을 입었잖아
2. 다람쥐야 얼마나 배고프니? 걱정하지마 겨울이 오기 전에 엄마 아빠가 내가 제일 좋아하는 도토리 알밤을 창고에 채워 놓으셨어 배고프지 않아

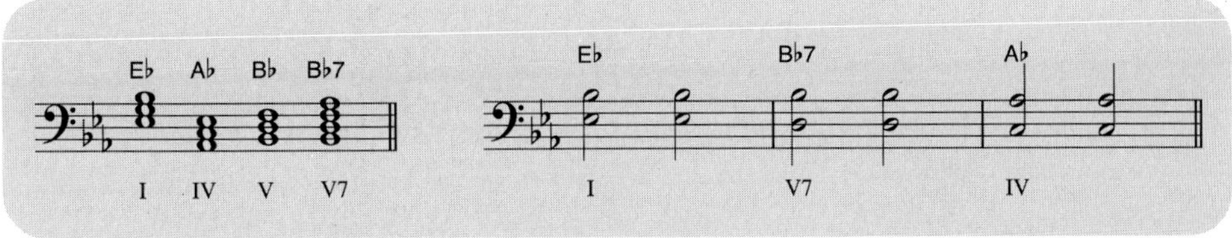

중급 춥지 않을까? 배고프지 않을까?

김성균 작사
김성균 작곡

1. 토끼야 토끼야 얼마나 추우니? 춥지 않아 나는 털옷을 입었잖아
2. 다람쥐야 얼마나 배고프니? 걱정하지마 겨울이 오기 전에 엄마 아빠가 내가 제일 좋아하는 도토리 알밤을 창고에 채워 놓으셨어 배고프지 않아

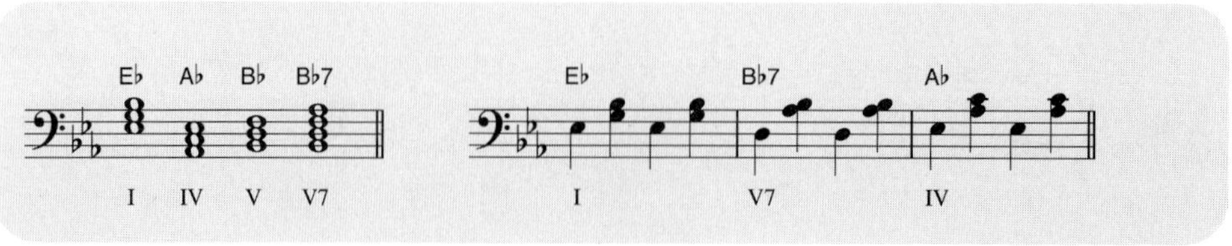

고급 춥지 않을까? 배고프지 않을까?

김성균 작사
김성균 작곡

E♭ B♭7 E♭ B♭7 E♭
평 평 평 눈이내리면 산 속에토– 끼 어떻게사나
쌩 쌩 쌩 바람불면은 산 속에다람 쥐 어떻게사나
A♭ B♭7 E♭ B♭7 E♭
춥지않을까 배고프지않을까 산 속에토– 끼 어떻게사나
산 속에다람 쥐 어떻게사나

1. 토끼야 토끼야 얼마나 추우니? 춥지 않아 나는 털옷을 입었잖아
2. 다람쥐야 얼마나 배고프니? 걱정하지마 겨울이 오기 전에 엄마 아빠가 내가 제일 좋아하는 도토리 알밤을 창고에 채워 놓으셨어 배고프지 않아

A♭ B♭7 E♭ B♭7 E♭
그렇겠구나 정말다행이구나 라 라라 라 랄 라 라
E♭ A♭ B♭ B♭7
I IV V V7
E♭ B♭7 A♭
I V7 IV

김규환 작사
김규환 작곡

C G

뽀 드 득 뽀 드 득 소 리 납 니 다
뽀 드 득 뽀 드 득 소 리 납 니 다

C G C

뽀 드 득 뽀 드 득 하 얀 눈 – 길
뽀 드 득 뽀 드 득 하 얀 눈 – 길

F C

새 신 신 고 가 는 길 새 해 새 벽 길
설 – 세 배 가 는 길 새 해 새 벽 길

C G C

뽀 드 득 뽀 드 득 하 얀 눈 – 길
뽀 드 득 뽀 드 득 하 얀 눈 – 길

C F G G7 C G(G7) F

I IV V V7 I V(V7) IV

김규환 작사
김규환 작곡

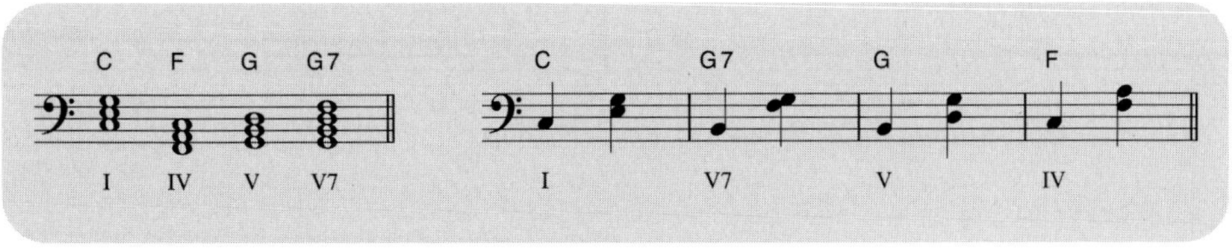

C G7
뽀 드 득 뽀 드 득 소 리 납 니 다
뽀 드 득 뽀 드 득 소 리 납 니 다

C G C
뽀 드 득 뽀 드 득 하 얀 눈 – 길
뽀 드 득 뽀 드 득 하 얀 눈 – 길

F C
새 신 신 고 가 는 길 새 해 새 벽 길
설 – 세 배 가 는 길 새 해 새 벽 길

C G7 C
뽀 드 득 뽀 드 득 하 얀 눈 – 길
뽀 드 득 뽀 드 득 하 얀 눈 – 길

C	F	G	G7
I	IV	V	V7

C	G7	G	F
I	V7	V	IV

김규환 작사
김규환 작곡

C G7
뽀드득 뽀드득 소리납니다
뽀드득 뽀드득 소리납니다

C G7 C
뽀드득 뽀드득 하얀눈—길
뽀드득 뽀드득 하얀눈—길

F G7
새신신고 가는길 새해새벽길
설—세배 가는길 새해새벽길

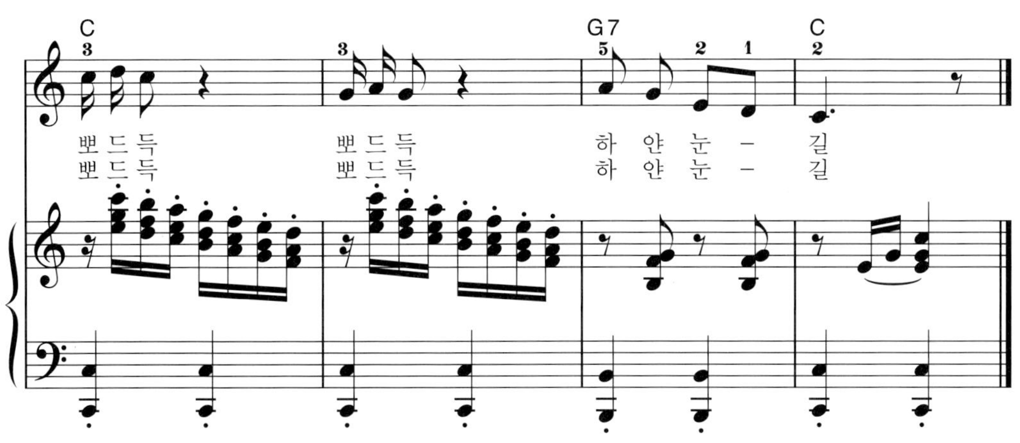
C
G7
C
뽀 드 득 뽀 드 득 하 얀 눈 - 길
뽀 드 득 뽀 드 득 하 얀 눈 - 길

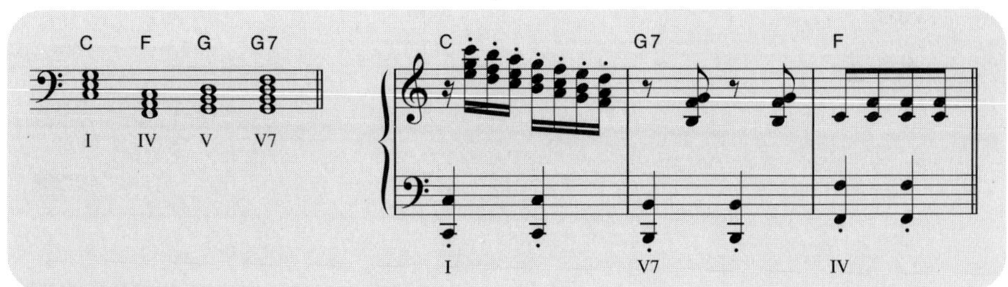
C F G G7
I IV V V7
C
G7
F
I
V7
IV

10

교통기관

- 꼬마 불자동차
- 로케트
- 병원차와 소방차
- 비행기
- 자전거

초급
꼬마 불자동차

김성균 작사
김성균 작곡

C
G7
C
빨 간 꼬마불자 동 차 가 윙 윙 소리내며 갑 니 다
빨 간 꼬마불자 동 차 가 잉 잉 잉잉울며 갑 니 다

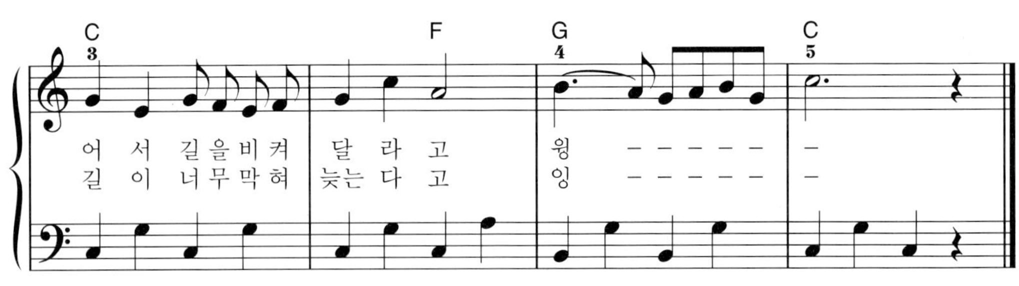
C
F
G
C
어 서 길을비켜 달 라 고 윙 ------ -
길 이 너무막혀 늦는 다 고 잉 ------ -

C F G G7
I IV V V7
C G(G7) F
I V(V7) IV

중급
꼬마 불자동차

김성균 작사
김성균 작곡

C
G7
C
빨 간 꼬마불자 동 차 가 웡 웡 소리내며 갑 니 다
빨 간 꼬마불자 동 차 가 잉 잉 잉잉울며 갑 니 다

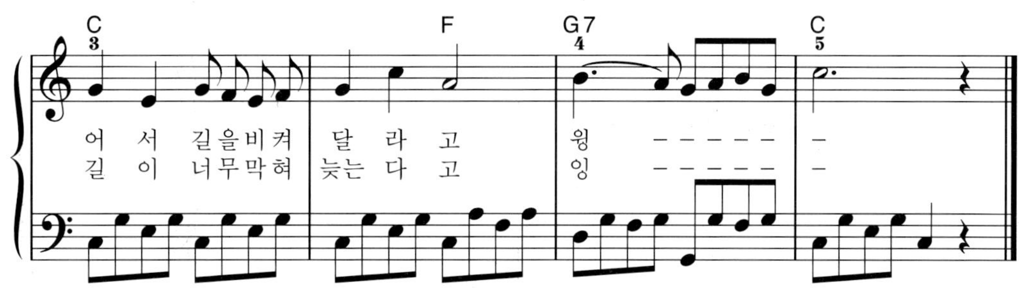
C
F
G7
C
어 서 길을비켜 달 라 고 웡 ------ -
길 이 너무막혀 늦는 다 고 잉 ------ -

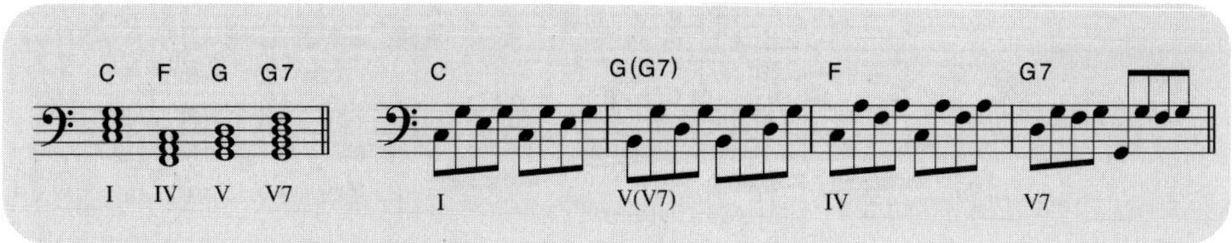
C F G G7
I IV V V7
C
G(G7)
F
G7
I
V(V7)
IV
V7

고급 꼬마 불자동차

김성균 작사
김성균 작곡
C F C G7 C
빨 간 꼬마불자 동 차 가 윙 윙 소리내며 갑 니 다
빨 간 꼬마불자 동 차 가 잉 잉 잉잉울며 갑 니 다
C F G C
어 서 길을비켜 달 라 고 윙 − − − − − − −
길 이 너무막혀 늦는 다 고 잉 − − − − − − −
8va
gliss.
C F G G7
I IV V V7
C F G7 G
I IV V7 V

초급
로케트

유경손 작사
유경손 작곡

C
F
G
계 수나 무밑 에 서
세 상에 서제 일가는
옥 토끼 가는 다는
로 케트 를만 들어
저 달 나라
저 달 나라
저 달 나라
저 달 나라

F
G
C
G
C
로 케트 만타 면은
씽 -씽 -신 나게
로 케트 만타 면은
씽 -씽 -신 나게
갈 -수 -있 지
올 -라 -가 보
요
자

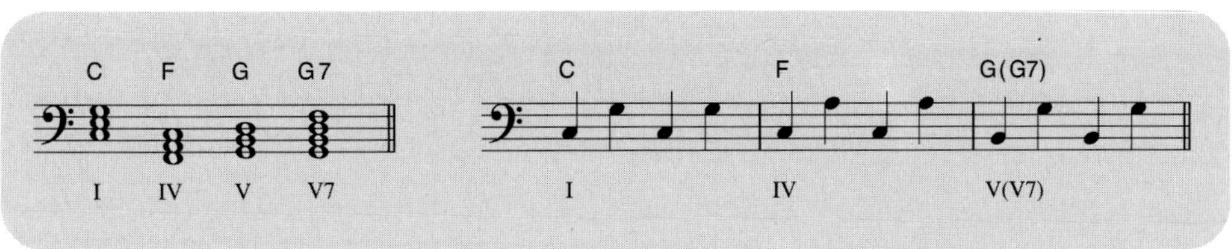
C F G G7
I IV V V7
C
F
G(G7)
I
IV
V(V7)

중급
로케트

유경손 작사
유경손 작곡

C
F
G
계 수나 무밑 에 서
옥 토끼 가논 다는
저 달 나라
저 달 나라
세 상에 서제 일가는
로 케트 를만 들어
저 달 나라
저 달 나라

F
G
C
G
C
로 케트 만타 면은
로 케트 만타 면은
갈 -수 -있 지
요
씽 -씽 -신 나게
씽 -씽 -신 나게
올 -라 -가 보
자

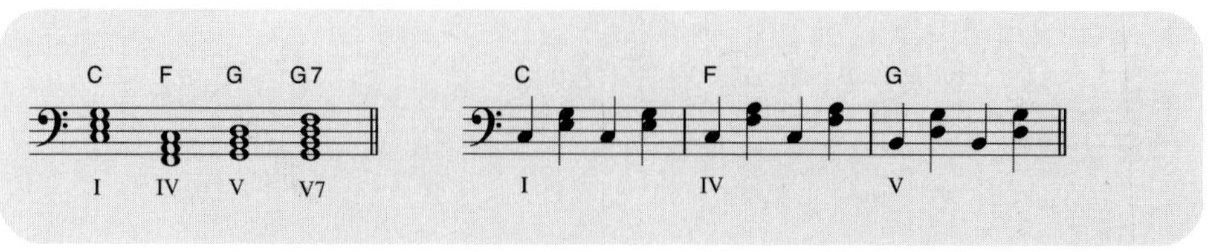
C F G G7
I IV V V7
C
F
G
I
IV
V

유경손 작사
유경손 작곡

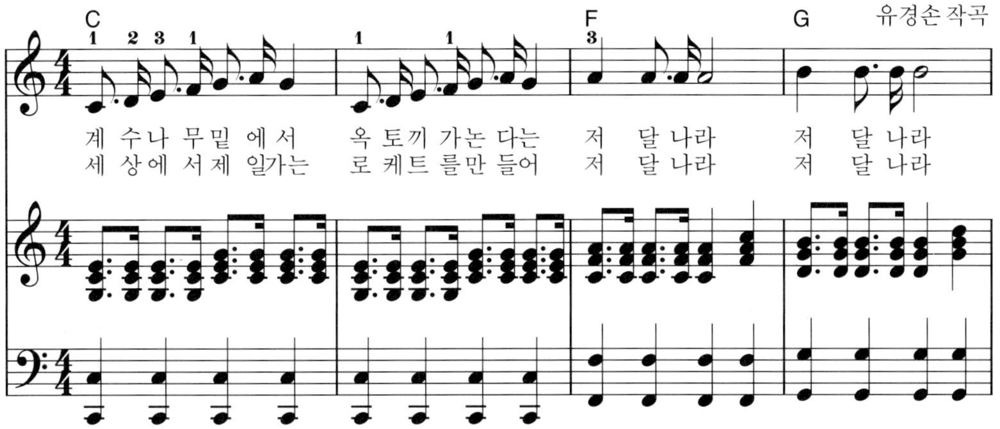

C F G

계 수나 무밑 에서 옥 토끼 가논 다는 저 달 나라 저 달 나라
세 상에 서제 일가는 로 케트 를만 들어 저 달 나라 저 달 나라

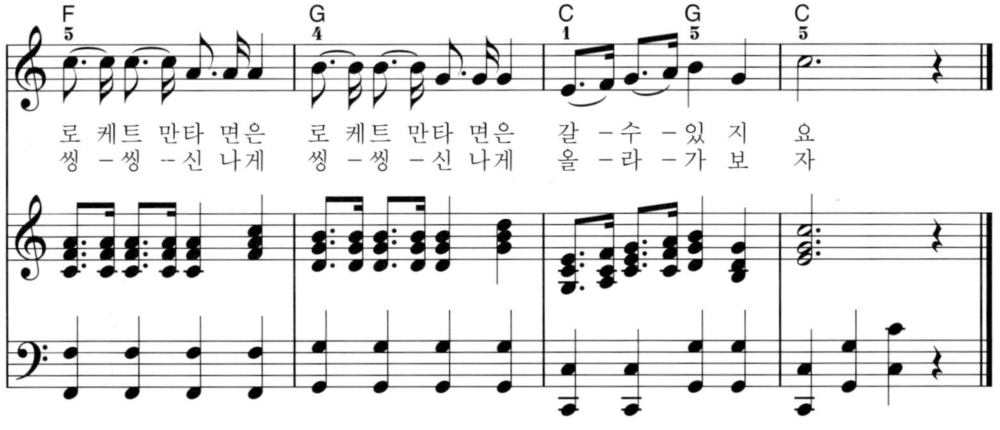

F G C G C

로 케트 만타 면은 로 케트 만타 면은 갈 ―수 ―있 지 요
씽 ―씽 ―신 나게 씽 ―씽 ―신 나게 올 ―라 ―가 보 자

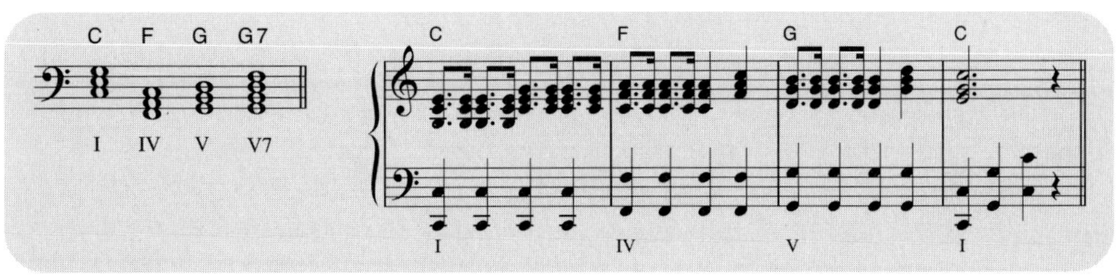

초급
병원차와 소방차

유경손 작사
유경손 작곡
F
C
C7
하 얀 자동차가
빨 간 자동차가
삐 뽀 삐 뽀
앵 앵 앵 앵
내가먼저가야해요
내가먼저가야해요
삐 뽀 삐 뽀
앵 앵 앵 앵

F
C7
F B♭ F
아픈사람탔으니까
불났어요불났어요
삐 뽀 삐 뽀
앵 앵 앵 앵
병원으로가야해요
불을끄러가야해요
삐뽀삐뽀삐
앵앵앵앵앵

F B♭ C C7
I IV V V7
F
C(C7)
B♭
I
V(V7)
IV

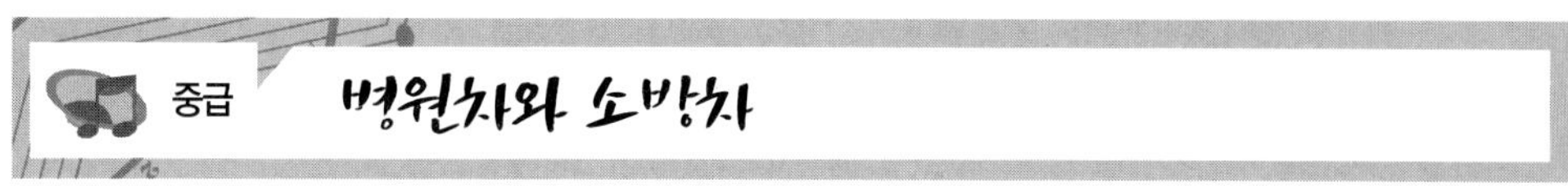
중급
병원차와 소방차

유경손 작사
유경손 작곡

F
C
C7
하 얀 자동차가
빨 간 자동차가
삐 뽀 삐 뽀
앵 앵 앵 앵
내가먼저가야해요
내가먼저가야해요
삐 뽀 삐 뽀
앵 앵 앵 앵

F
C7
F Bb F
아픈사람탔으니까
불났어요불났어요
삐 뽀 삐 뽀
앵 앵 앵 앵
병원으로가야해요
불을끄러가야해요
삐뽀삐뽀삐
앵앵앵앵앵

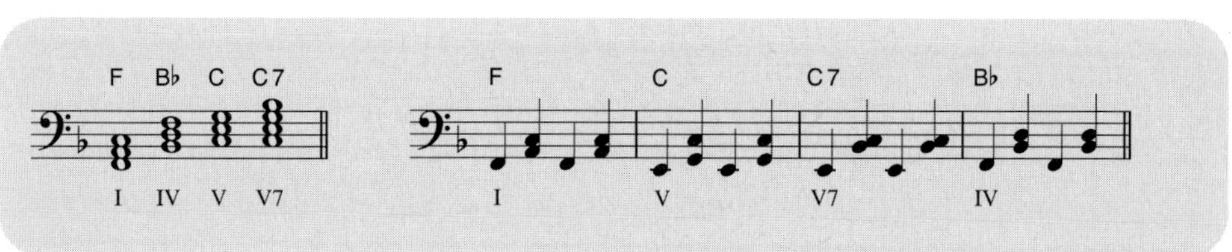
F Bb C C7
I IV V V7
F C C7 Bb
I V V7 IV

고급
병원차와 소방차

유경손 작사
유경손 작곡

F
C
C7
하 얀 자동차가
빨 간 자동차가
삐 뽀 삐 뽀
앵 앵 앵 앵
내가먼저가야해요
내가먼저가야해요
삐 뽀 삐 뽀
앵 앵 앵 앵

F
C
F
아픈사람탔으니까
불났어요불났어요
삐 뽀 삐 뽀
앵 앵 앵 앵
병원으로가야해요
불을끄러가야해요
삐뽀삐뽀삐
앵앵앵앵앵
8va

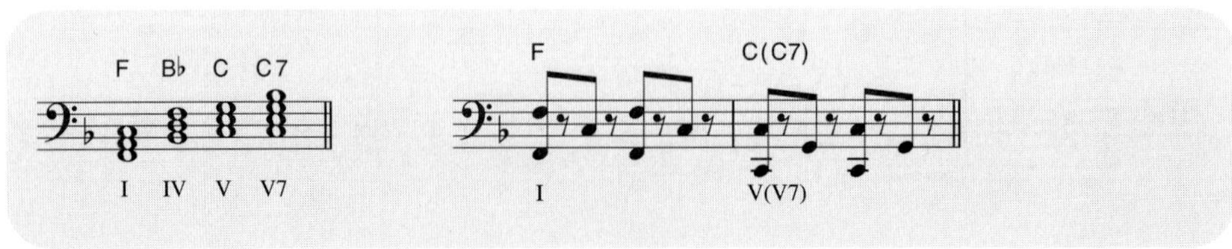
F B♭ C C7
I IV V V7
F
C(C7)
I
V(V7)

초급
비행기

윤석중 작사
외국곡

C
G
C
떴 다 떴 다 비 행 기 날 아 라 날 아 라

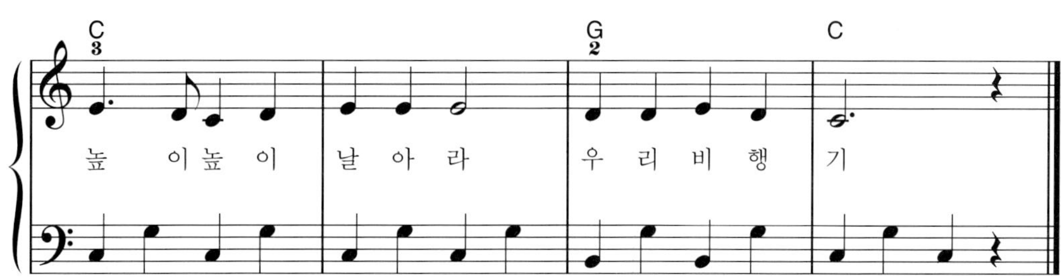
C
G
C
높 이 높 이 날 아 라 우 리 비 행 기

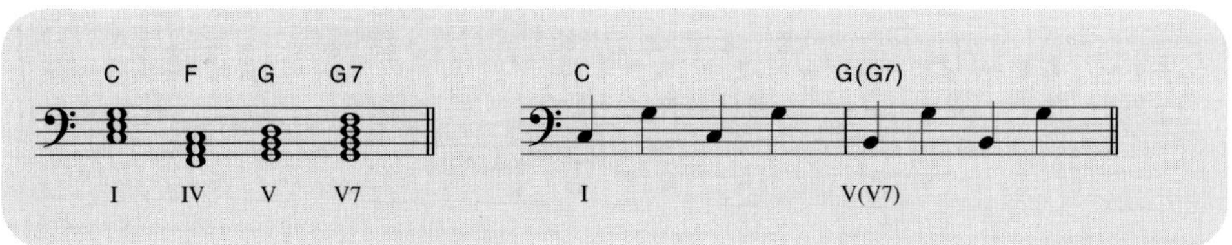
C F G G7
I IV V V7
C G(G7)
I V(V7)

중급
비행기

윤석중 작사
외국곡

C
G
C
떴 다떴 다
비 행 기
날 아 라
날 아 라
C
Am
G
G7
C
높 이높 이
날 아 라
우 리 비 행
기

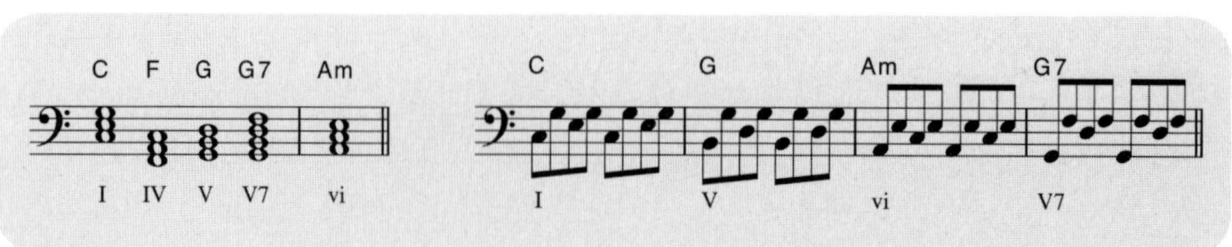
C F G G7 Am
I IV V V7 vi
C G Am G7
I V vi V7

윤석중 작사
외국곡

C G C

떴 다떴 다 비 행 기 날 아 라 날 아 라

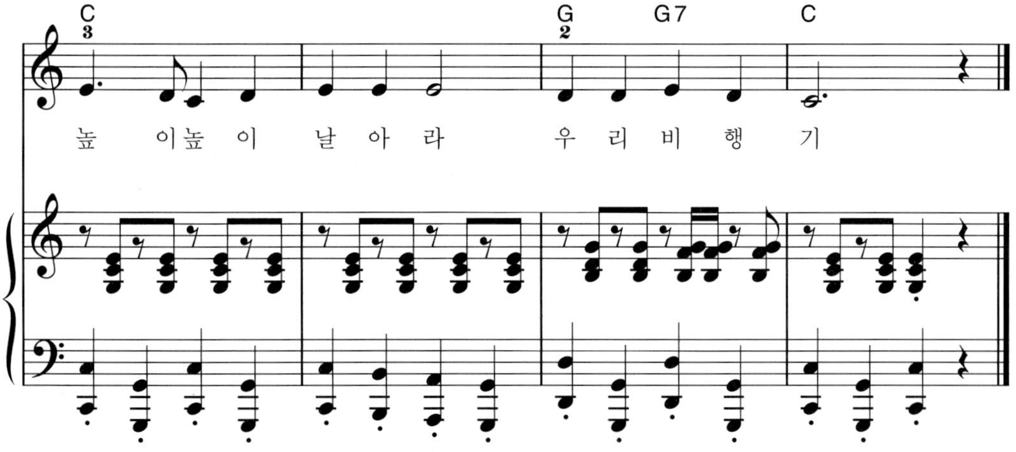

C G G7 C

높 이높 이 날 아 라 우 리 비 행 기

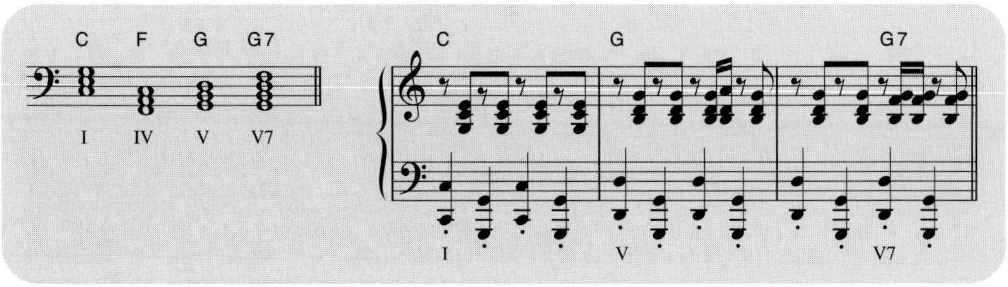

C F G G7

I IV V V7

C G G7

I V V7

목일신 작사
김대현 작곡

C 2 4 F 5

따 르 릉 따 르 릉 비 켜 나 셔 요
따 르 릉 따 르 릉 이 자 전 거 는

C 4 G7 3 C 2

자 전 거 가 나 갑 니 다 따 르 르 르 릉
울 아 버 지 장 에 갔 다 돌 아 오 실 때

C 2 4 F 5 Am 2 C

저 기 가 는 저 노 인 조 심하 셔 요
꼬 부 랑 – 꼬 부 랑 고 개를 넘 어

G7 3 C 2 G 1 4 C 1

어 물 어 물 하 다 가 는 큰 일 납 니 다
비 탈 길 로 스 르 르 르 타 고 온 다 오

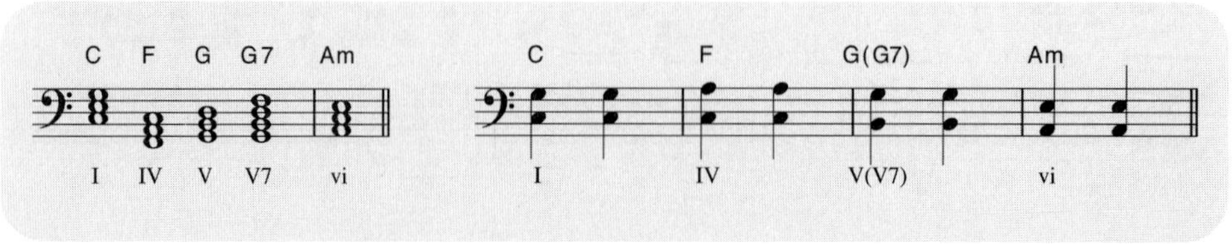

C F G G7 Am
I IV V V7 vi

C F G(G7) Am
I IV V(V7) vi

목일신 작사
김대현 작곡

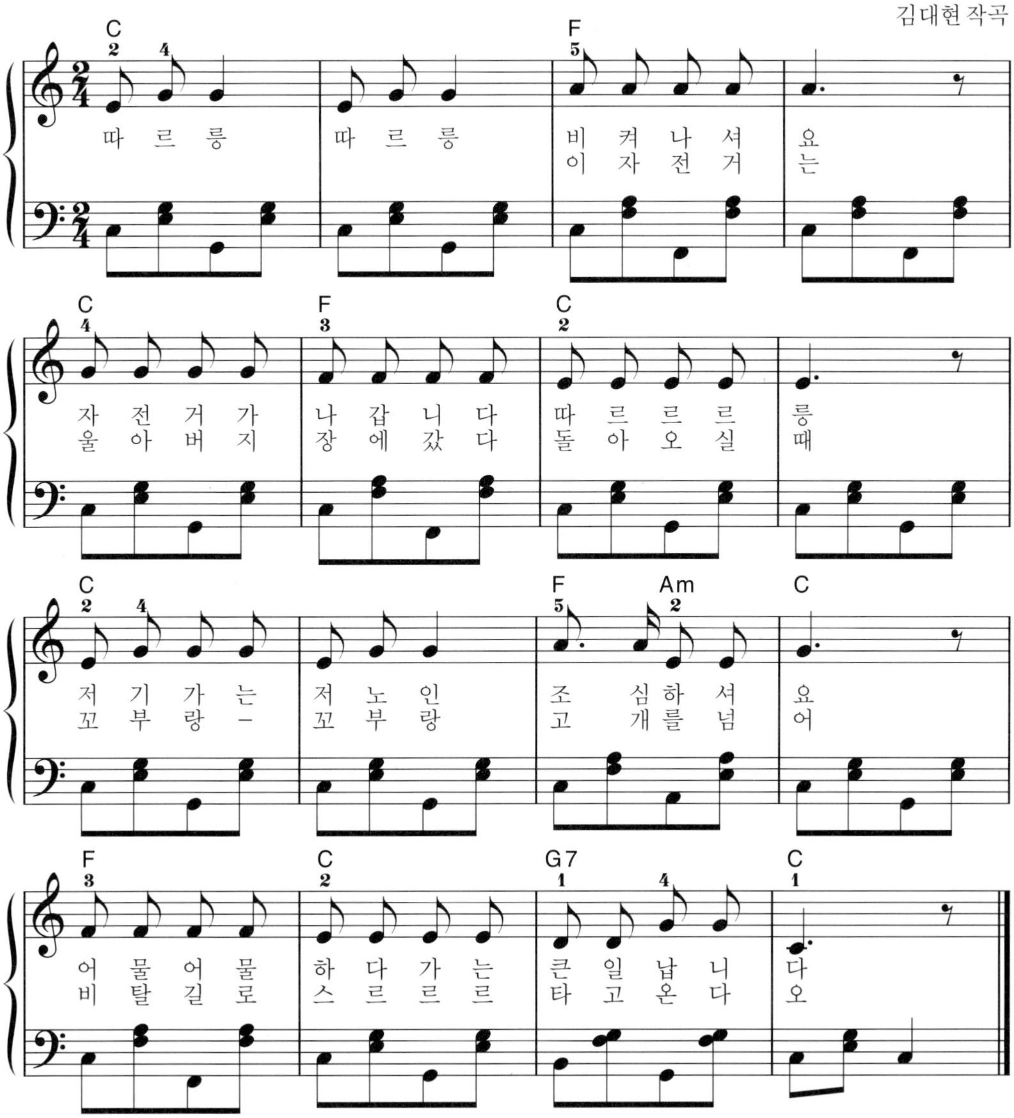

C F
2 4 5
따 르 릉 따 르 릉 비 켜 나 셔 요
이 자 전 거 는

C F C
4 3 2
자 전 거 가 나 갑 니 다 따 르 르 르 릉
울 아 버 지 장 에 갔 다 돌 아 오 실 때

C F Am C
2 4 5 2
저 기 가 는 저 노 인 조 심 하 셔 요
꼬 부 랑 – 꼬 부 랑 고 개 를 넘 어

F C G7 C
3 2 1 4 1
어 물 어 물 하 다 가 는 큰 일 납 니 다
비 탈 길 로 스 르 르 르 타 고 온 다 오

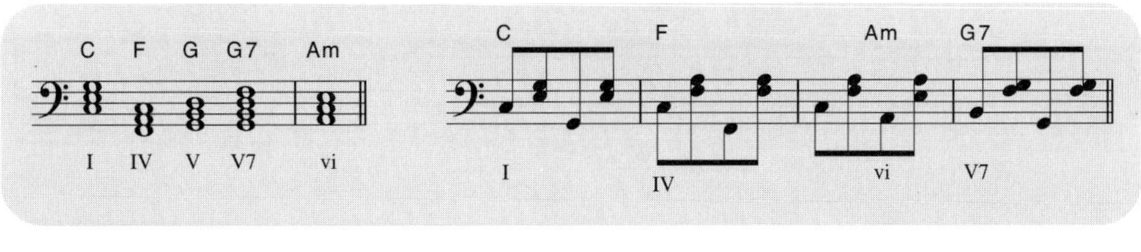

C F G G7 Am
I IV V V7 vi

C F Am G7
I IV vi V7

목일신 작사
김대현 작곡

C F
따 르 릉 따 르 릉 비 켜 나 셔 요
이 자 전 거 는

C F C
자 전 거 가 나 갑 니 다 따 르 르 르 릉
울 아 버 지 장 에 갔 다 돌 아 오 실 때

C F Am C
저 기 가 는 저 노 인 조 심하 셔 요
꼬 부 랑 – 꼬 부 랑 고 개를 넘 어

F C G C
어 물 어 물 하 다 가 는 큰 일 납 니 다
비 탈 길 로 스 르 르 르 타 고 온 다 오

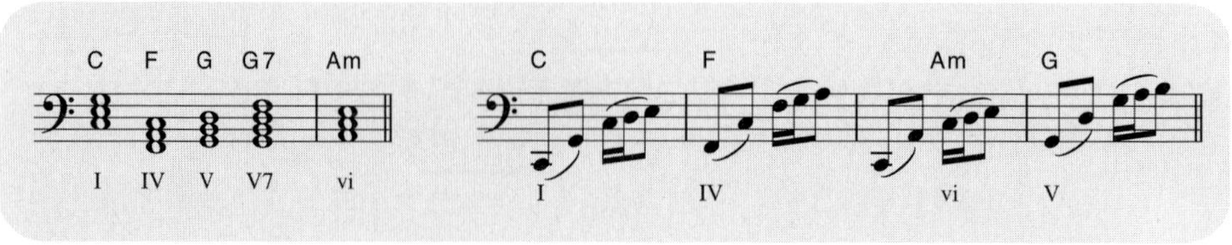

C F G G7 Am
I IV V V7 vi

C F Am G
I IV vi V

11

도구와 기계

- 악기놀이
- 시계

유병무 작사
유병무 작곡

E♭ B♭ E♭ B♭
랄 랄 라 (손 뼉) 랄 랄 라 (손 뼉)

E♭ A♭ B♭ B♭7 E♭
랄 랄 랄 라 악 기놀 이합 시 다

E♭ A♭ E♭
피 아 －노 를칩 시 다 딩 동 댕 딩 동 댕
나 팔 을불 어봅 시 다 따 따 따 따 따 따
큰 북 을때 려봅 시 다 쿵 쿵 쿵 쿵 쿵 쿵

E♭ A♭ E♭ Fm B♭
피 아 －노 를치 며 는 딩 동댕 댕 동 댕
나 팔 을불 어보 며 는 따 따따 따 따 따
큰 북 을때 려보 며 는 쿵 쿵쿵 쿵 쿵 쿵

E♭ A♭ E♭
힘 껏 쳐 ㅡ봅 시 다 딩 동 댕 딩 동 댕
힘 껏 불 어봅 시 다 따 따 따 따 따 따
힘 껏 때 려봅 시 다 쿵 쿵 쿵 쿵 쿵 쿵
E♭ A♭ B♭ B♭7 E♭
가 만 히쳐 ㅡ봅 시 다 딩 동댕 딩 동 댕
가 만 히불 어봅 시 다 따 따따 따 따 따
가 만 히때 려봅 시 다 쿵 쿵쿵 쿵 쿵 쿵
A♭ B♭ E♭
랄 랄 랄 랄 랄 랄 랄 랄
A♭ B♭ E♭
랄 랄 랄 라 악 기놀 이재 미있 다
E♭ A♭ B♭ B♭7 Fm
I IV V V7 ii
E♭ A♭ Fm B♭(B♭7)
I IV ii V(V7)

유병무 작사
유병무 작곡

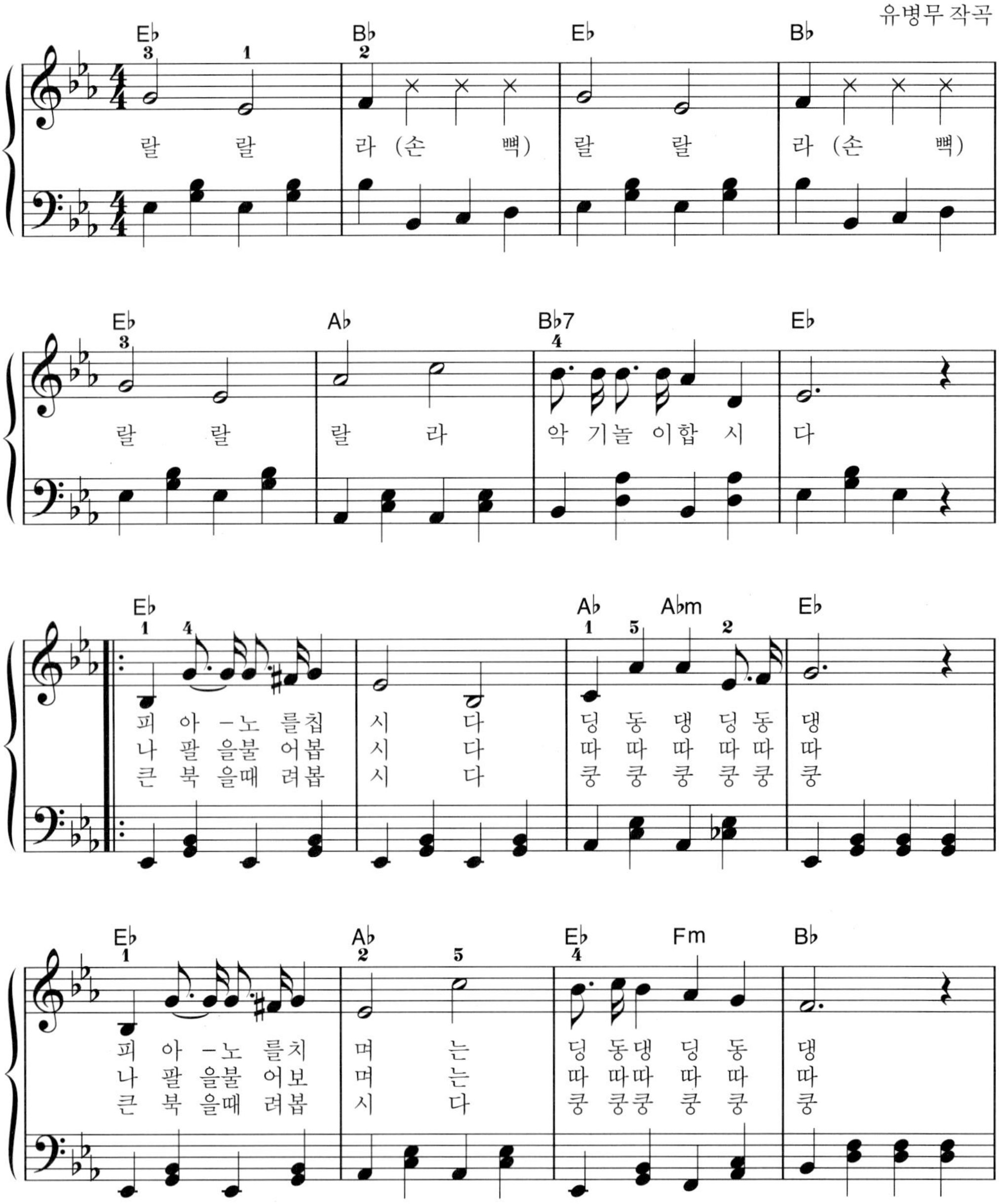

E♭ B♭ E♭ B♭

랄 랄 라 (손 뼉) 랄 랄 라 (손 뼉)

E♭ A♭ B♭7 E♭

랄 랄 랄 라 악 기놀 이합 시 다

E♭ A♭ A♭m E♭

피 아 ―노 를칩 시 다 딩 동 댕 딩 동 댕
나 팔 을불 어봅 시 다 따 따 따 따 따 따
큰 북 을때 려봅 시 다 쿵 쿵 쿵 쿵 쿵 쿵

E♭ A♭ E♭ Fm B♭

피 아 ―노 를치 며 는 딩 동댕 딩 동 댕
나 팔 을불 어보 며 는 따 따따 따 따 따
큰 북 을때 려봅 시 다 쿵 쿵쿵 쿵 쿵 쿵

E♭ A♭ A♭m E♭
힘 껏 쳐 -봅 시 다 딩 동 댕 딩 동 댕
힘 껏 불 어봅 시 다 따 따 따 따 따 따
힘 껏 때 려봅 시 다 쿵 쿵 쿵 쿵 쿵 쿵
E♭ A♭ B♭7 E♭
가 만 히쳐 -봅 시 다 딩 동댕 딩 동 댕
가 만 히불 어봅 시 다 따 따따 따 따 따
가 만 히때 려봅 시 다 쿵 쿵쿵 쿵 쿵 쿵
A♭ B♭ E♭
랄 랄 랄 랄 랄 랄 랄 랄
A♭ B♭ B♭7 E♭
랄 랄 랄 라 악 기놀 이 재 미있 다
E♭ A♭ B♭ B♭7 Fm A♭m
I IV V V7 ii iv♭
E♭ A♭ A♭m Fm B♭ B♭7
I IV iv♭ ii V V7

유병무 작사
유병무 작곡

E♭ Fm B♭ E♭ Fm B♭

랄 랄 라 (손 뼉) 랄 랄 라 (손 뼉)

E♭ A♭ B♭7 E♭

랄 랄 랄 라 악 기놀 이합 시 다

E♭ A♭ A♭m E♭

피 아 – 노 를칩 시 다 딩 동 댕 딩 동 댕
나 팔 을불 어봅 시 다 따 따 따 따 따 따
큰 북 을때 려봅 시 다 쿵 쿵 쿵 쿵 쿵 쿵

E♭ A♭ B♭
피 아 -노 를치 며 는 딩 동댕 딩 동 댕
나 팔 을불 어보 며 는 따 따따 따 따 따
큰 북 을때 려봅 시 다 쿵 쿵쿵 쿵 쿵 쿵
E♭ A♭ A♭m E♭
힘 껏 쳐 -봅 시 다 딩 동 댕 딩 동 댕
힘 껏 불 어봅 시 다 따 따 따 따 따 따
힘 껏 때 려봅 시 다 쿵 쿵 쿵 쿵 쿵 쿵
E♭ A♭ B♭7 E♭
가 만 히쳐 -봅 시 다 딩 동댕 딩 동 댕
가 만 히불 어봅 시 다 따 따따 따 따 따
가 만 히때 려봅 시 다 쿵 쿵쿵 쿵 쿵 쿵

A♭
1 2 4 5
B♭
2 4
E♭
5 2
랄 랄 랄 랄 랄 랄 랄 랄
A♭
1
B♭7
4
E♭
랄 랄 랄 라 악 기놀 이재 미있 다

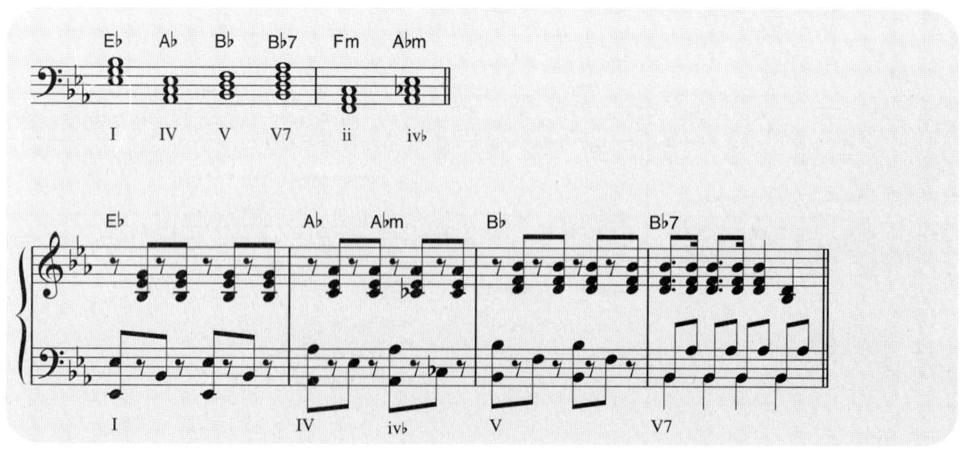
E♭ A♭ B♭ B♭7 Fm A♭m
I IV V V7 ii iv♭
E♭ A♭ A♭m B♭ B♭7
I IV iv♭ V V7

초급
시계

유경손 작사
유경손 작곡

C
G7
벽 에 걸 린 큰 시 계
뎅 뎅
책 상 위 의 오 빠 시 계
똑 딱 똑 딱

F C F C
F C F C
G7 C
언 니 팔 의 예 쁜 시 계
째 깍 째 깍 째 깍 째 깍
장 – 단 이 모 두 다 른
우 리 집 시 계

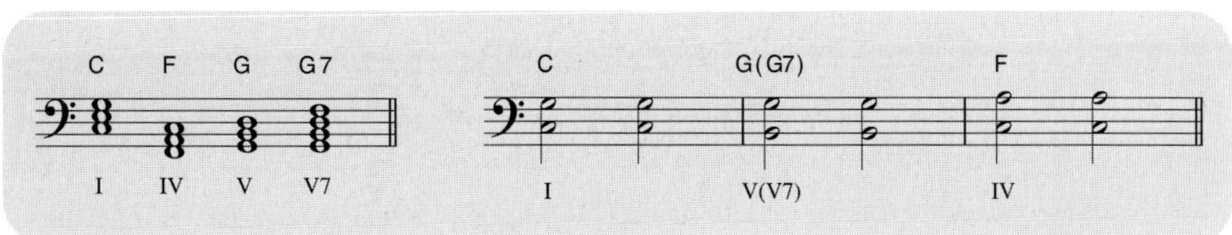
C F G G7
I IV V V7
C G(G7) F
I V(V7) IV

중급
시계

유경손 작사
유경손 작곡

C
G7
1 5 3 1 1 2 1 3 2
벽 에 걸 린 큰 시 계
뎅 뎅
책 상 위 의 오 빠 시 계
똑 딱 똑 딱

F C F C
F C F C
G7 C
3 2 1 1 2 1 3 2 1
언 니 팔 의 예 쁜 시 계
째 깍 째 깍 째 깍 째 깍
장 - 단 이 모 두 다 른
우 리 집 시 계

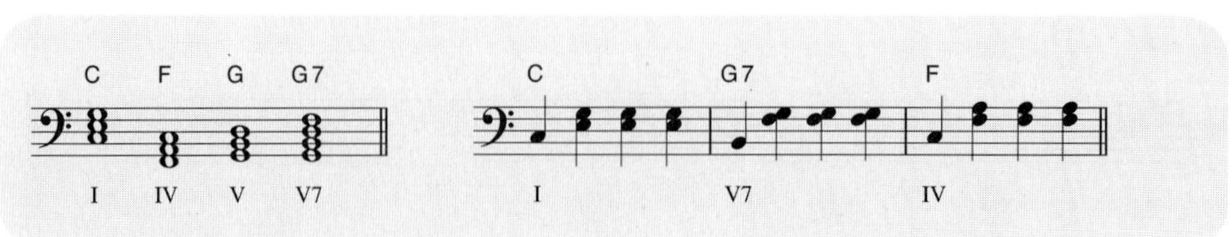
C F G G7
I IV V V7
C G7 F
I V7 IV

유경손 작사
유경손 작곡

C G7

벽에걸린큰 시계 뎅 뎅 책상위의오빠시계 똑 딱 똑 딱

F C F C F C F C G C

언니팔의예쁜시계 째깍째깍째깍째깍 장－단이모두다른 우리집시계

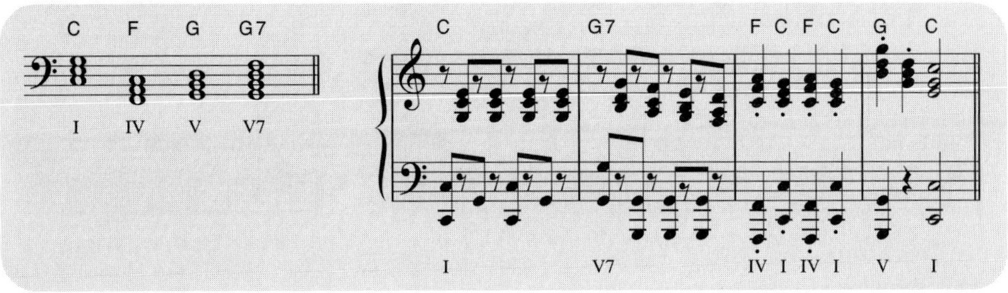

C F G G7

I IV V V7

C G7 F C F C G C

I V7 IV I IV I V I

12

지구와 환경

- 반달
- 나무를 심자
- 작은별
- 우리 지구
- 하늘 위에 사는 것들

윤극영 작사
윤극영 작곡

F Am | Dm F | B♭ C | F
3 | 5 3 2 1 | 1 | 3

푸 른 하 늘 | 은 – 하 수 | 하 얀 쪽 배 | 에 –
은 하 수 를 | 건 – 너 서 | 구 름 나 라 | 로 –

F Am | Dm F | B♭ C7 | F
3 | 5 1 | 2 4 1 5 | 4

계 수 나 무 | 한 – 나 무 | 토 끼 한 마 | 리 –
구 름 나 라 | 지 – 나 서 | 어 디 로 가 | 나 –

Dm F | B♭M7 C | Dm Dm7 | C C7
2 | | 2 |

돛 대 도 아 | 니 달 고 | 삿 대 도 없 | 이 –
멀 리 서 반 | 짝 반 짝 | 비 추 이 는 | 건 –

Dm Am | Dm B♭ | F C7 | F
5 2 | 1 3 | 5 4 | 3

가 기 도 | 잘 도 간 다 | 서 – 쪽 나 라 | 로 –
샛 별 이 | 등 대 란 다 | 길 – 을 찾 아 | 서 –

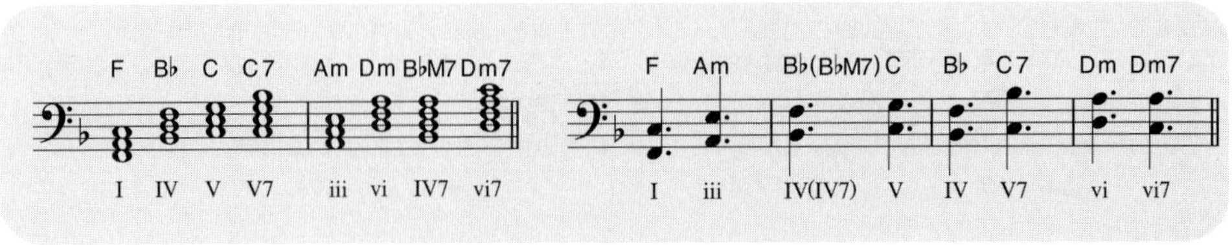

F B♭ C C7 | Am Dm B♭M7 Dm7
I IV V V7 | iii vi IV7 vi7

F Am | B♭(B♭M7) C | B♭ C7 | Dm Dm7
I iii | IV(IV7) V | IV V7 | vi vi7

윤극영 작사
윤극영 작곡

F Am | Dm7 F | B♭ C | F
푸 른 하 늘 | 은 – 하 수 | 하 얀 쪽 배 | 에 –
은 하 수 를 | 건 – 너 서 | 구 름 나 라 | 로 –

F Am | Dm7 F | B♭ C7 | F
계 수 나 무 | 한 – 나 무 | 토 끼 한 마 | 리 –
구 름 나 라 | 지 – 나 서 | 어 디 로 가 | 나 –

Dm F | B♭M7 Am7 | Dm Dm7 | C7
돛 대 도 아 | 니 달 고 | 삿 대 도 없 | 이 –
멀 리 서 반 | 짝 반 짝 | 비 추 이 는 | 건 –

Dm Am | Dm B♭ | F C7 | F
가 기 도 | 잘 도 간 다 | 서 – 쪽 나 라 | 로 –
샛 별 이 | 등 대 란 다 | 길 – 을 찾 아 | 서 –

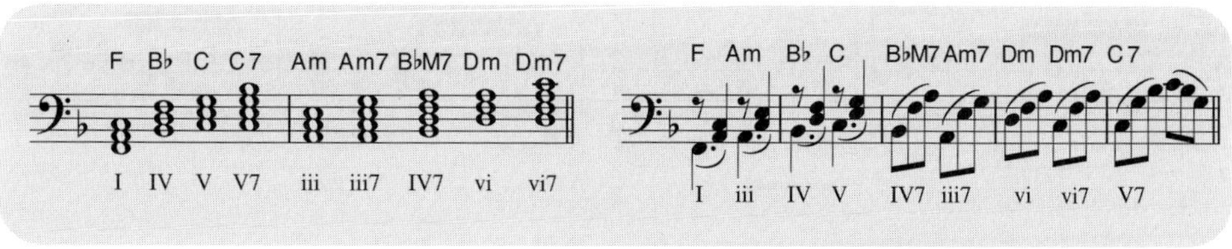

F B♭ C C7 Am Am7 B♭M7 Dm Dm7
I IV V V7 iii iii7 IV7 vi vi7

F Am B♭ C B♭M7 Am7 Dm Dm7 C7
I iii IV V IV7 iii7 vi vi7 V7

윤극영 작사
윤극영 작곡

F Am Dm7 C B♭ C F

푸 른하 늘 은 - 하수 하 얀쪽 배 에 -
은 하수 를 건 - 너서 구 름나 라 로 -

F Am Dm7 C B♭ C F

계 수나 무 한 - 나무 토 끼한 마 리 -
구 름나 라 지 - 나서 어 디로 가 나 -

Dm F Dm C Dm C7

돛 대도 아 니 달고 삿 대도 없 이 -
멀 리서 반 짝 반짝 비 추이 는 건 -

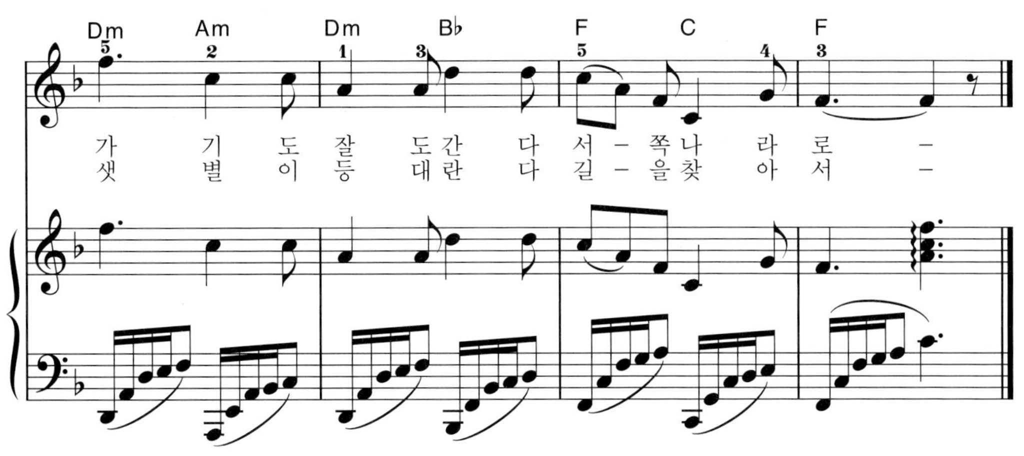
Dm Am Dm B♭ F C F
가 기 도 잘 도간 다 서 – 쪽나 라 로 –
샛 별 이 등 대란 다 길 – 을찾 아 서 –

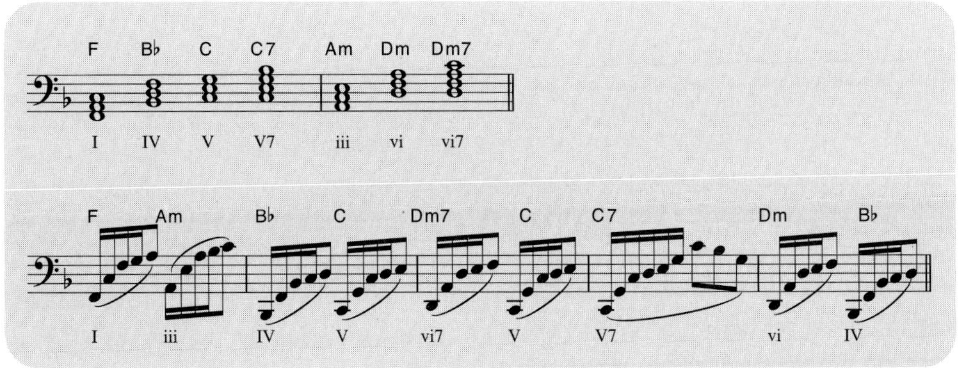
F B♭ C C7 Am Dm Dm7
I IV V V7 iii vi vi7
F Am B♭ C Dm7 C C7 Dm B♭
I iii IV V vi7 V V7 vi IV

초급
나무를 심자

윤석중 작사
박태현 작곡

C
G
산 하 고 하 늘하 고 누가누가더푸른가 내 기해봐라
들 하 고 바 다하 고 누가누가더푸른가 내 기해봐라
푸 른 산 바 라보 면 다들다들마 – 을이 젊 어진대요

C
F
C
F
C
나 무 를 심 어줄 께 산아산아이겨라 좀 더파 래라
나 무 를 심 어줄 께 들아들아이겨라 좀 더파 래라
푸 른 들 걸 어가 면 다들다들숲들이 솟 아난 대요

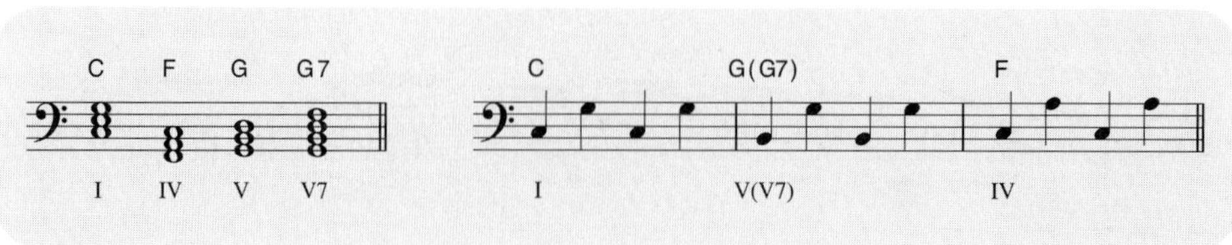
C F G G7
I IV V V7
C G(G7) F
I V(V7) IV

중급 나무를 심자

윤석중 작사
박태현 작곡

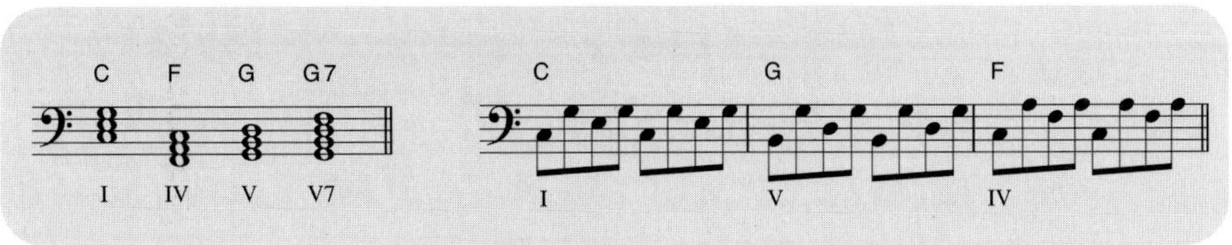

윤석중 작사
박태현 작곡

C　G

산 하 고 하 늘하 고 누가누가더푸른가 내 기해봐 라
들 하 고 바 다하 고 누가누가더푸른가 내 기해봐 라
푸 른 산 바 라보 면 다들다들마－을이 젊 어진대 요

C　F　G7　C　F　G7　C

나 무 를 심 어줄 께 산아산아이겨라 좀 더 파 래 라
나 무 를 심 어줄 께 들아들아이겨라 좀 더 파 래 라
푸 른 들 걸 어가 면 다들다들숲들이 솟 아 난 대 요

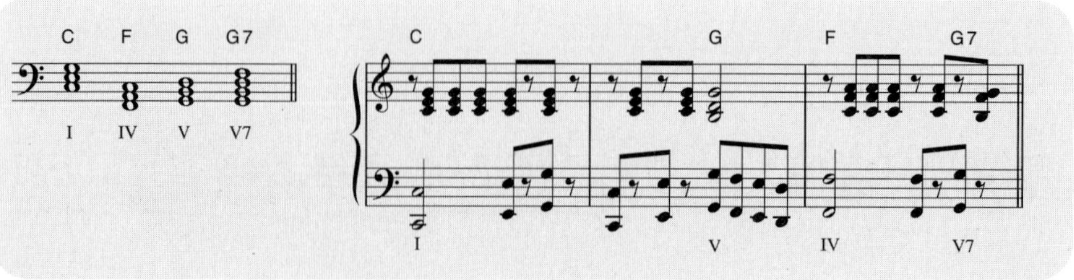

C　F　G　G7
I　IV　V　V7

C　G　F　G7
I　V　IV　V7

초급
작은별

모차르트 작곡

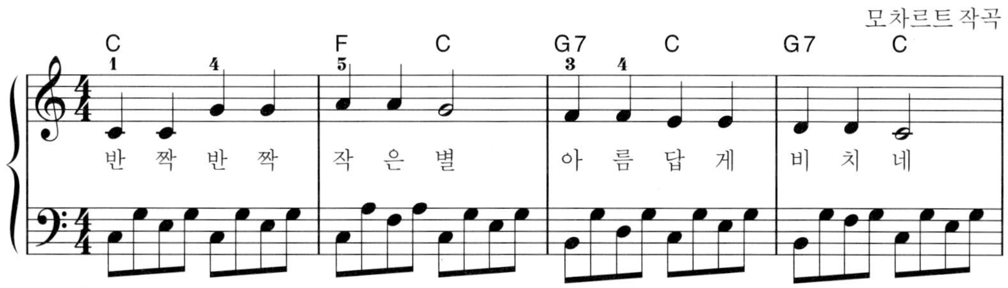
C F C G7 C G7 C
1 4 5 3 4
반 짝 반 짝 작 은 별 아 름 답 게 비 치 네

C Dm Em G7 C Dm Em G7
5
동 쪽 하 늘 에 서 도 서 쪽 하 늘 에 서 도

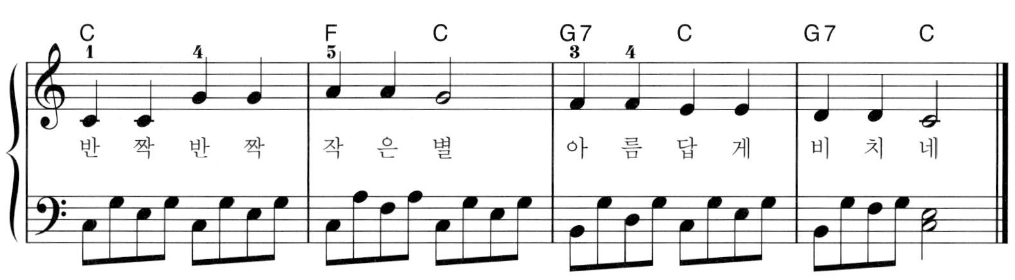
C F C G7 C G7 C
1 4 5 3 4
반 짝 반 짝 작 은 별 아 름 답 게 비 치 네

C F G G7 Dm Em
I IV V V7 ii iii
C F G(G7) G7 C Dm Em G7
I IV V(V7) V7 I ii iii V7

중급
작은별

모차르트 작곡

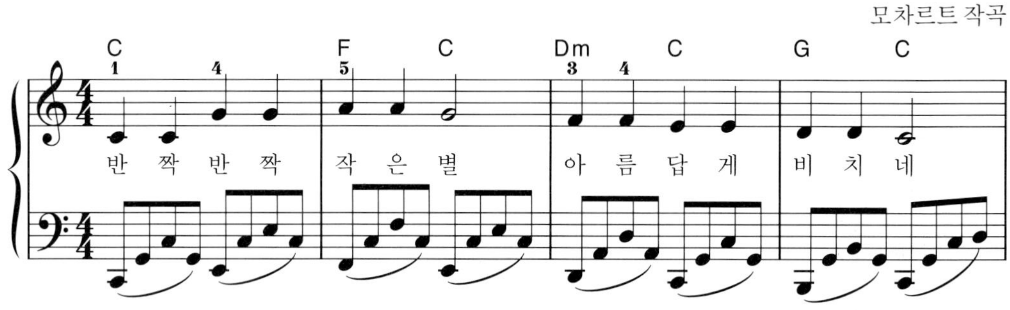
C F C Dm C G C
1 4 5 3 4
반 짝 반 짝 작 은 별 아 름 답 게 비 치 네

Em7 Dm7 C G Em7 Dm7 C G
5
동 쪽 하 늘 에 서 도 서 쪽 하 늘 에 서 도

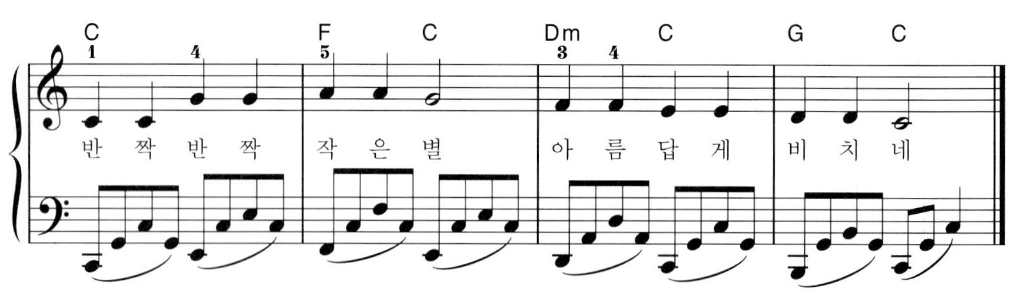
C F C Dm C G C
1 4 5 3 4
반 짝 반 짝 작 은 별 아 름 답 게 비 치 네

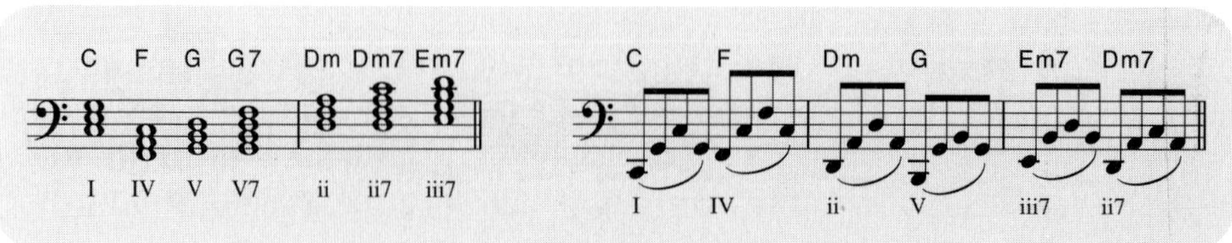
C F G G7 Dm Dm7 Em7
I IV V V7 ii ii7 iii7
C F Dm G Em7 Dm7
I IV ii V iii7 ii7

모차르트 작곡

C F C Dm7 Bm7-5 C G7 C

반 짝 반 짝 작 은 별 아 름 답 게 비 치 네

Em7 Dm7 C G Em7 Dm7 C G

동 쪽 하 늘 에 서 도 서 쪽 하 늘 에 서 도

C F C Dm7 Bm7-5 C G C

반 짝 반 짝 작 은 별 아 름 답 게 비 치 네

C F G G7 Dm7 Em7 Bm7-5

I IV V V7 ii7 iii7 viiø7

C F C Dm7 Bm7-5 G7 C Em7 Dm7 C G

I IV I ii7 viiø7 V7 I iii7 ii7 I V

작사 · 작곡 미상

C Dm G C G
아무데나버 리지 말 아 요 우리지구가 눈물흘려요

C Dm G G7 C
아무데나버 려진 휴 지 통 우리손으로 주 – 워야죠

F C F G
기 운내라 지 구 야 우리손으로 지 켜줄게

C Em F C G7 C
아 름답 고 깨 끗 한 지 구로만들어줄 게

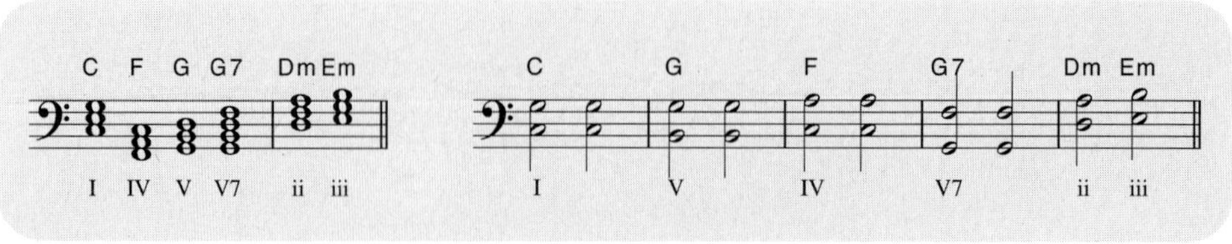

C F G G7 Dm Em
I IV V V7 ii iii

C G F G7 Dm Em
I V IV V7 ii iii

우리 지구

작사 · 작곡 미상

C Dm G C G

아무데나버 리지 말 아 요 우리지구가 눈물흘려요

C Dm G G7 C

아무데나버 려진 휴 지 통 우리손으로 주 – 워야죠

F C F G

기 운내라 지 구 야 우리손으로 지 켜줄게

C Em F C G7 C

아 름답 고 깨 끗 한 지 구로만들어줄 게

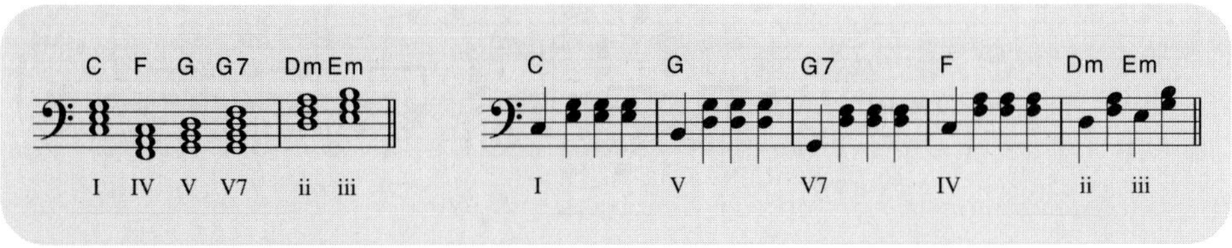

C F G G7 Dm Em

I IV V V7 ii iii

C G G7 F Dm Em

I V V7 IV ii iii

작사 · 작곡 미상

C Dm G C G

아무데나버 리지 말 아 요 우리지구가 눈물흘려요

C Dm G G7 C

아무데나버 려진 휴 지 통 우리손으로 주－워야죠

F FAug C F FAug G

기 운내라 지 구 야 우리손으로 지 켜줄게

C
F
C
G
C
아 름답 고 깨 끗 한 지 구로만들어줄 게

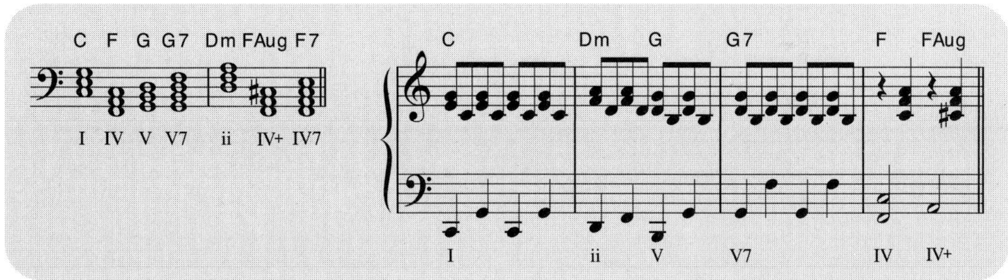
C F G G7 Dm FAug F7
I IV V V7 ii IV+ IV7
C
Dm
G
G7
F
FAug
I ii V V7 IV IV+

초급 하늘 위에 사는 것들

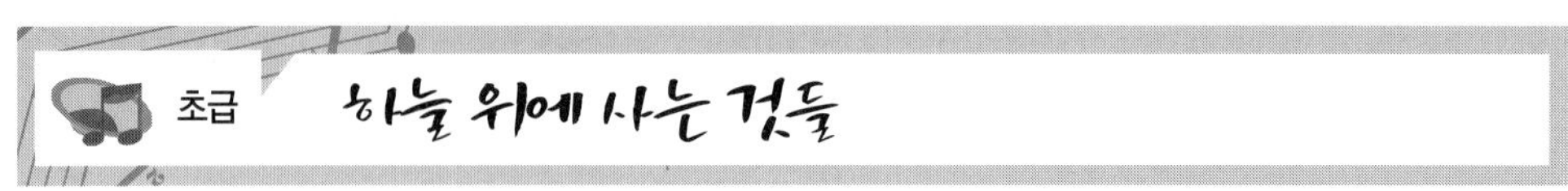

작사 · 작곡 미상

C G
하 늘 위 에 사 는 것 들 이 점 점 많 이 늘 어 만 가 네
넓 고 끝 이 없 는 하 늘 에 살 고 있 는 수 많 은 가 족
C G C
옛 날 부 터 지 금 까 지 몇 식 구 가 늘 었 을 까!
옛 날 부 터 지 금 까 지 자 꾸 자 꾸 늘 어 만 가네!
Fine
C F G7 C
뜨 거 운 태 양 차 가 운 달 수 많 은 별 과 구 름 이 있 네
벌 나 비 곤 충 어 여 쁜 새 저 높 이 나 는 비 행 기 있 네
C F G
번 쩍 번 쩍 번 개 흰 눈 과 비 일 곱 빛 깔 무 지 개 다 리
별 처 럼 빛 나 는 인 공 위 성 우 리 들 의 종 이 비 행 기
D.C.al Fine

C F G G7
I IV V V7
C F G(G7)
I IV V(V7)

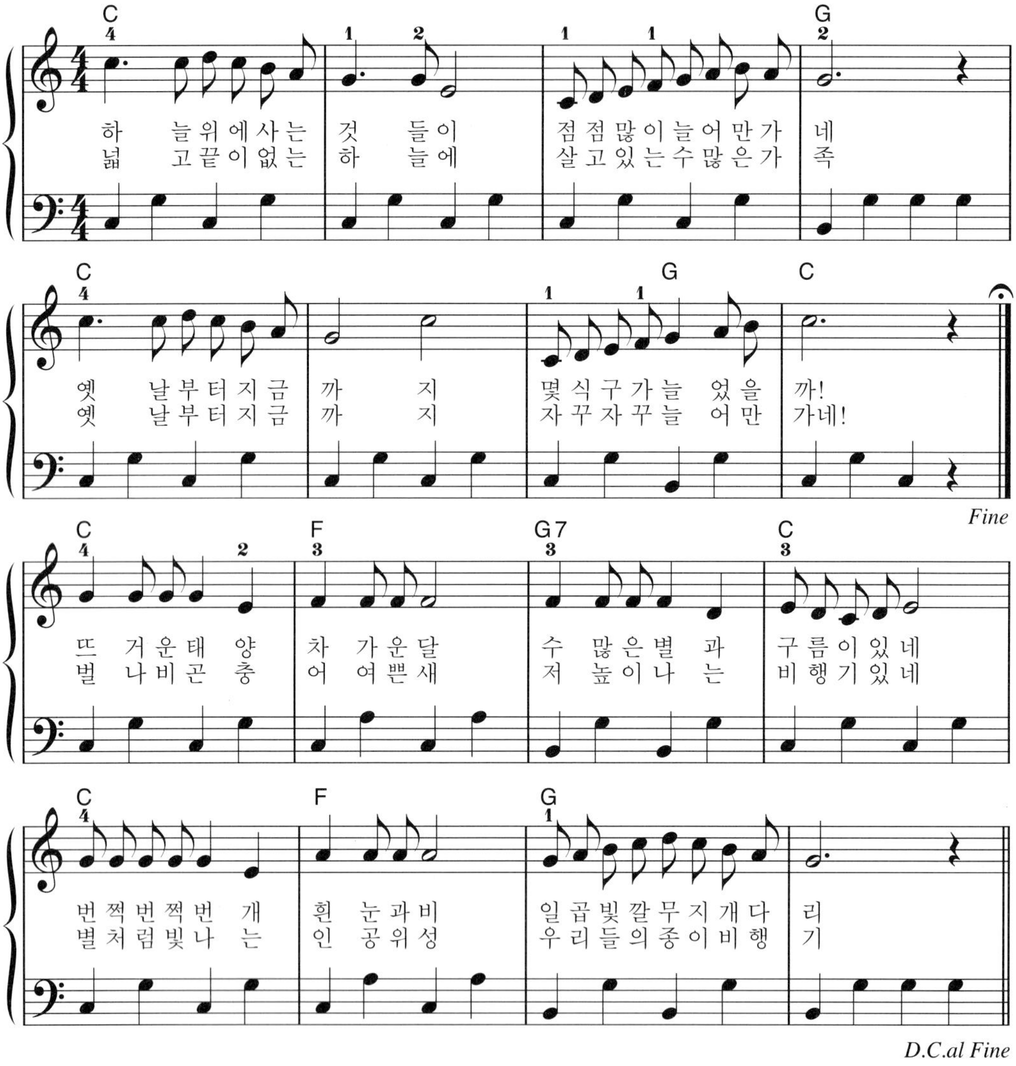

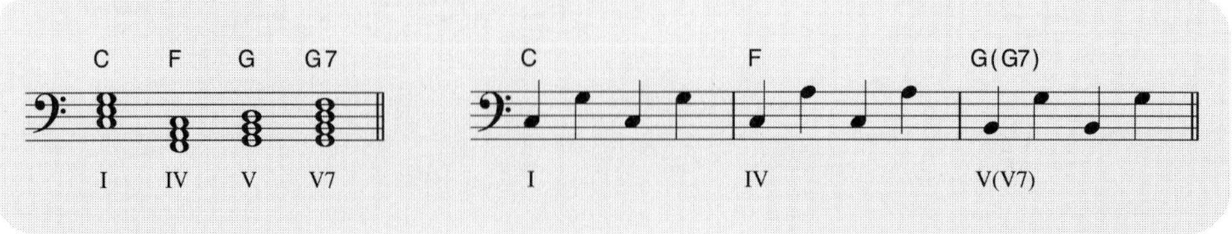

중급 **하늘 위에 사는 것들**

작사 · 작곡 미상
C G7
하 늘 위 에 사 는 것 들 이 점 점 많 이 늘 어 만 가 네
넓 고 끝 이 없 는 하 늘 에 살 고 있 는 수 많 은 가 족
C G7 C
옛 날 부 터 지 금 까 지 몇 식 구 가 늘 었 을 까!
옛 날 부 터 지 금 까 지 자 꾸 자 꾸 늘 어 만 가네!
Fine
C F G7 C
뜨 거 운 태 양 차 가 운 달 수 많 은 별 과 구 름 이 있 네
벌 나 비 곤 충 어 여 쁜 새 저 높 이 나 는 비 행 기 있 네
C F G7
번 쩍 번 쩍 번 개 흰 눈 과 비 일 곱 빛 깔 무 지 개 다 리
별 처 럼 빛 나 는 인 공 위 성 우 리 들 의 종 이 비 행 기
D.C.al Fine
C F G G7
I IV V V7

고급 하늘 위에 사는 것들

작사 · 작곡 미상

13

다문화

- 감사의 인사
- 김치
- 생일 축하 노래
- 원더풀 코리아
- 세계의 인사
- 아름다운 지구인
- 유치원에서

윤영배 작사
윤영배 작곡

C G7 G
감 사의인 사를 해 봐 요 어느나라말 로 할 까 요

C G7 G C
친 구의나 라는 어 디 죠 재미있는인 사를 배워봐 요

G7 C F G
태 국－말 은 컵－쿤 캅(카) 베 트남말 은 깜 － 언
몽 골－말 은 바야를 라 중 국－말 은 간 씨 에

F G C G C
말레이 시 아 아빠까 바 필 리 핀 은 살－라 맛
러시아 일 본 쓰빠씨 바 아 리 가 또 고자이마 쓰

C G7 C G7 C
우리나라말 로 해 봐 요 감 사 합 니 다

C F G G7
I IV V V7

C G(G7) F
I V(V7) IV

윤영배 작사
윤영배 작곡

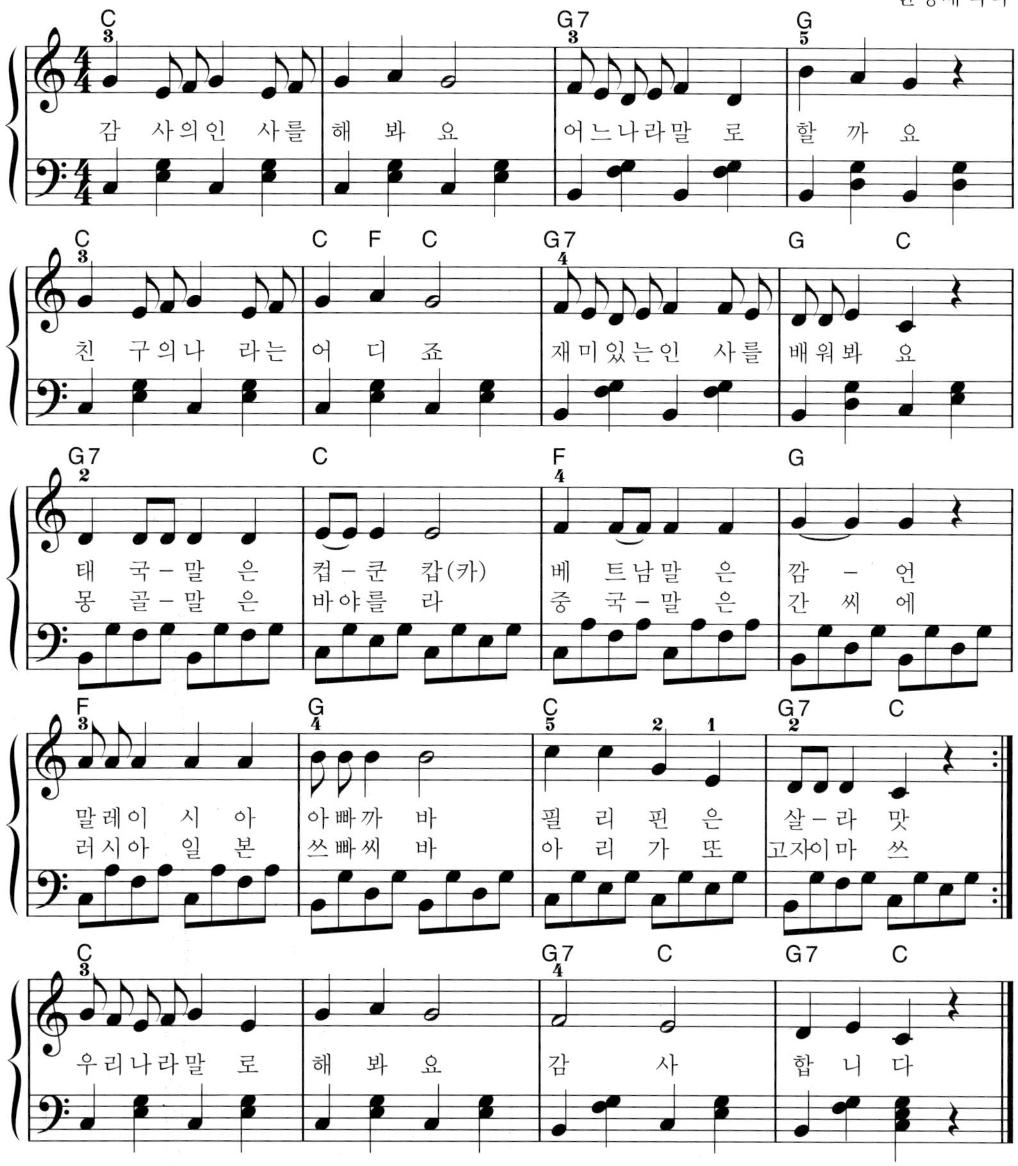

감 사의인 사를 해 봐 요 어느나라말 로 할 까 요

친 구의나 라는 어 디 죠 재미있는인 사를 배워봐 요

태 국-말 은 컵-쿤 캅(카) 베 트남말 은 깜 - 언
몽 골-말 은 바야를 라 중 국-말 은 간 씨 에

말레이 시 아 아빠까 바 필 리 핀 은 살-라 맛
러시아 일 본 쓰빠씨 바 아 리 가 또 고자이마 쓰

우리나라말 로 해 봐 요 감 사 합 니 다

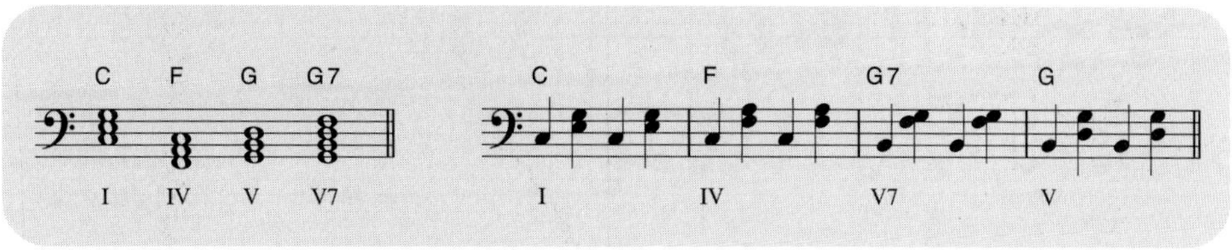

윤영배 작사
윤영배 작곡

C G7 G G7

감 사의인 사를 해 봐 요 어느나라말 로 할 까 요

C G7 G C

친 구의나 라는 어 디 죠 재미있는인 사를 배워봐 요

G7 C F G G7

태 국 – 말 은 컵 – 쿤 캅(카) 베 트남말 은 깜 – 언
몽 골 – 말 은 바야를 라 중 국 – 말 은 간 씨 에

F
G
G7
C
G7
C
말레이 시 아 아빠까 바 필 리 핀 은 살 – 라 맛
러시아 일 본 스빠씨 바 아 리 가 또 고자이마 쓰
C
G7
C
G
C
우리나라말 로 해 봐 요 감 사 합 니 다
C F G G7
I IV V V7
C
G7
G
G7
F
I
V7
V
V7
IV

이창민 작사
임혜정 작곡

C F C G
배 추 가파 란 옷 을 벗 고 빨 간 옷 을 입 었 어 요

G G7 C G7 C
파 마 늘 생 강 소 금 친 구 들 이 함 께 놀 자 고 찾 아 왔 어 요

F C F C G7
우 리 들 은 신 이 나 서 마 구 뛰 어 놀 았 어 요 이 리 뒹 굴 저 리 뒹 굴 정 신 없 이 굴 렀 지 요

조금 느리게

C F G E Am G
이 젠 모 두 지 쳐 식 탁 위 에 접 시 에 서 쉬 고 있 어 요

생기있고 빠르게

C F C G7 C
하 하 하 하 하 하 하 하 맛 – 좋 은 김 치 가 됐 네

C F G G7 E Am
I IV V V7 V/vi vi

C F G(G7) G7 E Am
I IV V(V7) V7 V/vi vi

이창민 작사
임혜정 작곡

C F C G
배 추 가파란옷을 벗 고 빨간옷을입었 어 요

G G7 C G7 C
파 마늘생강소금 친구 들이 함께놀자고찾아왔어 요

F C F C G7
우 리들은신이나서 마구뛰어놀았어요 이 리뒹굴저리 뒹 굴 정신없이굴렀지요

조금 느리게
C F G E Am G
이 젠 모 두 지 쳐 식 탁 위 에 접 시 에 서 쉬 고 있 어 요

생기있고 빠르게
C F C G7 C
하하 하하 하하 하하 맛 – 좋은김치가됐 네

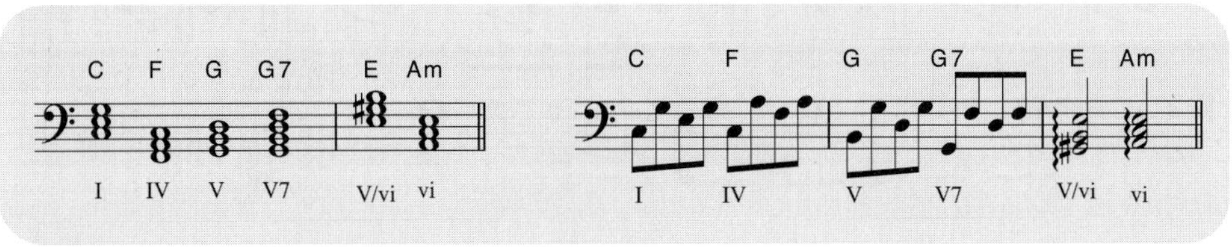

C F G G7 E Am
I IV V V7 V/vi vi

C F G G7 E Am
I IV V V7 V/vi vi

이창민 작사
임혜정 작곡

C F C G7

배 추 가파란옷을 벗 고 빨간옷을입었 어 요

G7 C G7 C

파 마늘생강소금 친구 들이 함께놀자고찾아왔어 요

F C F C G7

우 리들은신이나서 마구뛰어놀았어요 이 리뒹굴저리 뒹굴 정신없이굴렀지요

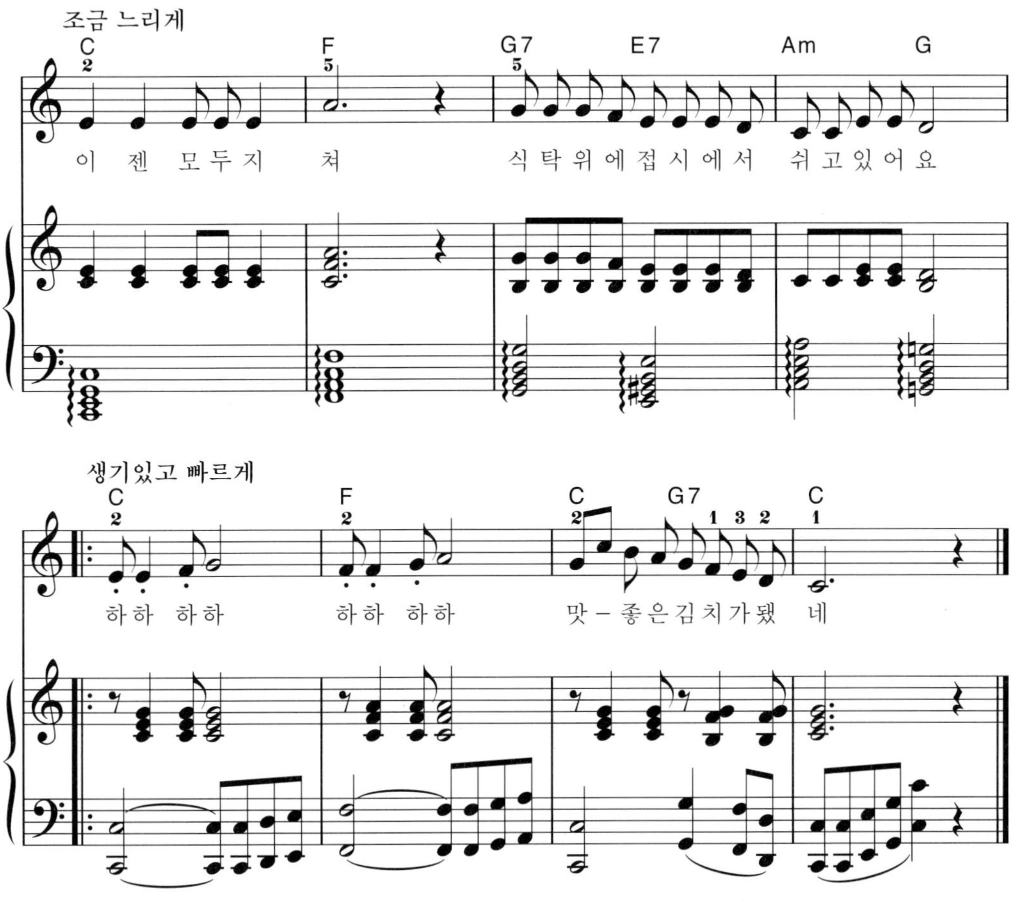

조금 느리게
C F G7 E7 Am G
이 젠 모 두 지 쳐 식 탁 위 에 접 시 에 서 쉬 고 있 어 요
생기있고 빠르게
C F C G7 C
하하 하하 하하 하하 맛 – 좋 은 김 치 가 됐 네

C F G G7 E7 Am
I IV V V7 V7/vi vi
C F C G7 G7 E7 Am G
I IV I V7 V7 V7/vi vi V

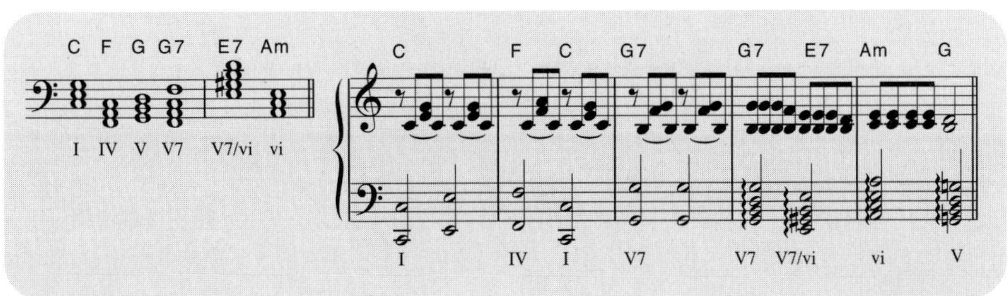

초급
생일 축하 노래

외국곡
F
C7
F
(한국)생 일 축 하 합니 다 생 일 축 하 합니 다 사 랑
(필리핀)말 리 가 양 바 디 말 리 가 양 바 디 말 리
(중국)쥬 니 셩 르 콰이 르어 쥬 니 셩 르 콰이 르어 쥬 니
(일본)오 메 데 또 단죠 비 오 메 데 또 단죠 비 오 메

F
B♭
F
C7
F
하 는 (이 름 넣 기) 생 일 축 하 합니 다
가 양 (이 름 넣 기) 말 리 가 양 바 디
셩 르 (이 름 넣 기) 쥬 니 셩 르 콰이 르어
데 또 (이 름 넣 기) 오 메 데 또 단죠 비

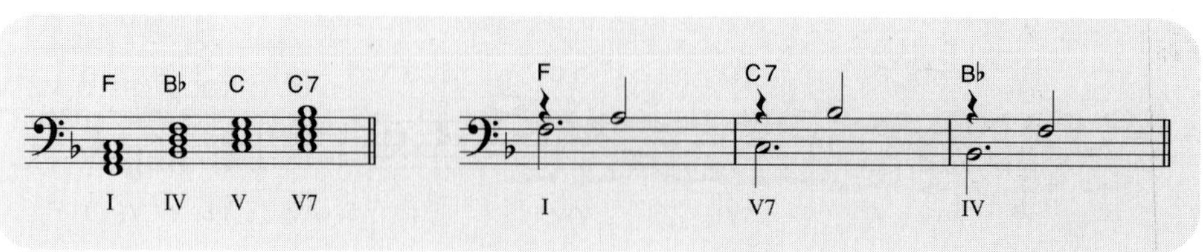
F B♭ C C7
I IV V V7
F C7 B♭
I V7 IV

중급
생일 축하 노래

외국곡

F C7 F
(한국) 생 일 축 하 합니 다 생 일 축 하 합니 다 사 랑
(필리핀) 말 리 가 양 바 디 말 리 가 양 바 디 말 리
(중국) 쥬 니 셩 르 콰이 르어 쥬 니 셩 르 콰이 르어 쥬 니
(일본) 오 메 데 또 단죠 비 오 메 데 또 단죠 비 오 메

F B♭ F C7 F
하 는 (이 름 넣 기) 생 일 축 하 합니 다
가 양 (이 름 넣 기) 말 리 가 양 바 디
셩 르 (이 름 넣 기) 쥬 니 셩 르 콰이 르어
데 또 (이 름 넣 기) 오 메 데 또 단죠 비

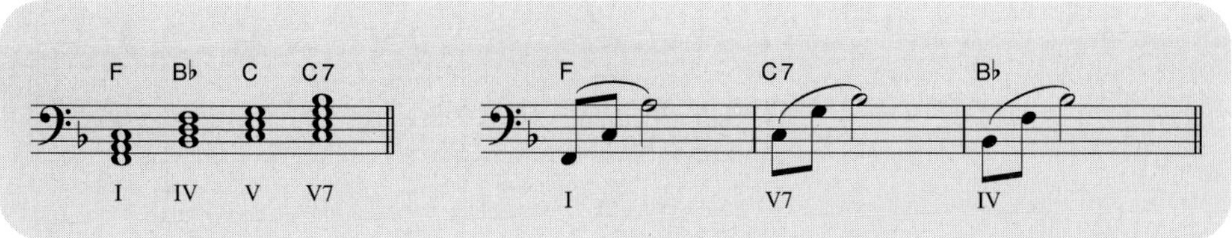
F B♭ C C7
I IV V V7
F C7 B♭
I V7 IV

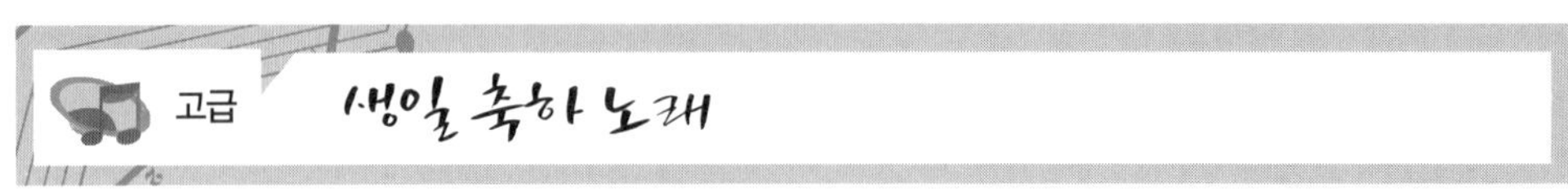

외국곡

F C7 F

(한국) 생 일 축 하 합니 다 생 일 축 하 합니 다 사 랑
(필리핀) 말 리 가 양 바 디 말 리 가 양 바 디 말 리
(중국) 쥬 니 셩 르 콰이 르어 쥬 니 셩 르 콰이 르어 쥬 니
(일본) 오 메 데 또 단죠 비 오 메 데 또 단죠 비 오 메

F F7 B♭ F C7 F

하 는 (이 름 넣 기) 생 일 축 하 합니 다
가 양 (이 름 넣 기) 말 리 가 양 바 디
셩 르 (이 름 넣 기) 쥬 니 셩 르 콰이 르어
데 또 (이 름 넣 기) 오 메 데 또 단죠 비

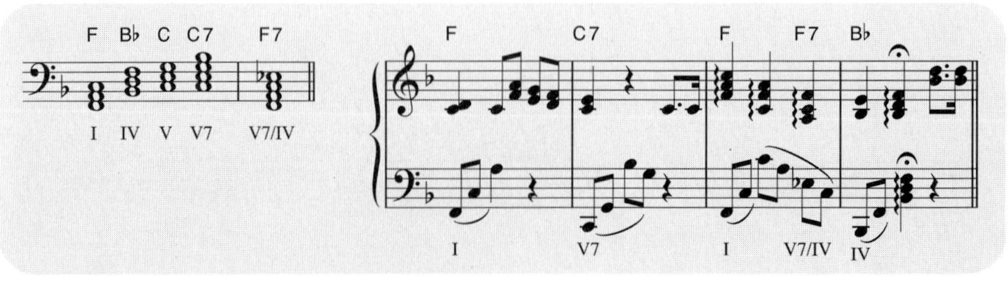

F B♭ C C7 F7

I IV V V7 V7/IV

F C7 F F7 B♭

I V7 I V7/IV IV

초급
원더풀 코리아

임혜정 작사
임혜정 작곡

F
C
F
C
F
1
4
1
4
1
4
1
4
산 이 많 아서(손뼉)
재 주 도 많고
물 도 맑 구 요(손뼉)
솜 씨 도 좋 고
물 이 맑 으니(손뼉)
인 심 도 좋고
맘 도 좋 구 요(손뼉)
부 지 런 해 요

B♭
F
C
C7
F
2
1
3
5
3
3
3
3
살 기 좋 은 우 리 나 라
제 일 좋 아 요
원 더 풀 코 리 아(손뼉)
원 더 풀 코 리 아(손뼉)

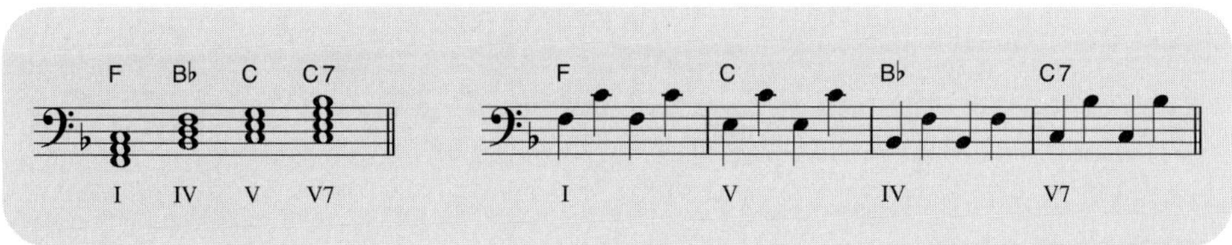
F
B♭
C
C7
I
IV
V
V7
F
C
B♭
C7
I
V
IV
V7

중급
원더풀 코리아

임혜정 작사
임혜정 작곡

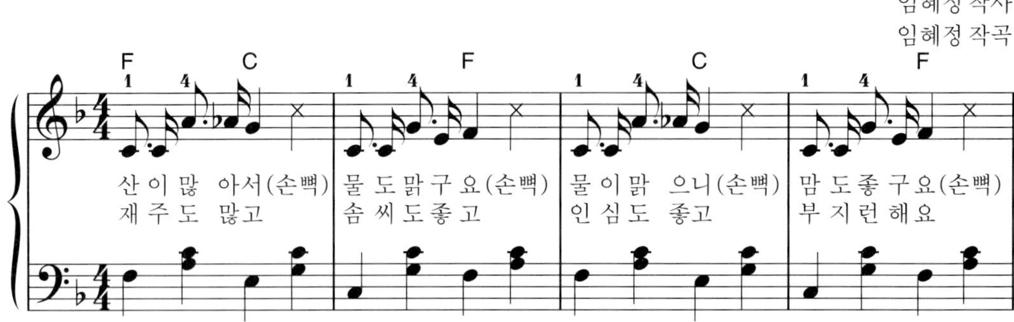
F C F C F
산 이 많 아 서 (손뼉) 물 도 맑 구 요 (손뼉) 물 이 맑 으 니 (손뼉) 맘 도 좋 구 요 (손뼉)
재 주 도 많 고 솜 씨 도 좋 고 인 심 도 좋 고 부 지 런 해 요

B♭ F C7 F
살 기 좋 은 우 리 나 라 제 일 좋 아 요 원 더 풀 코 리 아 (손뼉) 원 더 풀 코 리 아 (손뼉)

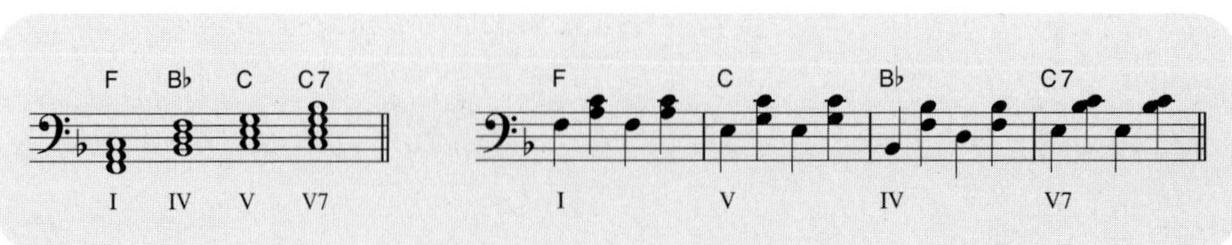
F B♭ C C7
I IV V V7
F C B♭ C7
I V IV V7

고급 원더풀 코리아

임혜정 작사
임혜정 작곡
F C F C F
산 이 많 아서(손뼉) 물 도 맑 구 요 (손뼉) 물 이 맑 으니(손뼉) 맘 도 좋 구 요(손뼉)
재 주 도 많고 솜 씨 도 좋고 인 심도 좋고 부 지 런 해 요
B♭ F C7 C F
살기좋은우리나라 제일좋아요 원더풀코리아(손뼉) 원더풀코리아(손뼉)
F B♭ C C7
I IV V V7
F C B♭ F C7
I V IV I V7

윤영배 작사
윤영배 작곡

C F C G G7

세계의 친구를 만나면 어떻게 인사 하나요
세계의 친구를 만나면 어떻게 인사 하나요

C F C G7 C

아시아 친구와 인사해요 만나서 반가워 요 –
유럽의 친구와 인사해요 만나서 반가워 요 –

G G7 C F C G G7

중 국친구는 니–하오 일 본친구는 곤니찌와
영 국친구는 헬–로우 독 일친구는 굳텐탁–

C F C F C G7 C

베트남친구는 짜 오안 몽–골친구는 쌤–바이노
프랑스친구는 봉 쥴– 이태리친구는 부온지오르노

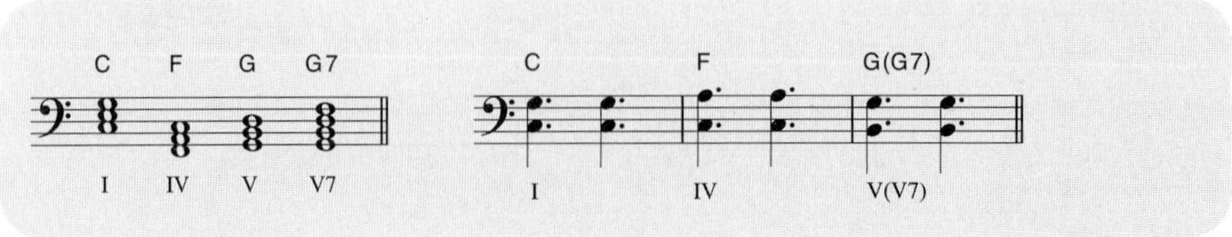

C F G G7
I IV V V7

C F G(G7)
I IV V(V7)

중급 **세계의 인사**

윤영배 작사
윤영배 작곡

윤영배 작사
윤영배 작곡

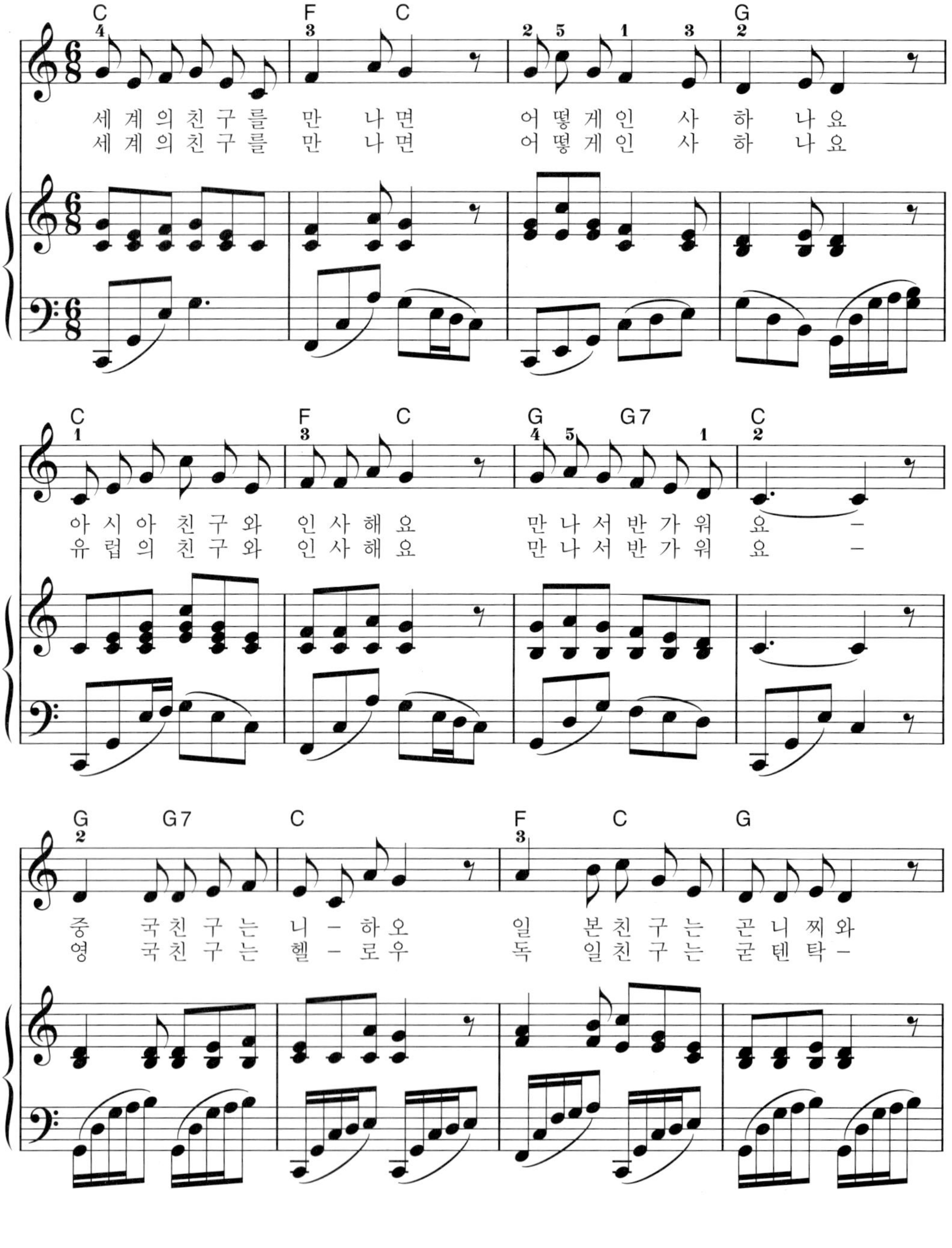

세 계 의 친 구 를 만 나 면 어 떻 게 인 사 하 나 요
세 계 의 친 구 를 만 나 면 어 떻 게 인 사 하 나 요

아 시 아 친 구 와 인 사 해 요 만 나 서 반 가 워 요 –
유 럽 의 친 구 와 인 사 해 요 만 나 서 반 가 워 요 –

중 국 친 구 는 니 – 하 오 일 본 친 구 는 곤 니 찌 와
영 국 친 구 는 헬 – 로 우 독 일 친 구 는 군 텐 탁 –

C
F
C
F
C
G7
C
2
3
5
3
4
베 트 남 친 구 는 짜 오 안
프 랑 스 친 구 는 봉 쥴 ㅡ
몽 ㅡ 골 친 구 는 쌤 ㅡ 바 이 노
이 태 리 친 구 는 부 온 지 오 르 노

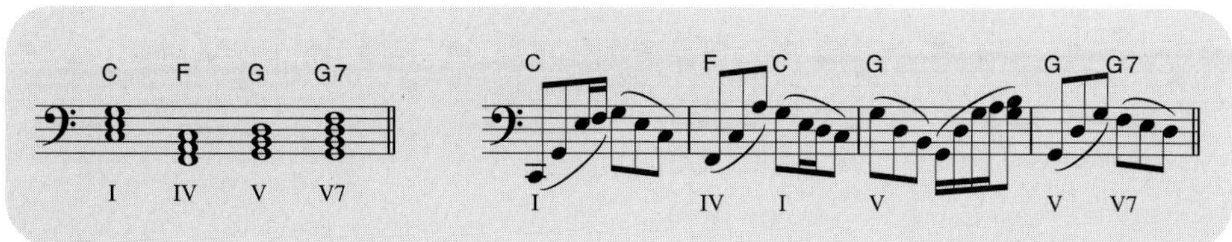
C F G G7
I IV V V7
C
F C
G
G G7
I
IV I
V
V V7

초급 **아름다운 지구인**

조경서 작사
윤영배 작곡
저 넓 은 우 - 주 에 - 수 많은 별 들 이 있 지 요
아름다운 별 - 지 구 에 - 수 많은 나 라 와 사 - 람 들
아 빠의 나 - 라 는(나라이름을말해요) 엄 마의 나 - 라 는(나라이름을말해요)
친 구의 나 라 는 어 디 죠(나라이름) 선생님 의 나 라 는 어 디 죠(나라이름)

C F C G7
나 라 가달 – 라
도 –
얼 굴이 달 – 라
도 –

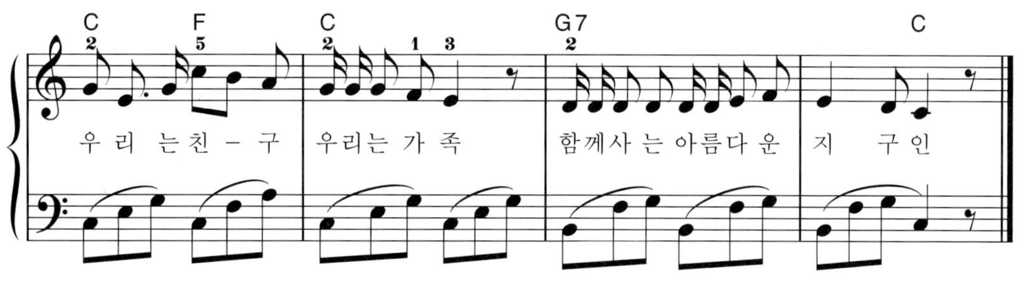
C F C G7 C
우 리 는친 – 구
우리는 가 족
함께사 는 아름다 운
지 구 인

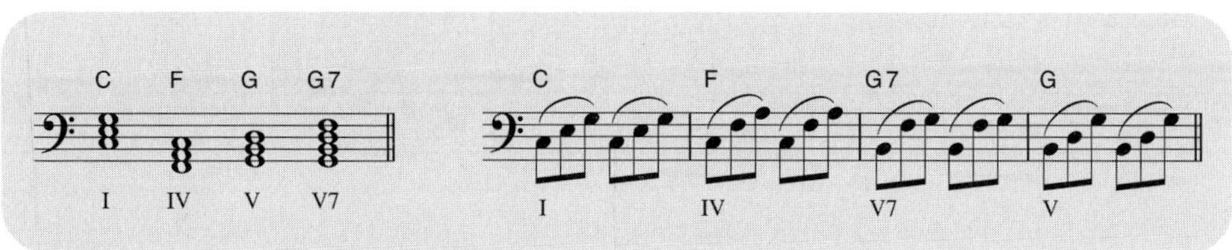
C F G G7
I IV V V7
C F G7 G
I IV V7 V

중급 **아름다운 지구인**

조경서 작사
윤영배 작곡

C F C G G7
나 라 가 달 - 라 도 - 얼 굴 이 달 - 라 도 -

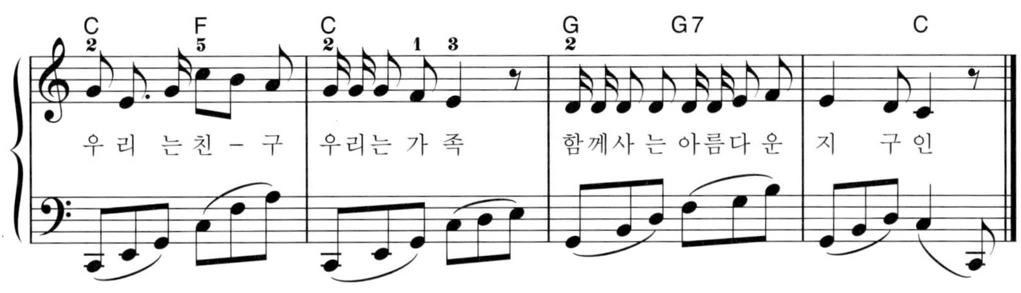
C F C G G7 C
우 리 는 친 - 구 우리는 가 족 함께사 는 아름다 운 지 구 인

C F G G7
I IV V V7
C F G G7
I IV V V7

고급

아름다운 지구인

조경서 작사
윤영배 작곡
C F C G7 G
저 넓 은 우 - 주 에 - 수 많은 별 들 이 있 지 요
C F C G7 C
아 름 다 운 별 - 지 구 에 - 수 많은 나 라 와 사 - 람 들
G7 C F G
아 빠 의 나 - 라 는(나라이름을말해요) 엄 마 의 나 - 라 는(나라이름을말해요)

C G7 C
친 구의 나 라 는 어 디 죠(나라이름) 선생님 의 나 라 는 어 디 죠(나라이름)
C F C G7 G
나 라 가 달 – 라 도 – 얼 굴이 달 – 라 도 –
C F C G7 C
우 리 는 친 – 구 우리는 가 족 함께사 는 아름다 운 지 구 인
C F G G7
I IV V V7
C F G G7
I IV V V7

유준호 작사
윤영배 작곡

C | F C | G7 C | G

나 는 나 는 | 기 뻐 – 요 | 친 구 가 장 난 감 을 | 빌 – 려 주 면
나 는 나 는 | 기 뻐 – 요 | 친 구 가 나 – 를 – | 칭 찬 해 주 면

C | F C | G7 C | G C

나 는 나 는 | 슬 퍼 – 요 | 친 구 가 나 를 | 놀 리 – 면
나 는 나 는 | 슬 퍼 – 요 | 친 구 가 나 를 | 따 돌 리 면

C | F C | G7 C | G

나 는 나 는 | 화 가 나 요 | 내 가 만 든 블 록 을 | 부 수 – 면
나 는 나 는 | 화 가 나 요 | 친 – 구 가 나 를 – | 때 리 – 면

C | F C | G7 C | G C

나 는 나 는 | 행 복 해 요 | 친 구 와 재 미 있 게 | 놀 – 면
나 는 나 는 | 행 복 해 요 | 친 구 와 노 – 래 – | 부 르 면

F
C
G7
C
G
3
2
4
유 치 원 의
친 구 ㅡ 는
피 부 색 이
달 라 ㅡ 도

C
F
C
F
G
C
1
2
4
5
3
5
1
하 는 말 이
달 라 ㅡ 도
우 리 들 의 마 음 은
다 같 대 요

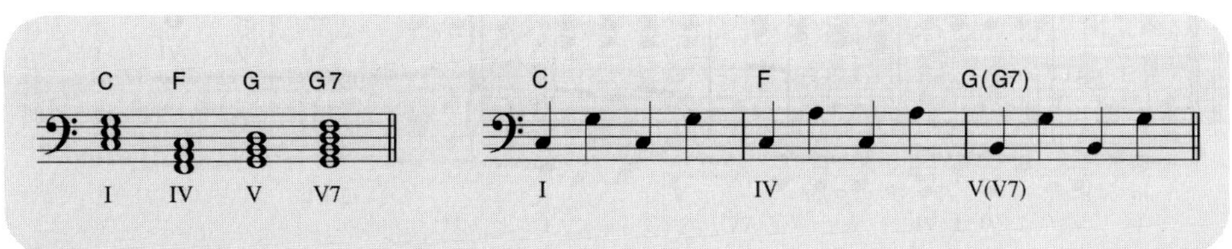
C
F
G
G7
I
IV
V
V7
C
F
G(G7)
I
IV
V(V7)

유준호 작사
윤영배 작곡

C F C G7 C G

나 는 나 는 기 뻐 – 요 친 구가장난감을 빌 – 려주면
나 는 나 는 기 뻐 – 요 친 구가나 – 를 – 칭찬해주면

C F C G7 C G C

나 는 나 는 슬 퍼 – 요 친 구가나 를 놀 리 – 면
나 는 나 는 슬 퍼 – 요 친 구가나 를 따 돌리면

C F C G7 C G

나 는 나 는 화 가나요 내가만든블 록을 부 수 – 면
나 는 나 는 화 가나요 친 – 구가나 를 – 때 리 – 면

C F C G7 C G C

나 는 나 는 행 복해요 친 구와재미있게 놀 – 면
나 는 나 는 행 복해요 친 구와노 – 래 – 부 르 면

F
C
G7
C
G
3
2
4
유 치 원 의
친 구 – 는
피 부 색 이
달 라 – 도

C
F
C
F
G7
G
C
1 2 4
5 3 5
1
하 는 말 이
달 라 – 도
우 리 들 의 마 음 은
다 같 대 요

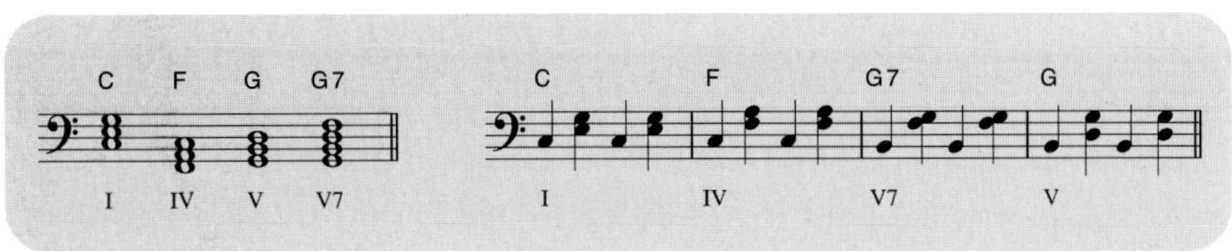
C F G G7
I IV V V7
C
F
G7
G
I
IV
V7
V

유준호 작사
윤영배 작곡

C F C G7 C G

나 는 나 는 기 뻐 – 요 친 구가장난감을 빌 – 려주면
나 는 나 는 기 뻐 – 요 친 구가나 – 를 – 칭찬해주면

C F C G7 C G C

나 는 나 는 슬 퍼 – 요 친 구가나 를 놀 리 – 면
나 는 나 는 슬 퍼 – 요 친 구가나 를 따 돌리면

C F C G7 C G

나 는 나 는 화 가나요 내가만든블 록을 부 수 – 면
나 는 나 는 화 가나요 친 – 구가나 를 – 때 리 – 면

C F C G7 C G C
나 는 나 는 행 복해요 친 구와재미있게 놀 - 면
나 는 나 는 행 복해요 친 구와노-래- 부 르 면
F C G7 C G
유 치 원 의 친 구-는 피 부 색 이 달 라-도
C F C F G C
하 는 말 이 달 라-도 우 리들의마음은 다 같대요
C F G G7
I IV V V7
C F C G7 C G
I IV I V7 I V

14

놀이(신체표현)

- 그대로 멈춰라
- 머리 어깨 무릎 발
- 도레미송
- 뚱보 아저씨
- 모양놀이
- 빙빙 돌아라
- 옆에 옆에
- 털보 영감님
- 통통통
- 트럭 그리기

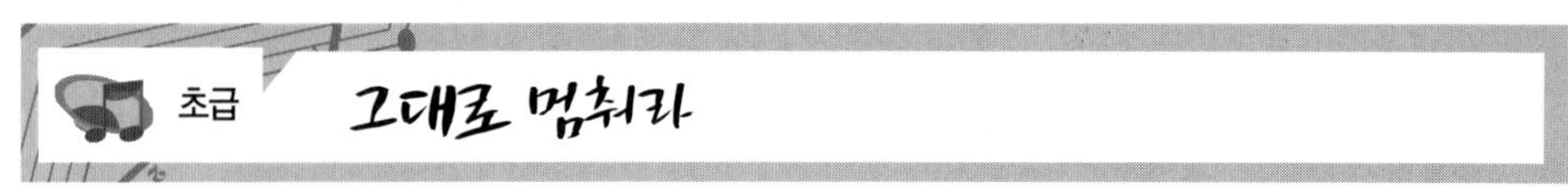
초급
그대로 멈춰라

김방옥 작사
김방옥 작곡

C
G7
C
G7
즐 겁 게
춤 을 추 다 가
그 대 로 멈 춰
라

C
G7
F
G
C
즐 겁 게
춤 을 추 다 가
그 대 로 멈 춰
라
Fine

F
C
G7
C
G
눈 도 감 지 말 고
웃 지 도 말 고
울 지 도 말 고
움 직 이 지 마
D.S.

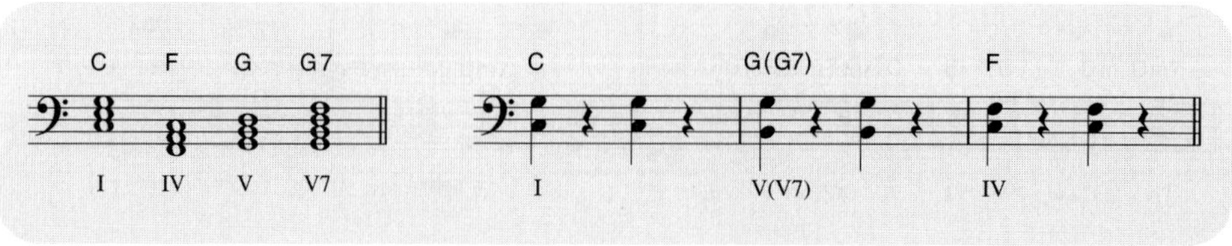
C F G G7
I IV V V7
C
G(G7)
F
I
V(V7)
IV

중급 그대로 멈춰라

김방옥 작사
김방옥 작곡

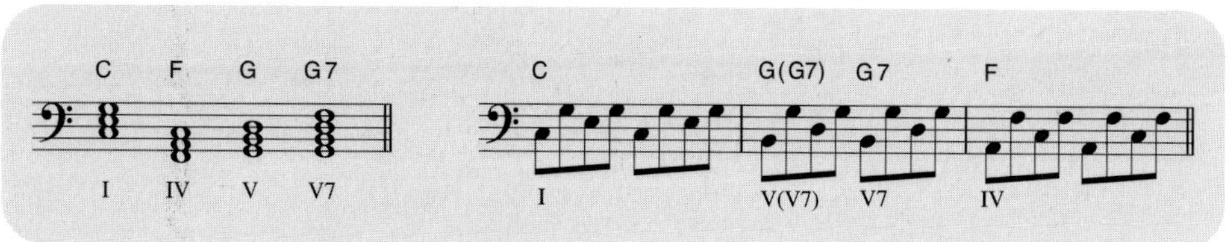

고급
그대로 멈춰라

김방옥 작사
김방옥 작곡

C G7 C G7
5 2 1 1 5
즐 겁 게
춤 을 추 다 가
그 대 로 멈 춰
라

C G7 F G7 C
5 2 1 3
즐 겁 게
춤 을 추 다 가
그 대 로 멈 춰
라
Fine

F C G7 C G
5 4 3 2
눈 도 감 지 말 고
웃 지 도 말 고
울 지 도 말 고
움 직 이 지 마
D.S.

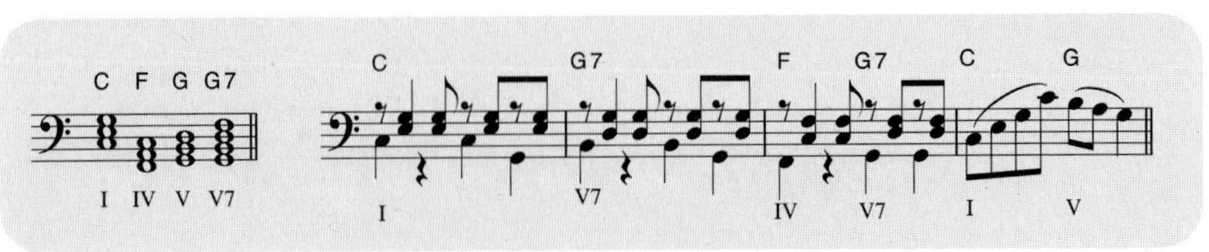
C F G G7
I IV V V7
C G7 F G7 C G
I V7 IV V7 I V

초급
머리 어깨 무릎 발

외국곡

C
G
G7
머 리어깨무릎 발 무릎발 머 리어깨무릎 발 무릎발－－－

C
F
G7
C
머 리어 깨 발－무릎발 머 리어깨무릎 귀 코 귀

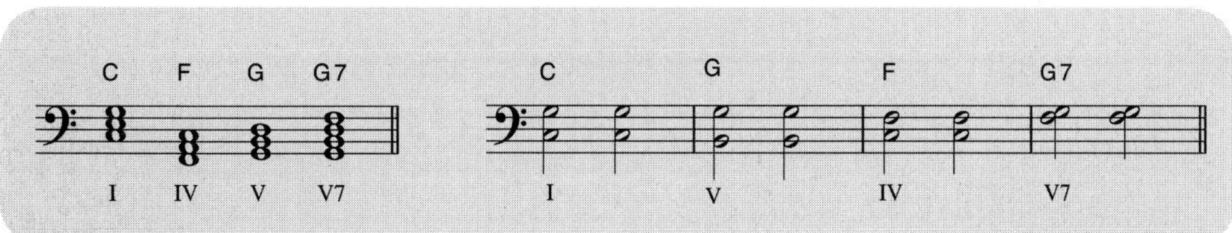
C F G G7
I IV V V7
C G F G7
I V IV V7

중급
머리 어깨 무릎 발

외국곡

C
G
G7
머 리어깨무릎 발 무릎발 머 리어깨무릎 발 무릎발－－－

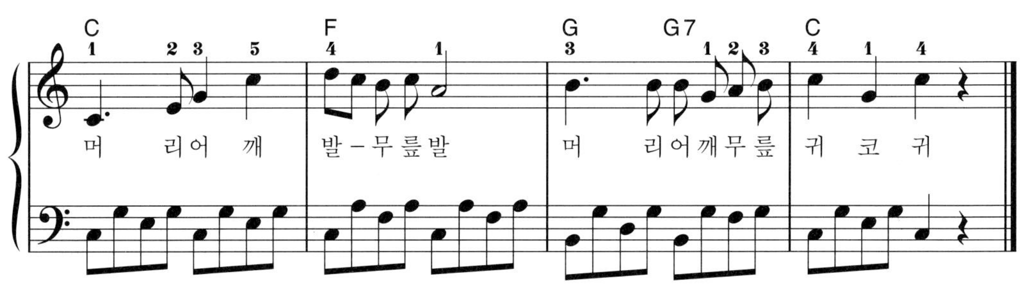
C
F
G
G7
C
머 리어 깨 발－무릎발 머 리어깨무릎 귀 코 귀

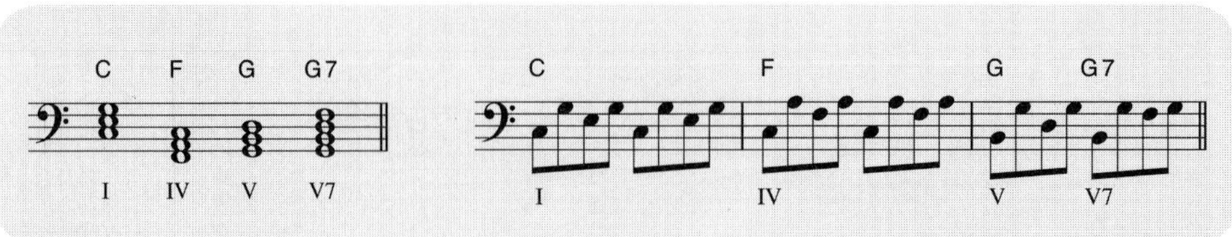
C F G G7
I IV V V7
C
F
G
G7
I
IV
V
V7

고급 **머리 어깨 무릎 발**

외국곡

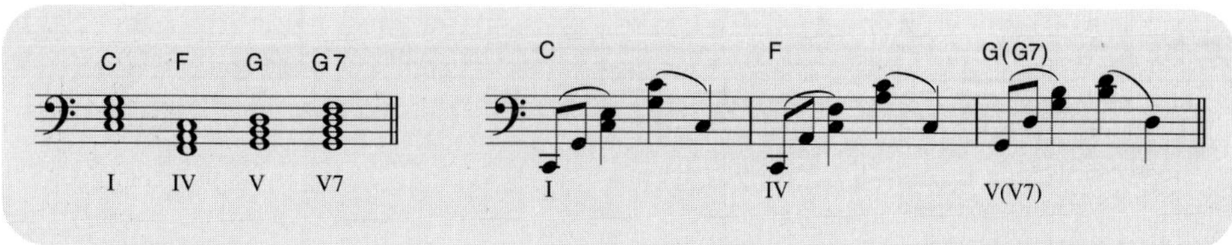

외국곡

C G7
도는 예쁜 도라지 꽃 레는 상큼한 레몬

C F
미는 쫄깃 쫄깃 인절미 파는 파랑새의 파

C F D G
솔은 솔방울의 솔 라는 라일락의 라

E Am F G C
시는 시냇물의 시 다 – 함께 부르자 라라라

C G7 G
도 미 미 미 솔 솔 레 파 파 라 시 시
C G7 G
도 미 미 미 솔 솔 레 파 파 라 시 시
C F C G7
솔 도 라 파 미 도 레
C F G C G C
솔 도 라 시 도 레 도
C F G G7 E Am
I IV V V7 V/vi vi
C G(G7) F E Am
I V(V7) IV V/vi vi

외국곡

C G7
도 는예 쁜 도라 지 꽃 레 는상큼한레 몬

C F
미 는쫄깃 쫄깃 인 절 미 파 는파랑새의 파

C F D G
솔 은솔방울의 솔 라 는라일락의 라

E Am F G C
시 는시냇물의 시 다－ 함 께 부 르 자 라 라 라

C G7
1 3 3 5 1 2 4 5
도 미 미 미 솔 솔 레 파 파 라 시 시

C G7
1 3 3 5 1 2 4 5
도 미 미 미 솔 솔 레 파 파 라 시 시

C F C G7
5 1 5 4 3 1 2
솔 도 라 파 미 도 레

C F G7 C G7 C
5 1 2 3 4 5 4
솔 도 라 시 도 레 도

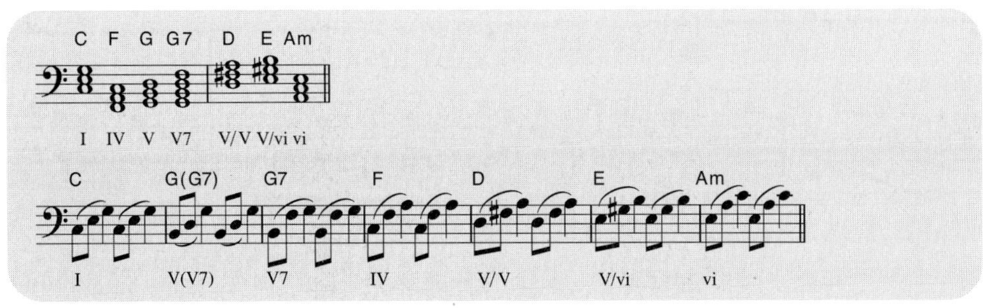

외국곡

C G7
도 는예 쁜 도라 지 꽃 레 는상큼한레 몬

C F
미 는쫄깃 쫄깃 인 절 미 파 는파랑새의 파

C F D G7
솔 은솔방울의 솔 라 는라 일락의 라

E Am C F G C
시 는시 냇물의 시 다– 함 께 부 르 자 라 라 라

C G7
도 미 미 미 솔 솔 레 파 파 라 시 시
C G7 G
도 미 미 미 솔 솔 레 파 파 라 시 시
C F C G
솔 도 라 파 미 도 레
C F G C G C
솔 도 라 시 도 레 도
C F G G7 D E Am
I IV V V7 V/V V/vi vi
C G7 F D E Am C F G
I V7 IV V/V V/vi vi I IV V

이요섭 작사
이요섭 작곡

G D
마 음씨 좋은 뚱 보아 저씨 일 곱명 의아 들 이 있 었는 데요

D G
그 중에 하 나 키 가크 고요 나 머지 는작 대 요

Fine

G
오 른손 들 어요 왼 —손 들 어요 마 음씨 좋은 뚱 보아 저씨

G D
일 곱명 의아 들 이 있 었는 데요 그 중에 하나 키 가크 고요

D
G
5
1
4
4
나 머지 는작 대
요
오 른발 굴 러요
왼 -발 굴 러요

G
D
1
1
4
3
마 음씨 좋은
뚱 보아 저씨
일 곱명 의아 들 이
있 었는 데요

D
1
1
5
그 중에 하나
키 가크 고요
나 머지 는작 대

G
1
4
4
요
고 개를 갸 우뚱
엉 덩이를 흔들 어요
D.C.

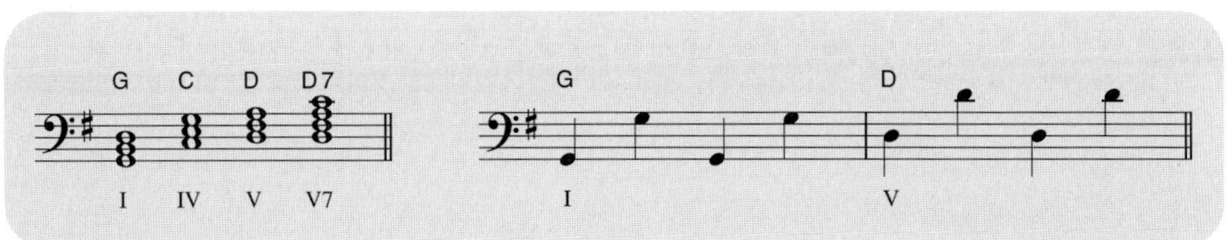
G C D D7
I IV V V7
G
D
I
V

중급
뚱보 아저씨

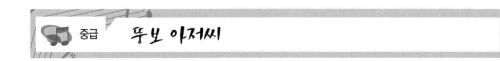

이요섭 작사
이요섭 작곡

G
D
마 음씨 좋은
뚱 보아 저씨
일 곱명 의아 들 이
있 었는 데요

D
D
G
그 중에 하나
키 가크 고요
나 머지 는작 대
요
Fine

G
오 른손 들 어요
왼 -손 들 어요
마 음씨 좋은
뚱 보아 저씨

G
D
일 곱명 의아 들 이
있 었는 데요
그 중에 하나
키 가크 고요

D
G
5
1
4
4
나 머지 는작 대
요
오 른발 굴 러요
왼 -발 굴 러요

G
D
1
1
4
3
마 음씨좋은
뚱 보아저씨
일 곱명 의아 들 이
있 었는 데요

D
1
1
5
그 중에 하나
키 가크 고요
나 머지 는작 대

G
1
4
4
요
고 개를 갸 우뚱
엉 덩이를 흔들 어요
D.C.

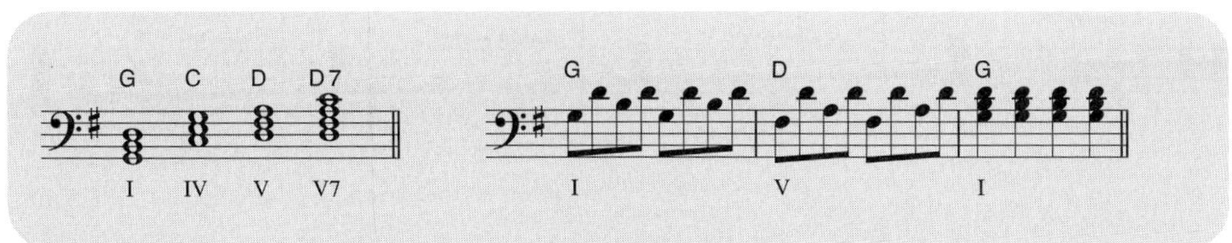
G C D D7
I IV V V7
G D G
I V I

이요섭 작사
이요섭 작곡

G · D
마 음씨 좋은 뚱 보아 저씨 일 곱명 의아 들 이 있 었는 데요

D · D7 · G
그 중에 하나 키 가크 고요 나 머지 는작 대 요

Fine

G · D7 · G · D7 · G
오 른손 들 어요 왼 –손 들 어요 마 음씨 좋은 뚱 보아 저씨

G · D
일 곱명 의아 들 이 있 었는 데요 그 중에 하나 키 가크 고요

D7
G
G D7
G G7
나 머지 는작 대
요
오 른발 굴 러요
왼 -발 굴 러요
G
D
마 음씨 좋은
뚱 보아 저씨
일 곱명 의아 들 이
있 었는 데요
D
D7
그 중에 하나
키 가크 고요
나 머지 는작 대
G
G D7
G D7
요
고 개를 갸 우뚱
엉 덩이를 흔들 어요
D.C.
G C D D7
I IV V V7
G D G D7
I V I V7

윤영배 작사
윤영배 작곡

F 1 3 | 5 | 5 | C 2

동 그 라 미 | 그 려 보 자 | 요 렇 게 | 요 렇 게

F 1 | 5 | 5 | C 2 F 1

우 리 모 두 | 들 어 가 서 | 손 잡 고 | 춤 추 자

F 1 | 5 | 5 | C 2

네 모 네 모 | 그 려 서 | 색 종 이 | 만 들 고

F 1 | 5 | 5 | C 2 F

세 모 세 모 | 그 려 보 자 | 뾰 족 해 | 뾰 족 해

F Bb C C7

I IV V V7

F C

I V

중급 **모양놀이**

윤영배 작사
윤영배 작곡

윤영배 작사
윤영배 작곡

F C7

동 그 라 미 그려보 자 요 렇 게 요 렇 게

F C F

우 리 모 두 들어가 서 손 잡 고 춤 추 자

F C7

네 모 네 모 그 려 서 색 종 이 만 들 고

F
1
5
5
C
F
2
세 모 세 모 그려보 자 뾰 족 해 뾰 족 해

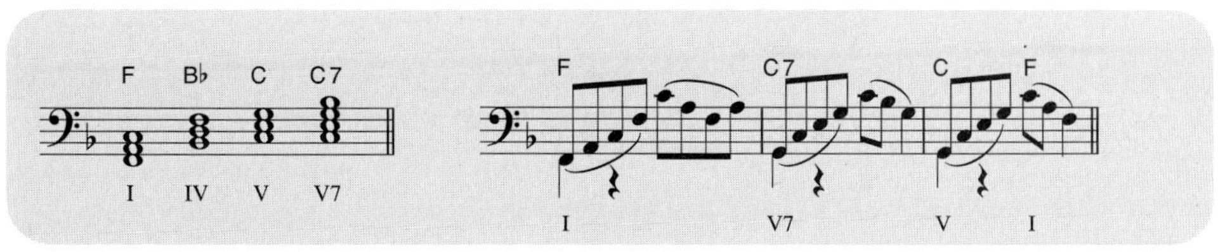
F Bb C C7
I IV V V7
F C7 C F
I V7 V I

초급
빙빙 돌아라

외국곡

Dm
Am
손 을잡 고오른쪽으로 빙 빙돌 아라

Dm
A
Dm
A7
손 을잡 고왼 쪽으 로 빙 빙돌 아라 뒤 로살 짝물 러섰 다

Dm
A7
Dm
앞으로다 시모 여서 - - 손 뼉 치 고 자 리바 꿔라

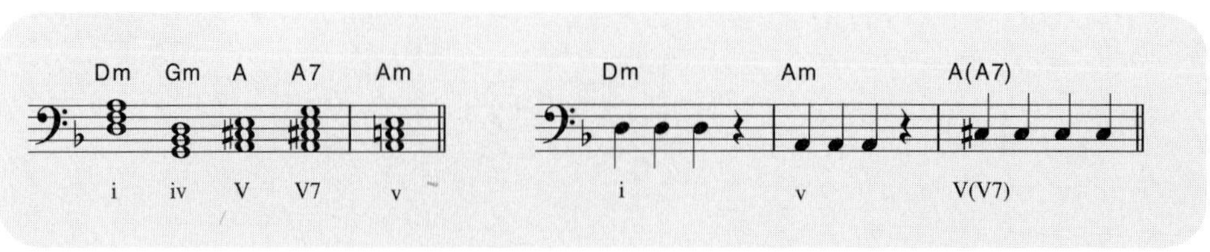
Dm Gm A A7 Am
i iv V V7 v
Dm Am A(A7)
i v V(V7)

중급
빙빙 돌아라

외국곡
Dm
Am
손 을잡 고오른쪽으 로
빙 빙돌 아라

Dm
A
Dm
A7
손 을잡 고왼 쪽으 로
빙 빙돌 아라
뒤 로살 짝물 러섰 다

Dm
A7
Dm
앞으로다 시모 여서－－
손 뼉 치 고
자리바 꿔라

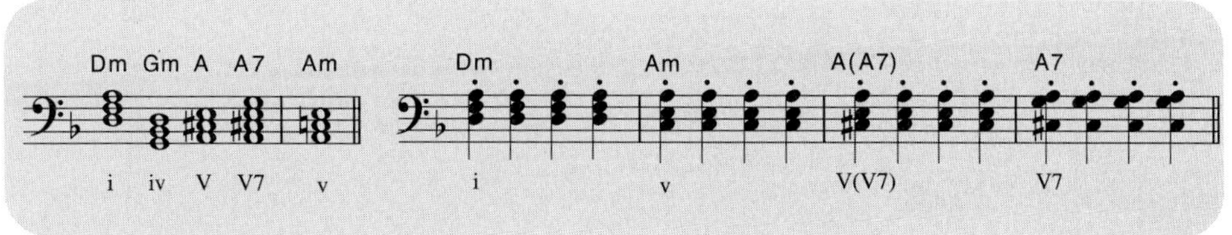
Dm Gm A A7 Am
i iv V V7 v
Dm
Am
A(A7)
A7
i
v
V(V7)
V7

고급
빙빙 돌아라

외국곡

Dm
Am
손 을잡 고오른쪽으로
빙 빙돌 아라

Dm
A7
Dm
A7
손 을잡 고왼 쪽으 로
빙 빙돌 아라
뒤 로살 짝물 러섰 다

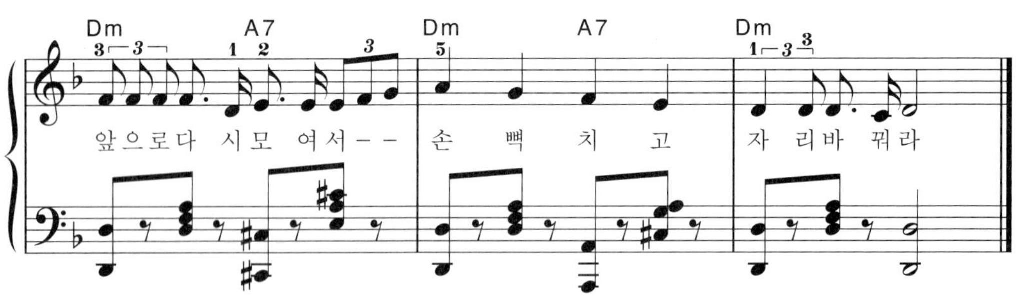
Dm
A7
Dm
A7
Dm
앞으로다 시모 여서 – –
손 뼉 치 고
자 리바 꿔라

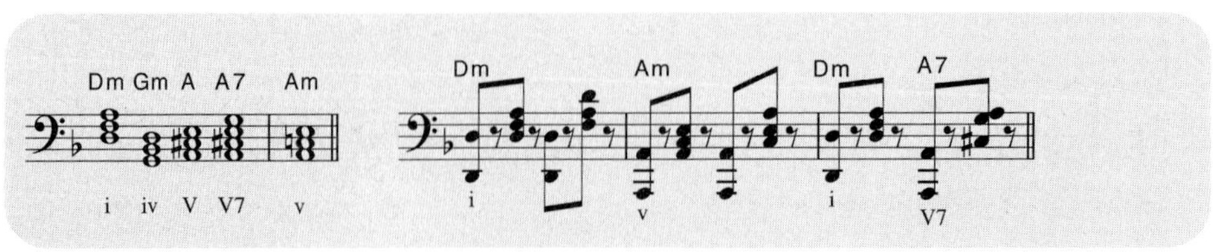
Dm Gm A A7 Am
i iv V V7 v
Dm Am Dm A7
i v i V7

초급 **옆에 옆에**

외국곡

D A D A7
옆 에 옆 에 옆 에 옆 - 으 - 로 -
옆 에 옆 에 옆 에 뺑 - 돌 아 짝 짝
옆 에 옆 에 옆 에 춤 을 춥 시 다 -
위 로 아 래 로 위 로 아 래 로
D G A A7
I IV V V7

외국곡

D A A7 D

옆 에 옆 에 옆 에 옆 — 으 — 로 —
옆 에 옆 에 옆 에 빵 — 돌 아 짝 짝
옆 에 옆 에 옆 에 춤 을 춥 시 다 —

옆 에 옆 에 옆 에 옆 — 으 — 로 —
옆 에 옆 에 옆 에 빵 — 돌 아 짝 짝
옆 에 옆 에 옆 에 춤 을 춥 시 다 —

D A A7

위 로 아 래 로 위 로 아 래 로

D A7 D

위 로 아 래 로 위 로 아 래 로

D G A A7

I IV V V7

D A A7

I V V7

고급 옆에 옆에

외국곡
옆 에 옆 에 옆 에 옆 — 으 — 로 —
옆 에 옆 에 옆 에 뺑 — 돌 아 짝 짝
옆 에 옆 에 옆 에 춤 을 춥 시 다 —
위 로 아 래 로 위 로 아 래 로
위 로 아 래 로 위 로 아 래 로
D G A A7
I IV V V7
D A A7
I V V7

초급
털보 영감님

작사 · 작곡 미상

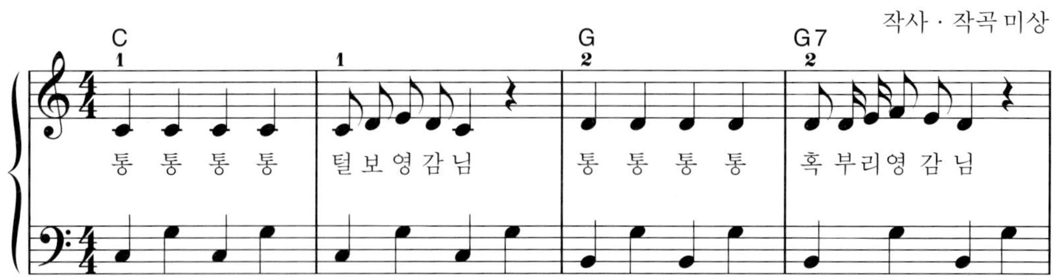
C
G
G7
1
1
2
2
통 통 통 통
털보영감님
통 통 통 통
혹 부리영 감 님

C
F
G7
3
3
4
4
통 통 통 통
코 주부영 감 님
통 통 통 통
안 경 영 감 님

C
G7
C
5
5
5
5
1
통 통 통 통
손 을 위 – 로
팔 랑 팔 랑 팔 랑 팔 랑
손 을 무 릎 에

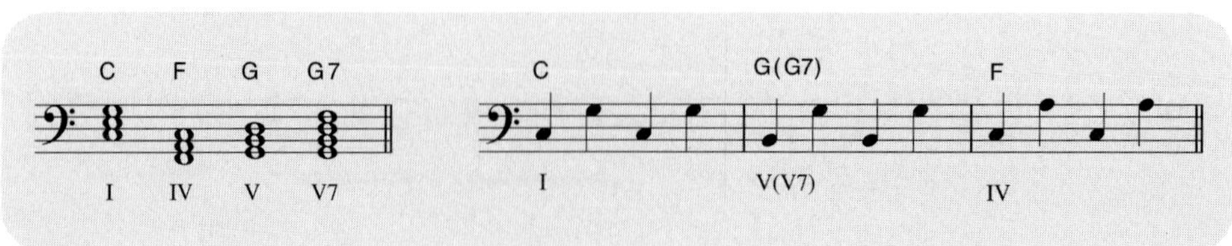
C F G G7
I IV V V7
C
G(G7)
F
I
V(V7)
IV

중급 **털보 영감님**

작사 · 작곡 미상

C
1
1
G
2
G7
2
통 통 통 통
털보영감님
통 통 통 통
혹 부리영감 님
C
3
3
F
4
G7
4
통 통 통 통
코 주부영 감 님
통 통 통 통
안경영감님
C
5
5
G7
5
C
1
통 통 통 통
손을위 – 로
팔랑팔랑팔랑팔랑
손을무릎에

C F G G7
I IV V V7
C G G7 F
I V V7 IV

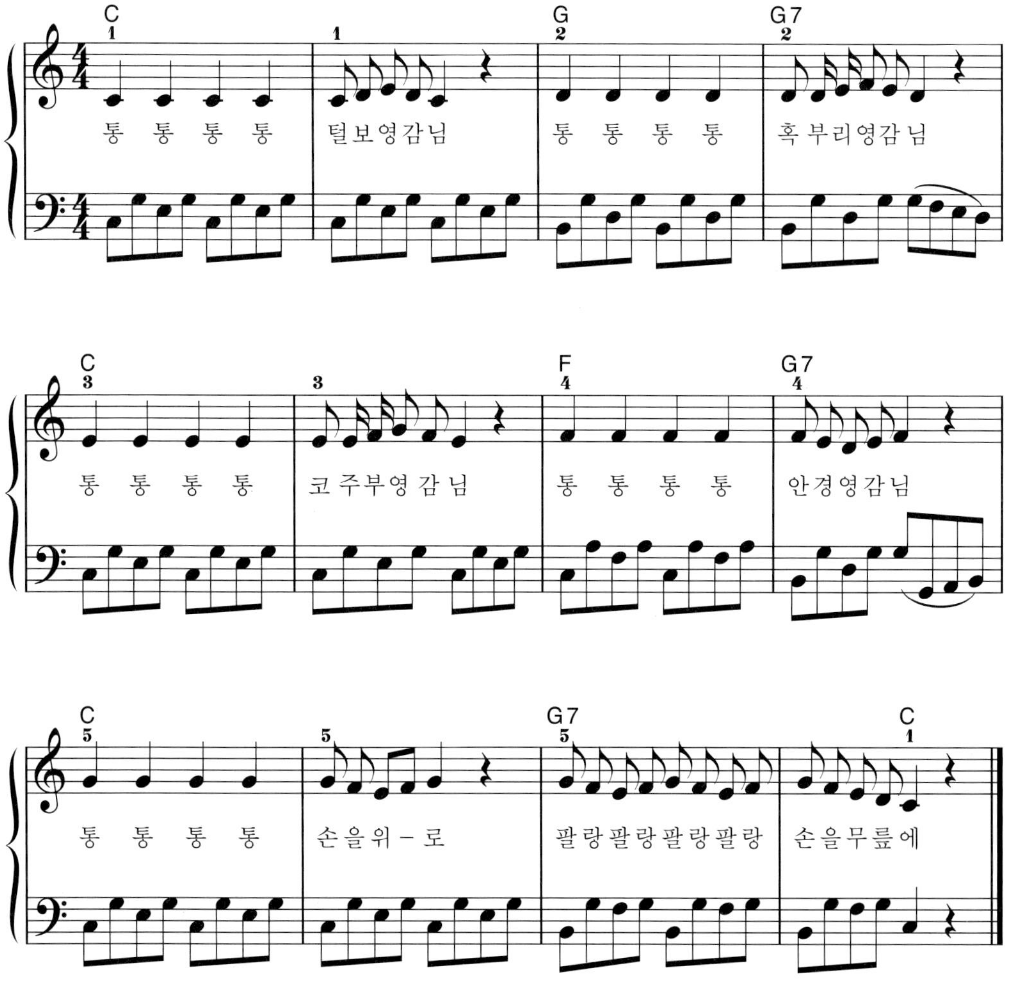

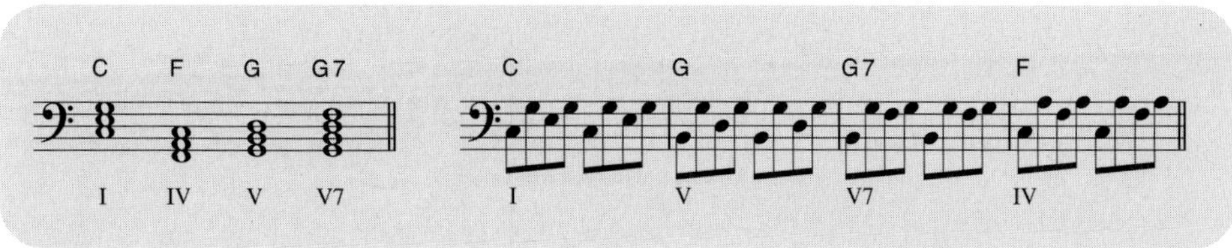

고급

털보 영감님

작사 · 작곡 미상

C
통 통 통 통
털보영감님
G G7
통 통 통 통
혹 부리영감님
C
통 통 통 통
코주부영감님
F
통 통 통 통
G7
안경영감님
C
통 통 통 통
손을위－로
G7
팔랑팔랑팔랑팔랑
C
손을무릎에

C F G G7
I IV V V7
C G G7 F
I V V7 IV

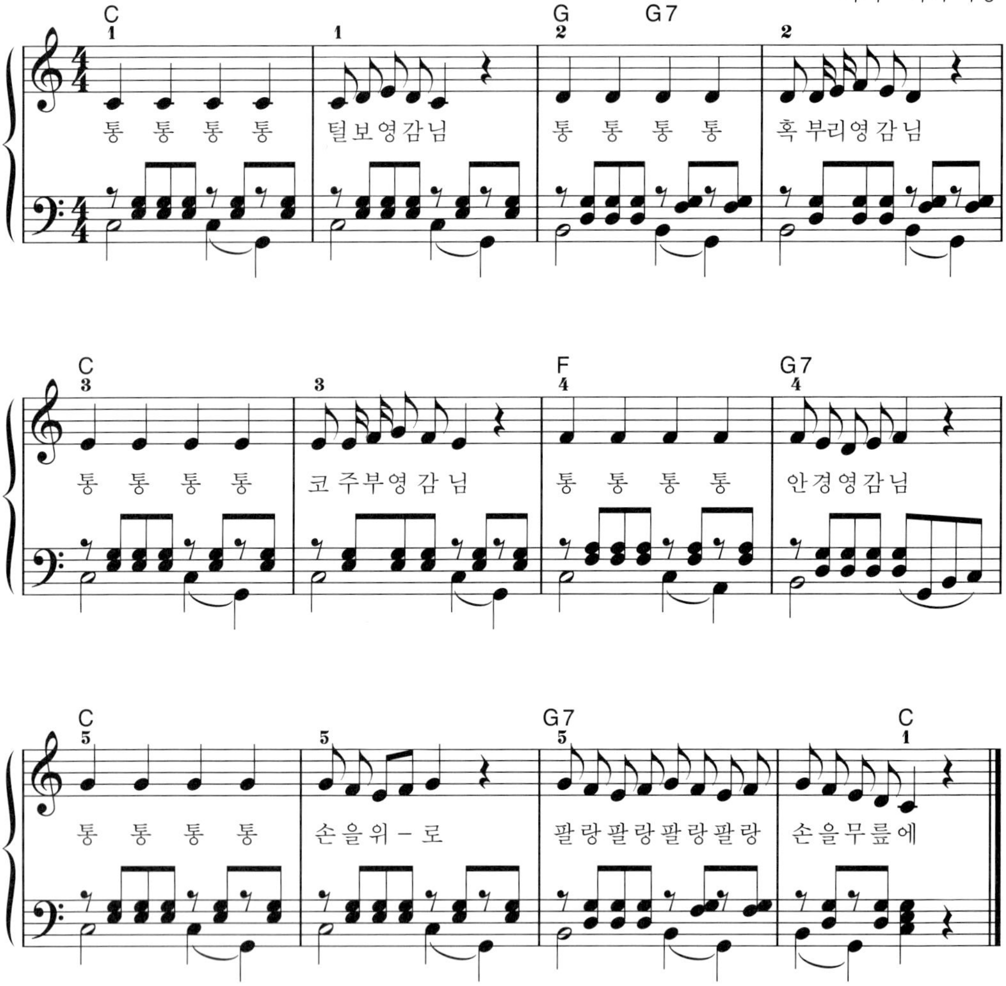

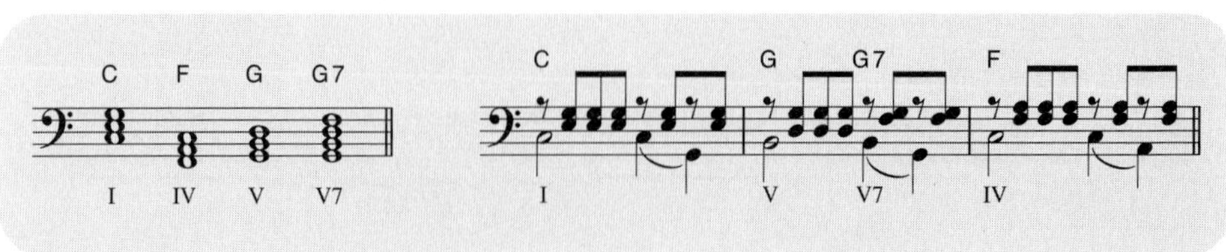

김성균 작사
김성균 작곡

C F G7 C
통 통 통 높 이 뛰 다 가 살 살 동 그랗 게 뛰 다 가

C F G7 C
흔 들흔 들흔 들흔 들 춤추 다가 점 점 점 점 아 래 로

F C G
엉 금 엉 금 기 어가 다가 살 금 살 금 살 – 금

F C G C
떼 굴떼 굴떼 굴떼 굴 굴 러가 다가 일어 섯

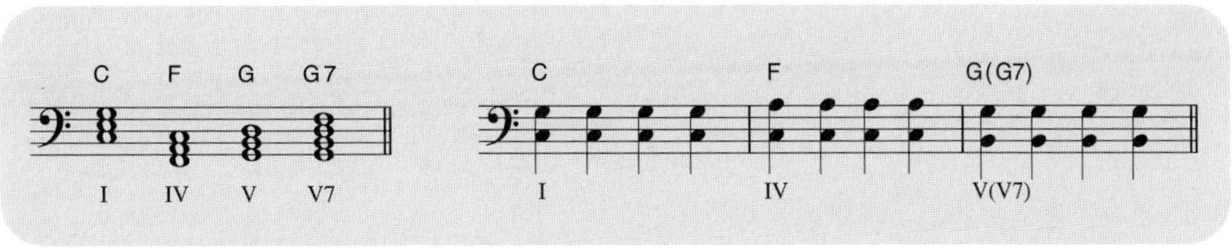

C F G G7
I IV V V7

C F G(G7)
I IV V(V7)

김성균 작사
김성균 작곡

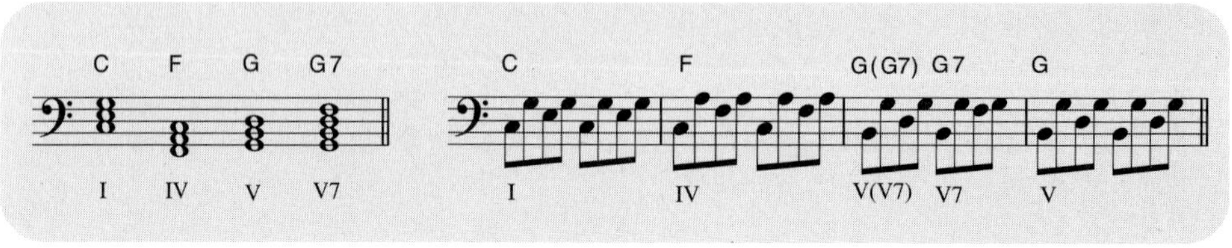

C F G7 C

통 통 통 높 이 | 뛰 다 가 | 살 살 동 그랗 게 | 뛰 다 가

C F G7 C

흔 들흔 들흔 들흔 들 | 춤추 다가 | 점 점 점 점 | 아 래 로

F C G G7

엉 금 엉 금 | 기 어가 다가 | 살 금 살 금 | 살 – 금

F C G7 C

떼 굴떼 굴떼 굴떼 굴 | 굴 러가 다가 | 일어 | 섰

C	F	G	G7
I	IV	V	V7

C	F	G(G7)	G7	G
I	IV	V(V7)	V7	V

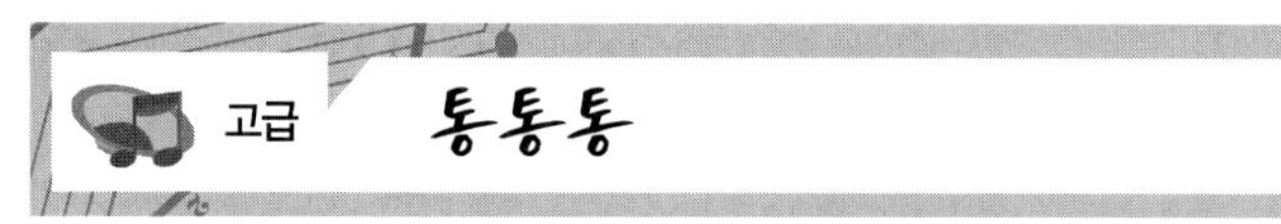

김성균 작사
김성균 작곡

C F G7 C G
통 통 통 높 이 뛰 다 가 살 살 동 그랗 게 뛰 다 가

C F G7 C
흔 들흔 들흔 들흔 들 춤추 다가 점 점 점 점 아 래 로

F C G7
엉 금 엉 금 기 어가 다가 살 금 살 금 살 – 금

F C G C
떼 굴떼 굴떼 굴떼 굴 굴 러가 다가 일어 섯

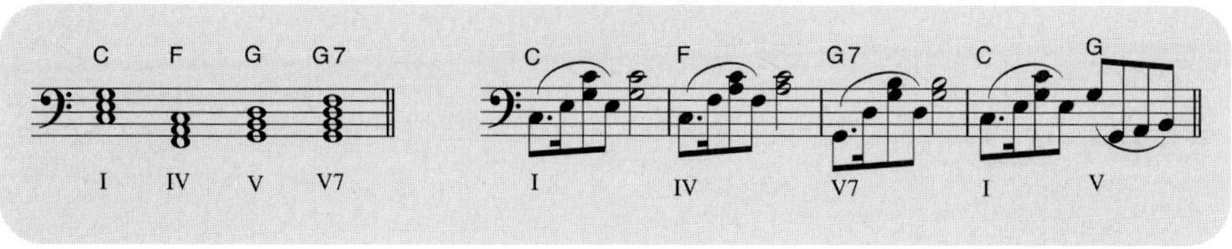

C F G G7
I IV V V7

C F G7 C G
I IV V7 I V

초급
트럭, 그리기

김방옥 작사
김방옥 작곡
F C F C
작 은 네 모 큰 네 모 무 엇 일 까 요 –

F C F
작 은 네 모 긴 네 모 무 엇 일 까 요 동 그 라 미

F C F
하 나 둘 작 은 동 그 라 미 둘 트 럭

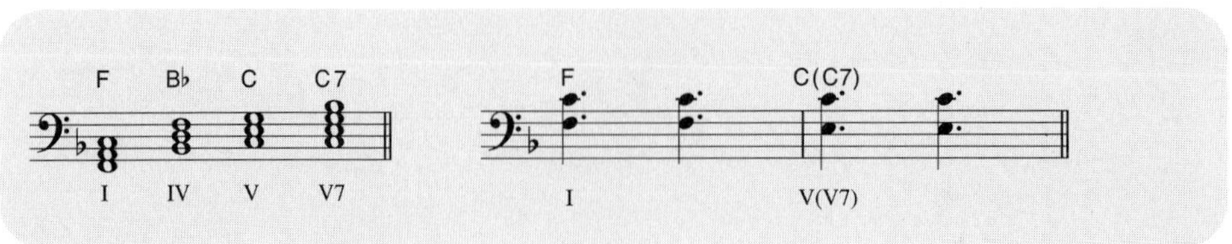
F B♭ C C7
I IV V V7
F C(C7)
I V(V7)

중급
트럭 그리기

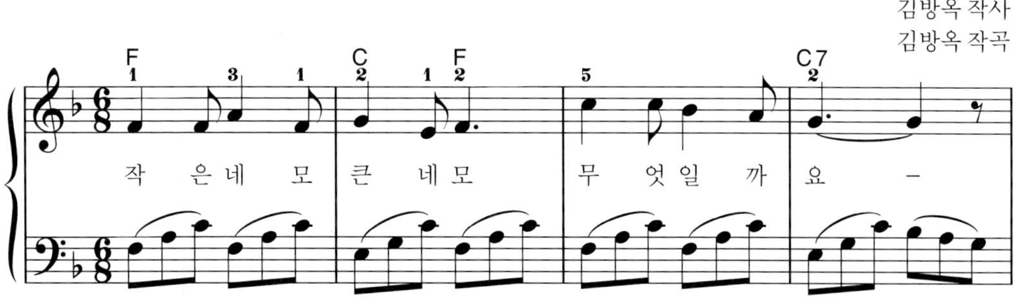
김방옥 작사
김방옥 작곡
F
C
F
C7
작 은네 모 큰 네모 무 엇일 까 요 –

F
C
F
작은네 모 긴 네 모 무엇일 까 요 동 그 라 미

F
C
C7
F
하 나 둘 작은 동 그 라 미 둘 트 럭

F
B♭
C
C7
I
IV
V
V7
F
C
C7
I
V
V7

김방옥 작사
김방옥 작곡

F C F C C7
작 은 네 모 큰 네 모 무 엇 일 까 요 –

F C7 F
작은네 모 긴 네 모 무엇일 까 요 동 그 라 미

F C7 F
하 나 둘 작은 동 그 라 미 둘 트 럭

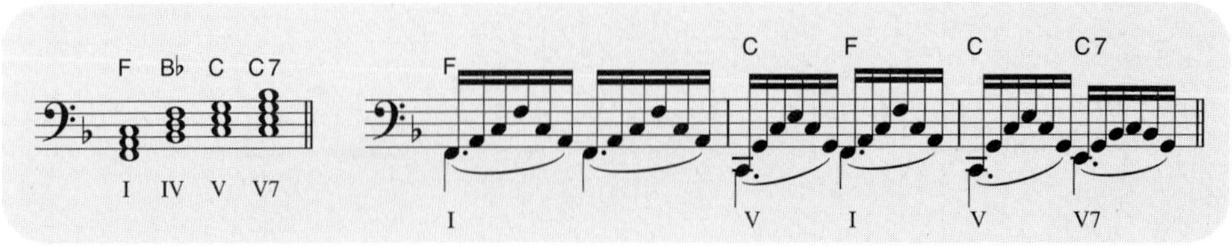

F B♭ C C7
I IV V V7

F C F C C7
I V I V V7

15

특별한 날들

- 당신의 생일을 축하합니다
- 생일 노래
- 스승의 은혜
- 애국가

초급 당신의 생일을 축하합니다

외국곡

중급

당신의 생일을 축하합니다

고급 당신의 생일을 축하합니다

B♭
C
F
1
5
3
3
친 구 의 생 - 일 을 축 하 합 니 다

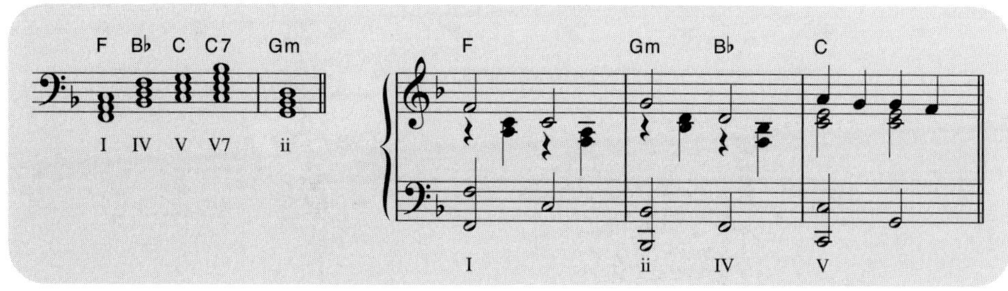
F B♭ C C7 Gm
I IV V V7 ii
F
Gm B♭
C
I
ii IV
V

외국곡

E♭ B♭ E♭ B♭

햇 빛 처 럼 | 찬 란 히 | 샘 물 처 럼 | 드 맑 게

E♭ A♭ E♭ B♭ E♭ B♭

온 누 리 | 곱 게 곱 게 | 퍼 지 옵 소 | 서 –

E♭ B♭ E♭ B♭

뜨 – 거 운 | 박 수 로 | 축 하 합 니 | 다 –

A♭ E♭ B♭ E♭ B♭ E♭

당 신 의 | 생 일 을 | 축 하 합 니 | 다 –

E♭ A♭ B♭ B♭7

I IV V V7

E♭ B♭(B♭7) A♭

I V(V7) IV

중급 **생일 노래**

외국곡

Eb Bb Eb Bb Bb7
햇 빛처 럼 찬 란히 샘 물처 럼 드 맑게
Eb Ab Eb Bb Eb Bb7
온 누 리 곱 게곱 게 퍼 지옵 소 서 –
Eb Bb7 Eb Bb Bb7
뜨 –거 운 박 수로 축 하합 니 다 –
Ab Eb Bb Bb7 Eb Bb Eb
당 신 의 생 일을 축 하합 니 다 –

Eb Ab Bb Bb7
I IV V V7
Eb Bb Bb7 Ab
I V V7 IV

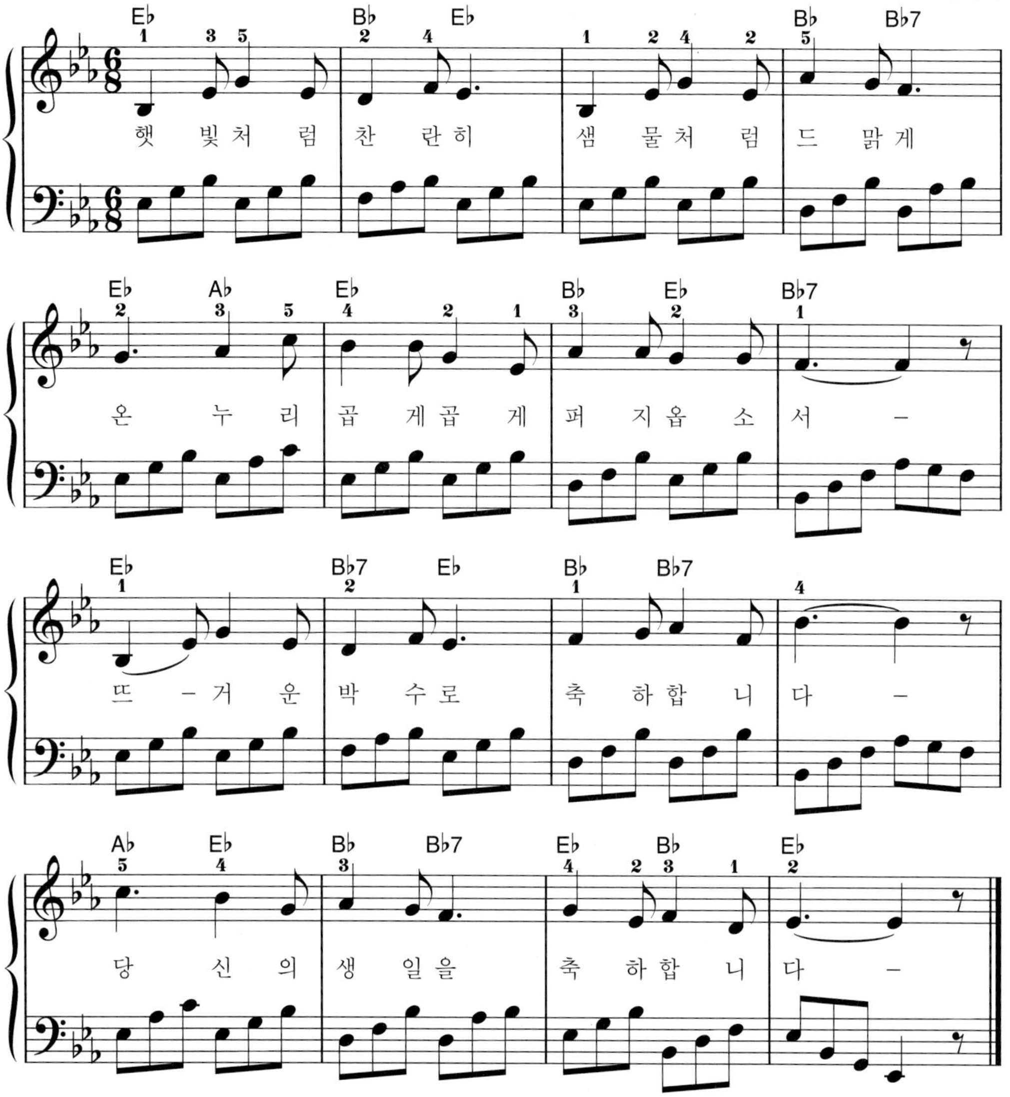

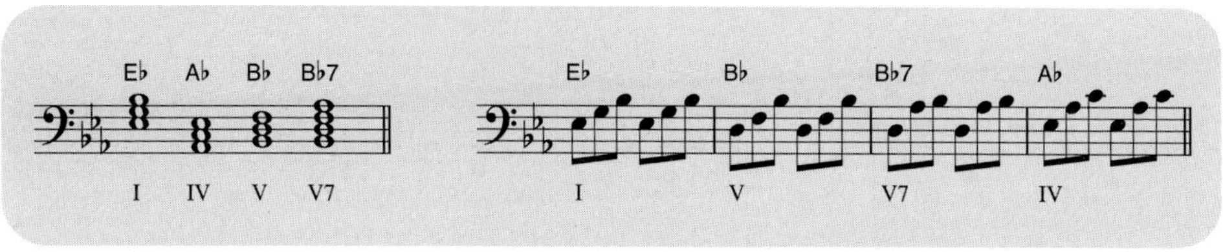

외국곡

E♭ B♭ E♭ B♭7

햇 빛처 럼 찬 란히 샘 물처 럼 드 맑게

E♭ A♭ E♭ B♭ E♭ B♭7

온 누 리 곱 게곱 게 퍼 지옵 소 서 –

E♭ B♭ E♭ B♭7

뜨 –거 운 박 수로 축 하합 니 다 –

A♭ E♭ B♭7 E♭ B♭ E♭
5 4 3 4 2 3 1 2
당 신 의 생 일을 축 하합 니 다 –

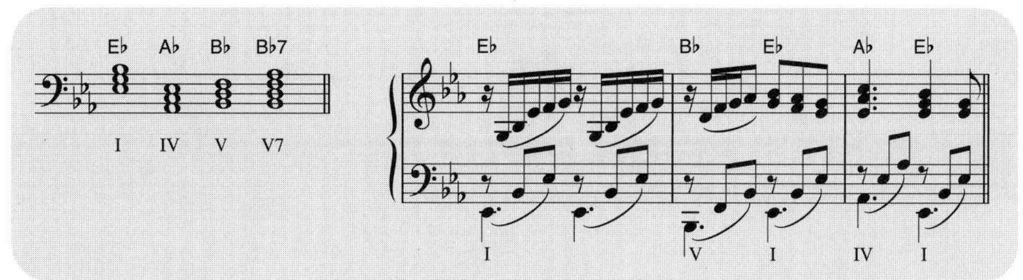
E♭ A♭ B♭ B♭7
I IV V V7
E♭ B♭ E♭ A♭ E♭
I V I IV I

강소천 작사
권길상 작곡

E♭ Ab E♭ B♭

스 승 의 은 – 혜 – 는 하 늘 같 아 서

E♭ Fm B♭ E♭

우 러 러 볼 – 수 – 록 높 아 만 지 네

A♭ Fm B♭

참 되거 라 바 르 거 – 라 가 르쳐 주 – 신

E♭ Fm B♭ E♭

스 승 의 마 – – 음 – 은 어 버 이 시 라

E♭
B♭7
B♭
아 —아
고 마 워 라
스 승 의 사 랑

Em
Cm
B♭7
E♭
아 아
보 답 하 리
스 — — 승 의 은 — 혜

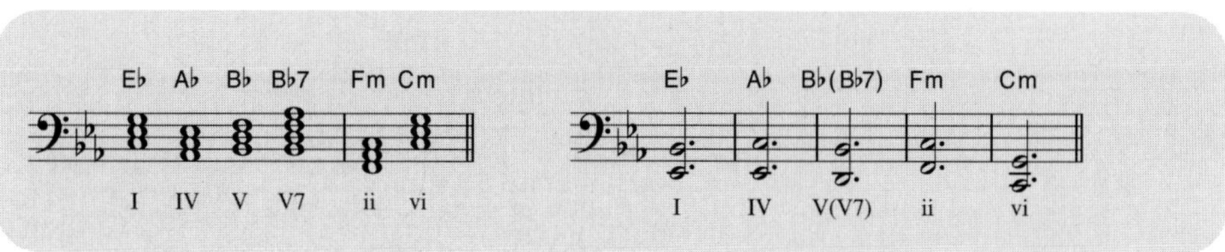
E♭ A♭ B♭ B♭7 Fm Cm
I IV V V7 ii vi
E♭ A♭ B♭(B♭7) Fm Cm
I IV V(V7) ii vi

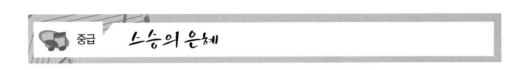

강소천 작사
권길상 작곡

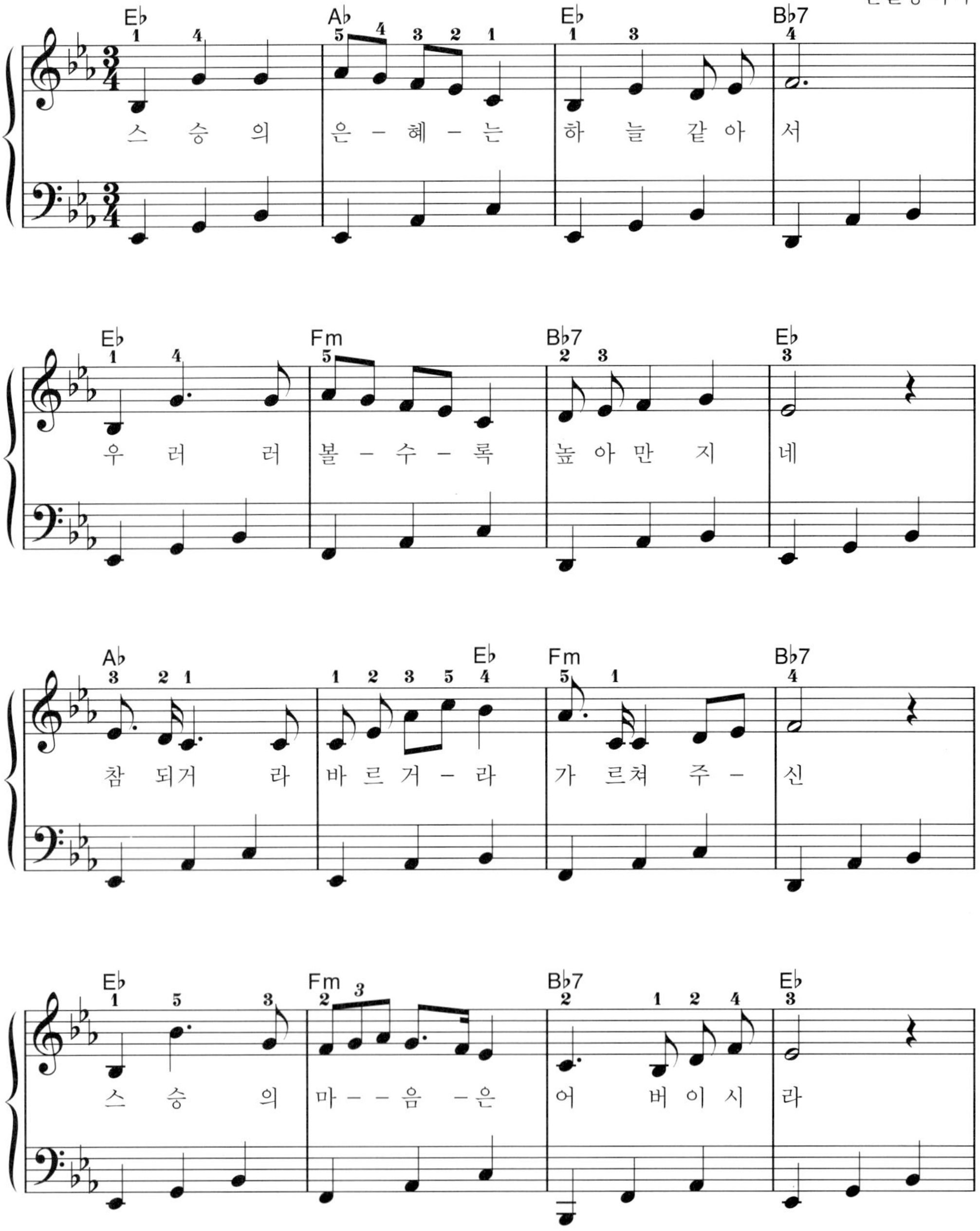

스 승 의 은 – 혜 – 는 하 늘 같 아 서

우 러 러 볼 – 수 – 록 높 아 만 지 네

참 되거 라 바 르 거 – 라 가 르쳐 주 – 신

스 승 의 마 – – 음 –은 어 버 이 시 라

E♭
B♭7
아 –아
고마워라
스 승의사
랑

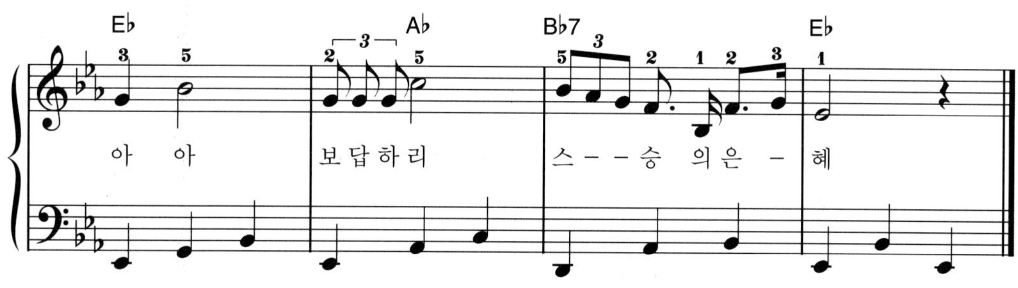

E♭
A♭
B♭7
E♭
아 아
보답하리
스––승 의은 –
혜

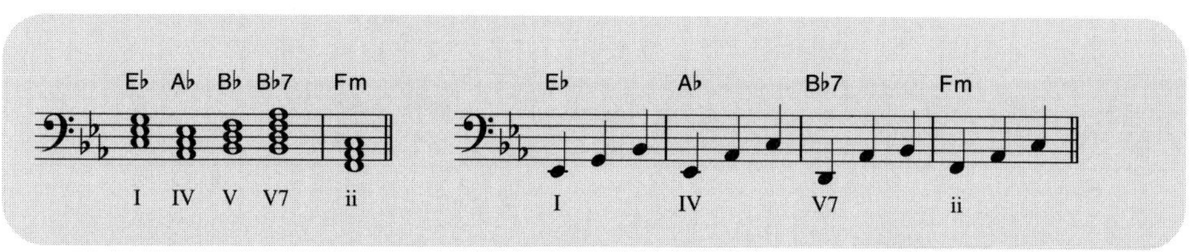

E♭ A♭ B♭ B♭7 Fm
I IV V V7 ii
E♭ A♭ B♭7 Fm
I IV V7 ii

강소천 작사
권길상 작곡

Eb Ab Eb Bb7

스 승 의 | 은 – 혜 – 는 | 하 늘 같 아 | 서

Eb Ab Bb7 Eb

우 러 러 | 볼 – 수 – 록 | 높 아 만 지 | 네

Ab Eb Ab Bb7

참 되거 라 | 바 르 거 – 라 | 가 르쳐 주 – | 신

Eb Fm Bb7 Eb

스 승 의 | 마 – – 음 –은 | 어 버 이 시 | 라

E♭
B♭7
아 ㅡ아
고마워라
스 승의사
랑

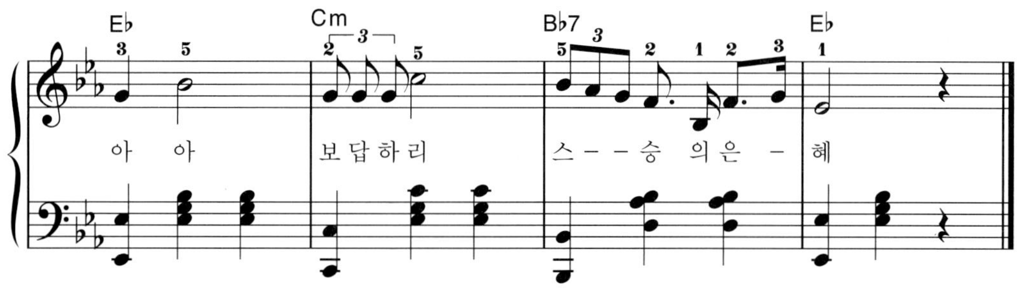
E♭
Cm
B♭7
E♭
아 아
보답하리
스ㅡㅡ승 의은 ㅡ
혜

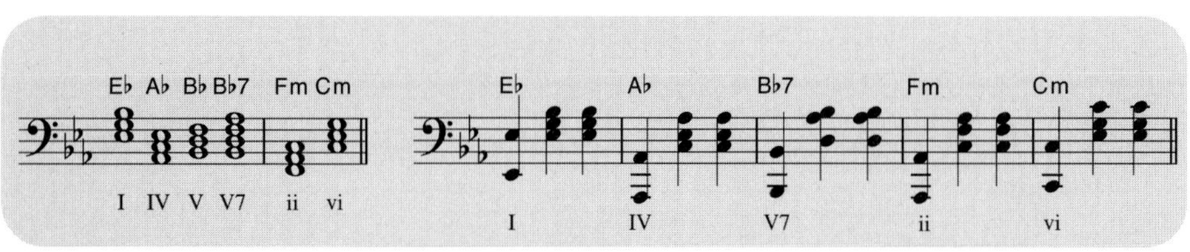
E♭ A♭ B♭ B♭7 Fm Cm
I IV V V7 ii vi
E♭ A♭ B♭7 Fm Cm
I IV V7 ii vi

안익태 작곡

G D

동 해 물 과 백 두 산 이 마 르 고 닳 도 록
남 산 위 에 저 소 나 무 철 갑 을 두 른 듯
가 을 하 늘 공 활 한 데 높 고 구 름 없 이
이 기 상 과 이 맘 으 로 충 성 을 다 하 여

G D G

하 느 님 이 보 우 - 하 사 우 리 나 라 만 세
바 람 서 리 불 변 - 함 은 우 리 기 상 일 세
밝 은 달 은 우 리 - 가 슴 일 편 단 심 일 세
괴 로 우 나 즐 거 - 우 나 나 라 사 랑 하 세

D G D

cresc.

무 - 궁 화 삼 - 천 리 화 려 강 - 산

G D G

대 한 사 람 대 한 - 으 로 길 이 보 전 하 세

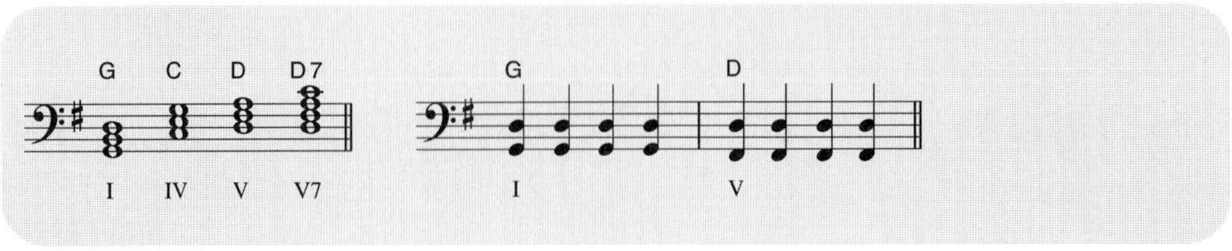

G C D D7

I IV V V7

G D

I V

중급 애국가

안익태 작곡

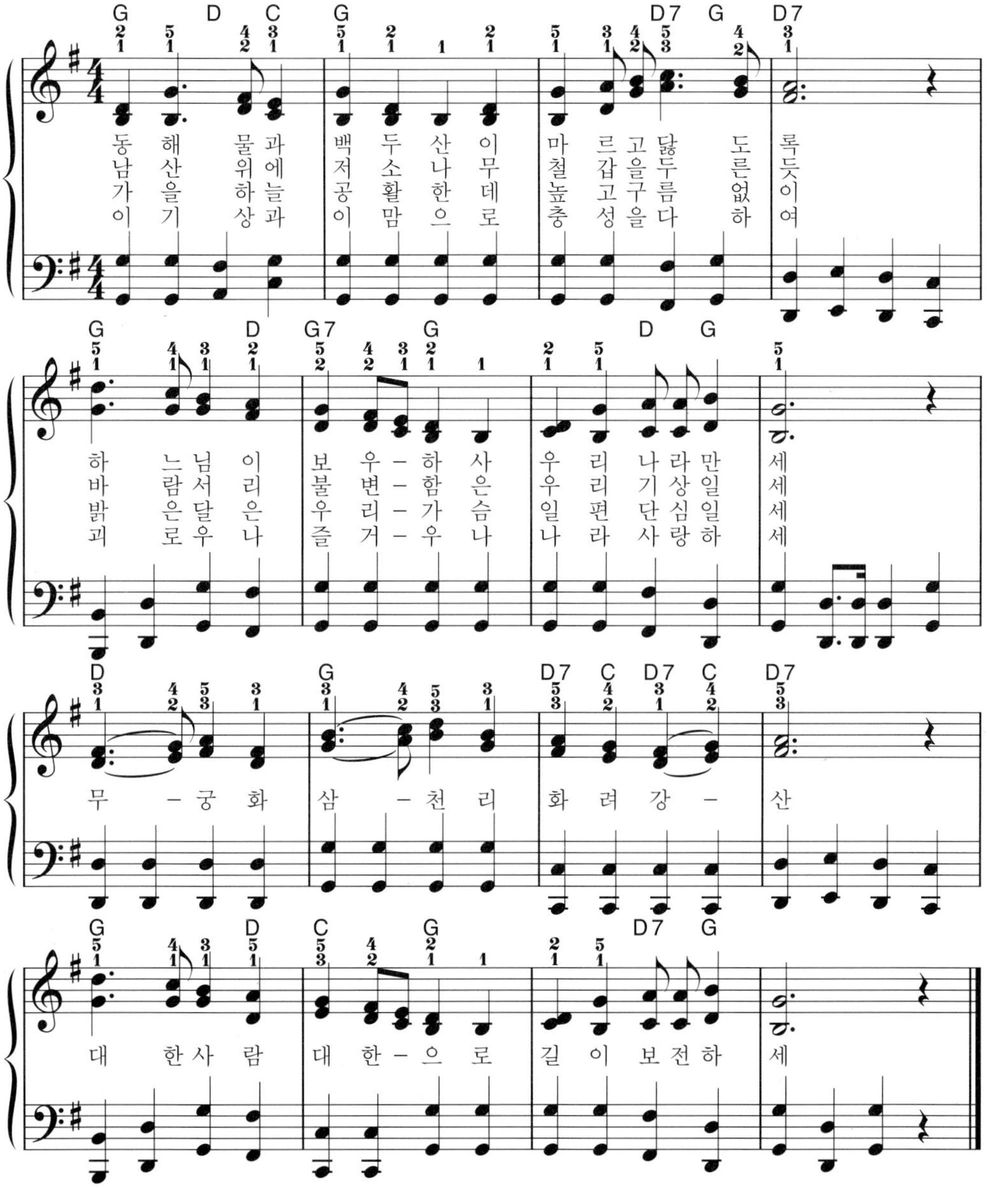

G D C G D7 G D7
동 해 물 과 백 두 산 이 마 르 고 닳 도 록
남 산 위 에 저 소 나 무 철 갑 을 두 른 듯
가 을 하 늘 공 활 한 데 높 고 구 름 없 이
이 기 상 과 이 맘 으 로 충 성 을 다 하 여
G D G7 G D G
하 느 님 이 보 우 - 하 사 우 리 나 라 만 세
바 람 서 리 불 변 - 함 은 우 리 기 상 일 세
밝 은 달 은 우 리 - 가 슴 일 편 단 심 일 세
괴 로 우 나 즐 거 - 우 나 나 라 사 랑 하 세
D G D7 C D7 C D7
무 - 궁 화 삼 - 천 리 화 려 강 - 산
G D C G D7 G
대 한 사 람 대 한 - 으 로 길 이 보 전 하 세

G C D D7
I IV V V7
G C D7 D(D7)
I IV V7 V(V7)

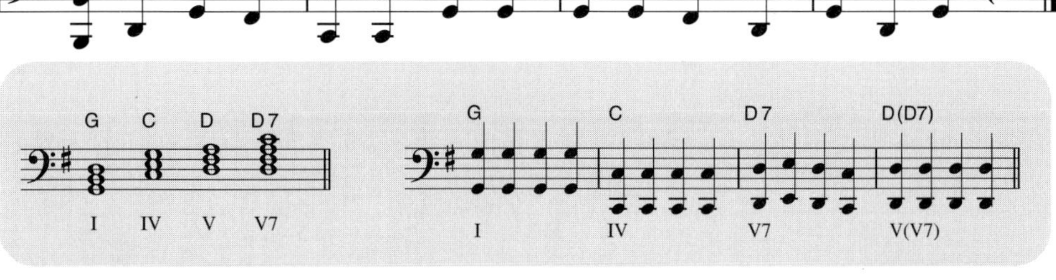

고급
애국가
안익태 작곡
동해 물과 백두산이 마르고 닳도록 하느님이 보우하사 우리나라 만세
남산 위에 저 소나무 철갑을 두른 듯 바람서리 불변함은 우리 기상일세
가을 하늘 공활한데 높고 구름 없이 밝은 달은 우리 가슴 일편단심일세
이 기상과 이 맘으로 충성을 다하여 괴로우나 즐거우나 나라 사랑하세
무궁화 삼천리 화려강산 대한사람 대한으로 길이 보전하세
A D E E7
I IV V V7
A E E7 D A
I V V7 IV I

16

전래동요와 국악동요

- 남생아 놀아라
- 늴리리야
- 대문놀이
- 동대문
- 도라지 타령
- 방아 타령
- 색시풀
- 산도깨비
- 실구대 소리
- 어깨동무
- 여우야 여우야
- 자장가
- 참새 노래
- 호랑장군

초급
남생아 놀아라

자진모리

전래 동요

Am
3
1 3
1
3
남 생 아 놀 아 라
출 래 촐 래 가 잘 논 다

Am
3
1
남 생 아 놀 아 라
촐 래 촐 래 가 잘 논 다

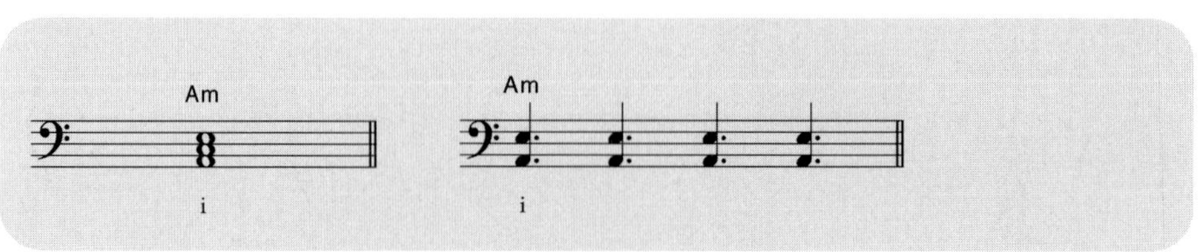
Am
i
Am
i

중급
남생아 놀아라

자진모리
전래동요
Am
남 생 아 놀 아 라
출 래 출 래 가 잘 논 다

Am
남 생 아 놀 아 라
출 래 출 래 가 잘 논 다

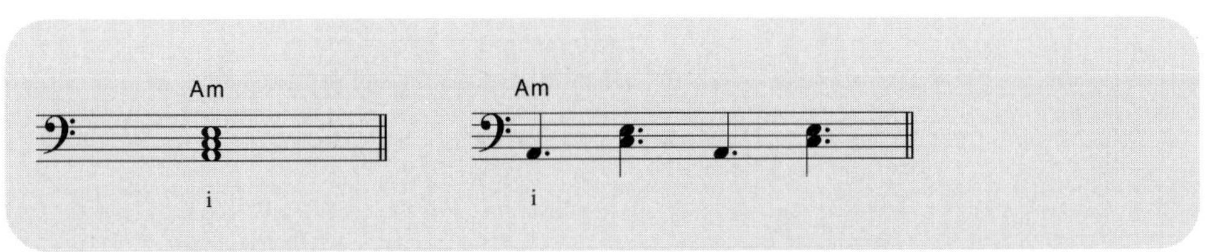
Am
i
Am
i

자진모리

전래동요

Am

남 생 아 놀 아 라 촐 래 촐 래 가 잘 논 다

Am

남 생 아 놀 아 라 촐 래 촐 래 가 잘 논 다

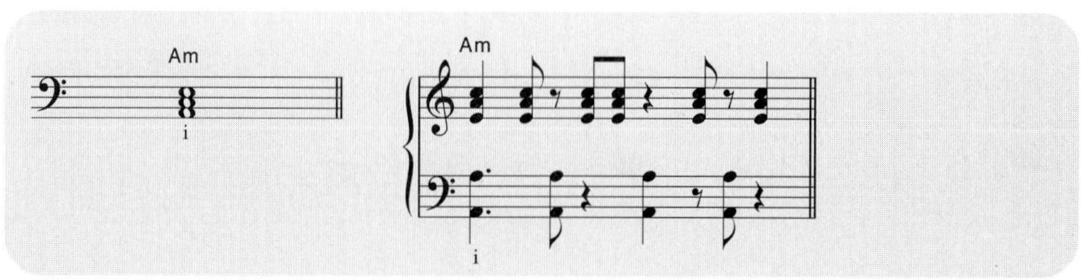

초급
늴리리야

굿거리

경기도 민요

A♭ E♭ A♭ E♭ Cm Fm B♭
늴 리 리 야 늴 리 리 야 - -
니 나 노난-실-로 내가돌아간 다

E♭ A♭ B♭ A♭ E♭ A♭ E♭
늴 늴 리 리-늴 리-리 야
청 사 초 롱 불 밝 혀 라 - -
백 옥 같 이 고 운 얼 굴 - -

Cm Fm B♭ E♭ A♭ B♭
잊 었 던낭-군-이 다시돌아온 다
햇 빛 에그을리-기 웬-말-인 가
늴 늴 리 리-늴 리-리 야
늴 늴 리 리-늴 리-리 야

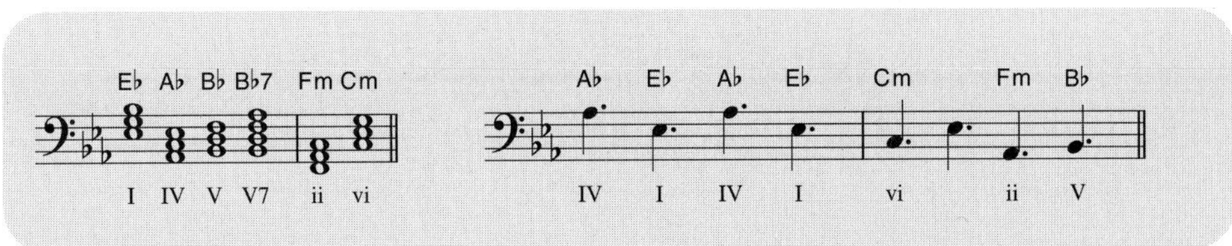
E♭ A♭ B♭ B♭7 Fm Cm
I IV V V7 ii vi
A♭ E♭ A♭ E♭ Cm Fm B♭
IV I IV I vi ii V

중급
닐리리야

굿거리
경기도 민요
A♭ E♭ A♭ E♭ Cm Fm B♭
닐 리 리 야 닐 리 리 야 - -
니 나 노난 - 실 - 로 내가돌아간다

E♭ A♭ B♭ A♭ E♭ A♭ E♭
닐 닐 리 리 - 닐 리 - 리 야
청 사 초 롱 불 밝 혀 라 - -
백 옥 같 이 고 운 얼 굴 - -

Cm Fm B♭ E♭ A♭ B♭
잊 었 던낭 - 군 - 이 다시돌아온 다
햇 빛 에그을리 - 기 웬 - 말 - 인 가
닐 닐 리 리 - 닐 리 - 리 야
닐 닐 리 리 - 닐 리 - 리 야

E♭ A♭ B♭ B♭7 Fm Cm
I IV V V7 ii vi
A♭ E♭ A♭ E♭ Cm Fm B♭
IV I IV I vi ii V

굿거리

경기도 민요

A♭ E♭ A♭ E♭ Cm Fm B♭

늴 리 리 야 늴 리 리 야 - - 니 나 노난-실-로 내가돌아간 다

E♭ A♭ B♭ A♭ E♭ A♭ E♭

늴 늴 리 리-늴 리-리 야 청 사 초 롱 불 밝 혀 라 - -

백 옥 같 이 고 운 얼 굴 - -

Cm Fm B♭ E♭ A♭ B♭

잊 었 던낭-군-이 다시돌아온 다 늴 늴 리 리-늴 리-리 야

햇 빛 에그을리-기 웬-말-인 가 늴 늴 리 리-늴 리-리 야

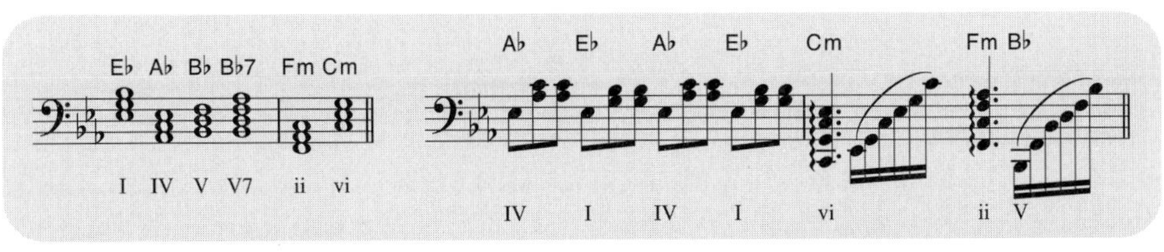

초급
대문놀이

자진모리
전래 동요
Am
문 지 기 문 지 기 문 열 어 라 –
열 쇠 없 이 못 열 겠 네

Am
어 떤 대 문 에 들 어 갈 까 –
동 대 문 에 들 어 가
서 대 문 에 들 어 가
남 대 문 에 들 어 가
북 대 문 에 들 어 가

Am
문 지 기 문 지 기 문 열 어 라 –
덜 커 덩 떵 열 렸 다

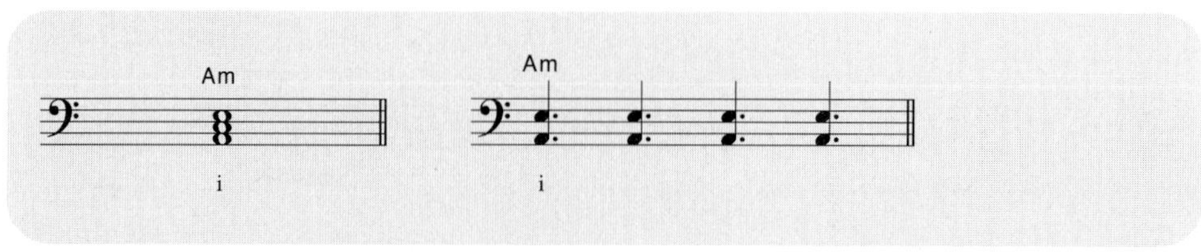
Am
i
Am
i

자진모리

전래동요

Am

문 지 기 문 지 기 문 열 어 라 – 열 쇠 없 이 못 열 겠 네

Am

어 떤 대 문 에 들 어 갈 까 – 동 대 문 에 들 어 가
서 대 문 에 들 어 가
남 대 문 에 들 어 가
북 대 문 에 들 어 가

Am

문 지 기 문 지 기 문 열 어 라 – 덜 커 덩 떵 열 렸 다

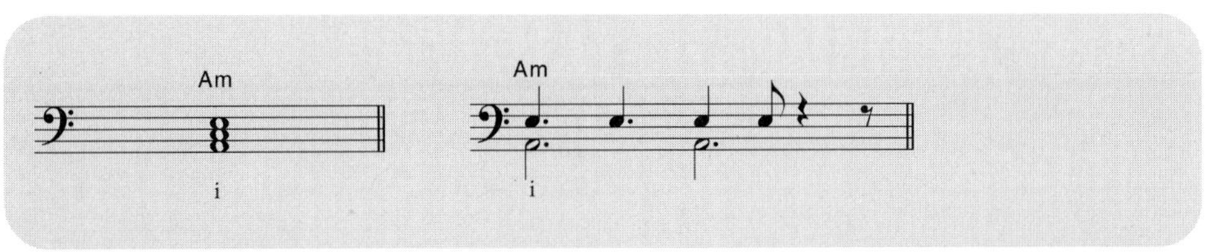

대문놀이

자진모리

전래동요

Am

문 지 기 문 지 기 문 열 어 라 ― 열 쇠 없 이 못 열 겠 네

Am

어 떤 대 문 에 들 어 갈 까 ― 동 대 문 에 들 어 가
서 대 문 에 들 어 가
남 대 문 에 들 어 가
북 대 문 에 들 어 가

Am

문 지 기 문 지 기 문 열 어 라 ― 덜 커 덩 떵 열 렸 다

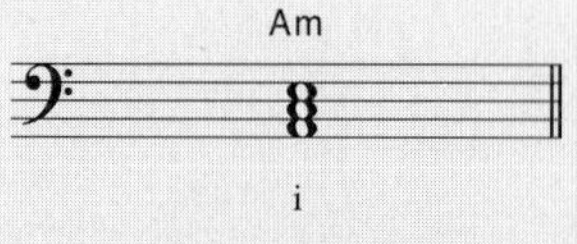

Am

i

Am

i

초급
동대문

윤석중 작사
윤극영 작곡

C
G7
G
3
1
3
1
동 동 동대문을
열 어 라
남 남 남대문을
열 어 라

C
1 2 3 1
2
5 2 1 2
1
열 두 시 가
되 며 는
문 을 닫 는
다

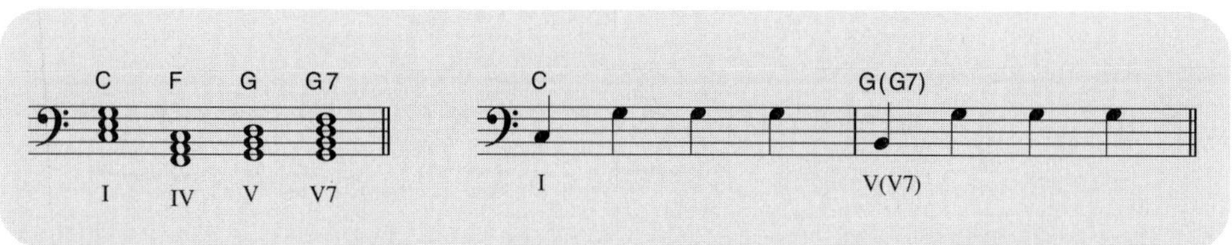
C F G G7
I IV V V7
C
G(G7)
I
V(V7)

중급
동대문

윤석중 작사
윤극영 작곡

C
G7
G
동 동 동대문을 열 어 라 남 남 남대문을 열 어 라
열 두 시 가 되 며 는 문 을 닫 는 다

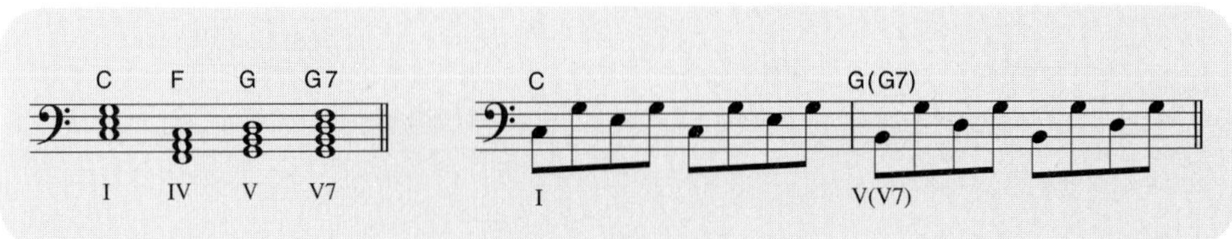
C F G G7
I IV V V7
C
G(G7)
I
V(V7)

고급
동대문

윤석중 작사
윤극영 작곡

C
G7
동 동 동대문을 열 어 라 남 남 남대문을 열 어 라
열 두 시 가 되 며 는 문 을 닫 는 다
8va

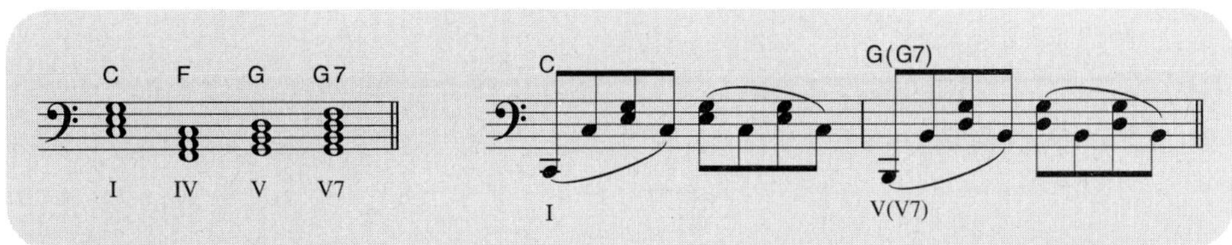
C F G G7
I IV V V7
C
G(G7)
I
V(V7)

초급
도라지 타령
세마치
전래 동요
F
도 라 지 도 라 지 백 도 – 라 – 지
한 두 – 뿌 리 만 캐 어 – 도 – –
F Gm B♭ C
심 –심 – 산 –천 –에 – 백 도 라 지
대 바구 니 철 –철 –철 – 다 넘 는 다
B♭ F
에 헤 –요 에 헤 –요 에 헤 – 요 –
F
에 야 라 난 – 다 지 화 자 – 좋 – 다
F Gm B♭ F
얼 –씨 구 좋 –구 –나 – 내 사 랑 아
F B♭ C C7 Gm
I IV V V7 ii
F Gm B♭ C
I ii IV V

중급
도라지 타령
세마치
전래 동요
F
도 라 지 도 라 지 백 도 – 라 – 지
한 두 – 뿌 리 만 캐 어 – 도 – –
F Gm B♭ C
심 – 심 – 산 – 천 – 에 – 백 도 라 지
대 바구 니 철 – 철 – 철 – 다 넘 는 다
B♭ F
에 헤 – 요 에 헤 – 요 에 헤 – 요 –
F C F
에 야 라 난 – 다 지 화 자 – 좋 – 다
F Gm B♭ F
얼 – 씨 구 좋 – 구 – 나 – 내 사 랑 아
F B♭ C C7 Gm
I IV V V7 ii
F Gm B♭ C
I ii IV V

고급
도라지 타령

세마치
전래 동요
F
도 라 지 도 라 지 백 도 - 라 - 지
한 두 - 뿌 리 만 캐 어 - 도 - -

F Gm B♭ C
심 - 심 - 산 - 천 - 에 - 백 도 라 지
대 바구 니 철 - 철 - 철 - 다 넘 는 다

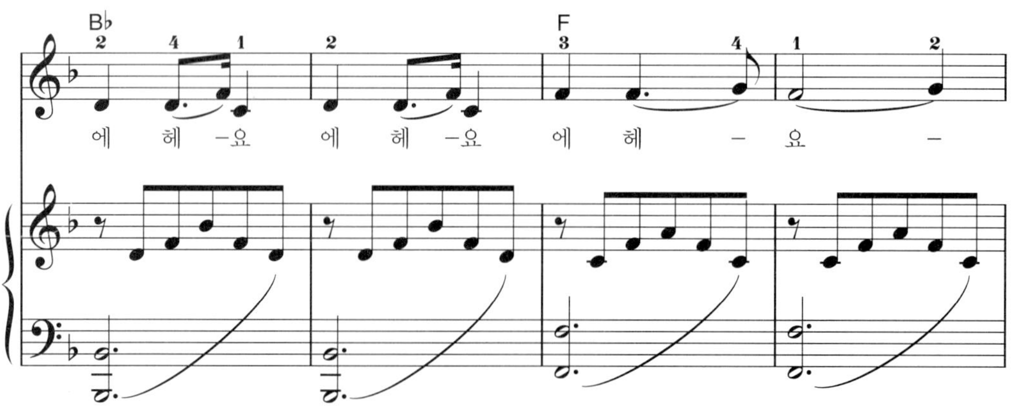

B♭ F
에 헤 - 요 에 헤 - 요 에 헤 - 요 -

F Dm C F

에 야 라 난 — 다 지 화 자 — 좋 — 다

F Gm B♭ F

얼 —씨 구 좋 —구 —나 — 내 사 랑 아

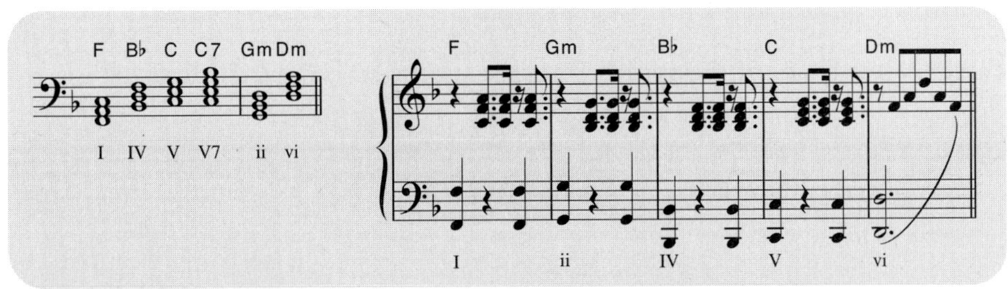

세마치

염근수 작사
송택동 작곡

〈장구〉

덩 더덩 더덩더더덩더더 덩 더덩 더쿵

E♭ A♭ B♭ Cm Cm B♭ E♭

쿵 덕쿵 덕잘 도찧 네 – 무 슨 방 – 아 요 – 발 로찧 는방 – 아 니 – 발 – 방 아지 요 –

쿵 덕쿵 덕잘 도찧 네 – 무 슨 방 – 아 요 – 둘 이같 이찧 – 으 니 – 쌍 – 방 아지 요 –

D.S.

E♭ A♭ B♭ B♭7 Cm

I IV V V7 vi

E♭ A♭ Cm B♭

I IV vi V

세마치

염근수 작사
송택동 작곡

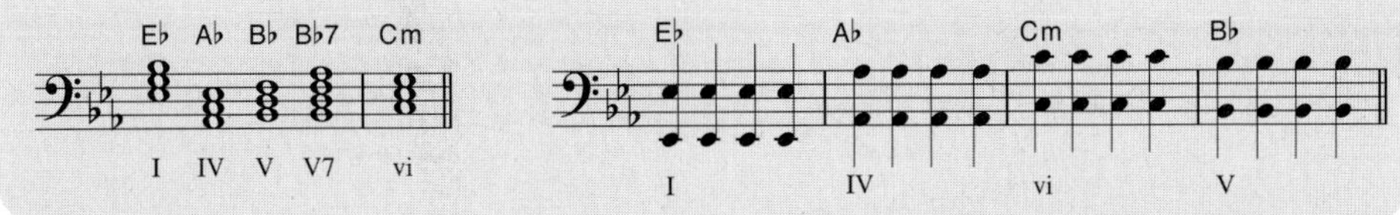

〈장구〉

덩 더덩 더덩더더덩더더 덩 더덩 더쿵

E♭ A♭ B♭ Cm Cm B♭ E♭

쿵 덕쿵 덕잘 도찧 네 – 무 슨 방 –아 요 – 발 로찧 는방 –아 니 – 발 – 방 아지 요 –

쿵 덕쿵 덕잘 도찧 네 – 무 슨 방 –아 요 – 둘 이같 이찧 –으 니 – 쌍 – 방 아지 요 –

D.S.

E♭ A♭ B♭ B♭7 Cm

I IV V V7 vi

E♭ A♭ Cm B♭

I IV vi V

세마치

염근수 작사
송택동 작곡

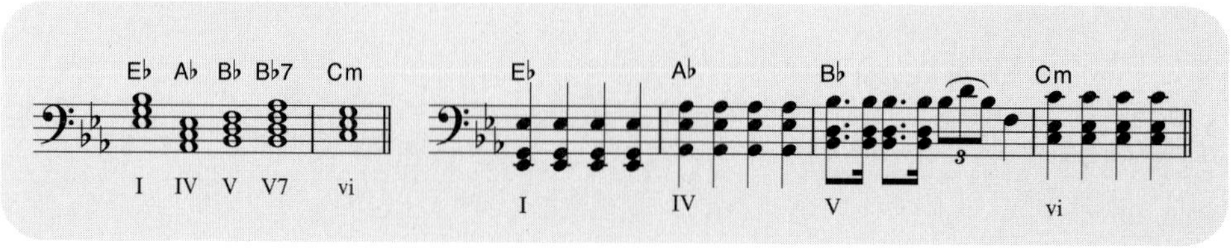

〈장구〉

덩 더덩 더덩더더덩더더 덩 더덩 더쿵

E♭ A♭ B♭ Cm Cm B♭ E♭

쿵 덕쿵 덕잘 도찧 네 – 무 슨 방 –아 요 – 발 로찧 는방 –아 니 – 발 – 방 아지 요 –

쿵 덕쿵 덕잘 도찧 네 – 무 슨 방 –아 요 – 둘 이같 이찧 –으 니 – 쌍 – 방 아지 요 –

D.S.

E♭ A♭ B♭ B♭7 Cm

I IV V V7 vi

E♭ A♭ B♭ Cm

I IV V vi

초급
색시풀

굿거리

전래동요

F
C
F
신 랑 님 -이
오 신 다
색 시 님 -도
오 신 다

F
C
F
B♭
F
신 랑 방 에
불 -켜 고
색 시 방 -에
불 켜 라

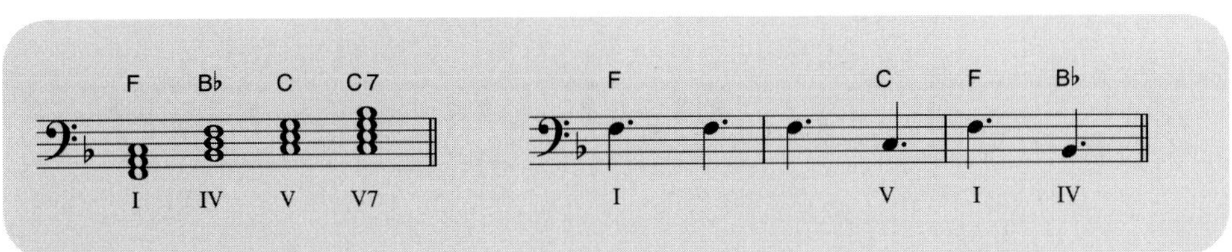
F
B♭
C
C7
I
IV
V
V7
F
C
F
B♭
I
V
I
IV

중급
색시풀

굿거리

전래 동요

F
C
F
신 랑 님 -이
오 신 다
색 시 님 -도
오 신 다

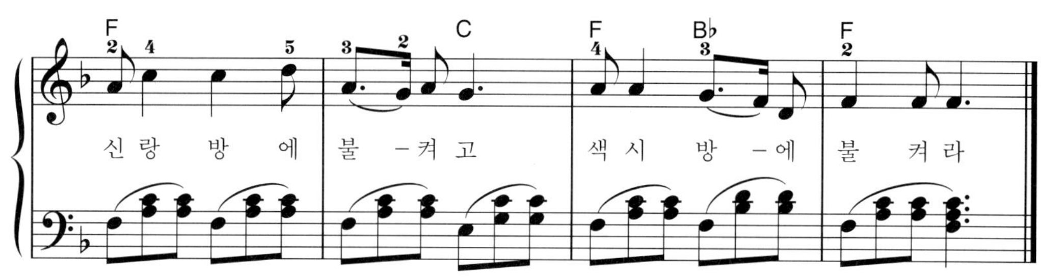
F
C
F
B♭
F
신 랑 방 에
불 -켜 고
색 시 방 -에
불 켜 라

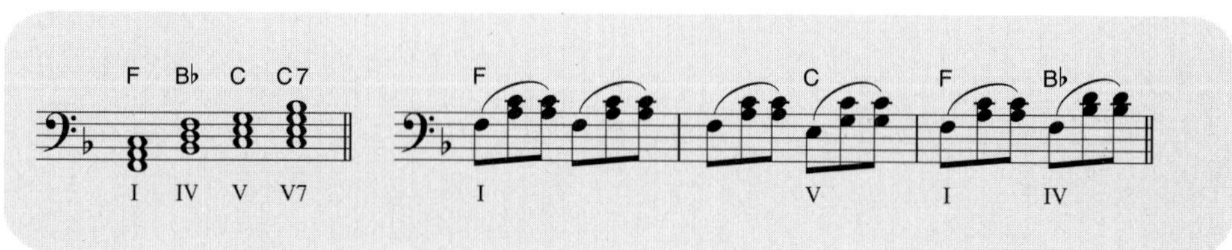
F B♭ C C7
I IV V V7
F
C
F
B♭
I
V
I
IV

고급
색시풀

굿거리
전래동요
F
C
F
4
2
1
4
3
2
1
3
신 랑 님 -이 오 신 다 색 시 님 -도 오 신 다

F
C
F
B♭
F
2
4
5
3
2
4
3
2
신 랑 방 에 불 -켜 고 색 시 방 -에 불 켜 라

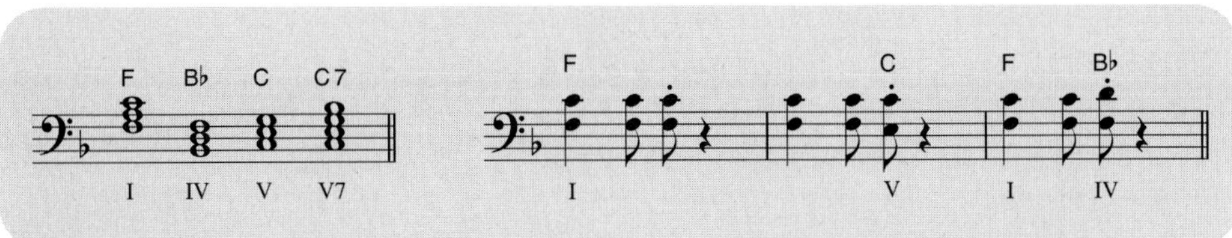
F
B♭
C
C7
I
IV
V
V7
F
C
F
B♭
I
V
I
IV

굿거리

조광재 작사
조광재 작곡

C G

달 빛 어스름 한 밤–중 에 깊 은 산 길 걸 어가 다
깜 짝 놀–라 바 라–보 니 틀 림 없 는 산 도깨 비

C G C

머 리에 뿔 달 린 도 깨–비 가 방 망이 들 고서 에 루화 둥 둥
에 고야 정 말 – 큰 일–났 네 두 눈을 꼭 감고 에 루화 둥 둥

(덩 기덕 덩 더러러러
쿵 기덕 쿵 더러러러)

G C G

저 산 도 깨비 날 잡아 갈 까 가 슴 소 리는 콩 당 콩 당

F C G C

걸음아 – – 날 살려라 – – 꽁 지 빠 지 게 도 망갔 네

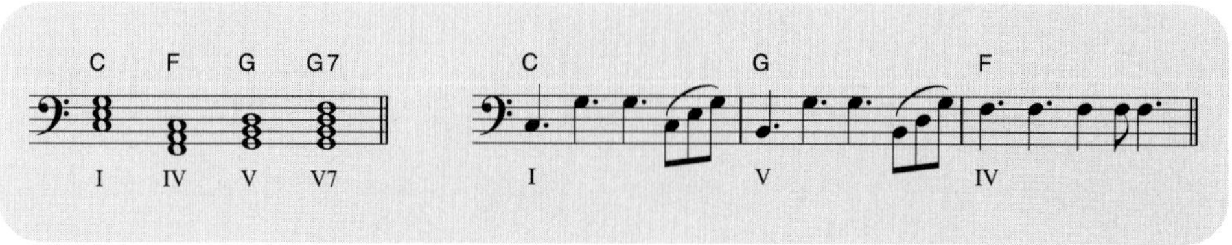

C F G G7

I IV V V7

C G F

I V IV

굿거리

조광재 작사
조광재 작곡

C G
달 빛 어 스 름 한 밤 - 중 에 깊 은 산 길 걸 어 가 다
깜 짝 놀 - 라 바 라 - 보 니 틀 림 없 는 산 도 깨 비

C G C G C
머 리 에 뿔 달 린 도 깨 - 비 가 방 망 이 들 고 서 에 루 화 둥 둥 (덩 기덕 덩 더러러러
에 고 야 정 말 - 큰 일 - 났 네 두 눈 을 꼭 감 고 에 루 화 둥 둥 쿵 기덕 쿵 더러러러)

G C G
저 산 도 깨 비 날 잡 아 갈 까 가 슴 소 리 는 콩 당 콩 당

F C G C
걸 음 아 - - 날 살 려 라 - - 꽁 지 빠 지 게 도 망 갔 네

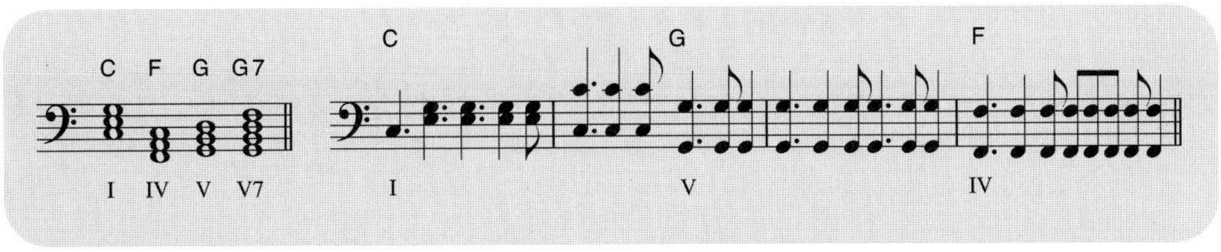

C F G G7
I IV V V7

C G F
I V IV

굿거리

조광재 작사
조광재 작곡

D Bm7 Em A

달 빛 어스름 한 밤-중 에 깊 은 산 길 걸 어가 다
깜 짝 놀-라 바 라-보 니 틀 림 없 는 산 도깨 비

D Bm7 Em A D

머 리에 뿔 달 린 도 깨-비 가 방 망이 들 고서 에 루화 둥 둥
에 고야 정 말 - 큰 일-났 네 두 눈을 꼭 감고 에 루화 둥 둥

D Em Bm A

(덩 기덕 덩 더러러러
쿵 기덕 쿵 더러러러)

저 산 도 깨 비 날 잡 아 갈 까 가 슴 소 리 는 콩 당 콩 당

G
D
Em
A
D
3
5
5
1
2
4
걸음아 – – 날 살려라– – 꽁 지 빠 지 게 도 망갔 네

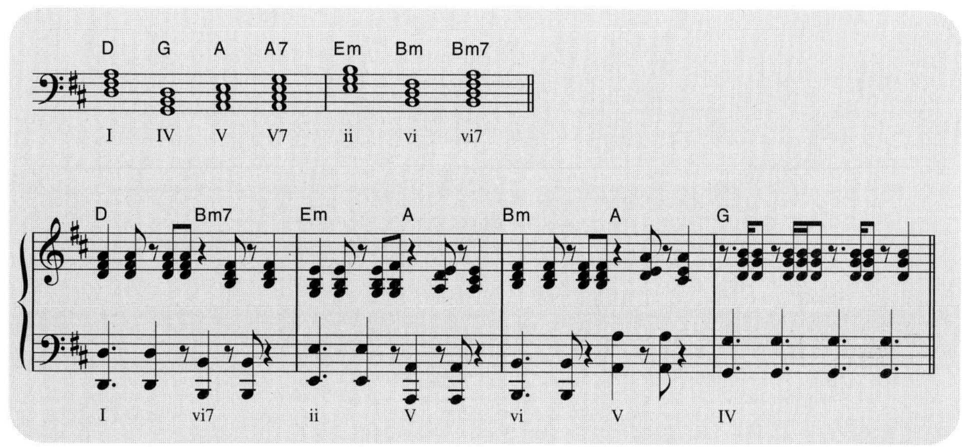
D
G
A
A7
Em
Bm
Bm7
I
IV
V
V7
ii
vi
vi7
D
Bm7
Em
A
Bm
A
G
I
vi7
ii
V
vi
V
IV

초급
실구대 소리

자진모리

전래 동요

Am
실 구 대 실 구 대 –
절 이 세 절 이 세 –
실 구 대 틀 이 늘 어 가 네
배 – 추 김 치 절 – 이 세

Am
앞 뜰 에 일 나 간
앞 뜰 에 일 나 간
엄 – 마 빨 리 돌 아 오 소
아 – 빠 엄 마 돌 아 오 소

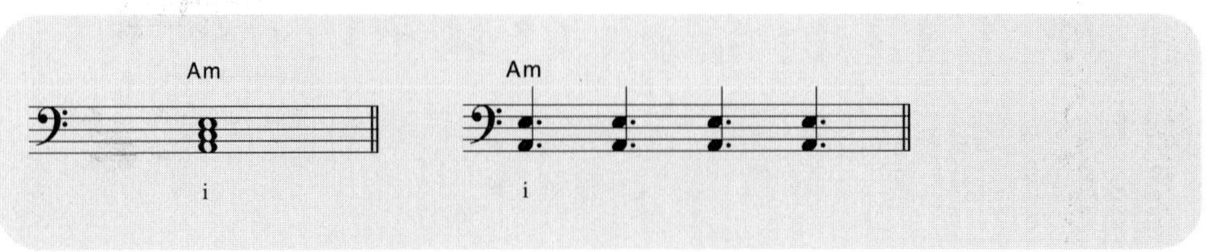
Am
i
Am
i

중급
실구대 소리

자진모리
Am
전래동요
실 구 대실 구대 –
절 이 세절 이세 –
실구대틀 이늘어가네
배 – 추김 치절 – 이세

Am
앞 뜰 에일 나간
앞 뜰 에일 나간
엄 – 마빨 리돌아오소
아 – 빠엄 마돌아오소

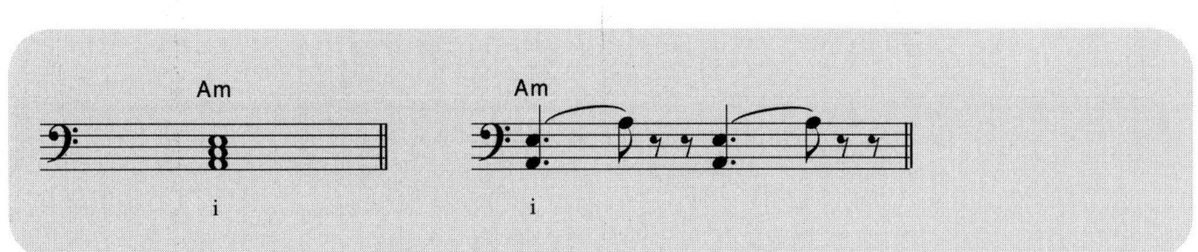
Am
i
Am
i

자진모리

전래 동요

Am

실 구 대 실 구 대 – 실 구 대 틀 이 늘 어 가 네
절 이 세 절 이 세 – 배 – 추 김 치 절 – 이 세

Am

앞 뜰 에 일 나 간 엄 – 마 빨 리 돌 아 오 소
앞 뜰 에 일 나 간 아 – 빠 엄 마 돌 아 오 소

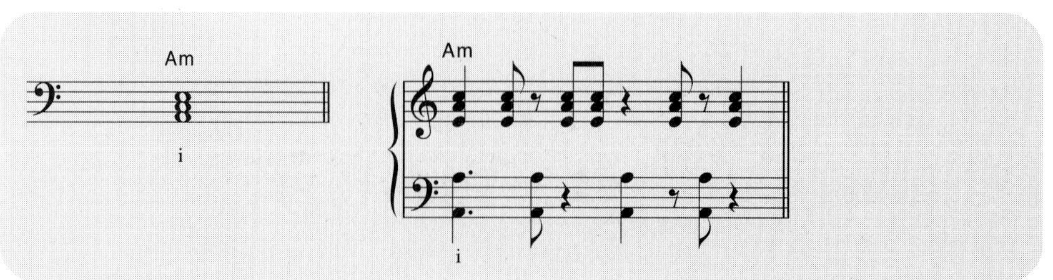

초급
어깨동무

자진모리
전래동요
Am
어 깨 동 무 씨 동 무 보 리가나 도록 씨 동 무
어 깨 동 무 개 동 무 미 나리밭 에 – 앉 았 다

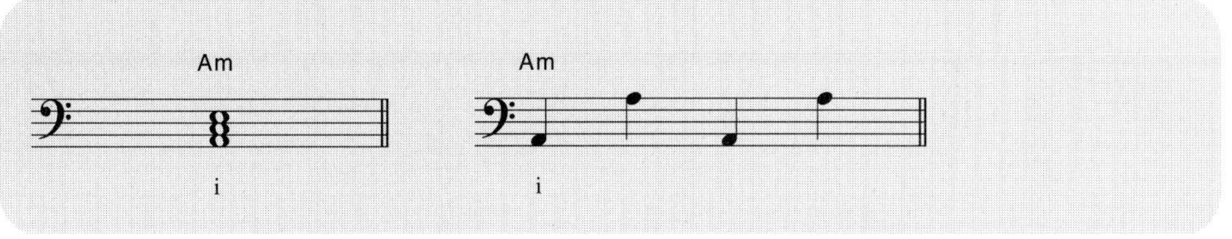

Am
i
Am
i

중급
어깨동무

자진모리
전래동요
Am
어 깨 동 무 씨 동 무 보 리가나 도록 씨 동 무
어 깨 동 무 개 동 무 미 나리밭 에 – 앉 았 다
Am
i
Am
i

고급
어깨동무

자진모리
전래동요
Am
어 깨 동 무 씨 동 무 보 리가나 도록 씨 동 무
어 깨 동 무 개 동 무 미 나리밭 에– 앉 았 다

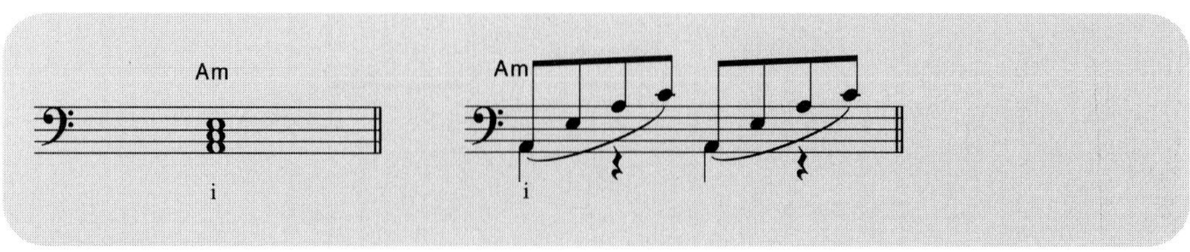
Am
i
Am
i

* ( ) 부분은 '답하기-뒷소리' 소절입니다.

자진모리

전래 동요

Am

여우야 여우야 뭐하 ㅡ니 (잠 잔 ㅡ 다)* 잠꾸러 ㅡ 기

Am

여우야 여우야 뭐하 ㅡ니 (세수 한 ㅡ 다) 멋쟁 ㅡ이

Am

여우야 여우야 뭐하 ㅡ니 (옷입는 ㅡ 다) 예쁜 ㅡ이

＊(　　) 부분은 '답하기-뒷소리' 소절입니다.

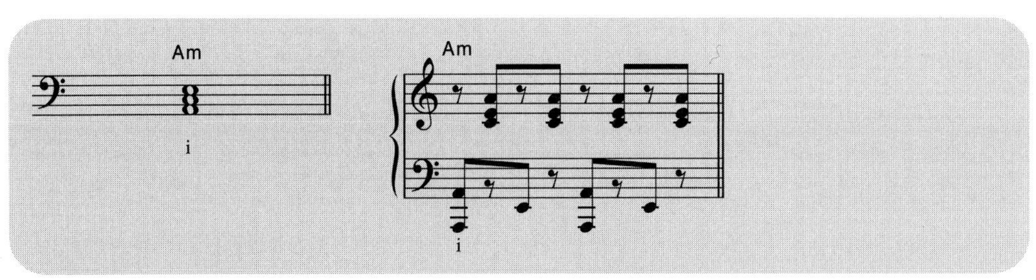

자진모리

전래동요

Am

여우야 여우야 뭐하 — 니 (잠잔 — 다)* 잠꾸러 — 기

Am

여우야 여우야 뭐하 — 니 (세수한 — 다) 멋쟁 — 이

Am

여우야 여우야 뭐하 — 니 (옷입는 — 다) 예쁜 — 이

* ( ) 부분은 '답하기–뒷소리' 소절입니다.

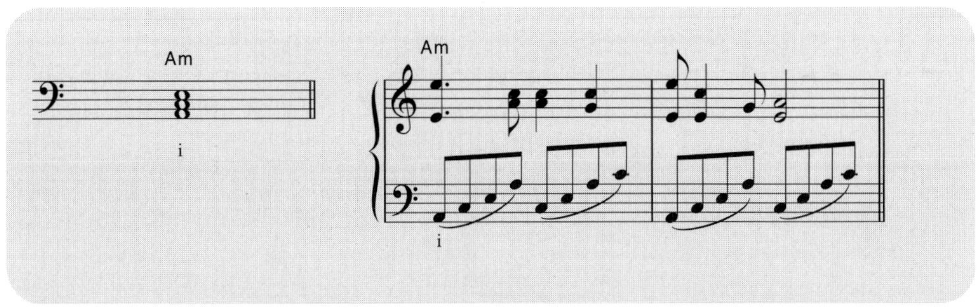

초급
자장가

중중모리
전래 동요
Am
자 장 자 장 우 리 아 기 자 장 자 장 우 리 – 아 기
금 자 동 아 은 자 동 아 우 리 아 기 잘 도 – 잔 다

Dm
Am
1. 꼬 꼬 닭 아 – 우 지 마 라 우 리 아 기 잠 을 – 깰 라
멍 멍 개 야 – 짖 지 마 라 우 리 아 기 잠 을 – 깰 라
2. 금 을 주 면 – 너 를 사 며 은 을 주 면 너 를 – 사 랴
나 라 에 는 – 충 신 동 아 부 모 에 는 효 자 – 동 아

Am
자 장 자 장 우 리 아 기 자 장 자 장 잘 도 – 잔 다

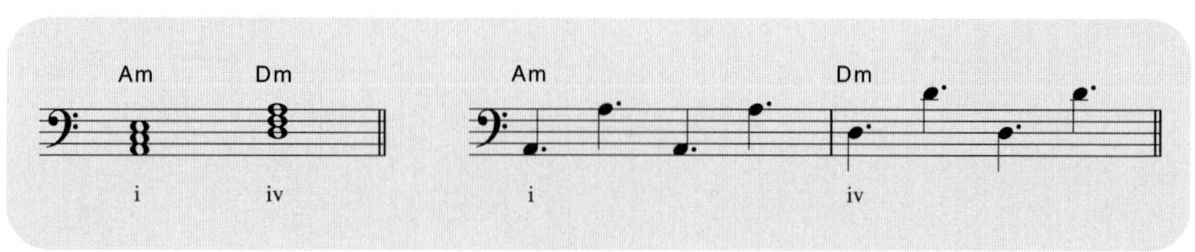
Am
Dm
i
iv
Am
Dm
i
iv

중급
자장가

중중모리
전래동요
Am
자 장 자 장 우 리 아 기 자 장 자 장 우 리 – 아 기
금 자 동 아 은 자 동 아 우 리 아 기 잘 도 – 잔 다

Dm
Am
1.꼬 꼬 닭 아 – 우 지 마 라 우 리 아 기 잠 을 – 깰 라
멍 멍 개 야 – 짖 지 마 라 우 리 아 기 잠 을 – 깰 라
2.금 을 주 면 – 너 를 사 며 은 을 주 면 너 를 – 사 랴
나 라 에 는 – 충 신 동 아 부 모 에 는 효 자 – 동 아

Am
자 장 자 장 우 리 아 기 자 장 자 장 잘 도 – 잔 다

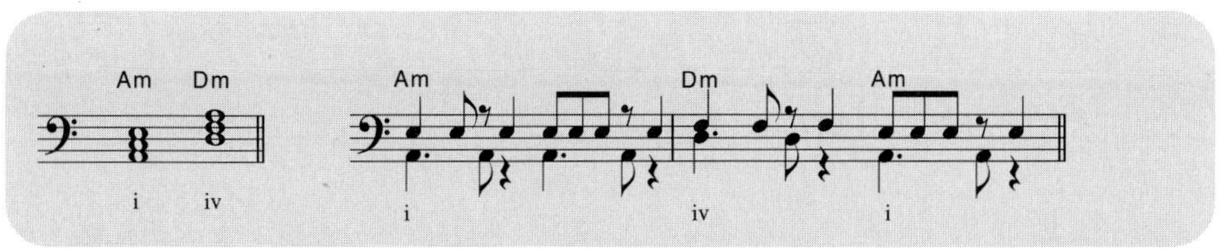
Am Dm
i iv
Am Dm Am
i iv i

고급
자장가
중중모리
전래 동요
Am
자 장 자 장 우 리 아 기 자 장 자 장 우 리 – 아 기
금 자 동 아 은 자 동 아 우 리 아 기 잘 도 – 잔 다
Dm Am Dm Am
1.꼬 꼬 닭 아 – 우 지 마 라 우 리 아 기 잠 을 – 깰 라
멍 멍 개 야 – 짖 지 마 라 우 리 아 기 잠 을 – 깰 라
2.금 을 주 면 – 너 를 사 며 은 을 주 면 너 를 – 사 랴
나 라 에 는 – 충 신 동 아 부 모 에 는 효 자 – 동 아
Am
자 장 자 장 우 리 아 기 자 장 자 장 잘 도 – 잔 다
Am Dm
i iv
Am Dm Am
i iv i

초급
참새 노래

자진모리

전래가사
이성천 작곡

Am
참 새 야 참 새 야 너 어 디 가 – 니
참 새 야 참 새 야 너 어 디 가 – 니

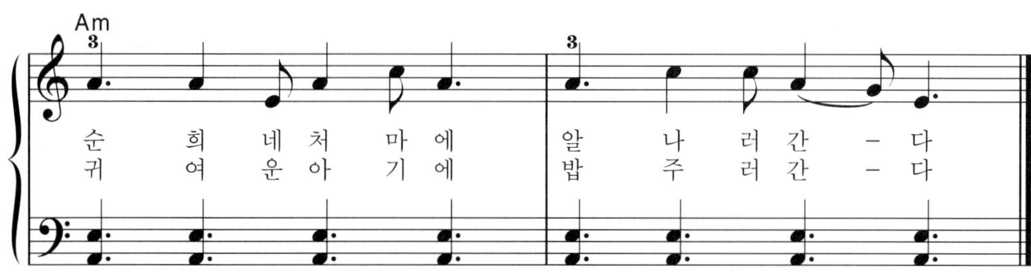
Am
순 희 네 처 마 에 알 나 러 간 – 다
귀 여 운 아 기 에 밥 주 러 간 – 다

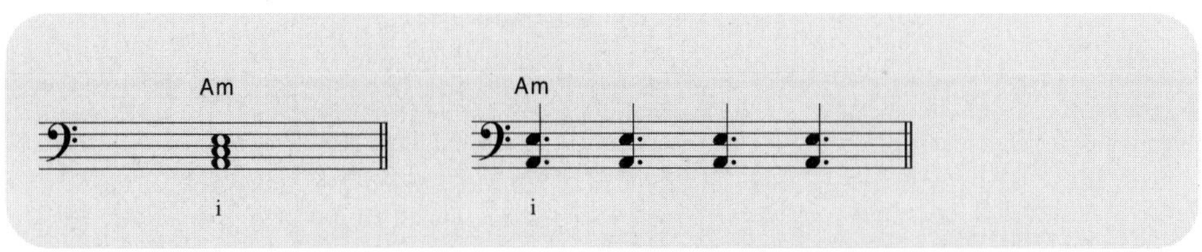
Am
i
Am
i

중급
참새 노래

자진모리

전래가사
이성천 작곡

Am
참 새 야 참 새 야 너 어 디 가 – 니
참 새 야 참 새 야 너 어 디 가 – 니

Am
순 희 네 처 마 에 알 나 러 간 – 다
귀 여 운 아 기 에 밥 주 러 간 – 다

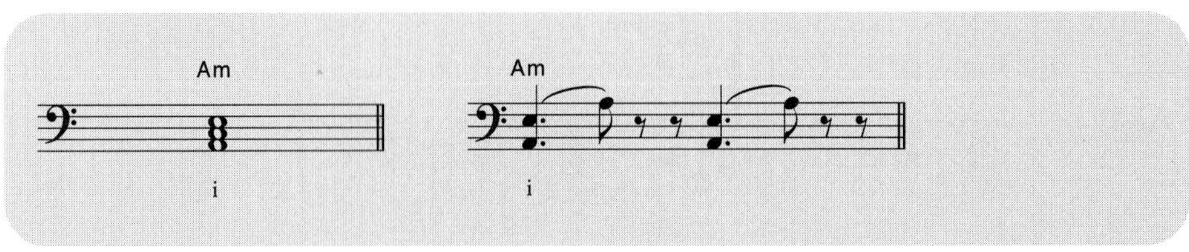
Am
i
Am
i

고급
참새 노래

자진모리
전래가사
이성천 작곡
Am
참 새 야 참 새 야 너 어 디 가 – 니
참 새 야 참 새 야 너 어 디 가 – 니

Am
순 희 네 처 마 에 알 나 러 간 – 다
귀 여 운 아 기 에 밥 주 러 간 – 다

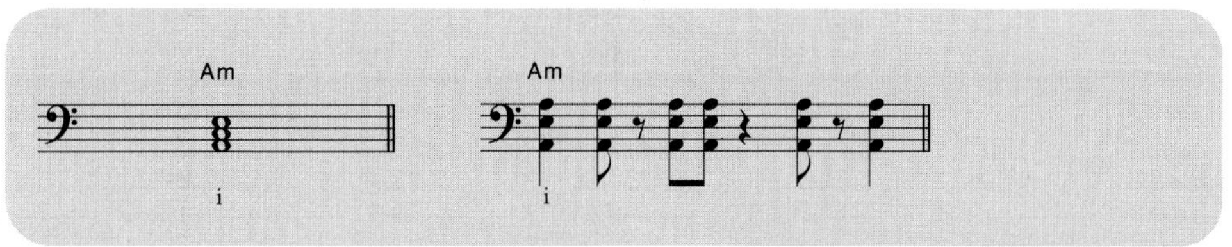
Am
i
Am
i

초급
호랑장군

자진모리
작사 미상
박범훈 작곡
Bm
앞 산에 서어 홍 –
(앞 산에 서어 홍 –)*
뒷 산에 서어 홍 –

Bm
(뒷 산에 서어 홍 –)
삼 지사방 어홍 어홍
힘 도세다 호 랑장군

Bm
– – – –
눈 이라 면동 장군

Bm
(눈 이라 면동 장군)
발 모양 은대 통발
(발 모양 은대 통발)

Bm
4 3 2
4
3 2 1
허리 라 면날 새고
꼬리 모양은삼 당고리
배고 파 우는 아 이

Bm
4 3 2
2 4 5
엿 보지 말고
이웃 양반 도둑 양반
하나 둘

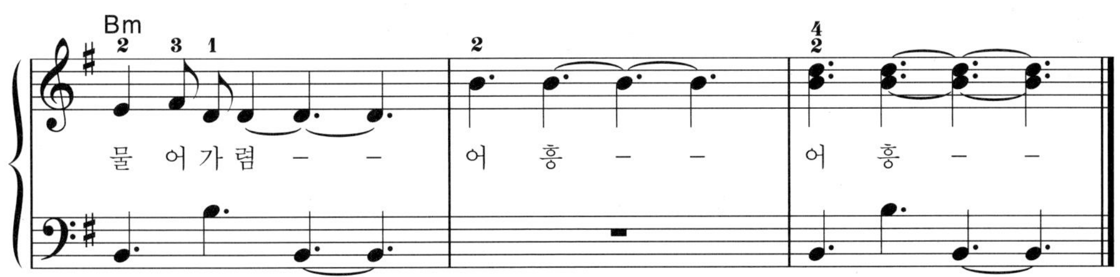
Bm
2 3 1
2
4
2
물 어가렴 – –
어 흥 – –
어 흥 – –

＊(　　) 부분은 '답하기–뒷소리' 소절입니다.

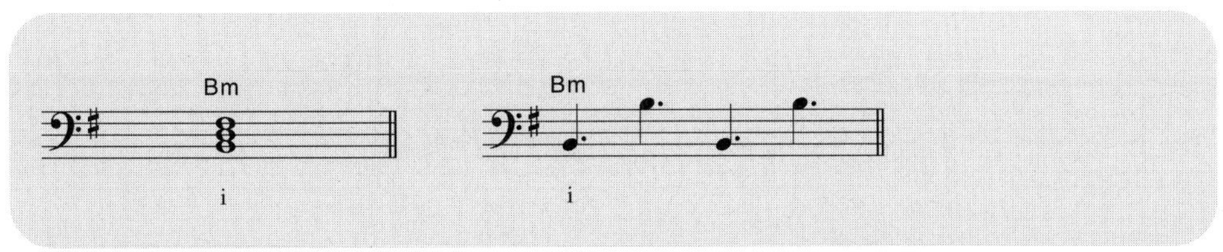
Bm
i
Bm
i

자진모리

작사 미상
박범훈 작곡

Bm

앞 산에 서어 흥－ (앞 산에 서어 흥－)* 뒷 산에 서어 흥－

Bm

(뒷 산에 서어 흥－) 삼 지사방 어흥 어흥 힘 도세다 호 랑장군

Bm

－ － － － 눈 이라 면동 장군

Bm

(눈 이라 면동 장군) 발 모양 은대 통발 (발 모양 은대 통발)

Bm
4 3 2
4
3 2 1
허리 라 면날 새고
꼬리 모양은삼 당고리
배고 파 우는 아 이

Bm
4 3 2
2 4 5
엿 보지 말고
이웃 양반 도둑 양반
하나 둘

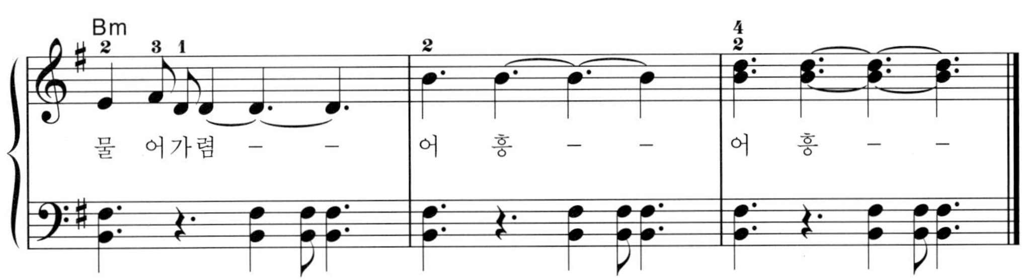
Bm
2 3 1
2
4
2
물 어가렴 – –
어 흥 – –
어 흥 – –

＊(　　) 부분은 '답하기–뒷소리' 소절입니다.

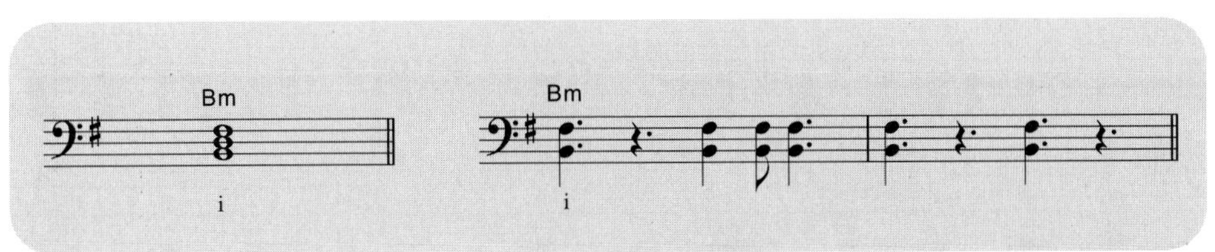
Bm
i
Bm
i

고급 호랑장군

자진모리
작사 미상
박범훈 작곡
Bm7
Bm
앞 산에 서어 흥–
(앞 산에 서어 흥–)*
뒷 산에 서어 흥–
(뒷 산에 서어 흥–)
삼 지사방 어흥 어흥
힘 도세다 호 랑장군
눈 이라 면동 장군
(눈 이라 면동 장군)
발 모양 은대 통발
(발 모양 은대 통발)

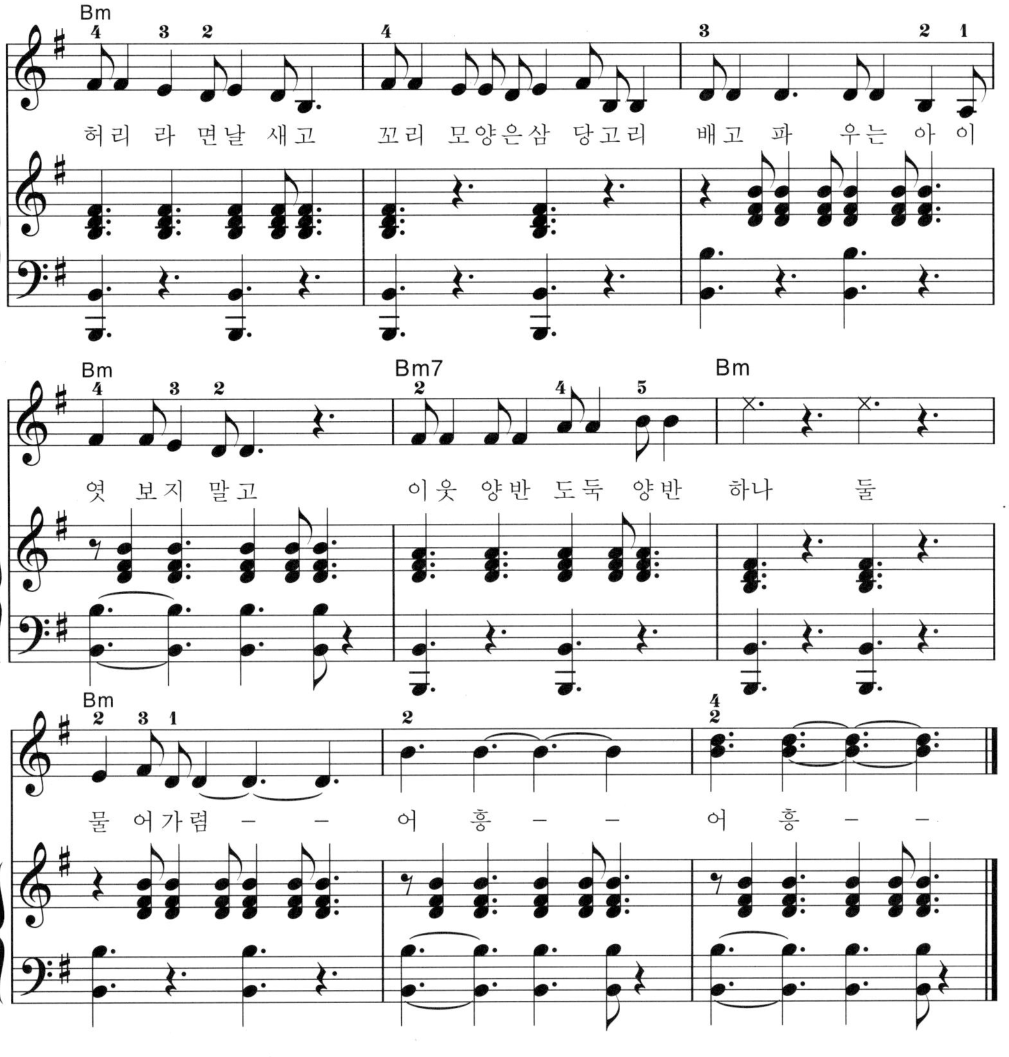

Bm
허리 라 면날 새고 꼬리 모양은삼 당고리 배고 파 우는 아 이
Bm Bm7 Bm
엿 보지 말고 이웃 양반 도둑 양반 하나 둘
Bm
물 어가렴 – – 어 흥 – – 어 흥 – –

＊(　　) 부분은 '답하기-뒷소리' 소절입니다.

Bm Bm7
i i7
Bm(Bm7) Bm7
i(i7) i7

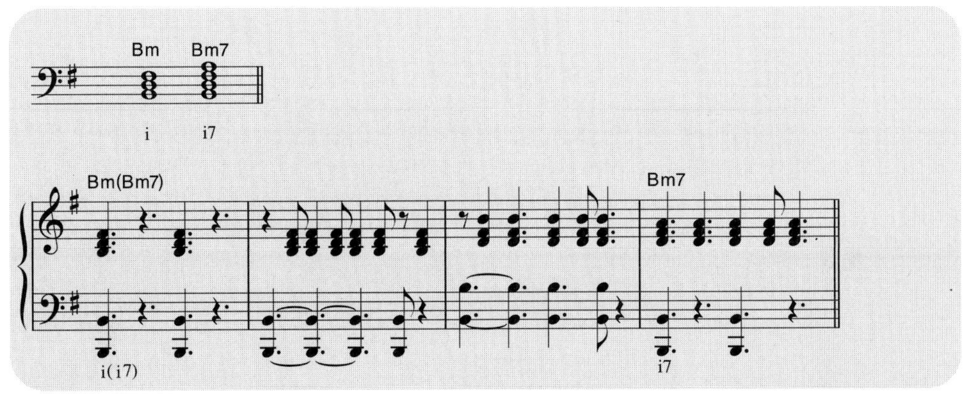

17

과일

- 멋쟁이 토마토
- 시장잔치
- 앵두
- 잉잉잉

초급 멋쟁이 토마토

김영광 작사
김영광 작곡
D Em A7 D
울 통 불 통 멋 진 몸 매 에 빠 알 간 옷 을 입 고
D Em A7 D
새 콤 달 콤 향 내 풍 기 는 멋 쟁 이 토 마 토 (토마토)
G D
나 는 야 주 스 될 거 야(꿀꺽) 나 는 야 케 첩 될 거 야(찌익)
G G D A A7 D
나 는 야 춤 을 출 거 야(헤이) 뽐 내 는 토 마 토 (토마토)
D G A A7 Em
I IV V V7 ii
D Em A7 A G
I ii V7 V IV

중급 멋쟁이 토마토

김영광 작사
김영광 작곡

김영광 작사
김영광 작곡

D Em A A7 D

울퉁불퉁멋진몸매 에 빠알간옷을입 고

D Em A7 D

새콤달콤향내풍기 는 멋쟁이토 마 토 (토마토)

G D

나 는 야 주스될거야 (꿀꺽) 나 는 야 케첩될거야 (찌익)

G G D A7 D

나 는 야 춤을출거야 뽐내는토 마 토 (토마토)

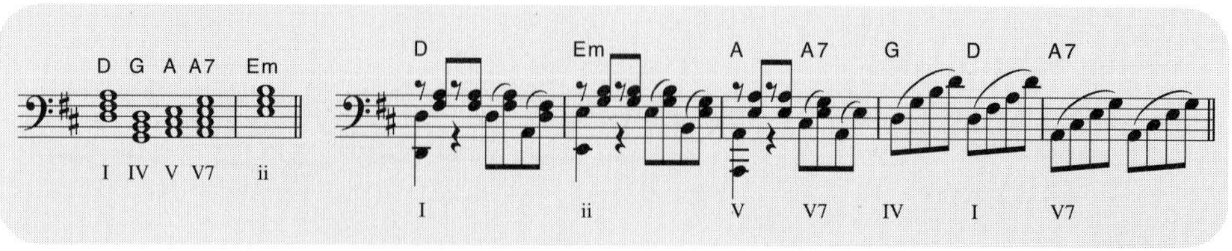

D G A A7 Em

I IV V V7 ii

D Em A A7 G D A7

I ii V V7 IV I V7

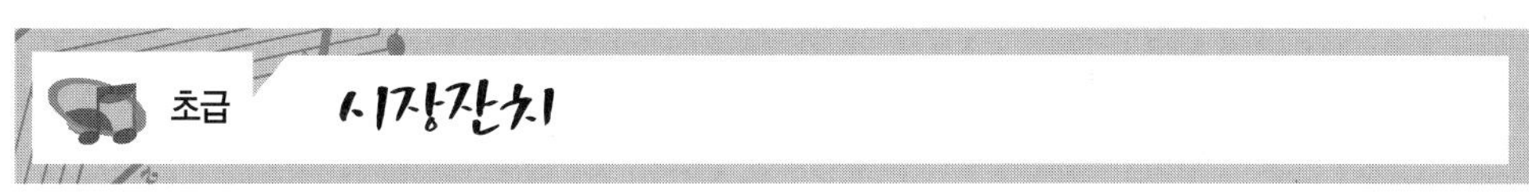

김성균 작사
김성균 작곡

C | | | G7 C

수 박 수 박 이 | 나 –왔 어 요 | 시 원 한 수 박 이 | 뚱 – 뚱 해 요
호 박 호 박 이 | 나 –왔 어 요 | 못 생 긴 호 박 이 | 더 맛 있 대 요

C | | | G7 C

참 외 참 외 가 | 나 –왔 어 요 | 샛 노 란 참 외 가 | 꿀 맛 이 에 요
오 이 오 이 가 | 나 –왔 어 요 | 날 씬 한 오 이 가 | 멋 장 이 에 요

C | | | G7

내 일 은 | 못 사 요 | 빨 리 빨 리 사 – 가 세 | 요

C | | G G7 | C

내 일 은 | 못 사 요 | 다 떨 어 집 니 | 다

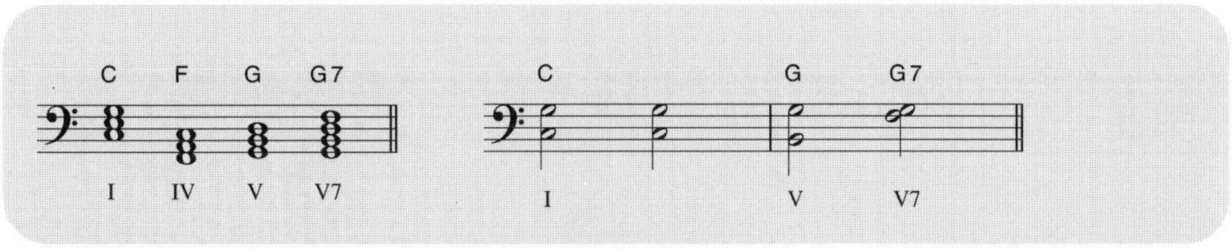

C F G G7
I IV V V7

C | G G7
I | V V7

김성균 작사
김성균 작곡

C G7 C

수 박 수 박 이 | 나 ─ 왔 어 요 | 시 원 한 수 박 이 | 뚱 ─ 뚱 해 요
호 박 호 박 이 | 나 ─ 왔 어 요 | 못 생 긴 호 박 이 | 더 맛 있 대 요

C G7 C

참 외 참 외 가 | 나 ─ 왔 어 요 | 샛 노 란 참 외 가 | 꿀 맛 이 에 요
오 이 오 이 가 | 나 ─ 왔 어 요 | 날 씬 한 오 이 가 | 멋 장 이 에 요

C G7

내 일 은 | 못 사 요 | 빨 리 빨 리 사 ─ 가 세 | 요

C G G7 C

내 일 은 | 못 사 요 | 다 떨 어 집 니 | 다

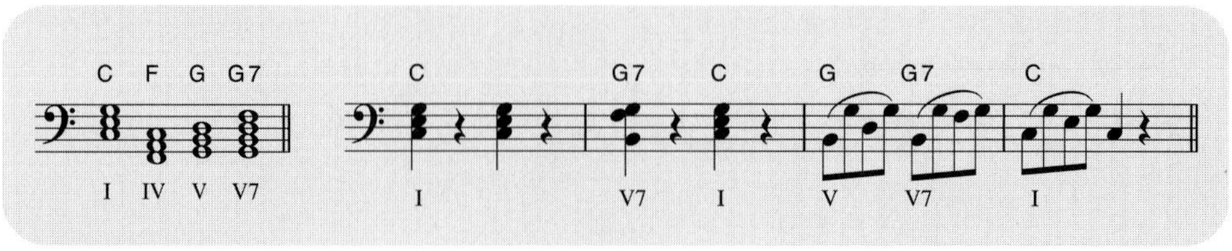

C F G G7
I IV V V7

C G7 C G G7 C
I V7 I V V7 I

김성균 작사
김성균 작곡

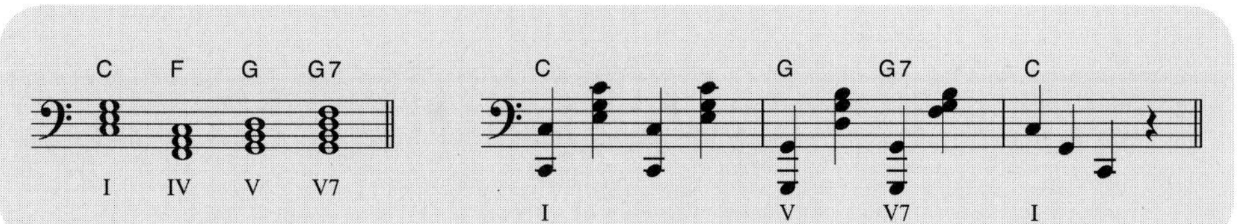

C G7 C

수 박 수 박 이 | 나 –왔어요 | 시원 한수박이 | 뚱 – 뚱해요
호 박 호 박 이 | 나 –왔어요 | 못생 긴호박이 | 더맛있대요

C G7 C

참 외 참 외 가 | 나 –왔어요 | 샛노 란참외가 | 꿀맛이에요
오 이 오 이 가 | 나 –왔어요 | 날씬 한오이가 | 멋장이에요

C G7

내 일 은 | 못 사 요 | 빨리빨리사 – 가세 | 요

C G G7 C

내 일 은 | 못 사 요 | 다 떨 어집 니 | 다

C F G G7
I IV V V7

C G G7 C
I V V7 I

초급
앵두

정혜옥 작사
정혜옥 작곡

F
C
파 – 란 파 란
가 지 엔
빨 – 간 빨 간
앵 두 가
한 – – 알 만
한 알 만
뚝 – – 뚝 –
따 다 가

C
C7
F
다 닥 다 닥
구 슬 처 럼
방 울 맺 혔
다
우 리 아 기
입 – 속 에
쏙 넣어 줬 으
면

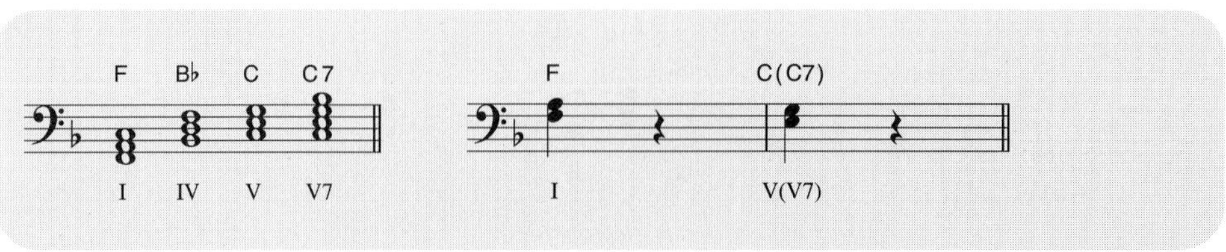
F
B♭
C
C7
I
IV
V
V7
F
C(C7)
I
V(V7)

중급
앵두

정혜옥 작사
정혜옥 작곡

F
C
파 – 란 파 란 가 지 엔 빨 – 간 빨 간 앵 두 가
한 – – 알 만 한 알 만 뚝 – – 뚝 – 따 다 가

C
C7
F
다 닥 다 닥 구 슬 처 럼 방 울 맺 혔 다
우 리 아 기 입 – 속 에 쏙 넣어 줬 으 면

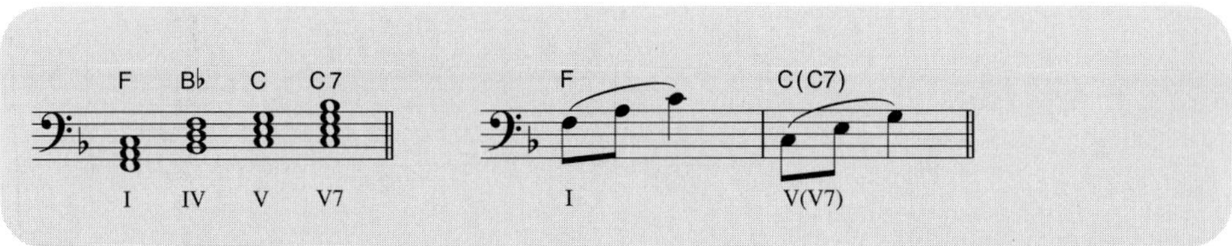
F B♭ C C7
I IV V V7
F C(C7)
I V(V7)

고급 앵두

정혜옥 작사
정혜옥 작곡

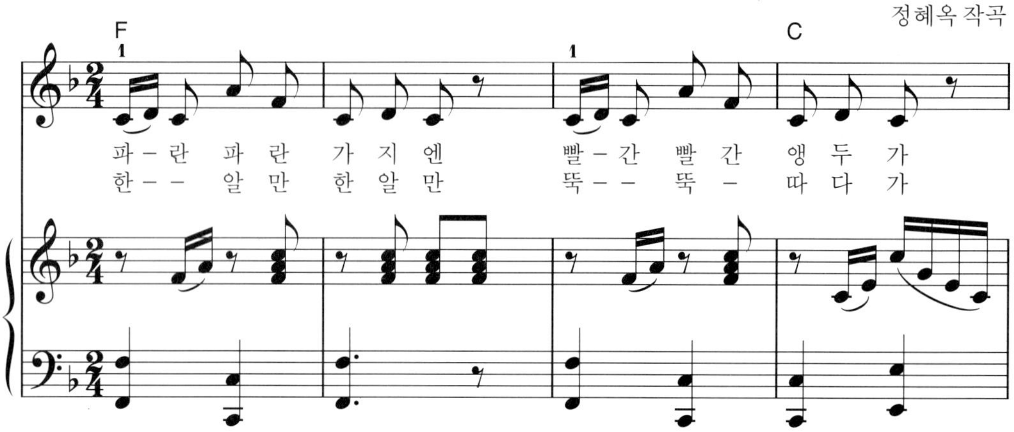

F
C
파 ― 란 파 란 가 지 엔 빨 ― 간 빨 간 앵 두 가
한 ― ― 알 만 한 알 만 뚝 ― ― 뚝 ― 따 다 가

C
C7
F
다 닥 다 닥 구 슬 처 럼 방 울 맺 혔 다
우 리 아 기 입 ― 속 에 쏙 넣어 줬 으 면

F
B♭
C
C7
I
IV
V
V7
F
C
C7
I
V
V7

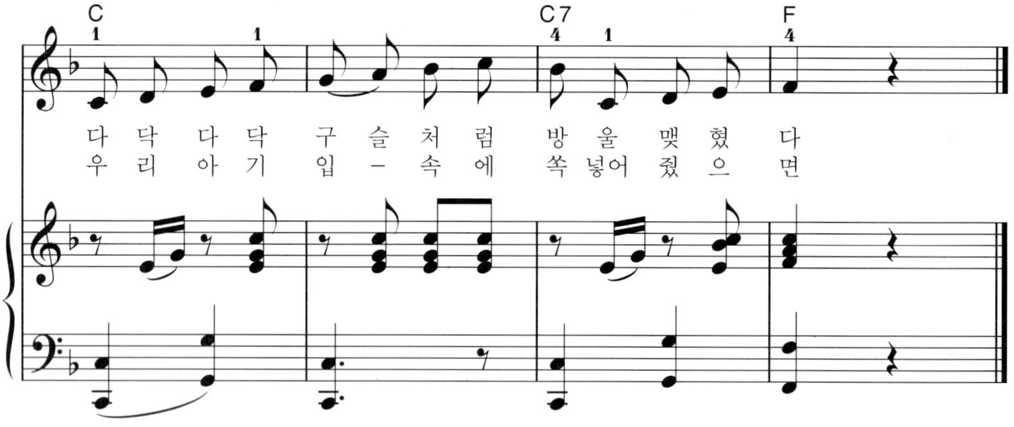

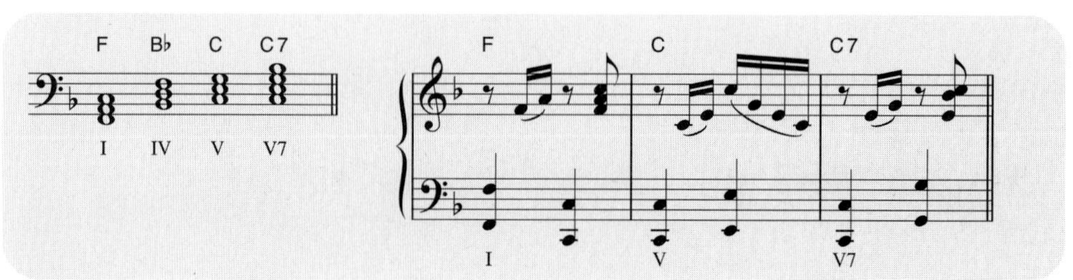

잉잉잉

김성균 작사
김성균 작곡

F C7 F C7 F C7

고추밭에고 추는 뾰 족한고추 빨간고추초록고추 모두뾰족해

F C7 F C7

댕글댕글사 과가 놀 러왔다가 아야야야따거워서 잉 잉 잉

F C7 F C7 F C7

오이밭에오 이는 날 씬 한오이 이리봐도저 리봐도 날 씬한데

F C7 F C7 F

둥글둥글호 박이 놀 러왔다가 나는언제예뻐지나 잉 잉 잉

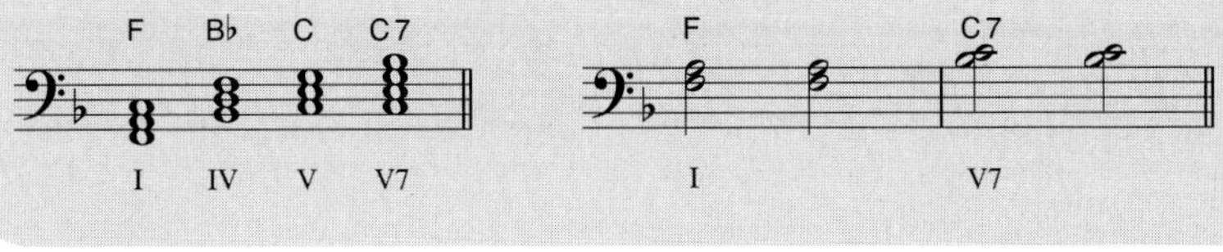

F B♭ C C7

I IV V V7

F C7

I V7

잉잉잉

김성균 작사
김성균 작곡

F C7 F C7 F C7

고추밭에고 추는 뽀 족한고추 빨간고추초록고추 모두뽀족해

F C7 F C7 F C7 F

댕글댕글사 과가 놀 러왔다가 아야야야따거워서 잉 잉 잉

F C7 F C7 F C7

오이밭에오 이는 날 씬한오이 이리봐도저리봐도 날 씬한데

F C7 F C7 F C7 F

둥글둥글호 박이 놀 러왔다가 나는언제예뻐지나 잉 잉 잉

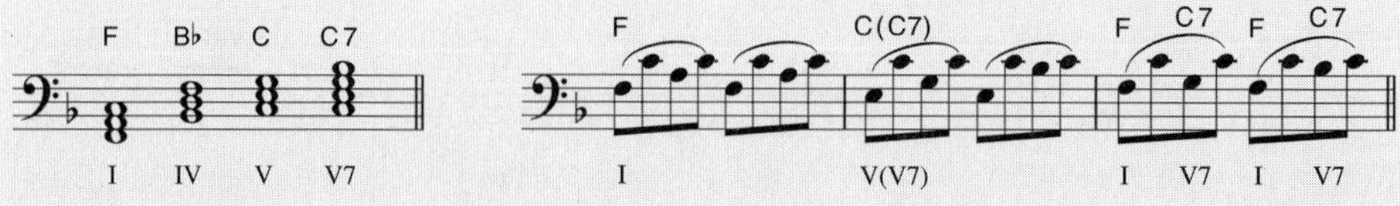

F Bb C C7

I IV V V7

F C(C7) F C7 F C7

I V(V7) I V7 I V7

고급 잉잉잉

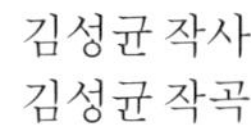

김성균 작사
김성균 작곡

F C7 F C7 F C
고추밭에고 추는 뾰 족한고추 빨간고추초록고추 모두뾰족해

F C7 F C7 F C7 F
댕글댕글사 과가 놀 러왔다가 아야야야따거워서 잉 잉 잉

F C7 F F C7
오이밭에오 이는 날 씬한오이 이리봐도저리봐도 날 씬한데

F C7 F C7 F C7 F
둥글둥글호 박이 놀 러왔다가 나는언제예뻐지나 잉 잉 잉

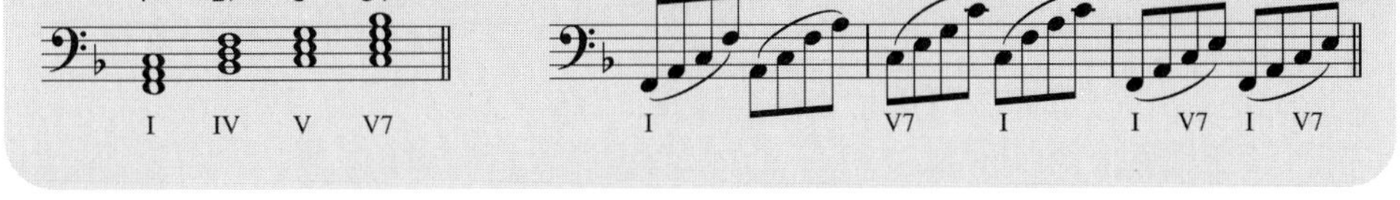

F B♭ C C7
I IV V V7

F C7 F F C7 F C7
I V7 I I V7 I V7

18

자장가

- 모차르트의 자장가
- 브람스의 자장가
- 섬집 아기
- 슈베르트의 자장가

초급

모차르트의 자장가

모차르트 작곡
E♭ B♭7 E♭ A♭ E♭
잘 자 라 우 리 아 가 앞 뜰 과 뒷 동 산 에
B♭7 E♭ A♭ E♭
새 들 도 아 가 양 도 다 들 자 고 있 는 데
A♭ E♭ B♭7 E♭
달 님 은 영 창 으 로 은 구 슬 금 구 슬 을 보 내 주 는 이 한
B♭7 E♭ B♭7 E♭ B♭7 E♭
밤 잘 자 라 우 리 아 가 – 잘 자 – – – – – 거 – 라 –
E♭ A♭ B♭ B♭7
I IV V V7
E♭ A♭ B♭(B♭7)
I IV V(V7)

중급 모차르트의 자장가

모차르트 작곡

E♭ A♭ B♭ B♭7 FmDdim

I IV V V7 ii vii°

E♭ A♭ B♭7 E♭ Ddim Fm E♭

I IV V7 I vii° ii I

모차르트 작곡

E♭ B♭7 E♭ A♭

잘 자 라 우 리 아 가 앞 뜰 과 뒷 동 산

E♭ B♭7

에 새 들 도 아 가 양 도

E♭ A♭

다 들 자 고 있 는 데 달 님 은 영 창 으

A♭ E♭
로
은 구 슬 금 구 슬 을
B♭7 E♭ B♭7 E♭ B♭7
보 내 주 는 이 한 밤
잘 자 라 우 리 아
E♭ B♭7 E♭
가 – 잘 자 – – – – 거 – 라 –
E♭ A♭ B♭ B♭7
I IV V V7
E♭ B♭7 A♭ B♭7
I V7 IV V7

브람스 작곡

Eb Ab Bb

잘 자 라 내 아 기 내 ㅡ 귀 여 운 아 기 아 름

Bb7 Eb

다 운 장 미 꽃 너 를 둘 러 피 었 네 잘 자

Ab Eb Fm Eb

라 내 아 기 밤 새 고 이 쉬 고 아 침

Ab Eb Bb7 Eb

이 창 앞 에 찾 아 올 때 까 지

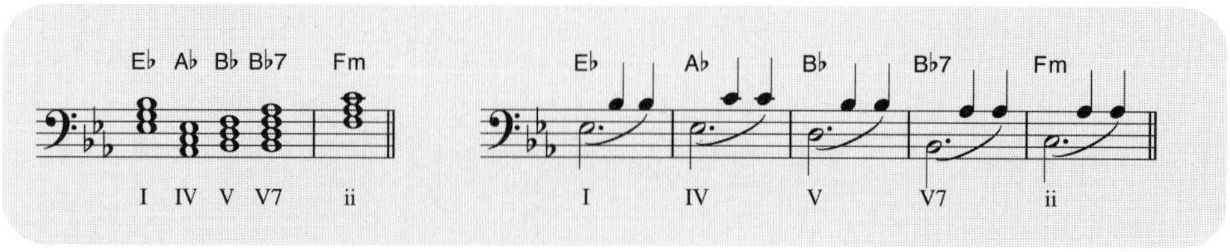

Eb Ab Bb Bb7 Fm

I IV V V7 ii

Eb Ab Bb Bb7 Fm

I IV V V7 ii

중급 브람스의 자장가

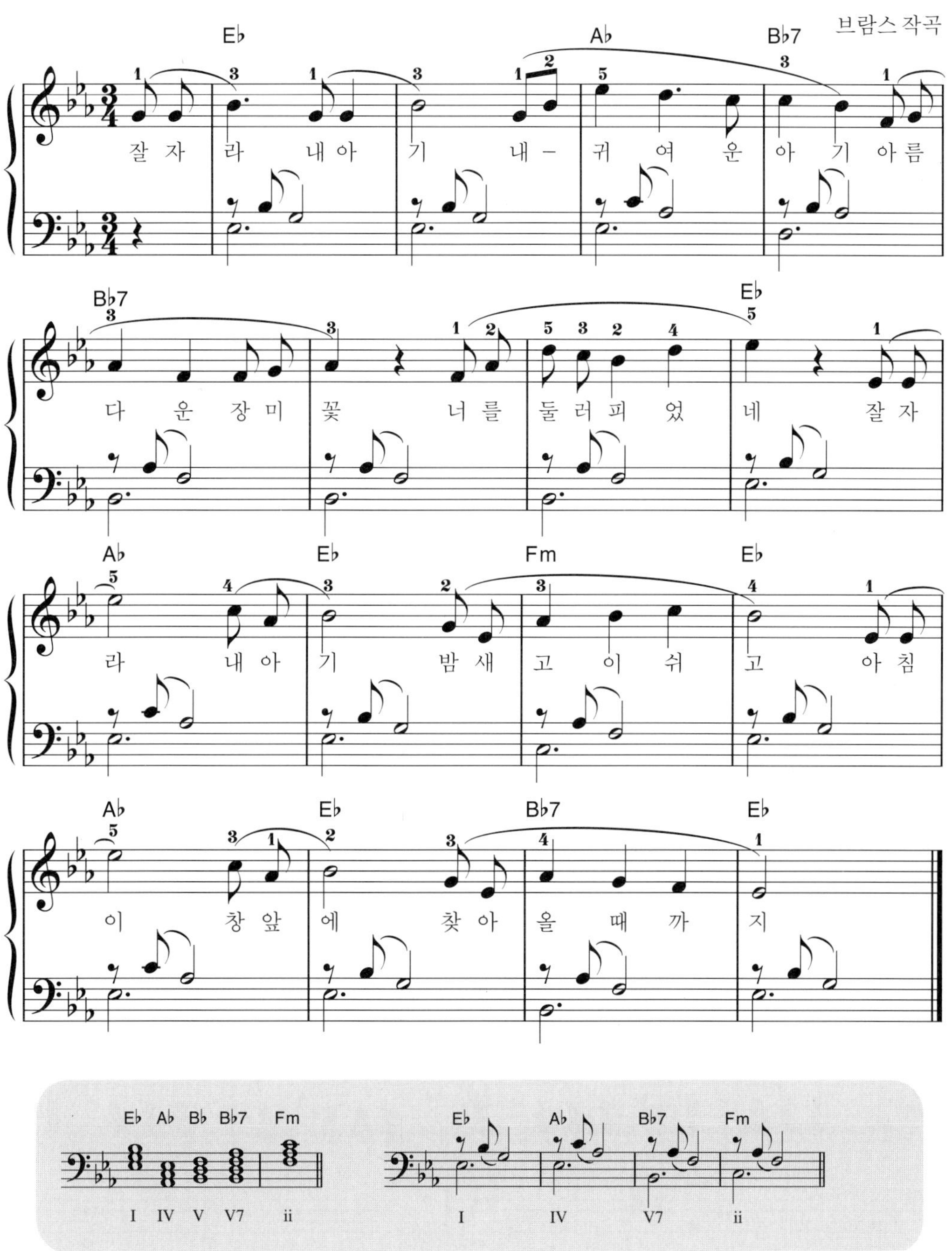

브람스 작곡
E♭ A♭ B♭7
잘 자 라 내 아 기 내 – 귀 여 운 아 기 아 름
B♭7 E♭
다 운 장 미 꽃 너 를 둘 러 피 었 네 잘 자
A♭ E♭ Fm E♭
라 내 아 기 밤 새 고 이 쉬 고 아 침
A♭ E♭ B♭7 E♭
이 창 앞 에 찾 아 올 때 까 지
E♭ A♭ B♭ B♭7 Fm
I IV V V7 ii
E♭ A♭ B♭7 Fm
I IV V7 ii

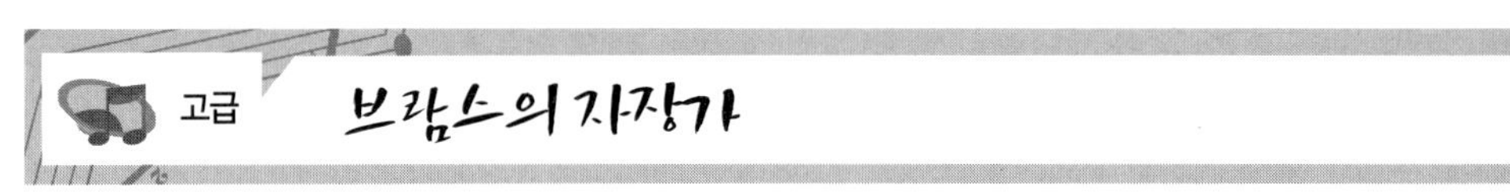

브람스 작곡

E♭ A♭ B♭7

잘 자 라 내 아 기 내 – 귀 여 운 아 기 아 름

B♭7 E♭

다 운 장 미 꽃 너 를 둘 러 피 었 네 잘 자

A♭ E♭ Fm E♭ E♭7

라 내 아 기 밤 새 고 이 쉬 고 아 침

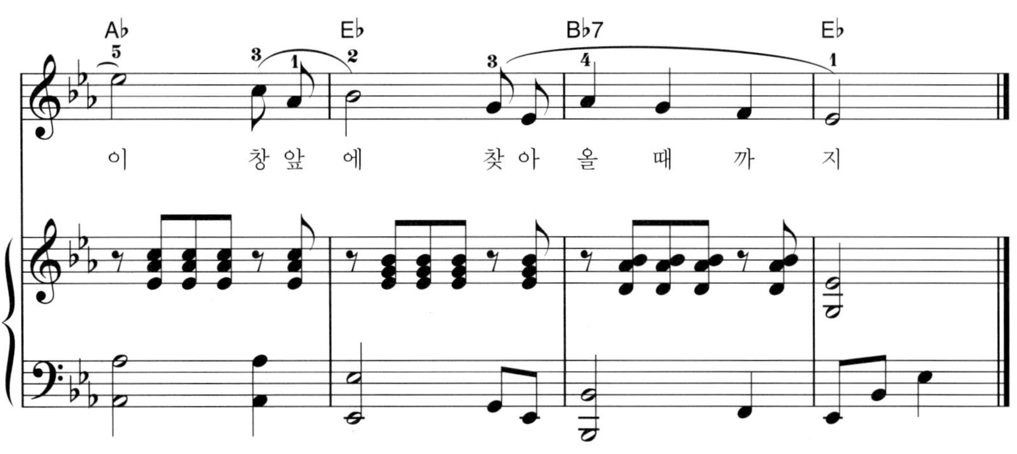
A♭
E♭
B♭7
E♭
이 창 앞 에 찾 아 올 때 까 지

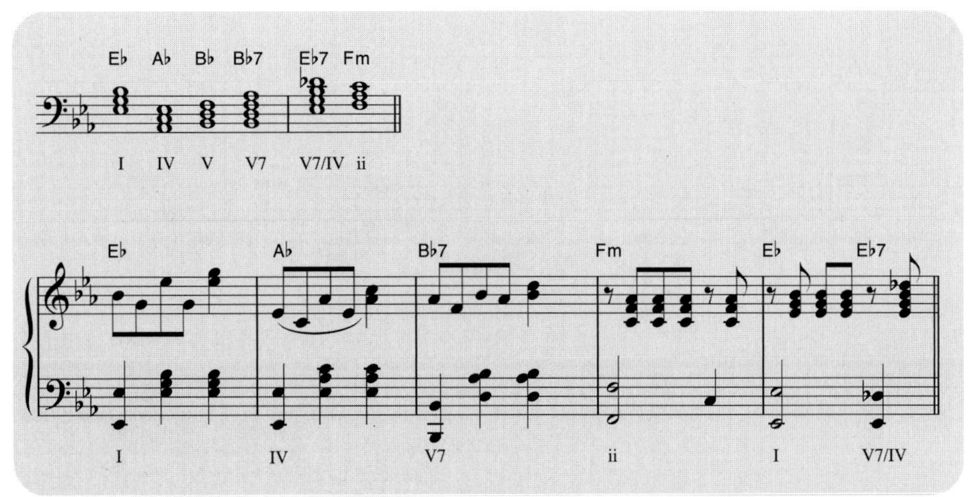
E♭ A♭ B♭ B♭7 E♭7 Fm
I IV V V7 V7/IV ii
E♭
A♭
B♭7
Fm
E♭
E♭7
I
IV
V7
ii
I
V7/IV

초급
섬집 아기
박목월 작사
김대현 작곡
엄 마 가 섬 그 늘 에 – 굴 따 러 – 가 면 –
아 기 는 잠 을 곤 히 – 자 고 있 – 지 만 –
아 기 가 혼 자 남 아 – 집 을 보 – 다 가 –
갈 매 기 울 음 소 리 – 맘 이 설 – 레 어 –
바 다 가 불 러 주 는 – 자 장 노 래 에 –
다 못 찬 굴 바 구 니 – 머 리 에 이 고 –
팔 베 고 스 르 르 르 – 잠 이 듭 – 니 다 –
엄 마 는 모 랫 길 을 – 달 려 옵 – 니 다 –
I IV V V7 ii V7/V vi
I ii V I V7/V vi V7 IV I

박목월 작사
김대현 작곡

F Gm C7 F G7 C C7

엄 마 가 섬 그 늘 에 – 굴 따 러 – 가 면 –
아 기 는 잠 을 곤 히 – 자 고 있 – 지 만 –

F Gm C7 Dm C7 F

아 기 가 혼 자 남 아 – 집 을 보 – 다 가 –
갈 매 기 울 음 소 리 – 맘 이 설 – 레 어 –

C Dm F B♭ F C C7

바 다 가 불 러 주 는 – 자 장 노 래 에 –
다 못 찬 굴 바 구 니 – 머 리 에 이 고 –

F Dm B♭ F C7 F

팔 베 고 스 르 르 르 – 잠 이 듭 – 니 다 –
엄 마 는 모 랫 길 을 – 달 려 옵 – 니 다 –

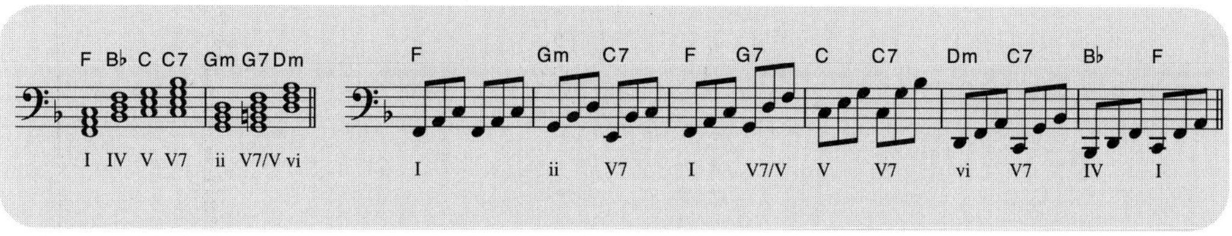

F B♭ C C7 Gm G7 Dm

I IV V V7 ii V7/V vi

F Gm C7 F G7 C C7 Dm C7 B♭ F

I ii V7 I V7/V V V7 vi V7 IV I

박목월 작사
김대현 작곡

F | Gm C7 | Dm G7 | C C7

엄 마 가 섬 그 늘 에 – 굴 따 러 – 가 면 –
아 기 는 잠 을 곤 히 – 자 고 있 – 지 만 –

F | Gm C7 | Dm C7 | F

아 기 가 혼 자 남 아 – 집 을 보 – 다 가 –
갈 매 기 울 음 소 리 – 맘 이 설 – 레 어 –

C Dm | B♭ F | B♭ F | C C7

바 다 가 불 러 주 는 – 자 장 노 래 에 –
다 못 찬 굴 바 구 니 – 머 리 에 이 고 –

F Dm | B♭ | F C7 | F

팔 베 고 스 르 르 르 – 잠 이 듭 – 니 다 –
엄 마 는 모 랫 길 을 – 달 려 옵 – 니 다 –

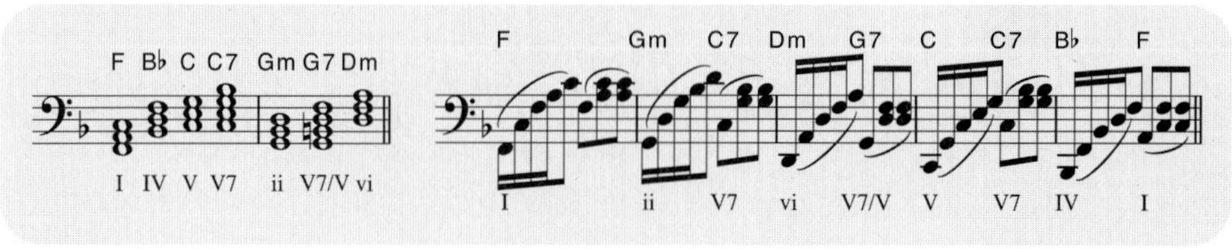

F B♭ C C7 Gm G7 Dm
I IV V V7 ii V7/V vi

F Gm C7 Dm G7 C C7 B♭ F
I ii V7 vi V7/V V V7 IV I

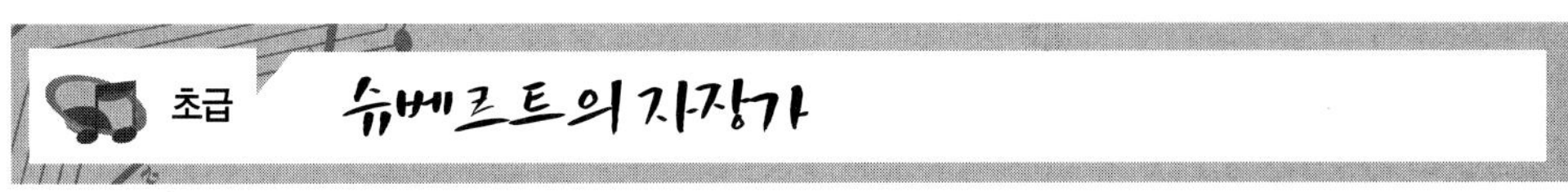

초급 슈베르트의 자장가

슈베르트 작곡

G D7 G D7

잘 자라 잘 자라 노 래 를 - 들 - 으 며
잘 자라 잘 자라 노 래 를 - 들 - 으 며

G D7 G D7 G D7 G

옥 같이 어 여쁜 우 리 아 - 가 - 야 귀 여 운 - 너
꽃 같이 어 여쁜 우 리 아 - 가 - 야 귀 여 운 - 너

G D7 G D7 G D7 G

잠 - 잘 적 에 하 느적 하 느적 나 비 춤 - 춘 - 다
잠 - 잘 적 에 하 나씩 둘 - 씩 꽃 떨 어 - 진 - 다

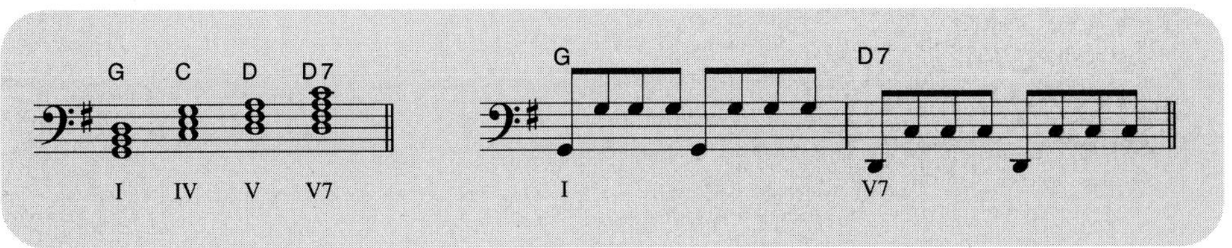

중급 슈베르트의 자장가

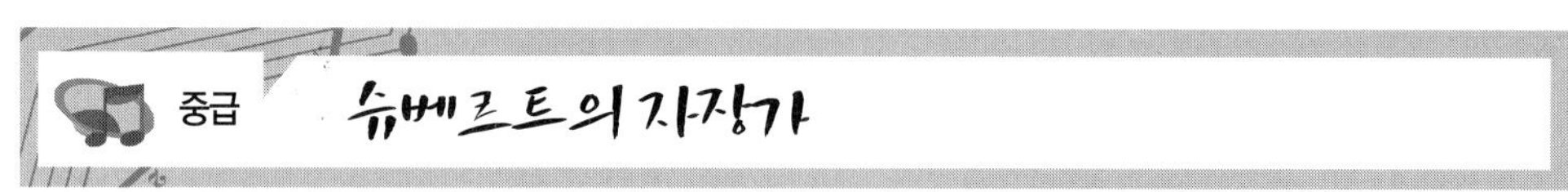

슈베르트 작곡

G D7 G D7
잘 자라 잘 자라 노 래 를 - 들 - 으 며
잘 자라 잘 자라 노 래 를 - 들 - 으 며
G D7 G D7 G D7 G
옥 같이 어 여쁜 우 리 아 - 가 - 야 귀 여 운 - 너
꽃 같이 어 여쁜 우 리 아 - 가 - 야 귀 여 운 - 너
G D7 G D7 G D7 G
잠 - 잘 적 에 하 느적 하 느적 나 비 춤 - 춘 - 다
잠 - 잘 적 에 하 나씩 둘 - 씩 꽃 떨 어 - 진 - 다

G C D D7
I IV V V7
G D7
I V7

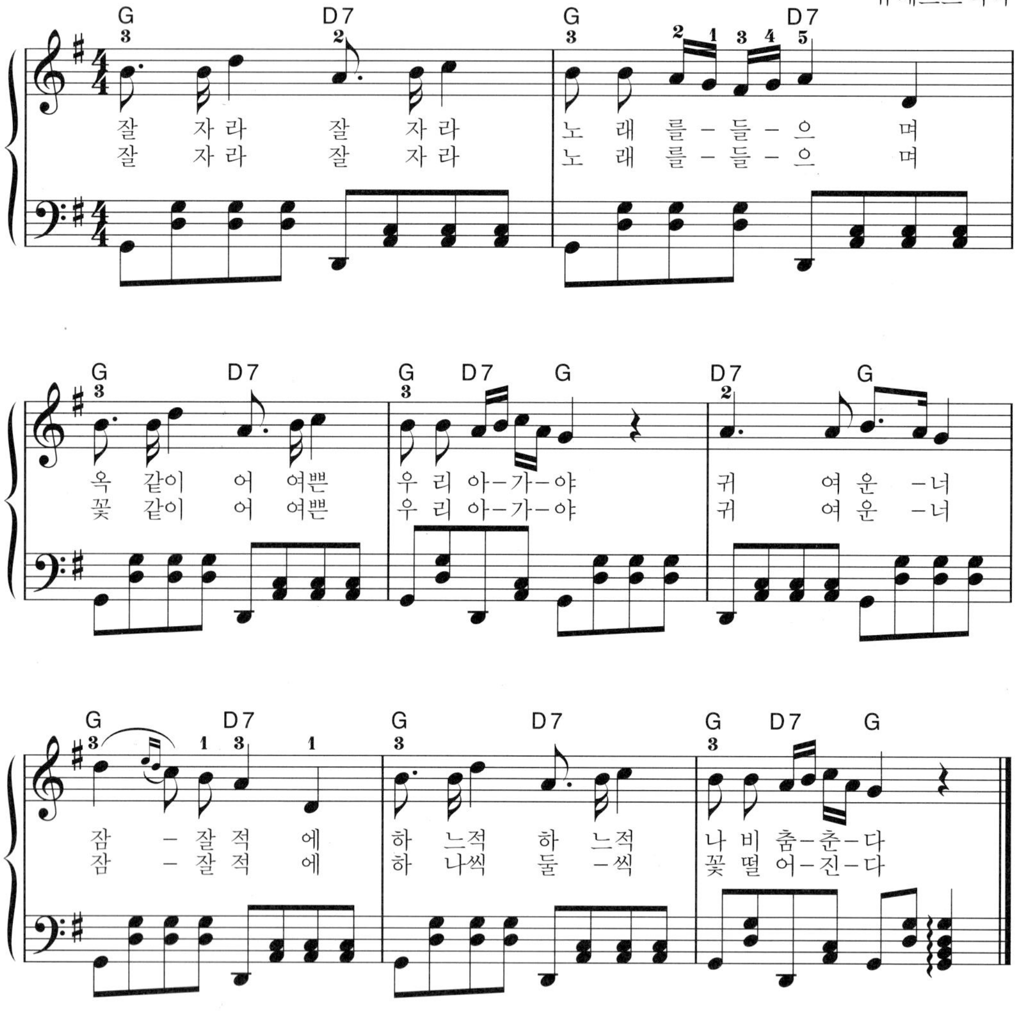

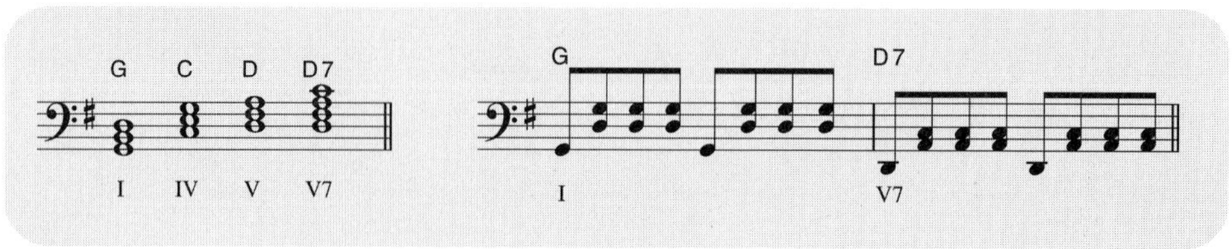

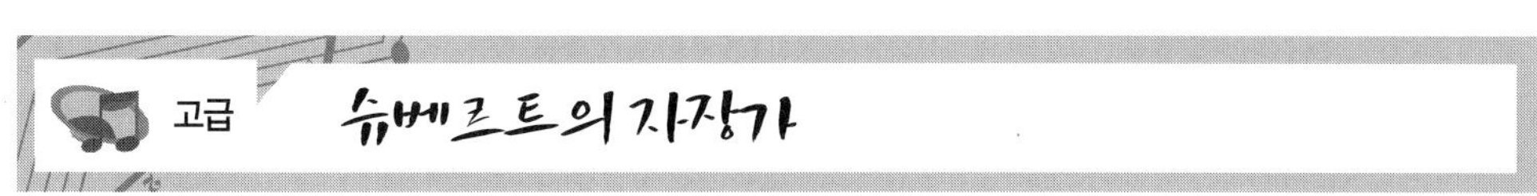

슈베르트 작곡

G D7 G D7 G D7

잘 자라 잘 자라 노래를–들–으 며 옥 같이 어 여쁜
잘 자라 잘 자라 노래를–들–으 며 꽃 같이 어 여쁜

G D7 G D G D7

우리 아–가–야 귀 여운 –너 잠 –잘 적 에
우리 아–가–야 귀 여운 –너 잠 –잘 적 에

G D7 G D7 G

하 느적 하 느적 나 비 춤–춘–다
하 나씩 둘 –씩 꽃 떨어–진–다

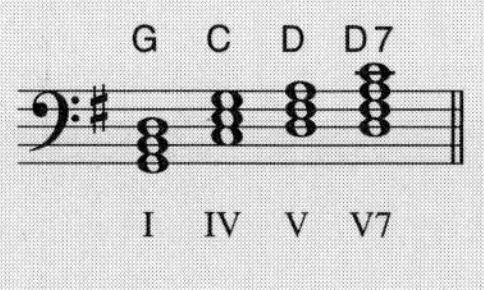

G C D D7

I IV V V7

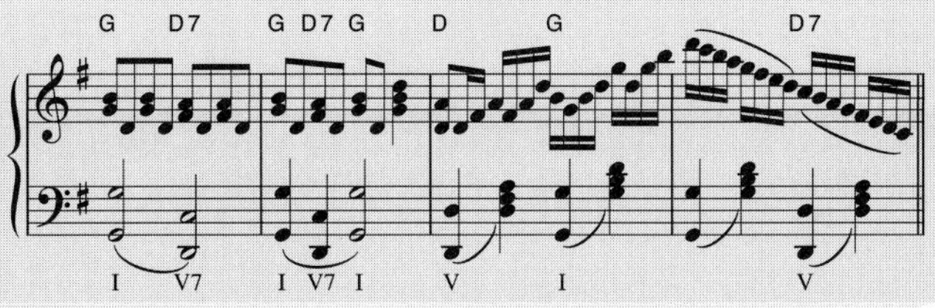

G D7 G D7 G D G D7

I V7 I V7 I V I V

19

창작동요

- 꿀벌의 여행
- 노을
- 바람새
- 새싹들이다
- 숲속을 걸어요
- 아기다람쥐 또미
- 아기염소
- 종이접기
- 예쁜 아기 곰
- 하늘나라 동화
- 화가

이해별 작사
이순형 작곡

C G

웡 웡 | 거 칠 고 험 한 | 산 을 날 아 가 지 | 요

Dm G C

웡 웡 | 머 나 먼 나 라 | 까 지 꽃 을 찾 아 | 서

G7 C

웡 웡 | 조 그 만 날 개 | 고 단 – 하 여 | 너 무 지 쳤 지 마

F C G

는 | 쉬 지 | 않 고 | 날 아 가 지 | 요

C
G
웡 웡
거 칠 고 험 한
산 을 날 아 가 지
요

Dm
G
C
(신나게!)
웡 웡
머 나 먼 나 라
까 지 꽃 을 찾 아
서
야 야 야!

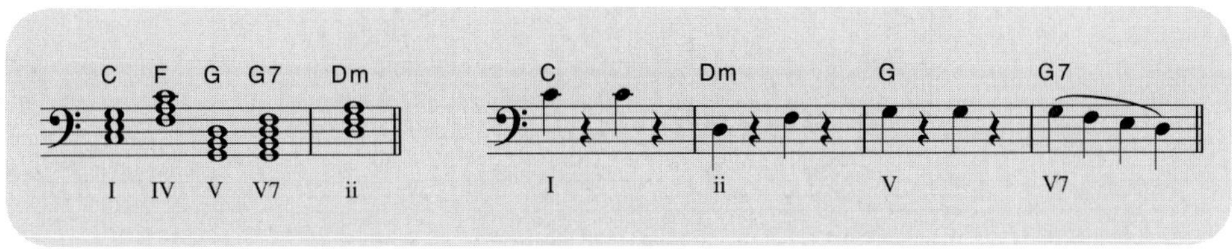
C F G G7 Dm
I IV V V7 ii
C Dm G G7
I ii V V7

이해별 작사
이순형 작곡

B♭ C7 F
윙윙 거칠 고험 한 산을 날아가지 요

Cm Dm7 F7 B♭
윙윙 머나 먼나 라 까지 꽃을찾아 서

F7 B♭ D7 Gm G♭Aug B♭
윙윙 조그 만날 개 고단 －하 여 너무 지쳤지마

Gm E♭ B♭ C7 F
는 쉬지 않고 날아 가 지 요

B♭
C7
F
웡 웡
거 칠 고 험 한
산 을 날 아 가 지
요
Cm
Dm7
F7
B♭
(신나게!)
웡 웡
머 나 먼 나 라
까 지 꽃 을 찾 아
서
야 야 야!

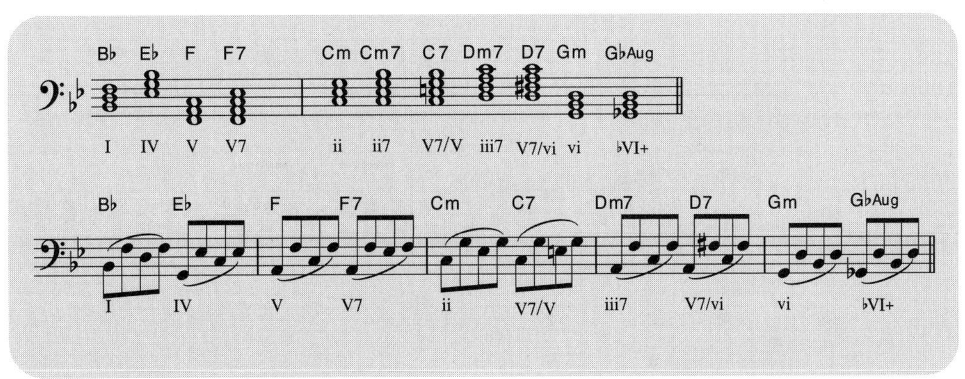
B♭ E♭ F F7 Cm Cm7 C7 Dm7 D7 Gm G♭Aug
I IV V V7 ii ii7 V7/V iii7 V7/vi vi ♭VI+
B♭ E♭ F F7 Cm C7 Dm7 D7 Gm G♭Aug
I IV V V7 ii V7/V iii7 V7/vi vi ♭VI+

이해별 작사
이순형 작곡

B♭ C7 F7

웡 웡 거 칠 고 험 한 산 을 날 아 가 지 요

Cm Dm7 F7

웡 웡 머 나 먼 나 라 까 지 꽃 을 찾 아

B♭ F7 B♭ D7 Gm G♭Aug

서 웡 웡 조 그 만 날 개 고 단 －하 여

8va

B♭
C7
G
E♭
너 무 지쳤지마 는
쉬지
않고
B♭
C7
F
B♭
날 아 가 지 요
윙 윙
거 칠 고험 한
C7
F7
Cm
산 을 날 아 가 지 요
윙 윙

Dm7
F7
B♭
(신나게!)
머나 먼나 라 까지 꽃을찾아 서
야 야 야!
8va

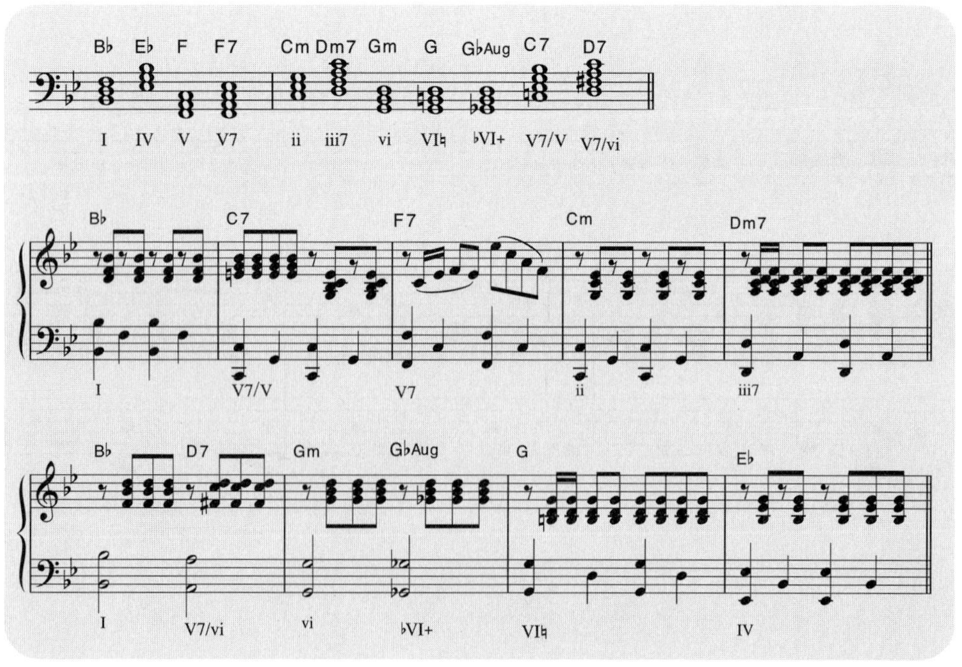
B♭ E♭ F F7 Cm Dm7 Gm G G♭Aug C7 D7
I IV V V7 ii iii7 vi VI♮ ♭VI+ V7/V V7/vi
B♭ C7 F7 Cm Dm7
I V7/V V7 ii iii7
B♭ D7 Gm G♭Aug G E♭
I V7/vi vi ♭VI+ VI♮ IV

초급
노을

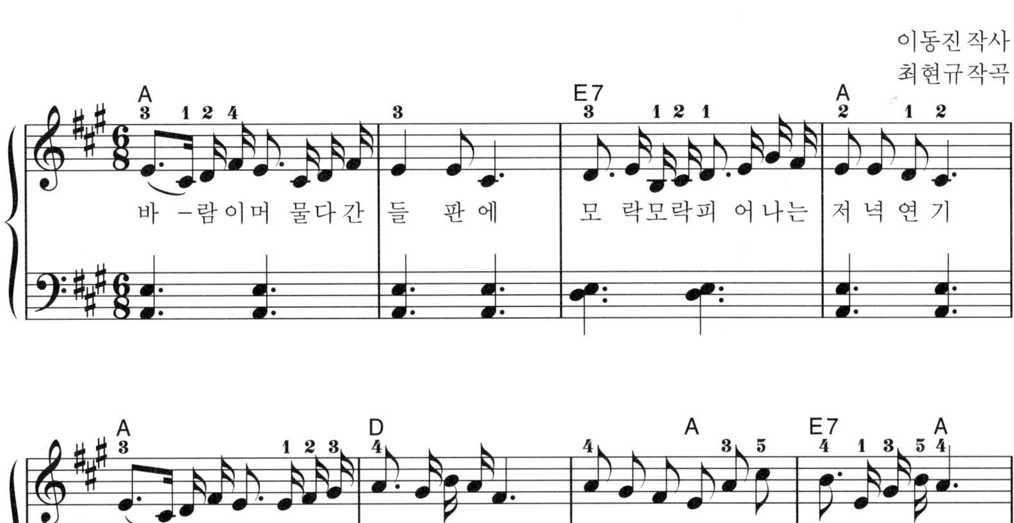
이동진 작사
최현규 작곡
A E7 A
바 ―람이머 물다간 들 판에 모 락모락피 어나는 저 녁 연 기
A D A E7 A
색 ―동옷갈 아입은 가 을언덕에 빨 갛 게 노 을 이 타 고있어요

D A D A
허수아 비 팔 벌려 웃음짓고 초 가지 붕 둥 근박 꿈 ―꿀―때

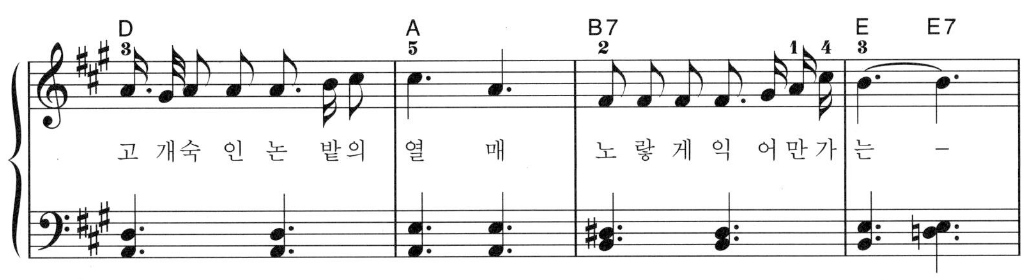
D A B7 E E7
고 개숙 인 논 밭의 열 매 노 랗 게 익 어만가 는 ―

A
E7
A
가 을바람머 물다간 들 판 에 모 락모락피 어나는 저 녁 연 기

A
D
A
E7
A
색 −동옷갈 아입은 가 을언덕에 붉 − 게 물 들 어 타 는저녁놀

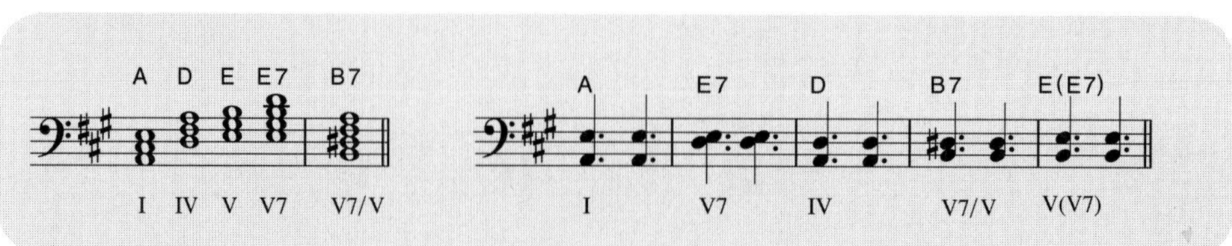
A D E E7 B7
I IV V V7 V7/V
A E7 D B7 E(E7)
I V7 IV V7/V V(V7)

이동진 작사
최현규 작곡

A | E7 | A
바 -람이머 물다간 | 들 판에 | 모 락모락피 어나는 | 저녁연기

A | D | A | E7 A
색 -동옷갈 아입은 | 가 을언덕에 | 빨갛게노을이 | 타 고있어요

D | A | D | A
허수아비팔 벌려 | 웃음짓고 | 초 가지붕둥 근박 | 꿈 -꿀-때

D | A | B | E E7
고개숙인논 밭의 | 열 매 | 노랗게익 어만가 | 는 -

A
E7
A
가 을바람머 물다간 들 판에
모 락모락피 어나는 저녁연기
A
D
A
E7
A
색 -동옷갈 아입은 가 을언덕에
붉 - 게물들어 타 는저녁놀

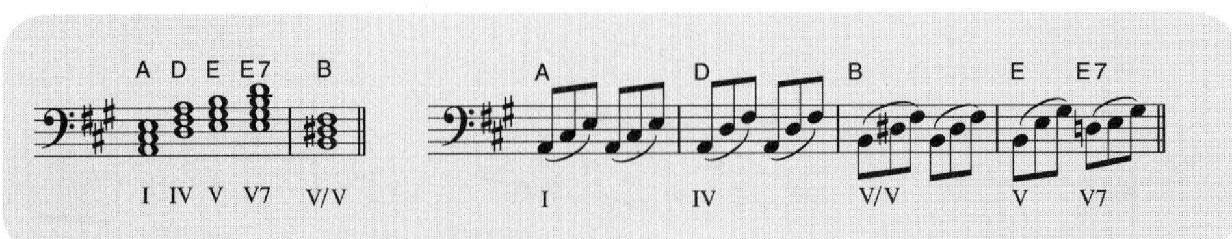
A D E E7 B
I IV V V7 V/V
A D B E E7
I IV V/V V V7

이동진 작사
최현규 작곡

바 －람이며 물다간 들 판 에 모 락모락피 어나는

저 녁 연 기 색 －동옷갈 아입은 가 을언덕에

빨 갛 게 노 을 이 타 고있어요 허 수아 비 팔 벌려

A
D
A
웃 음 짓 고
초 가지 붕 둥
근박
꿈
-꿀-때
D
A
B7
고 개숙 인 논
밭의
열
매
노 랗 게 익
어만가
E
E7
A
는
-
가
을바람머
물다간
들
판 에

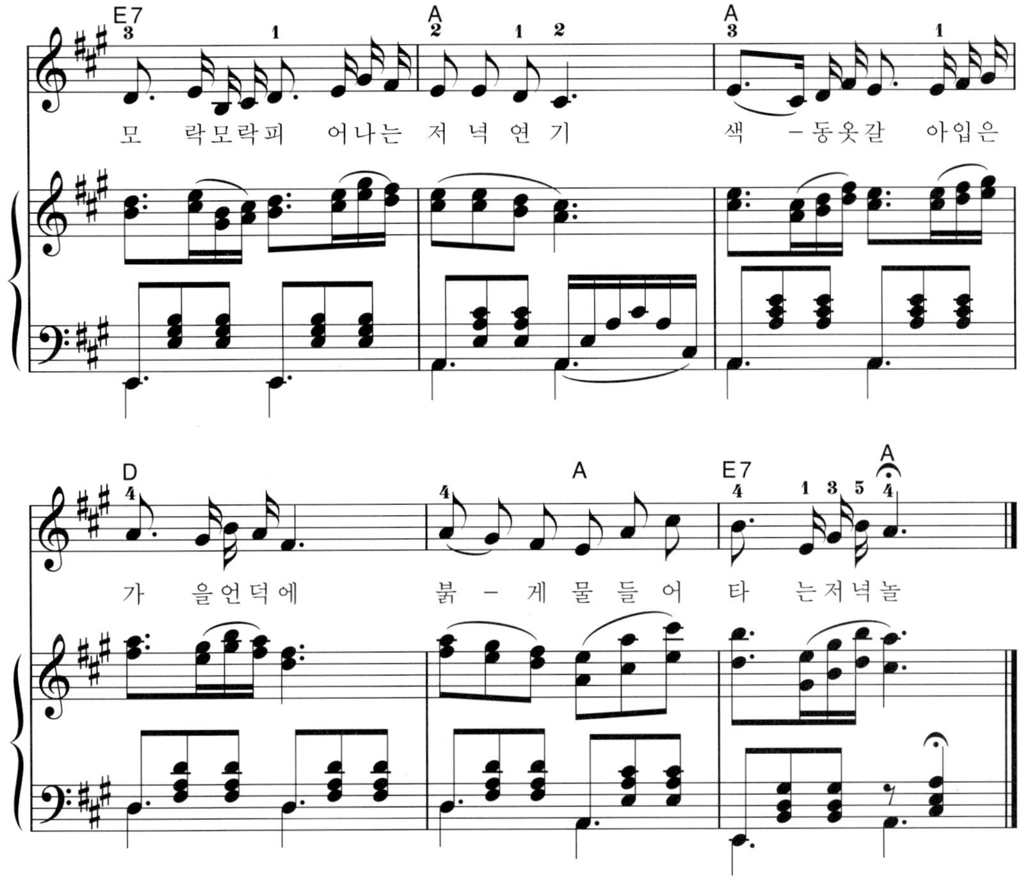

E7
A
A
모 락모락피 어나는 저 녁 연 기
색 -동옷갈 아입은
D
A
E7
A
가 을언덕에
붉 - 게 물 들 어 타 는저녁놀

A D E E7
B7
I IV V V7
V7/V
A
D
B7
E E7
I
IV
V7/V
V V7

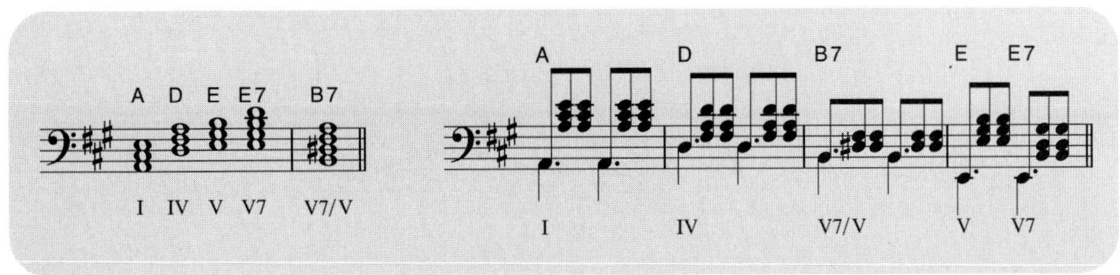

바람새

이순형 작사
이순형 작곡

G Em C G D7

다 가 올 까 사 라질까 보이지는않아도 나는 바 람 새 를알아 요 – 저–
다 가 올 까 사 라질까 보이지는않아도 나는 바 람 새 를알아 요 – 저–

G Em C D G

파 란 풀 밭위에 나래깃을부비며 다가 오 는 바 람새– 를 – 동동
파 란 풀 밭위에 나래깃을부비며 다가 오 는 바 람새– 를 – 동동

C G D

동 동–동 동 비 누방울을 하늘 에 날 려보내 면 – 어–
동 동–동 동 빨 강풍선을 하늘 에 날 려보내 면 – 어–

G Am D7 G

느 샌 가 다 가와–서 방울 방 울 쪼 아먹어 요 –
느 샌 가 다 가와–서 두리 둥 실 갖 고놀아 요 –

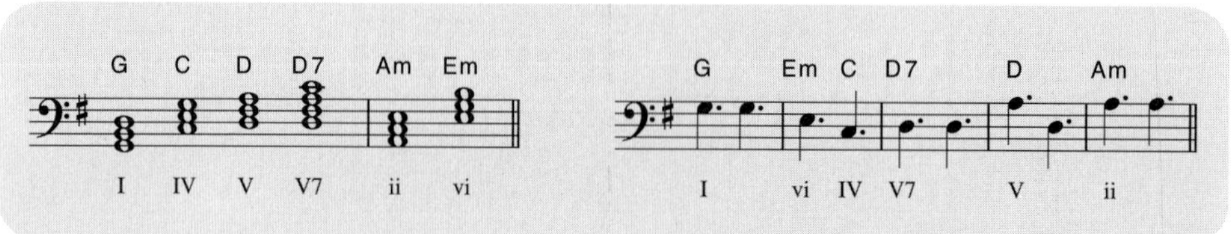

G C D D7 Am Em
I IV V V7 ii vi

G Em C D7 D Am
I vi IV V7 V ii

이순형 작사
이순형 작곡

G B Em C G D7

다가 올 까사 라질까 보이지는않아도 나는 바 람새 를알아 요 – 저–
다가 올 까사 라질까 보이지는않아도 나는 바 람새 를알아 요 – 저–

G B Em C D D7 G

파 란풀 밭위에 나래깃을부비며 다가 오 는바 람새– 를 – 동동
파 란풀 밭위에 나래깃을부비며 다가 오 는바 람새– 를 – 동동

C G D7

동 동–동 동 비 누방울을 하늘 에 날 려보내 면 – 어–
동 동–동 동 빨 강풍선을 하늘 에 날 려보내 면 – 어–

G C Am D D7 G

느 샌 가 다 가와–서 방울 방 울 쪼 아먹어 요 –
느 샌 가 다 가와–서 두리 둥 실 갖 고놀아 요 –

G C D D7 Am B Em
I IV V V7 ii V/vi vi

G B Em C Am D D7
I V/vi vi IV ii V V7

바람새

이순형 작사
이순형 작곡

G B7 Em C G A7

다가 올 까 사 라질까 보이지는않아도 나는 바 람 새 를알아
다가 올 까 사 라질까 보이지는않아도 나는 바 람 새 를알아

D7 G B7 Em C A7

요 – 저– 파 란 풀 밭위에 나래깃을부비며 다가
요 – 저– 파 란 풀 밭위에 나래깃을부비며 다가

D7 G C G D7

오 는바 람새– 를 –동동 동 동–동 동 비 누방울을 하늘
오 는바 람새– 를 –동동 동 동–동 동 빨 강풍선을 하늘

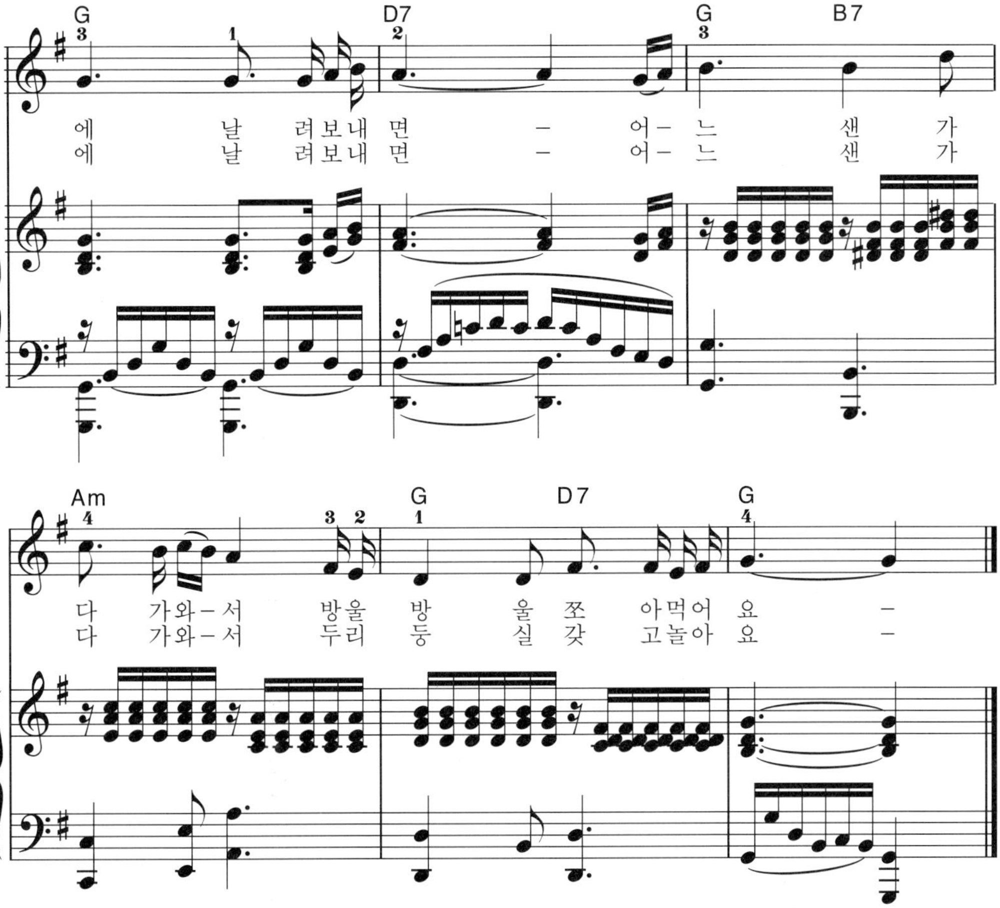

G D7 G B7
에 날 려보내 면 — 어— 느 샌 가
에 날 려보내 면 — 어— 느 샌 가
Am G D7 G
다 가와—서 방울 방 울 쪼 아먹어 요 —
다 가와—서 두리 둥 실 갖 고놀아 요 —

G C D D7 Am A7 B7 Em
I IV V V7 ii V7/V V7/vi vi
G B7 Em C G A7 D7 Am
I V7/vi vi IV I V7/V V7 ii

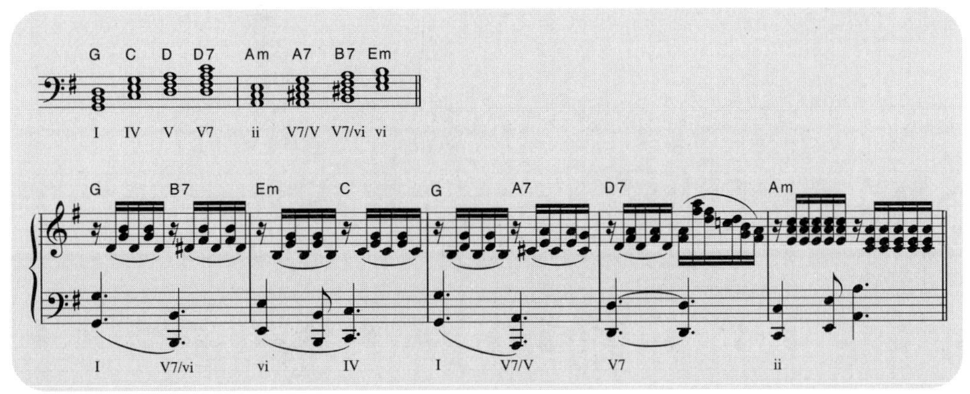

초급
새싹들이다

좌승원 작사
좌승원 작곡

F
B♭
F
C
마 음 을 열 어
하 늘 을 보 라
넓 고 높 고 푸 른 하
늘

F
B♭
C
F
C
F
가 슴 을 펴 고
소 리 쳐 보 자
우 리 들 은 새 싹 들 이
다

B♭
F
Gm
C
F
푸 른 꿈 이
자 –란 다 –
곱 고 고 운
꿈
해 님 되 자
달 님 되 자 –
별 님 이 되
자

B♭
F
Gm
G
C7
두 리 둥 실
자 –란 다 –
구 름 이 되
어
너 른 세 상
불 –밝 힐 –
큰 빛 이 되
자

F
B♭
F
C
너 른 벌 판 을
달 려 나 가 자
씩 씩하 게 나 가
자
무 지 개 빛 깔
아 름 다 운 꿈
모 두우 리 차 지
다

F
B♭
C
F
C
F
어 깨 를 걸 고
함 께 나 가 자
발 맞 춰 나 가
자
너 와 나 함 께
우 리 가 되 어
힘 차 게 나 가
자

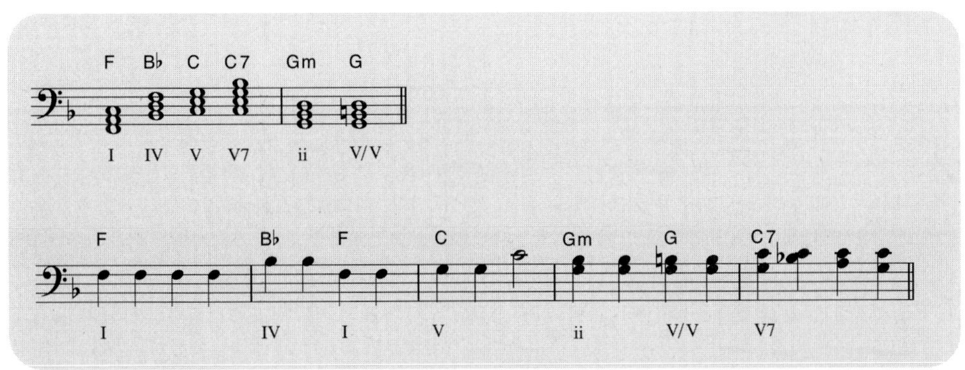

F B♭ C C7 Gm G
I IV V V7 ii V/V
F B♭ F C Gm G C7
I IV I V ii V/V V7

새싹들이다

좌승원 작사
좌승원 작곡

F Bb F C
마음 을열어 하늘을보라 넓 고높고푸 른하 늘

F Bb F C F
가슴 을펴고 소리쳐보자 우 리들은새싹들이 다

Bb F C F
푸 른꿈 이 자 −란다− 곱 고고 운 꿈
해 님되 자 달 님되자− 별 님이 되 자

Bb F Gm G C7
두 리둥 실 자 −란다− 구 름이 되 어
너 른세 상 불 −밝힐− 큰 빛이 되 자

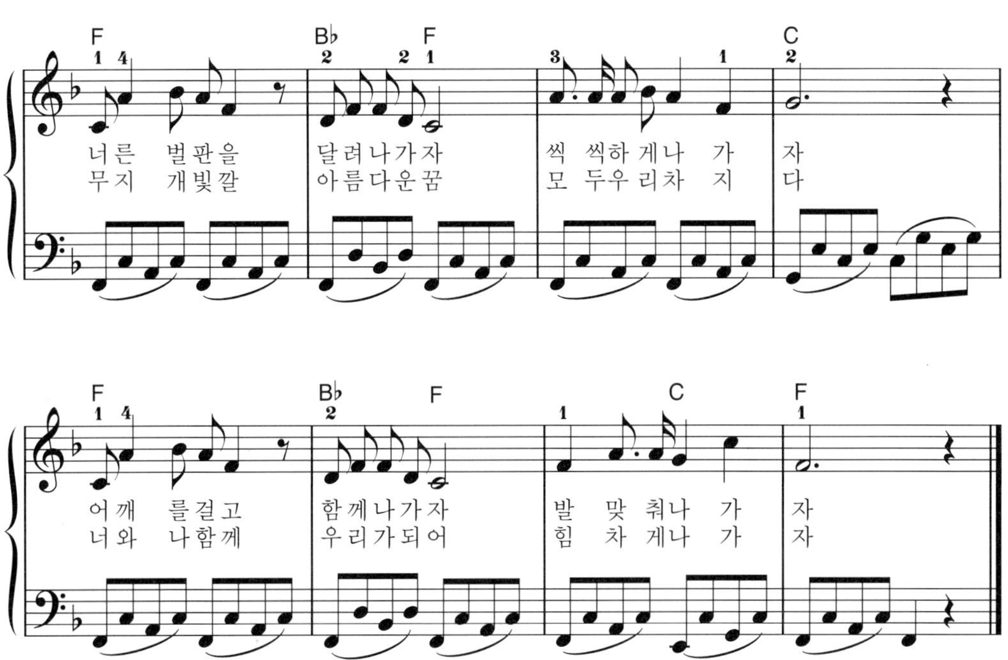
F Bb F C
너른 벌판을 달려나가자 씩 씩하 게나 가 자
무지 개빛깔 아름다운꿈 모 두우 리차 지 다
F Bb F C F
어깨 를걸고 함께나가자 발 맞 춰나 가 자
너와 나함께 우리가되어 힘 차 게나 가 자

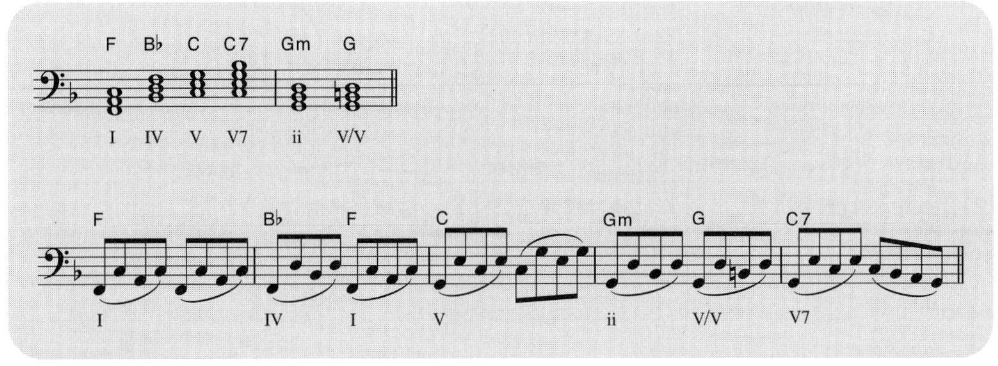
F Bb C C7 Gm G
I IV V V7 ii V/V
F Bb F C Gm G C7
I IV I V ii V/V V7

새싹들이다

좌승원 작사
좌승원작곡

mf F B♭ F C

마음 을열어 하늘을보라 넓 고높 고푸 른하 늘

F B♭ F C7 F

가슴 을펴고 소리쳐보자 우 리들 은 새싹들이 다

f B♭ F C F

푸 른꿈 이 자 -란다- 곱 고고 운 꿈
해 님되 자 달 님되자- 별 님이 되 자

B♭ F C7

두 리둥 실 자 -란다- 구 름이 되 어
너 른세 상 불 -밝힐- 큰 빛이 되 자

mf F
B♭ F
C7
너른 벌판을 달려나가자 씩 씩하게나 가 자
무지 개빛깔 아름다운꿈 모 두우리차 지 다
F
B♭ F
C7
F
어깨 를걸고 함께나가자 발 맞 춰나 가 자
너와 나함께 우리가되어 힘 차 게나 가 자

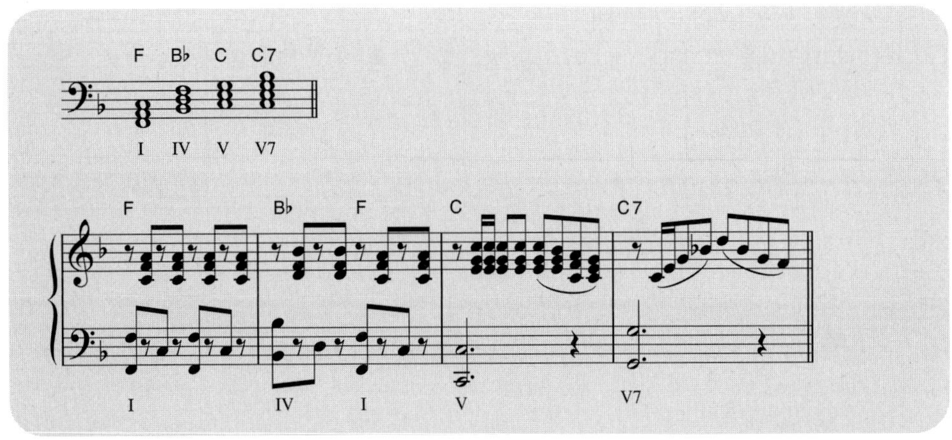
F B♭ C C7
I IV V V7
F B♭ F C C7
I IV I V V7

초급 숲속을 걸어요

유종슬 작사
정연택 작곡
F C F
숲 속 을 걸 어 요 산 새 들 이 속 삭 이 는 길
숲 속 을 걸 어 요 맑 은 바 람 솔 바 람 이 는
F C F
숲 속 을 걸 어 요 꽃 향 기 가 그 – 윽 한 길 해 님
숲 속 을 걸 어 요 도 랑 물 이 노 래 하 는 길 달 님
B♭ F Gm G7 C
도 쉬 었 다 가 는 길 – 다 람 쥐 가 넘 나 드 는 길 정 다
도 쉬 었 다 가 는 길 – 산 노 루 가 넘 나 드 는 길 웃 음
F Dm C C7 F
운 얼 굴 로 우 리 모 두 숲 속을걸 어 요
띤 얼 굴 로 우 리 모 두 숲 속을걸 어 요
F B♭ C C7 Dm Gm G7
I IV V V7 vi ii V7/V
F C(C7) B♭ Gm G7 Dm
I V(V7) IV ii V7/V vi

중급

숲속을 걸어요

유종슬 작사
정연택 작곡

고급

숲속을 걸어요

유종슬 작사
정연택 작곡
F Bb F C C7 F
숲 속 을 걸 어 요 산 새 들 이 속 삭 이 는 길
숲 속 을 걸 어 요 맑 은 바 람 솔 바 람 이 는
mf
F Bb F C7
숲 속 을 걸 어 요 꽃 향 기 가 그 - 윽 한
숲 속 을 걸 어 요 도 랑 물 이 노 래 하 는
F Bb F
길 해 님 도 쉬 었 다 가 는 길 - 다 람 쥐
길 달 님 도 쉬 었 다 가 는 길 - 산 노 루
mp

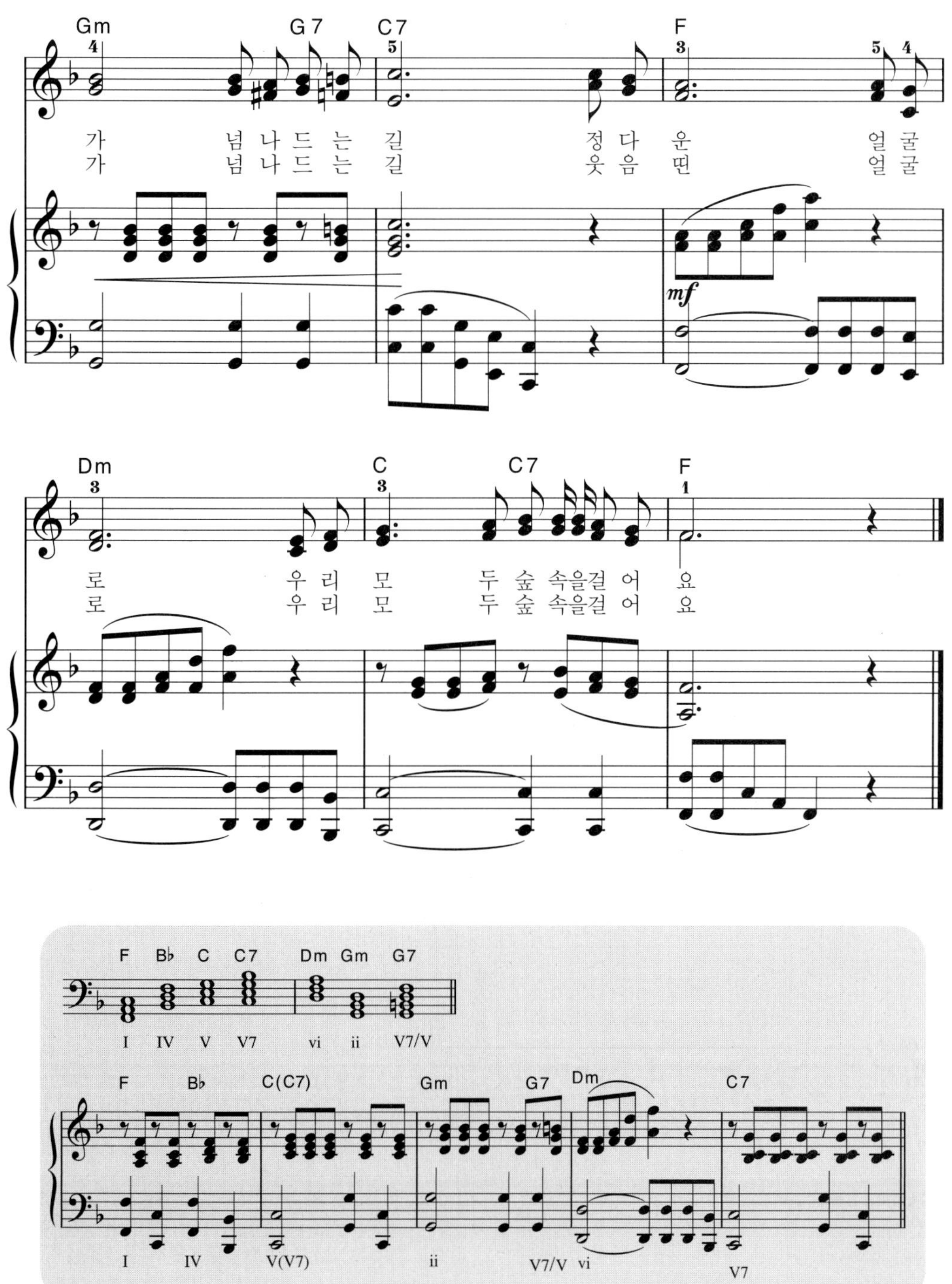
Gm G7 C7 F
가 넘 나 드 는 길 정 다 운 얼 굴
가 넘 나 드 는 길 웃 음 띤 얼 굴
mf
Dm C C7 F
로 우 리 모 두 숲 속을걸 어 요
로 우 리 모 두 숲 속을걸 어 요
F B♭ C C7 Dm Gm G7
I IV V V7 vi ii V7/V
F B♭ C(C7) Gm G7 Dm C7
I IV V(V7) ii V7/V vi V7

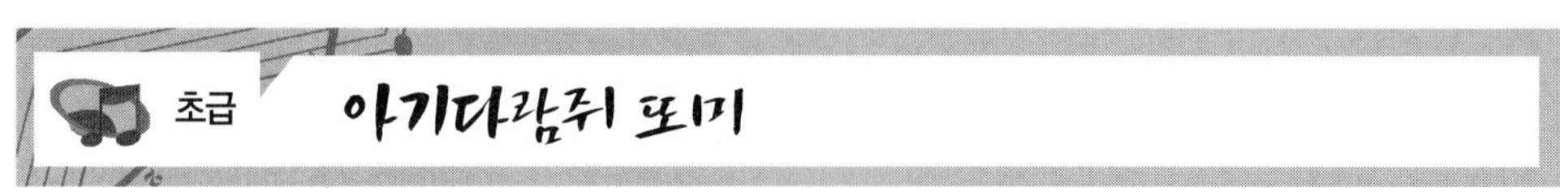

한예찬 작사
조원경 작곡

C F G7 C

쪼 로로롱 – 산 새 가 노 래하는 – 숲 속 에

Am Dm G C

예 쁜아기 – 다 람 쥐가 – 살 고 –있었어 요

C7 F D7 G7

울 창한 숲 속 푸 른나 무 위 에 서

C F G C

아 기다람쥐 또 미 – 가 살 고 있었어 요

C
F
G
C
야 호 랄 라
노 래부르자
(랄 랄 라)
야 호 숲속의
아 침을 –
(랄 랄 라)

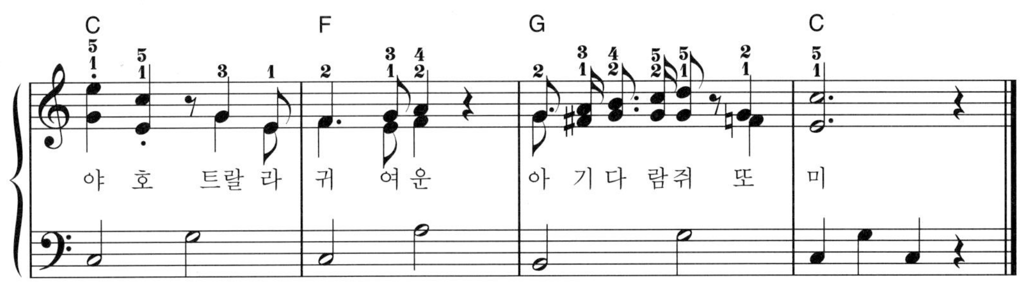
C
F
G
C
야 호 트랄 라
귀 여운
아 기 다 람쥐 또
미

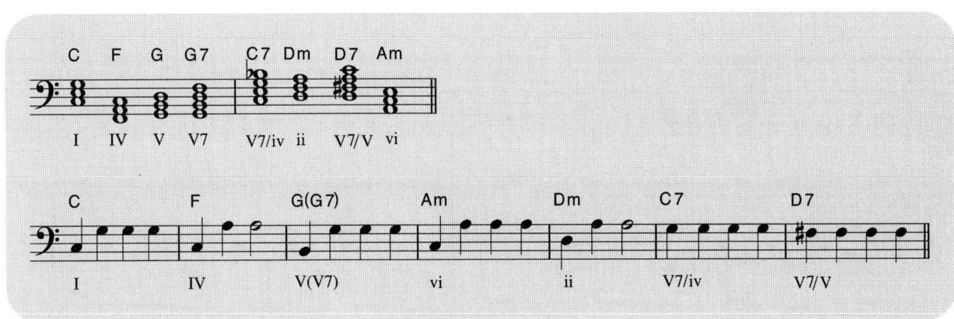
C F G G7 C7 Dm D7 Am
I IV V V7 V7/iv ii V7/V vi
C F G(G7) Am Dm C7 D7
I IV V(V7) vi ii V7/iv V7/V

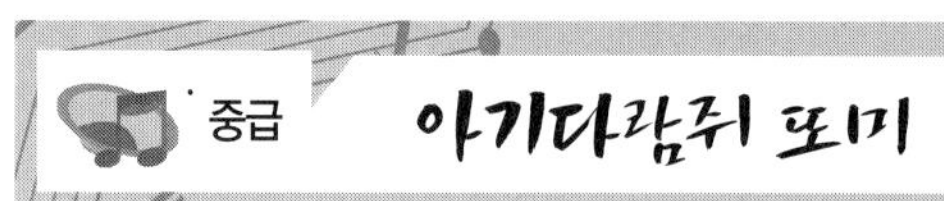

한예찬 작사
조원경 작곡

C F G G7 C

쪼 로로 롱 – 산 새 가 노 래하는 – 숲 속 에

Am Dm G7 C

예 쁜아기 – 다 람 쥐가 – 살 고 – 있었어 요

C7 F D7 G G7

울 창한 숲 속 푸 른나 무 위 에 서

C F G C

아 기다람 쥐 또 미 – 가 살 고 있었어 요

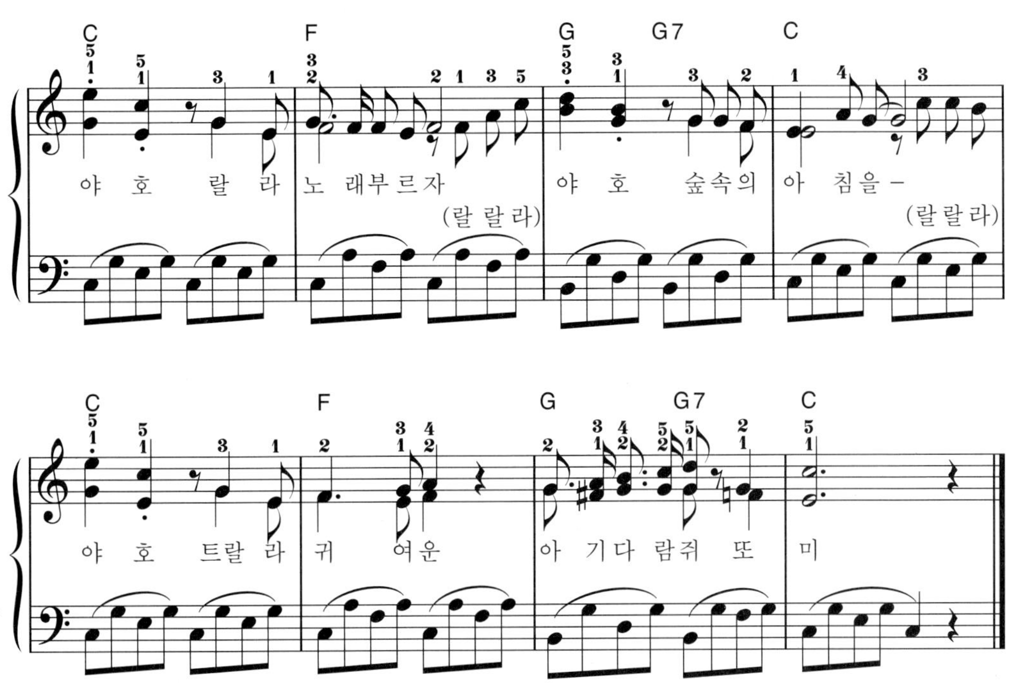
C
F
G
G7
C
야 호 랄 라 노 래부르자 야 호 숲속의 아 침을 –
(랄 랄 라)
(랄 랄 라)
C
F
G
G7
C
야 호 트랄 라 귀 여운 아 기다 람쥐 또 미

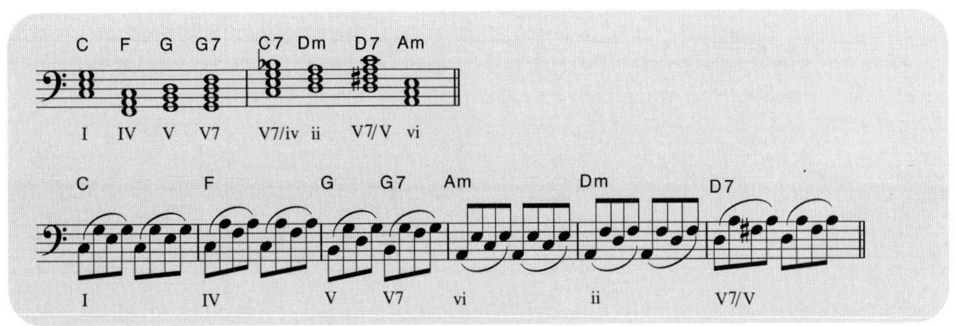
C F G G7 C7 Dm D7 Am
I IV V V7 V7/iv ii V7/V vi
C F G G7 Am Dm D7
I IV V V7 vi ii V7/V

고급

아기다람쥐 또미

한예찬 작사
조원경 작곡

C Dm7 G G7 C
야 호 랄 라 노 래부르자 야 호 숲속의 아 침을 –
(랄 랄 라) (랄랄라) (랄 랄 라) (랄랄라)
C F G G7 C
야 호 트랄 라 귀 여운 아 기다 람쥐 또 미
C F G G7 C7 D7 Dm7Am7
I IV V V7 V7/IV V7/V ii7 vi7
C Dm7 G7 Am7
I ii7 V7 vi7
C7 F D7 G G7
V7/IV IV V7/V V V7

초급
아기염소

이해별 작사
이순형 작곡

F
C7
파 란 하 늘
파 란하 늘 꿈 이
드 리 운 푸 른 언 덕
에

C7
F
F Fm
아 기 염 소 여 럿 이
풀 을 뜯 고 놀 아 요
해 처 럼 밝 은 얼 굴
로

Fm
빗 방 울 이 뚝 뚝 뚝 뚝
떨 어 지 는 날 에 는
잔 뜩 찡 그 린 얼 굴
로

B♭m
E♭7
Edim7
C7
엄 마 찾 아 음 – 메
아 빠 찾 아 음 – 메
울 상 을 짓 다
가

F
C7
해 가 반 짝
곱 게피 어 나 면
너 무 나 기 다 렸 나
봐

C7
F
C
F
폴 짝 폴 짝 콩 콩 콩
흔 들 흔 들 콩 콩 콩
신 나 는 아 기 염 소
들

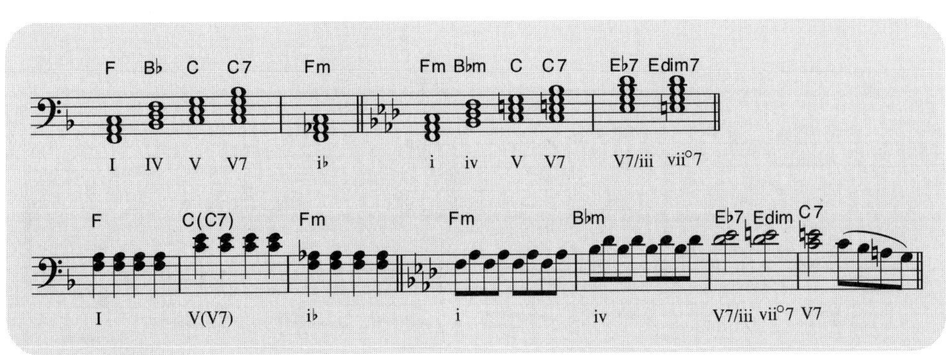
F B♭ C C7
Fm
Fm B♭m C C7
E♭7 Edim7
I IV V V7
i♭
i iv V V7
V7/iii vii°7
F
C(C7)
Fm
Fm
B♭m
E♭7 Edim C7
I
V(V7)
i♭
i
iv
V7/iii vii°7 V7

이해별 작사
이순형 작곡

F C C7
파란 하늘 파란하늘꿈이 드리 운푸른언덕 에

C7 F C7 F Fm
아기염소여럿이 풀을뜯고놀아요 해처 럼밝은얼굴 로

Fm
빗방울이뚝뚝뚝뚝 떨어지는날에는 잔뜩찡그린얼 굴 로

B♭m E♭7 Edim7 C
엄마찾아음－메 아빠찾아음－메 울상 을짓 다 가

F
C
C7
해 가 반 짝
곱 게 피 어 나 면
너 무 나 기 다 렸 나
봐

C7
F
C7
F
폴 짝 폴 짝 콩 콩 콩
흔 들 흔 들 콩 콩 콩
신 나 는 아 기 염 소
들

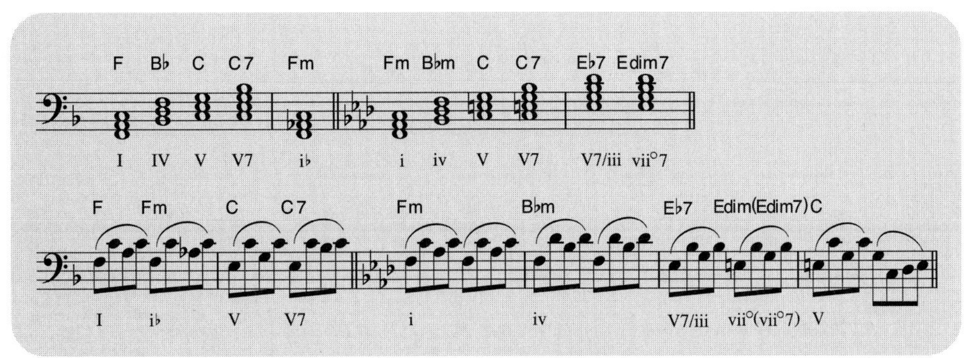
F B♭ C C7 Fm
I IV V V7 i♭
Fm B♭m C C7 E♭7 Edim7
i iv V V7 V7/iii vii°7
F Fm C C7
I i♭ V V7
Fm B♭m E♭7 Edim(Edim7) C
i iv V7/iii vii°(vii°7) V

이해별 작사
이순형 작곡

F C7

파란 하늘 파 란하늘꿈이 드리 운푸른언덕 에

C7 F C7 F Fm

아기염소여럿이 풀을뜯고놀아요 해처 럼밝은얼굴 로

Fm

빗 방 울 이 뚝 뚝 뚝 뚝 떨 어 지 는 날 에 는 잔 뜩 찡 그 린 얼 굴

Fm
Bbm
로
엄 마 찾 아 음 - 메
아 빠 찾 아 음 - 메
Eb7
Edim7
C
F
울 상 을 짓 다 가
해 가 반 짝
F
C7
곱 게 피 어 나 면
너 무 나 기 다 렸 나 봐

C7
F
C7
F
폴짝폴짝콩콩콩 흔들흔들콩콩콩 신나 는아기염소 들

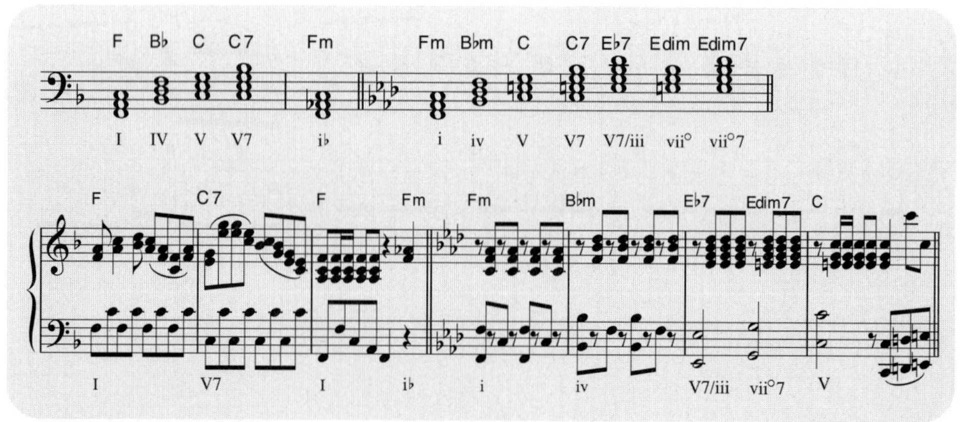
F Bb C C7
Fm
Fm Bbm C C7 Eb7 Edim Edim7
I IV V V7
ib
i iv V V7 V7/iii vii° vii°7
F C7 F Fm Fm Bbm Eb7 Edim7 C
I V7 I ib i iv V7/iii vii°7 V

유경숙 작사
김봉학 작곡

C G G7

색종이를 곱-게 접 어서 물감으로 예쁘게 색칠하고
도화지를 곱-게 접 어서 색연필로 예쁘게 색칠하고

C G C

알록달록 오색실 꼬리달아 비행기를 만-들 자
노랑파랑 은행잎 돛대달아 종이배를 만-들 자

F C G7 C

솔 솔 바람부는 뒷동산에- 동 네 친구모두 모 여서-
솔 솔 노래하는 시냇가에- 동 네 친구모두 모 여서-

F G7 C G

파 란 하늘향해 날 리면- 새 처럼 -날아간 다
파 란 시냇물에 띄 우면- 물 따라 -흘러간 다

C G F G7 C

하 늘 끝-까지 날 아라- 높 이 더-높 이
동 해 바다까지 흘 러라- 멀 리 더-멀 리

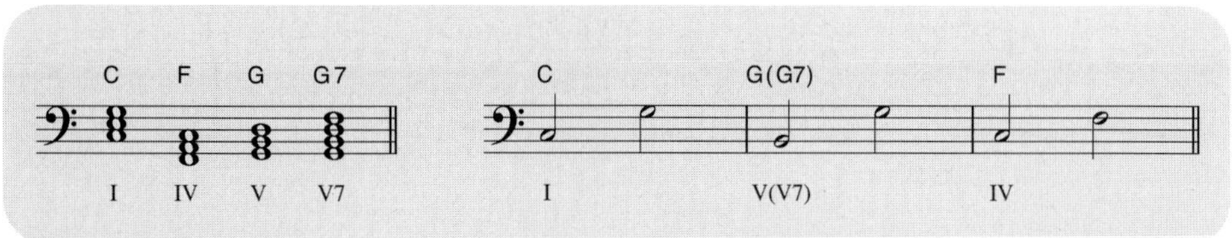

C F G G7
I IV V V7

C G(G7) F
I V(V7) IV

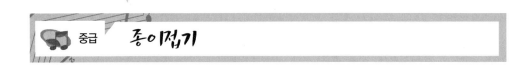

중급 **종이접기**

유경숙 작사
김봉학 작곡

C G
색종이를 곱－게 접 어서 물감으로 예쁘게 색칠하고
도화지를 곱－게 접 어서 색연필로 예쁘게 색칠하고
C G G7 C C7
알록달록 오색실 꼬리달아 비행기를 만－들 자
노랑파랑 은행잎 돛대달아 종이배를 만－들 자
F C G7 C
솔 솔 바람부는 뒷동산에－ 동 네 친구모두 모 여서－
솔 솔 노래하는 시냇가에－ 동 네 친구모두 모 여서－
F G G7 C G7
파 란 하늘향해 날 리면－ 새 처럼 －날아간 다
파 란 시냇물에 띄 우면－ 물 따라 －흘러간 다

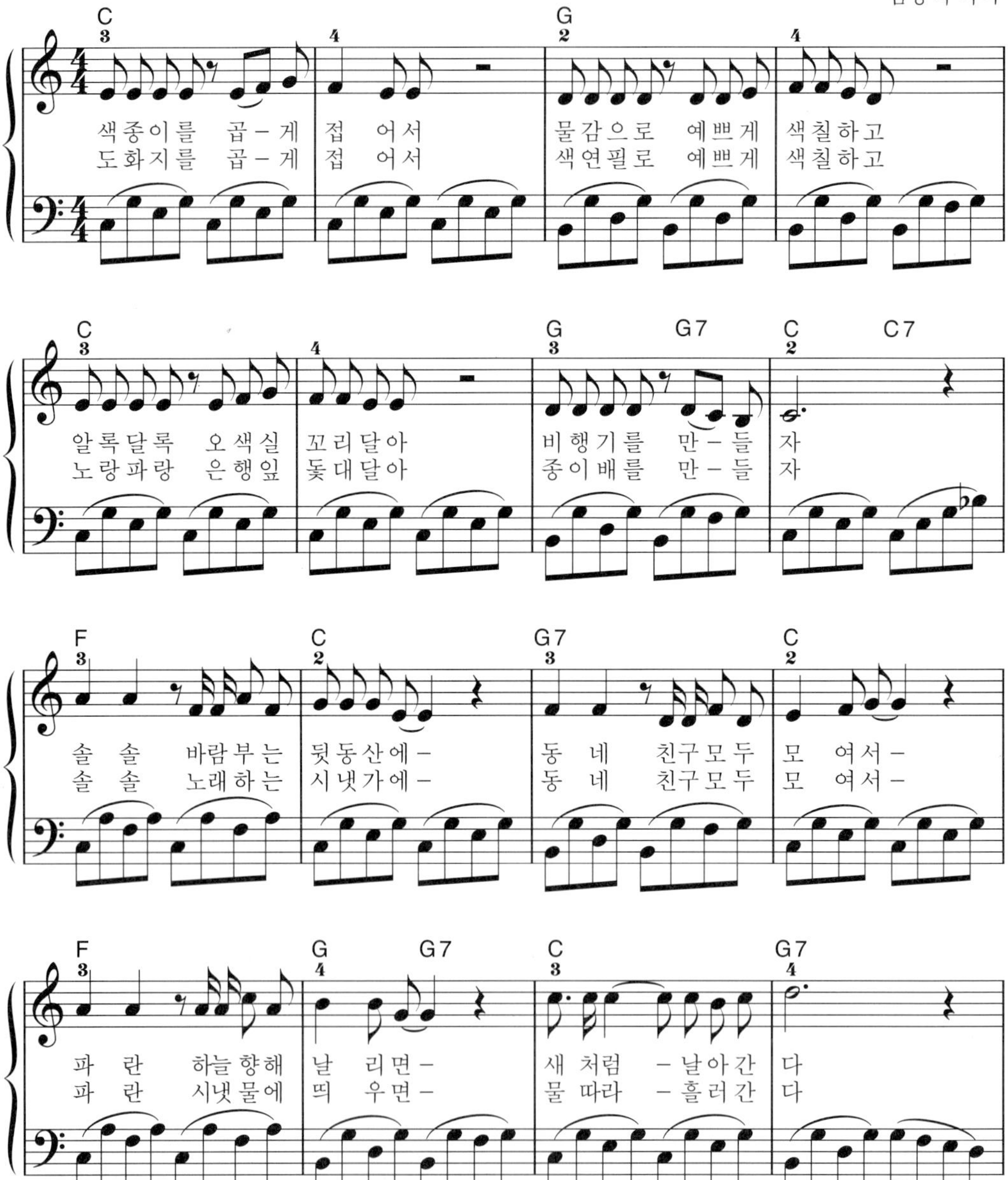

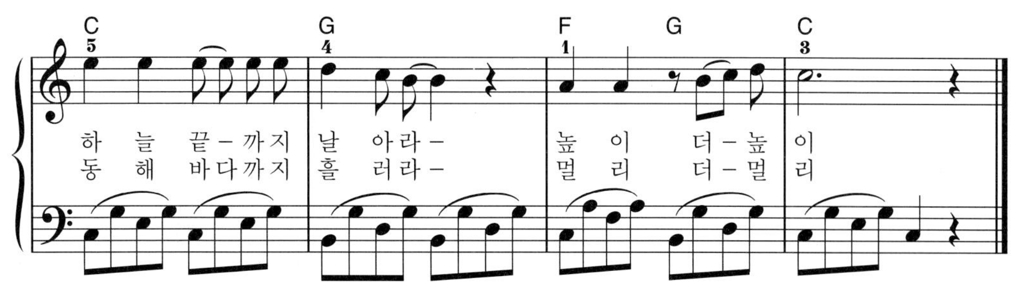
C
G
F
G
C
5
4
1
3
하 늘 끝 - 까 지
날 아 라 -
높 이 더 - 높 이
동 해 바 다 까 지
흘 러 라 -
멀 리 더 - 멀 리

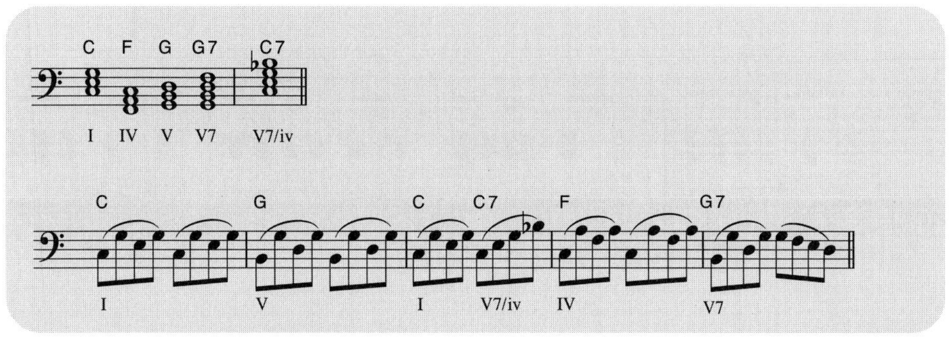
C F G G7
C7
I IV V V7
V7/iv
C
G
C C7
F
G7
I
V
I V7/iv IV
V7

고급 종이접기

유경숙 작사
김봉학 작곡

B♭ F

색종이를 곱-게 접 어서 물감으로 예쁘게 색칠하고
도화지를 곱-게 접 어서 색연필로 예쁘게 색칠하고

B♭ F B♭ B♭7

알록달록 오색실 꼬리달아 비행기를 만-들 자
노랑파랑 은행잎 돛대달아 종이배를 만-들 자

E♭ B♭ F7 B♭

솔 솔 바람부는 뒷동산에- 동 네 친구모두 모 여서-
솔 솔 노래하는 시냇가에- 동 네 친구모두 모 여서-

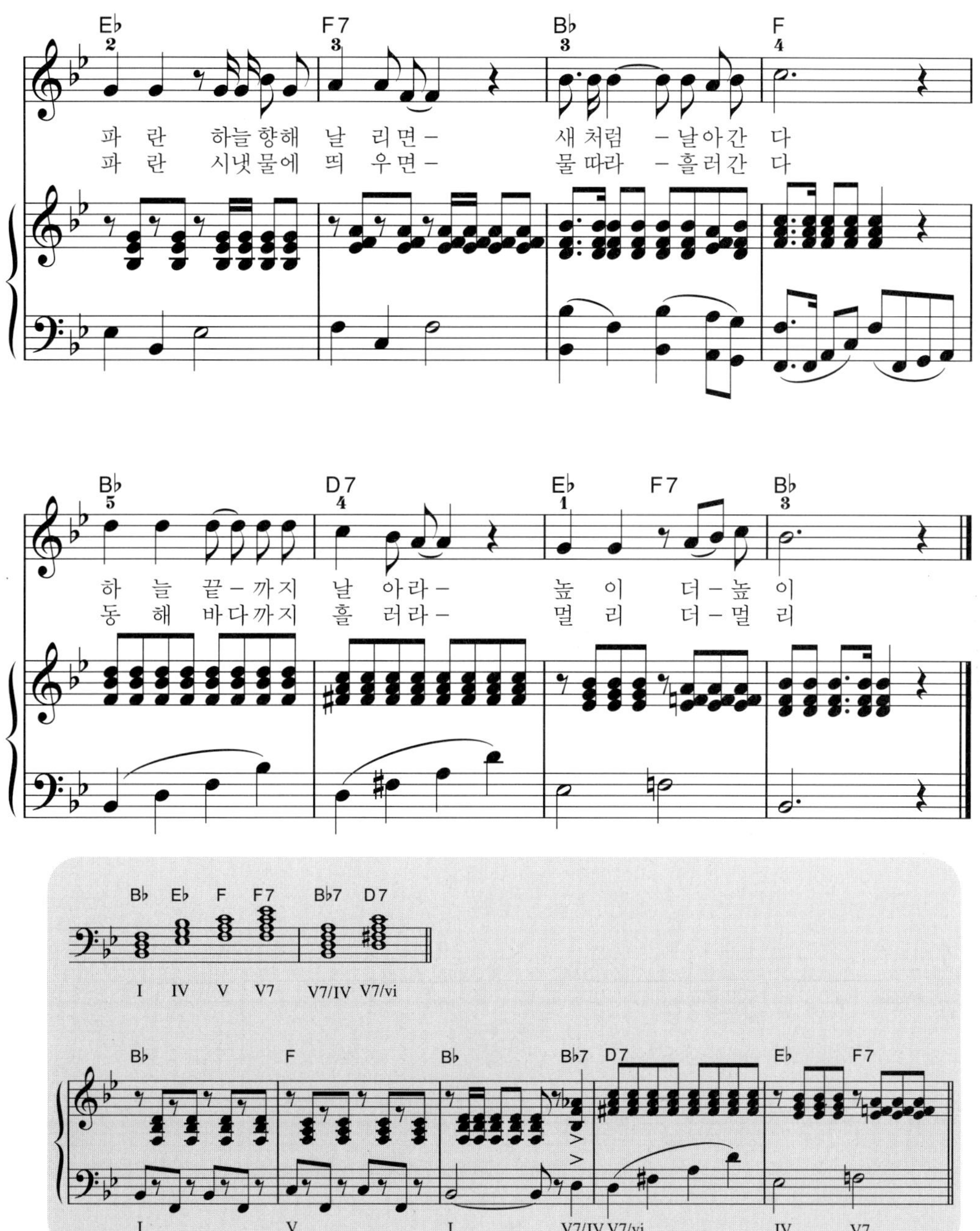
E♭ F7 B♭ F
파 란 하늘향해 날 리면 – 새처럼 – 날아간 다
파 란 시냇물에 띄 우면 – 물따라 – 흘러간 다
B♭ D7 E♭ F7 B♭
하 늘 끝 – 까지 날 아라 – 높 이 더 – 높 이
동 해 바다까지 흘 러라 – 멀 리 더 – 멀 리
B♭ E♭ F F7 B♭7 D7
I IV V V7 V7/IV V7/vi
B♭ F B♭ B♭7 D7 E♭ F7
I V I V7/IV V7/vi IV V7

조원경 작사
조원경 작곡

C G C G
동그란눈에 까만작은코 하얀털옷을 입은 예쁜아기곰

C G F G C
언제나너를 바라보면서 작은소망애기하 – 지

F G Em Am
너 의곁에있으 면 나 는 행 복 해

Dm G C Dm C
어 떤비밀이라 도 말할 수 있 어

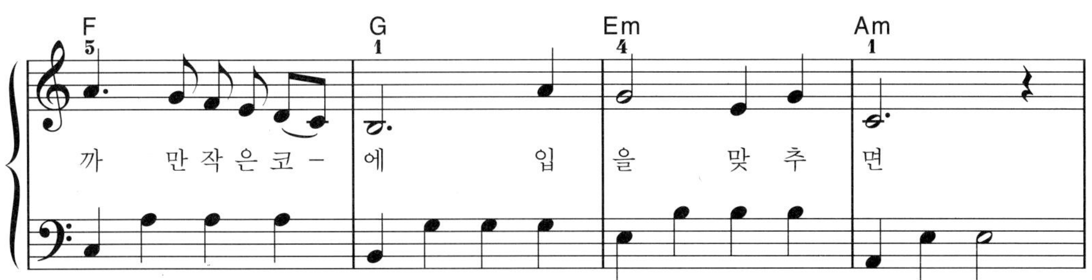
F
G
Em
Am
까 만 작 은 코 –
에 입
을 맞 추
면

F
G7
C
수 즙 어 –
얼 굴 을 붉 히 는
예 쁜 아 기
곰

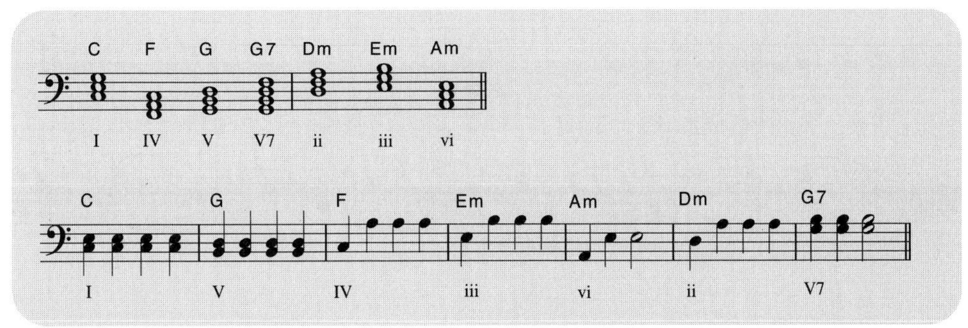
C F G G7 Dm Em Am
I IV V V7 ii iii vi
C G F Em Am Dm G7
I V IV iii vi ii V7

중급 **예쁜 아기 곰**

조원경 작사
조원경 작곡

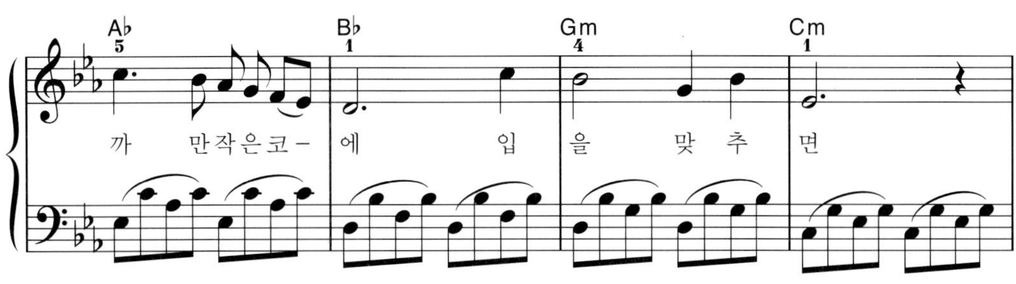
A♭
B♭
Gm
Cm
까 만작은코 – 에 입 을 맞 추 면

A♭
Fm7
B♭7
E♭
수 줍 어 – 얼 굴 을 붉 히 는 예 쁜 아 기 곰

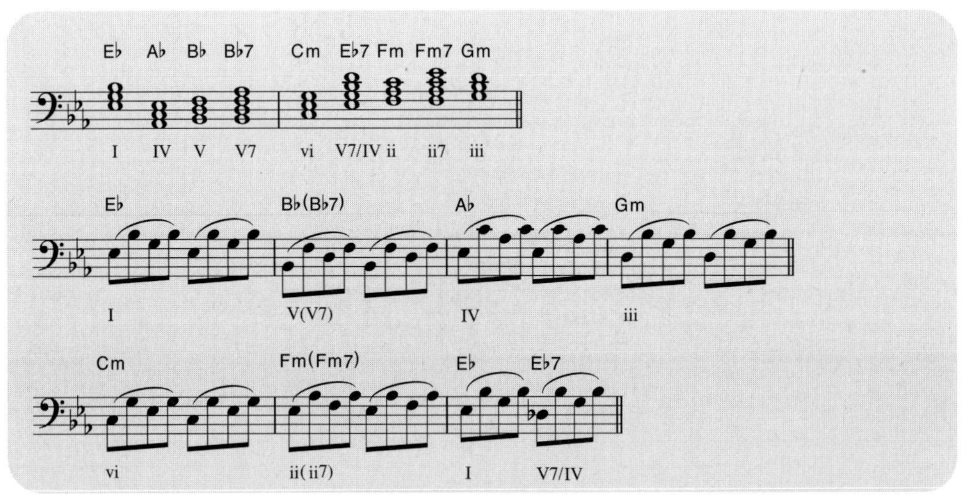
E♭ A♭ B♭ B♭7 Cm E♭7 Fm Fm7 Gm
I IV V V7 vi V7/IV ii ii7 iii
E♭ B♭(B♭7) A♭ Gm
I V(V7) IV iii
Cm Fm(Fm7) E♭ E♭7
vi ii(ii7) I V7/IV

예쁜 아기 곰

조원경 작사
조원경 작곡

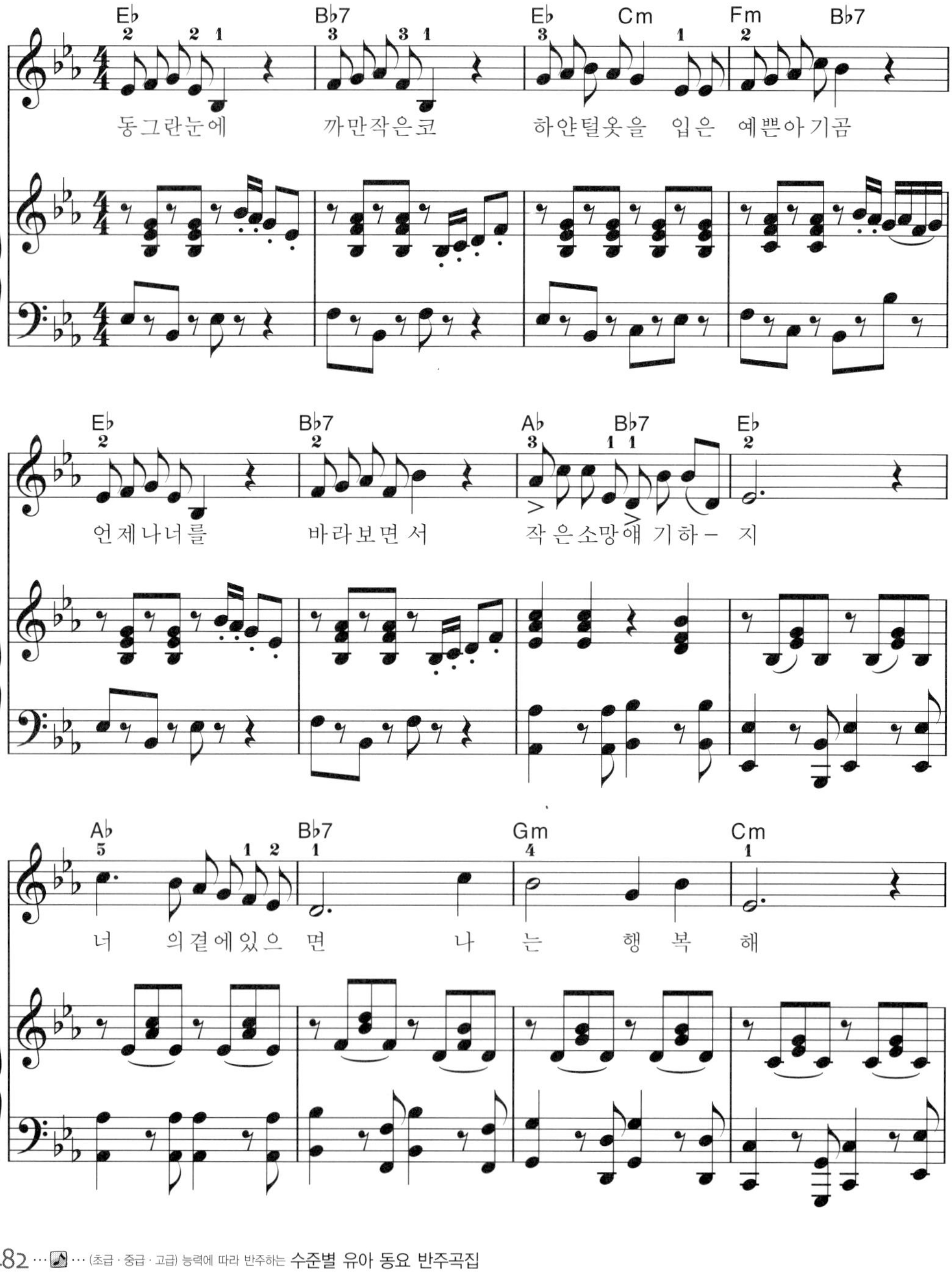

동그란눈에 까만작은코 하얀털옷을 입은 예쁜아기곰

언제나너를 바라보면서 작은소망얘기하– 지

너 의곁에있으 면 나 는 행 복 해

Fm B♭ E♭ Fm E♭ E♭7
어 떤비밀이라 도 말할 수 있 어
A♭ B♭ Gm Cm
까 만작은코– 에 입 을 맞 추 면
A♭ Fm7 B♭7 E♭
수 줍 어 – 얼 굴 을 붉 히 는 예 쁜 아 기 곰
E♭ A♭ B♭ B♭7 Cm E♭7 Fm Fm7 Gm
I IV V V7 vi V7/IV ii ii7 iii
E♭ Cm Fm B♭7 A♭ Gm E♭ E♭7 Fm7
I vi ii V7 IV iii I V7/IV ii7

이강산 작사
이강산 작곡

G | B7 C | A7 | D D7
동 산 위 에 | 올 라 서 서 | 파란하 늘 바 라 보 | 며 –

G | B7 C | D7 | G
천 사 얼 굴 | 선 녀 얼 굴 | 마음속 에 그려봅 니 | 다 –

C | G | Em7 | D7
하 늘 끝 까 지 | 올 라 – 실 바 | 람 을 끌 어 안 | 고 – 날 개
아 름

G B7 | Em | A7 D7 | G
달 린 천 사 들 | 과 – 속 삭 | 이 고 싶 어 | 라 –
다 운 선 녀 들 | 과 – 뛰 어 | 놀 고 싶 어 | 라 –

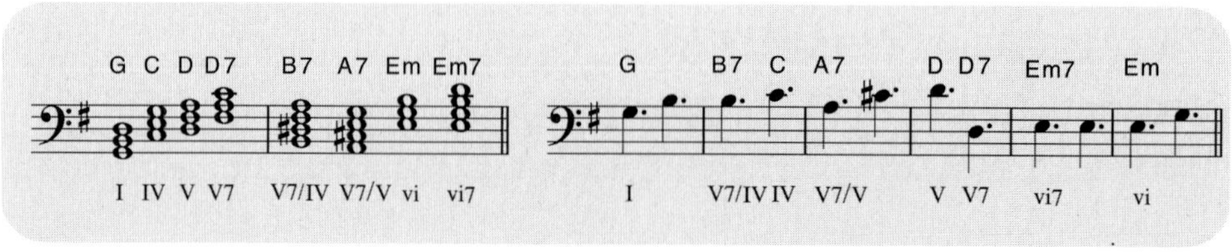

G C D D7 B7 A7 Em Em7
I IV V V7 V7/IV V7/V vi vi7

G B7 C A7 D D7 Em7 Em
I V7/IV IV V7/V V V7 vi7 vi

중급 **하늘나라 동화**

이강산 작사
이강산 작곡
G B7 C Am A7 D D7
동 산 위 에 올 라 서 서 파란하 늘 바 라 보 며 –
G B7 C D7 G
천 사 얼 굴 선 녀 얼 굴 마음속 에 그려봅 니 다 –
C G Em7 A7 D7
하 늘 끝 까 지 올 라 – 실바 람 을 끌 어 안 고 – 날개
아름
G B7 Em A7 D7 G
달 린 천 사 들 과 – 속삭 이 고 싶 어 라 –
다 운 선 녀 들 과 – 뛰어 놀 고 싶 어 라 –
G C D D7 B7 Am A7 Em Em7
I IV V V7 V7/IV ii V7/V vi vi7
G B7 C Am A7 D D7 Em(Em7)
I V7/IV IV ii V7/V V V7 vi(vi7)

이강산 작사
이강산 작곡

G B7 C A7

동 산 위 에 올 라 서 서 파란하 늘 바 라 보

D D7 G B7 C

며 – 천 사 얼 굴 선 녀 얼 굴

D D7 G C

마음속 에 그려봅 니 다 – 하 늘 끝 까 지

G Em A7 D7
올 라 - 실바 람 을 끌 어 안 고 - 날개
아름
G B7 Em A7 D7 G
달 린 천 사 들 과 - 속삭 이 고 싶 어 라 -
다 운 선 녀 들 과 - 뛰어 놀 고 싶 어 라 -
G C D D7 B7 A7 Em
I IV V V7 V7/IV V7/V vi
G B7 C A7 D D7 Em
I V7/IV IV V7/V V V7 vi

화가

이강산 작사
이강산 작곡

G B Em E Am A D7
맑 게 개 인 공 원 에 서 - 턱 수 염 난 화 가 아 저 씨 - 나 비

G E A D7 G
가 훨 훨 날 아 가 고 - 꽃 들 이 웃 고 있 는 모 습 을 - 랄 랄

C G C D7
랄 랄 랄 라 랄 랄 랄 랄 랄 라 콧 노 래 를 불 러 가 며 - 아 주

G B Em Am D7 G
예 쁘 게 그 리 고 있 었 어 요 맑 고 푸 른 동 산 을 -

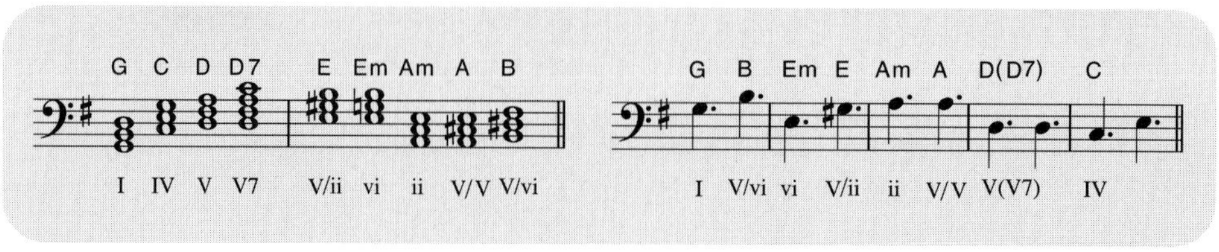

G C D D7 E Em Am A B
I IV V V7 V/ii vi ii V/V V/vi

G B Em E Am A D(D7) C
I V/vi vi V/ii ii V/V V(V7) IV

중급
화가

이강산 작사
이강산 작곡

G B7 Em E Am A7 D7
맑게 개 인 공 원 에 서 – 턱수 염 난 화가아 저 씨 – 나비

G E7 Am D D7 G
가 훨훨날 아 가 고 – 꽃들 이 웃고있는모 습 을 – 랄랄

C G C Em D7
랄 랄 랄 라 랄랄 랄 랄 랄 라 콧노 래 를 불 러 가 며 – 아주

G B7 Em Am D7 G
예 쁘게 그 리 고 있 었 어 요 맑고 푸 른 동 산 을 –

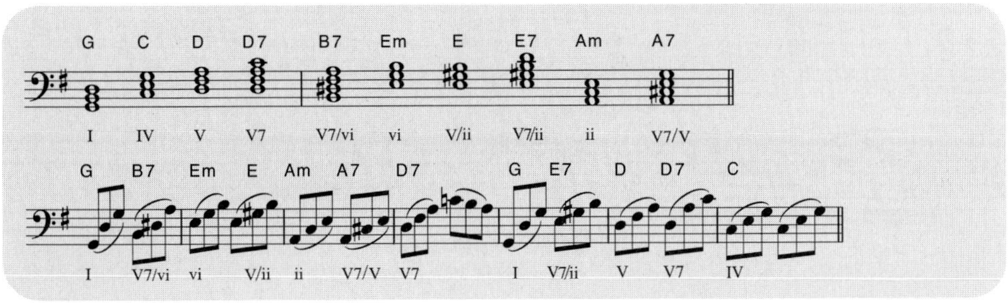

G C D D7 B7 Em E E7 Am A7
I IV V V7 V7/vi vi V/ii V7/ii ii V7/V

G B7 Em E Am A7 D7 G E7 D D7 C
I V7/vi vi V/ii ii V7/V V7 I V7/ii V V7 IV

이강산 작사
이강산 작곡

G B7 Em E Am A7

맑 게 개 인 공 원 에 서 – 턱 수 염 난 화 가 아 저

D7 G E7 Am

씨 – 나 비 가 훨 훨 날 아 가 고 – 꽃 들

D7 G C

이 웃 고 있 는 모 습 을 – 랄 랄 랄 랄 랄 라 랄 랄

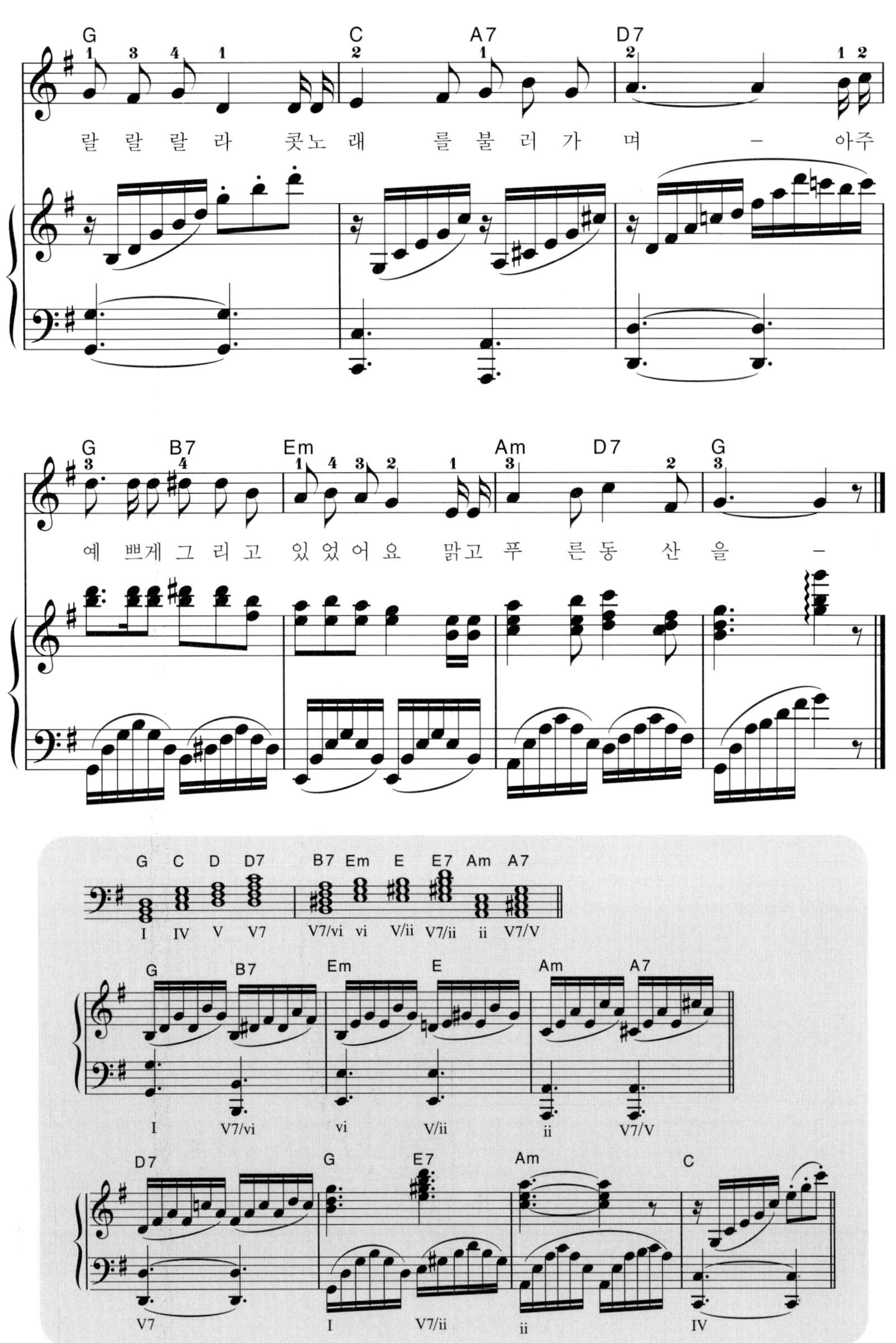
G C A7 D7
랄 랄 랄 라 콧노 래 를 불 러 가 며 – 아주
G B7 Em Am D7 G
예 쁘게 그 리 고 있 었 어 요 맑 고 푸 른 동 산 을 –
G C D D7 B7 Em E E7 Am A7
I IV V V7 V7/vi vi V/ii V7/ii ii V7/V
G B7 Em E Am A7
I V7/vi vi V/ii ii V7/V
D7 G E7 Am C
V7 I V7/ii ii IV

20

선생님을 위한 노래

- 마법의 성
- 사랑으로
- 당신은 사랑받기 위해 태어난 사람

김광진 작사
김광진 작곡

D G D G D F♯dim B7

믿 을 수 있나요 나의 꿈 속 에서– 너 는 마법에빠진공주란 걸 언제

G A7 F♯m Bm Em C A7

나 너를 향 한 몸 짓에– 수 많은 어려움– 뿐이 지만 ––––– 그러

D G D G D F♯dim B7

나 언제나 굳은 다짐뿐이죠– 다 시 너를구하고말거라 고 두손

G A7 F♯m Bm Em A7 D

을 모아 기 도 했 죠 끝없는 용기와– 지혤달라고 – 마법의

𝄋 C7 D Bm Em A7

– 성 을 지나 – 늪 을 건 너 어 둠 의 동 굴 속 멀 리 그 대 가 보 여 이제

C7 D Bm Em A7
나의손을잡아보– 아 요 우리 의몸이떠오르는– 것 을느끼죠 자유롭
G A7 F♯m Bm Em7 A7 D
게 저하늘 을 날아가 –도 놀라지말아 요 우리앞
G A7 F♯m Bm Em7 A7 D
에 펼쳐질 세 상 이 너무나 소중 해–함께 라 면 마법의
D.S.
F♯m Bm Em A7 D Em A7 D
세 상 이너무나 소중 해– 함께있– 다 면
D G A A7 Em Em7 F♯m F♯dim Bm C C7
I IV V V7 ii ii7 iii iii° vi V/iii V7/iii
D G Em Em7 F♯m F♯dim A7 Bm C C7
I IV ii ii7 iii iii° V7 vi V/iii V7/iii

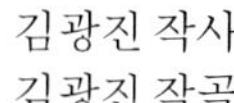

D G D G D F♯dim B7

믿을 | 수 있나요 나의 | 꿈 속에서– 너는 | 마법에빠진공주란 | 걸 언제

G A7 F♯m Bm Em C A7

나 너를 향 | 한 몸짓에– 수많은 | 어려움– 뿐이 지만 | ----- 그러

D G D G D F♯dim B7

나 언제나 굳은 | 다짐뿐이죠– 다시 | 너를구하고말거라 | 고 두손

G A7 F♯m Bm Em A7 D

을 모아 기 | 도 했죠 끝없는 | 용기와– 지혜 달라고 | – 마법의

𝄋 C7 D Bm Em A7

– 성 을지나–늪 을건 | 너 어둠 | 의동굴속멀리그대 | 가 보 여 이제

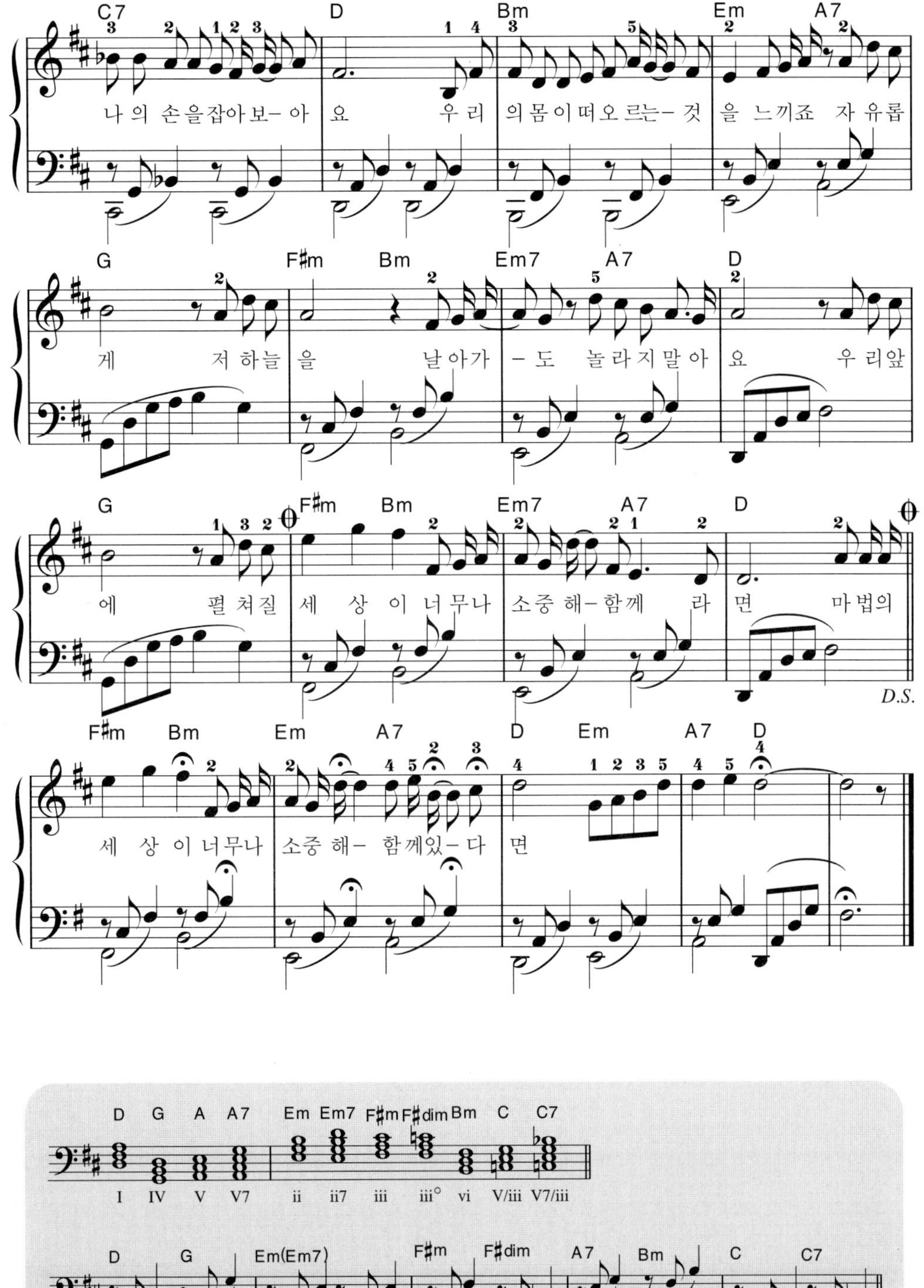
C7 D Bm Em A7
나 의 손을잡아보– 아 요 우 리 의몸이떠오르는– 것 을 느끼죠 자 유롭
G F♯m Bm Em7 A7 D
게 저하늘 을 날아가 –도 놀라지말아 요 우리앞
G F♯m Bm Em7 A7 D
에 펼쳐질 세 상 이 너무나 소중 해–함께 라 면 마법의
D.S.
F♯m Bm Em A7 D Em A7 D
세 상 이 너무나 소중 해– 함께있–다 면
D G A A7 Em Em7 F♯m F♯dim Bm C C7
I IV V V7 ii ii7 iii iii° vi V/iii V7/iii
D G Em(Em7) F♯m F♯dim A7 Bm C C7
I IV ii(ii7) iii iii° V7 vi V/iii V7/iii

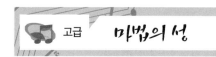

김광진 작사
김광진 작곡

D G D G D A

믿 을 수 있나요 나의 꿈 속 에서- 너 는 마 법 에 빠 진 공 주 란

F♯dim B7 G A7 F♯m Bm

걸 언 제 나 너 를 향 한 몸 짓에- 수 많은

Em C A D G

어 려움- 뿐이 지만 ----- 그 러 나 언 제 나 굳 은

D G D A F♯dim B7
다 짐 뿐 이 죠 - 다 시 너 를 구 하 고 말 거 라 고 두 손
G A7 F♯m Bm Em A7
을 모 아 기 도 했 죠 끝 없 는 용 기 와 - 지 헬 달 라 고
D C7 D
- 마 법 의 - 성 을 지 나 - 늪 을 건 너 어 둠

Bm D Em A7 C7
의 동 굴 속 멀 리 그 대 가 보 여 이제 나 의 손 을 잡 아보- 아
D Bm D Em A7 G A7
요 우 리 의몸이떠오르는-것 을 느끼죠 자 유 롭 게 저 하늘
F♯m Bm Em7 A7 D G A7
을 날아가 -도 놀라지말아 요 우 리앞 에 펼 쳐질

F♯m Bm Em7 A7 D F♯m Bm
세 상 이 너무나 소중 해– 함 께 라 면 마법의 세 상 이 너무나
D.S.
Em A7 D Em A7 D
소중 해– 함 께있– 다 면
D G A A7 Em Em7 F♯m F♯dim Bm C C7 B7
I IV V V7 ii ii7 iii iii° vi V/iii V7/iii V7/ii
D G D A F♯dim B7 G A7 F♯m Bm
I IV I V iii° V7/ii IV V7 iii vi
Em C A Em A7 C7 Em7 A7
ii V/iii V ii V7 V7/iii ii7 V7

이주호 작사
이주호 작곡

D F#7 Bm G Em A7

내가 살 아가-는- 동 안 에 할일 이 또하나있 지 바람

D F#7 Bm G A7 D

부 는벌-판에 서 있어도 나는 외 롭-지 않- 아 그러

B7 Em A7 D

나 솔잎-하나 떨 어지면 눈물 따 라흐 르 고 우리

D F#7 Bm G A7 D

타 는가-슴- 가 슴마다 햇살 은 다시떠 오 르 네 아-

G
D
B7
Em
영 원히 변 치 않 ㅡ을 우 리 들 의 사 랑 으 로 어 두
G
Gm
D
A7
D
운 곳 에 손 을 내 밀 어 밝 혀 주 리 라

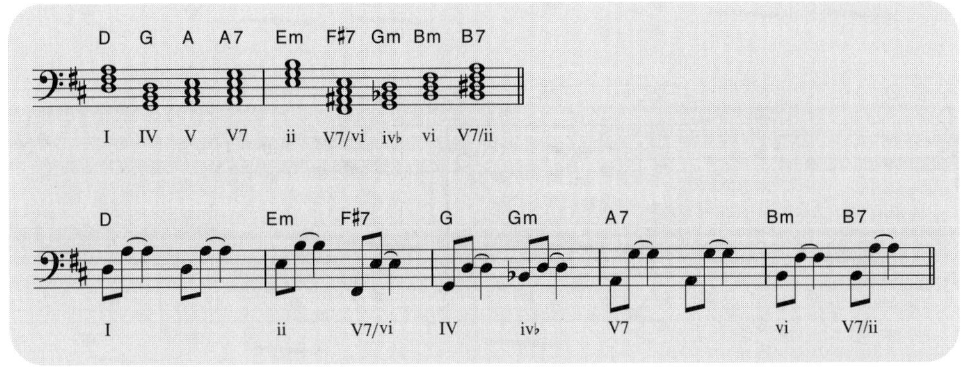
D G A A7 Em F#7 Gm Bm B7
I IV V V7 ii V7/vi iv♭ vi V7/ii
D Em F#7 G Gm A7 Bm B7
I ii V7/vi IV iv♭ V7 vi V7/ii

이주호 작사
이주호 작곡

D F♯7 Bm G Em A7

내가 살 아가-는- 동 안 에 할일 이 또하나있 지 바람

D F♯7 Bm G A7 D

부 는벌-판에 서 있어도 나는 외 롭-지 않- 아 그러

B7 Em A A7 D

나 솔잎-하나 떨 어지면 눈물 따 라흐 르 고 우리

D F♯7 Bm G A7 D

타 는가-슴- 가 슴마다 햇살 은 다시떠 오 르 네 아-

G D B7 Em
영 원히 변 치 않 ㅡ을 우리 들 의사 랑으 로 어두
G Gm D A7 D
운 곳에 손을 내 밀어 밝 혀 주 리 라

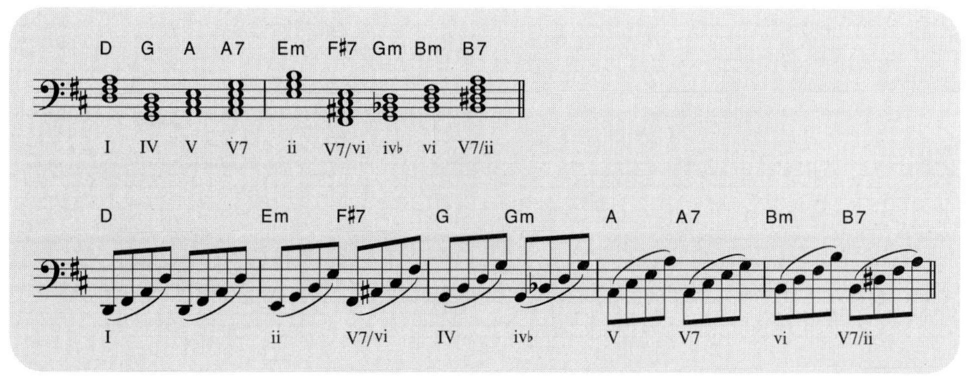
D G A A7 Em F♯7 Gm Bm B7
I IV V V7 ii V7/vi iv♭ vi V7/ii
D Em F♯7 G Gm A A7 Bm B7
I ii V7/vi IV iv♭ V V7 vi V7/ii

이주호 작사
이주호 작곡

D F#7 Bm G Em

내 가 살 아 가 – 는 – 동 안 에 할 일 이 또 하 나 있

A7 D F#7 Bm

지 바 람 부 는 벌 – 판 에 서 있 어 도 나 는

G A7 D B7

외 롭 – 지 않 – 아 그 러 나 솔 잎 – 하 나

Em
A7
D
3
1
떨 어 지 면 눈 물 따 라 흐 르 고 우 리
D
F#7
Bm
G
A7
3
타 는 가 - 슴 - 가 슴 마 다 햇 살 은 다 시 떠 오 르
D
G
D
5
2
네 아 - 영 원 히 변 치 않 - 을 우 리

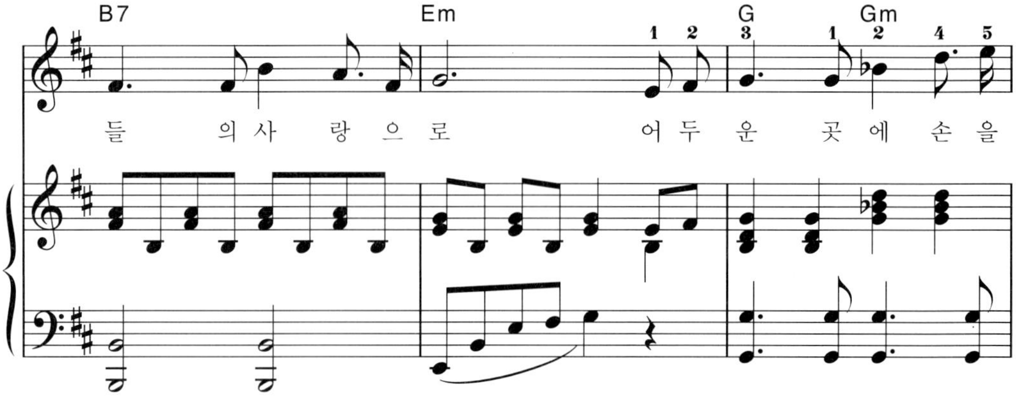

B7 Em G Gm

1 2 3 1 2 4 5

들 의 사 랑 으 로 어 두 운 곳 에 손 을

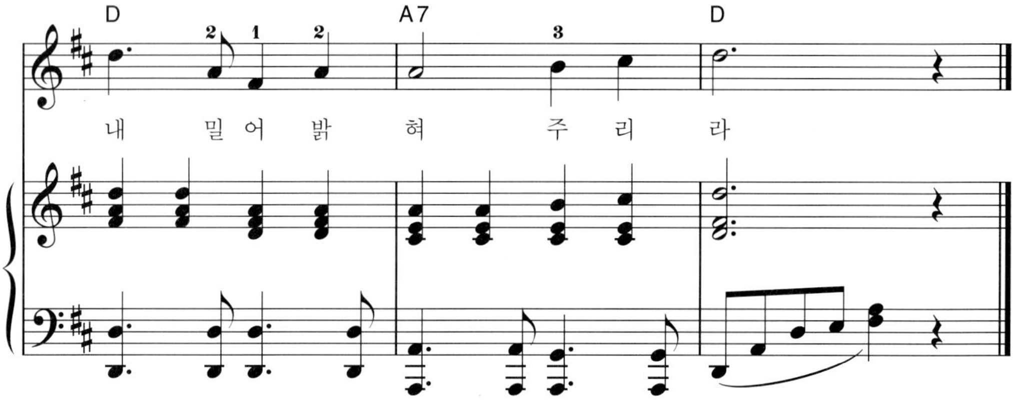

D A7 D

2 1 2 3

내 밀 어 밝 혀 주 리 라

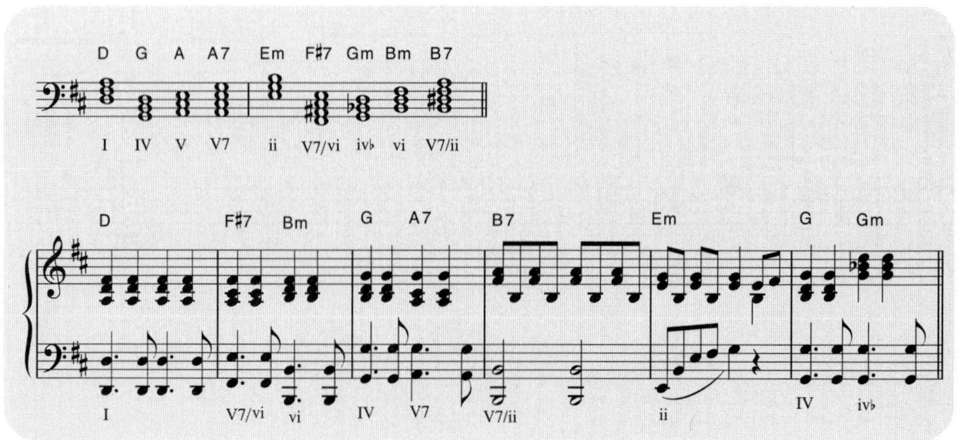

초급

당신은 사랑받기 위해 태어난 사람

Em A7 D
G A
D A
Bm D
뿜 이 되는지 –
당신은사랑받기위해
태 어 난사람 –
G D
1. Em A7
2. Em A D
G A
지 금 도 그 사랑 –
받 고 있 지요 –
받 고 있 지요 –
당신
D.S.

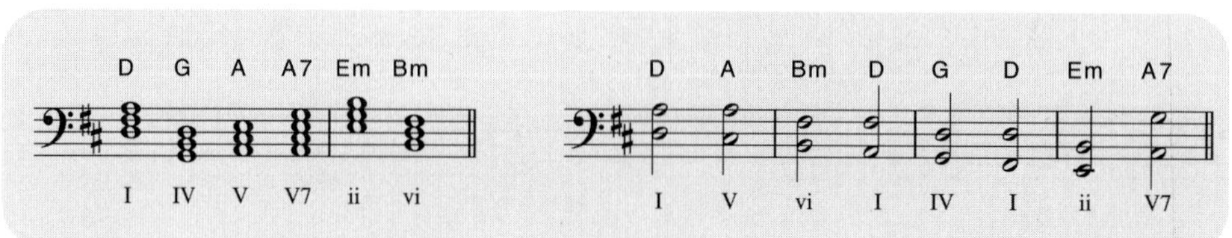
D G A A7 Em Bm
I IV V V7 ii vi
D A Bm D G D Em A7
I V vi I IV I ii V7

중급

당신은 사랑받기 위해 태어난 사람

Em A7 D
G A
D A
Bm D
뿜 이 되 는지－
당신은사랑받기위해
태 어 난 사 람－
G D
1.Em A7
2.Em A D
G A
지 금 도 그 사랑－
받 고 있 지요－
받 고 있 지요－
당신
D.S.

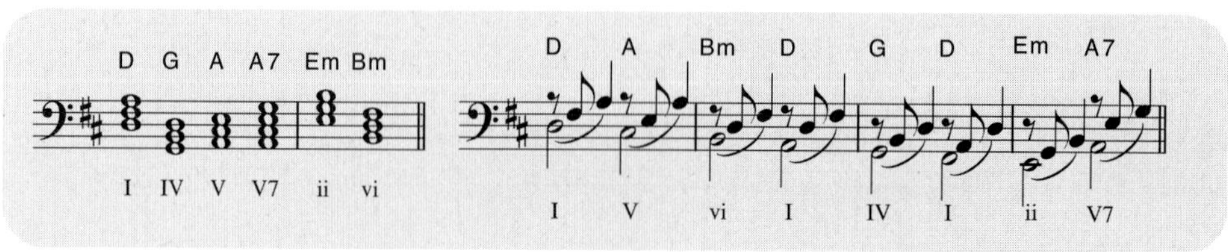
D G A A7 Em Bm
I IV V V7 ii vi
D A Bm D G D Em A7
I V vi I IV I ii V7

고급 당신은 사랑받기 위해 태어난 사람

이민섭 작사
이민섭 작곡

Em7 A7 D A Bm D
열 매 를 맺고 - 당 신 이 이 세상 - 에 존 재함 으 로 인 - 해 우리
G D Em7 A7 D G A
에 게 얼 마나 - 큰 기 쁨 이 되 는지 -
D A Bm D G D
당 신 은 사 랑받 기 위해 태 어 난 사람 - 지 금 도 그 사랑 -

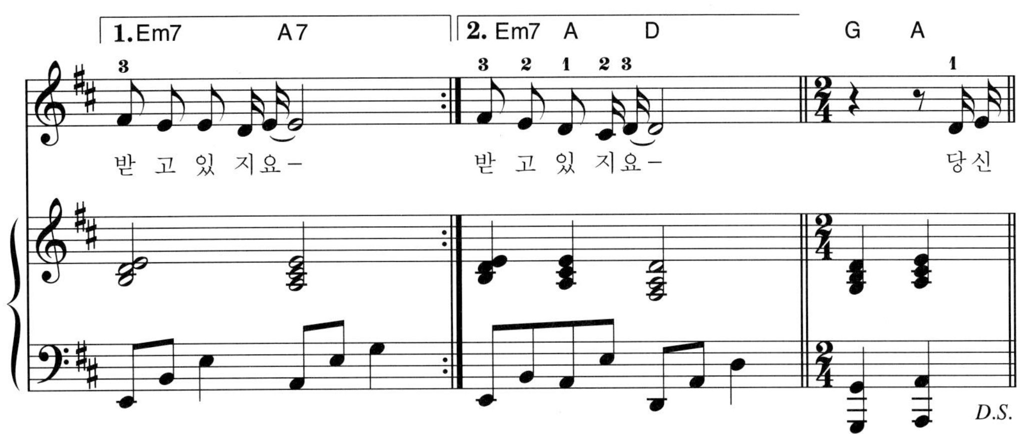
1.Em7
A7
2. Em7
A
D
G
A
3
3 2 1 2 3
1
받 고 있 지요-
받 고 있 지요-
당신
D.S.

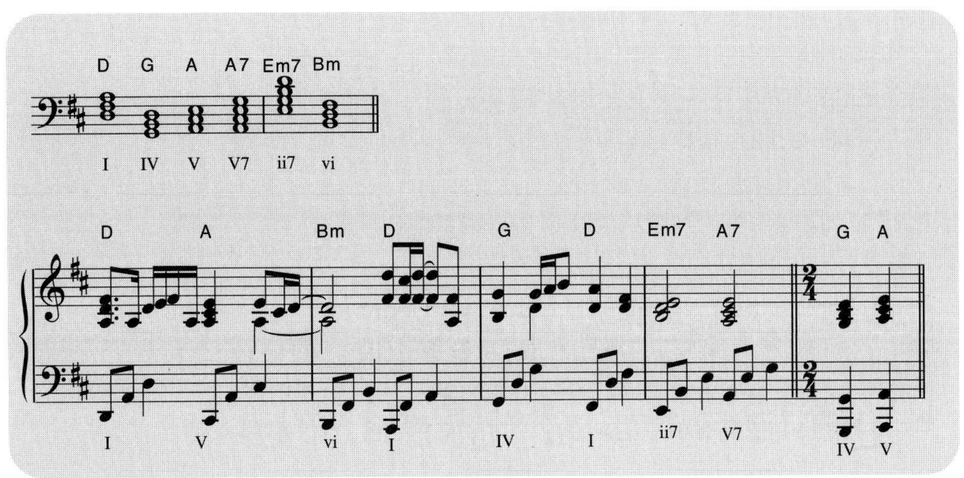
D G A A7 Em7 Bm
I IV V V7 ii7 vi
D
A
Bm
D
G
D
Em7
A7
G
A
I
V
vi
I
IV
I
ii7
V7
IV
V

참고문헌

구희영(1998). 유아교사를 위한 유치원 동요 반주곡집. 서울: 삼호뮤직.
김성균(1997). 김성균 동요집 1, 2집. 서울: 국민서관.
김성태(1991). 화성학. 서울: 음악 예술사.
김영인 · 김광자(2001). 유아교사를 위한 반주법의 이론과 실제. 서울: 학지사.
김혜숙(2003). 주제별 유치원동요 반주곡집. 서울: 창지사.
김혜경(1996). 유치원 음악교육의 이론과 실제. 서울: 창지사.
김홍인(1996). 개정판 화성 I. 서울: 세광음악출판사.
김홍인(1996). 개정판 화성 II. 서울: 세광음악출판사.
박홍래(1990). 코드 진행과 애드립 연구. 서울: 삼호출판사.
봉정원(2004). 16주 완성 유치원 동요반주법. 서울: 창지사.
세광출판 편집부(1988). 피아노 코드집. 서울: 세광출판사.
신진출판 편집부(1974). 음악대사전. 서울: 신진출판사.
신도웅 역(1987). 음악교육심리학. 서울: 수문당.
안정모(1998). 실용 음악통론. 서울: 삼호출판사.
육순진(2003). 유아 교사를 위한 반주법의 이론과 실제. 서울: 정민사.
윤대근 · 진선자 · 정성배(2001). 즉흥반주작법. 서울: 양서원.
이성천 역(1986). 음악형식과 분석. 서울: 수문당.
이성천 · 권덕원 · 백일형 · 황현정(1995). 알기쉬운 국악개론. 서울: 풍남.
이홍수 외 역(1992). 현대의 음악교육, 개정판. 서울: 세광음악출판사.
임우상 · 임종명 · 김승호(1990). 대학음악통론. 서울: 학문사.
임혜정(1991). 피아노 문헌개요. 서울: 수문당.
임혜정(2001). 유치원교사를 위한 동요 반주법. 서울: 학문사.
예성 편집부(1999). '99 제17회 MBC 창작동요제. 서울: 예성출판사.
정윤환(2001). 정윤환 동요작곡집 아이들은. 서울: 한국음악교육연구회.
정지용(2000). 실용음악이론. 서울: 성음미디어.
조효임 · 이동남 · 주대창(1999). 새로운 음악통론. 서울: 학문사.
최향엽 (1999). 동요와 피아노곡. 서울: 창지사.
한국음악교재연구회(1992). 12주 반주완성 성인용 1권. 서울: 세광음악출판사.
한국음악교재연구회(1992). 12주 반주완성 성인용 2권. 서울: 세광음악출판사.
한국음악교육연구회(2000). 방송애창 창작동요 123곡. 서울: 한국음악교육 연구회.
현대음악출판 편집부(2001). 새로운 하논 60 연습곡집. 서울: 현대음악출판사.

윤 영 배

경희대학교 대학원 박사 졸업 (아동학 전공)
러시아 모스크바 그네신 국립음악아카데미 석사 수료 (합창지휘 전공)
경희대학교 교육대학원 석사 졸업 (음악교육 전공)
미국 캘리포니아 주립대학교 (합창지휘) Diploma
오스트리아 잘츠부르그 오르프 인스티튜트 인터내셔날 과정 수료
건국대학교 사범대학 음악교육학과 졸업 (성악 전공)

(전) 한중대학교, 위덕대학교 유아교육학과 교수 역임

(현재) 을지대학교 유아교육학과 교수

최 윤 정

숙명여자대학교 교육대학원 석사 졸업 (음악교육 전공)
대구가톨릭대학교 음악대학 졸업 (피아노 전공)

(전) 뮤직가튼 유아음악 세미나, 알프레드 피아노 페다고지 세미나, 유아 피아노 세미나 수백회 이상 진행
중앙대학교, 백석예술대학, 혜천대, 목포대, 한세대, 대구가톨릭대학교 등 전국 각 대학 피아노 페다고지 특강 진행

(현재) 예원예술대학교 음악과 출강, 대구가톨릭대학교 음악대학 산학협력교수

정 윤 선

창원국립대학교 대학원 박사 수료 (교육심리 전공)
경북대학교 교육대학원 석사 졸업 (음악교육 전공)
헝가리 코다이 음악원 인터내셔날 과정 수료
계명대학교 대학원 석사 졸업 (작곡 전공)
계명대학교 음악대학 졸업 (작곡 전공)

(전) 계명대학교 · 대구교육대학교 · 교원대학교 · 광주교육대학교 · 공주교육대학교 대학원 외래교수 역임, 대경대학교 초빙교수 역임

(현재) 경남 도립 거창대학 · 창원문성대학 · 청주교육대학교 & 대학원 · 수성대학교 출강

(초급 · 중급 · 고급) 능력에 따라 반주하는 **수준별 유아 동요 반주곡집**

초판 1쇄 인쇄 2013년 12월 13일
초판 1쇄 발행 2013년 12월 20일

지은이_ 윤영배 · 최윤정 · 정윤선
펴낸이_ 황호철
펴낸곳_ 도서출판 파란마음

주소_ 140-845 서울시 용산구 백범로90라길 47 | 전화_ (02) 3275-2110~1 | 팩스_ (02) 3275-2199
홈페이지_ http://paranmaum.co.kr/

등　록_ 2006년 4월 24일 · 제302-2006-00024호

ISBN 978-89-97982-16-5 93370
값 23,000원